여러분의 합격을 응원하는 해커스공무원의 특별

FREE 공무원 영어 특강

해커스공무원(gosi.Hackers.com) 접속 후 로그인 ▶
상단의 [무료강좌] 클릭 ▶ 좌측의 [교재 무료특강] 클릭

필수 단어암기장 (PDF)

해커스공무원(gosi.Hackers.com) 접속 후 로그인 ▶
상단의 [교재·서점 → 무료 학습 자료] 클릭 ▶
본 교재의 [자료받기] 클릭

합격예측 온라인 모의고사 응시권 + 해설강의 수강권

FF5AA428CA67BE76

해커스공무원(gosi.Hackers.com) 접속 후 로그인 ▶
상단의 [나의 강의실] 클릭 ▶ 좌측의 [쿠폰등록] 클릭 ▶
위 쿠폰번호 입력 후 이용

* ID당 1회에 한해 등록 가능

공무원 보카 어플

GOSIVOCA242REAL

구글 플레이스토어/애플 앱스토어에서
'해커스공무원 기출 보카 4800' 검색 ▶ 어플 설치 후 실행 ▶
'인증코드 입력하기' 클릭 ▶ 위 인증코드 입력

* 쿠폰 등록 후 30일간 사용 가능
* 해당 자료는 [해커스공무원 기출 보카 4800] 교재 내용으로 제공되는 자료로,
공무원 시험 대비에 도움이 되는 유용한 자료입니다.

해커스공무원 온라인 단과강의 20% 할인쿠폰

B42B9E29E53F5762

해커스공무원(gosi.Hackers.com) 접속 후 로그인 ▶
상단의 [나의 강의실] 클릭 ▶ 좌측의 [쿠폰등록] 클릭 ▶
위 쿠폰번호 입력 후 이용

* 쿠폰 등록 후 7일간 사용 가능(ID당 1회에 한해 등록 가능)

해커스 회독증강 콘텐츠 5만원 할인쿠폰

CED795342D7A3D8N

해커스공무원(gosi.Hackers.com) 접속 후 로그인 ▶
상단의 [나의 강의실] 클릭 ▶ 좌측의 [쿠폰등록] 클릭 ▶
위 쿠폰번호 입력 후 이용

* 쿠폰 등록 후 7일간 사용 가능(ID당 1회에 한해 등록 가능)
* 특별 할인상품 적용 불가
* 월간 학습지 회독증강 행정학/행정법총론 개별상품은 할인쿠폰 할인대상에서 제외

무료 모바일 자동 채점 + 성적 분석 서비스

교재 내 수록되어 있는 문제의 채점 및 성적 분석 서비스를 제공합니다.

* 세부적인 내용은 해커스공무원(gosi.Hackers.com)에서 확인 가능합니다.

바로 이용하기 ▶

쿠폰 이용 관련 문의 1588-4055

단기 합격을 위한
해커스 커리큘럼

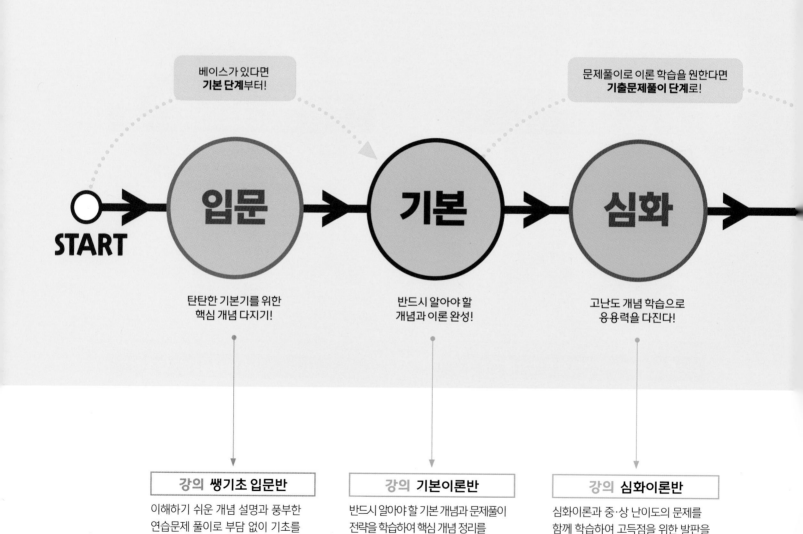

베이스가 있다면 **기본 단계부터!**

문제풀이로 이론 학습을 원한다면 **기출문제풀이 단계로!**

START

입문

기본

심화

탄탄한 기본기를 위한
핵심 개념 다지기!

반드시 알아야 할
개념과 이론 완성!

고난도 개념 학습으로
응용력을 다진다!

강의 **쌩기초 입문반**

이해하기 쉬운 개념 설명과 풍부한
연습문제 풀이로 부담 없이 기초를
다질 수 있는 강의

강의 **기본이론반**

반드시 알아야 할 기본 개념과 문제풀이
전략을 학습하여 핵심 개념 정리를
완성하는 강의

강의 **심화이론반**

심화이론과 중·상 난이도의 문제를
함께 학습하여 고득점을 위한 발판을
마련하는 강의

단계별 교재 확인 및
수강신청은 여기서!

gosi.Hackers.com

* 커리큘럼은 과목별·선생님별로 상이할 수 있으며, 자세한 내용은 해커스공무원 사이트에서 확인하세요.

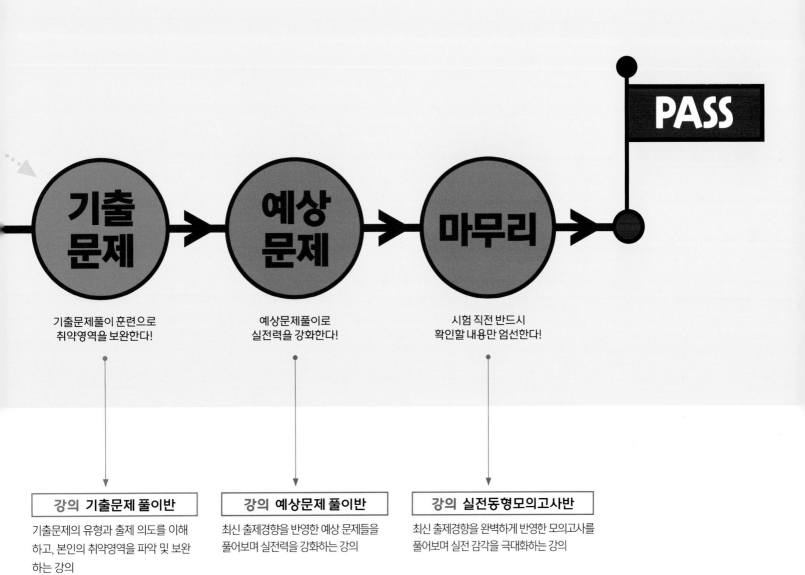

기출문제

기출문제풀이 훈련으로
취약영역을 보완한다!

예상문제

예상문제풀이로
실전력을 강화한다!

마무리

시험 직전 반드시
확인할 내용만 엄선한다!

PASS

강의 기출문제 풀이반

기출문제의 유형과 출제 의도를 이해
하고, 본인의 취약영역을 파악 및 보완
하는 강의

강의 예상문제 풀이반

최신 출제경향을 반영한 예상 문제들을
풀어보며 실전력을 강화하는 강의

강의 실전동형모의고사반

최신 출제경향을 완벽하게 반영한 모의고사를
풀어보며 실전 감각을 극대화하는 강의

강의 봉투모의고사반

시험 직전에 실제 시험과 동일한 형태의
모의고사를 풀어보며 실전력을 완성하는 강의

나의 목표 달성기

나의 목표 점수

_____ 점

나의 학습 플랜

☐ 막판 2주 학습 플랜
☐ 막판 1주 학습 플랜

* 일 단위의 상세 학습 플랜은
  p.12에 있습니다.

각 모의고사를 마친 후 해당 모의고사의 점수를 아래 그래프에 ●로 표시하여 본인의 점수 변화를 직접 확인해 보세요.

	1회	2회	3회	4회	5회	6회	7회	8회	9회	10회	11회	12회
100점												
90점												
80점												
70점												
60점												
50점												
40점												
30점												
20점												
10점												
0점												

해커스공무원

실전동형
모의고사
영어 2

"공무원 시험 책을
처음 펼쳤던 날을 기억하시나요?"

공무원 시험 준비를 하면서
때로는 커다란 벽에 부딪혀 앞이 캄캄해졌던 때도 있었을 겁니다.
또 때로는 그 벽 앞에 주저앉아 포기하고 싶었던 때도 있었을 겁니다.

하지만, 기억하시나요?
새로운 도전에 대한 떨림과 각오로 책을 처음 펼쳤던 날.

이제 그 도전의 결실을 맺을 순간을 앞두고 있습니다.
합격의 길, 마지막까지 해커스가 함께하겠습니다.

최신 출제 경향을 완벽 반영하여 적중률을 높인 12회분의 모의고사와
반드시 알아두어야 할 생활영어 및 이디엄 표현을 한눈에 보는 〈빈출 생활영어 + 이디엄 핸드북〉,
그리고 효과적인 어휘와 표현 암기를 위한 〈필수 단어암기장〉까지

『해커스공무원 실전동형모의고사 영어 2』로 함께하세요.

공무원 시험,
합격자는 바로 당신입니다!

: 목차

실전 문제로 시험 완벽 대비! 문제집

약점 보완 해설로 실력 마무리! **해설집**

 채점용 정답지·OMR 답안지 [부록]

 정답·해석·해설 [책 속의 책]

 빈출 생활영어 + 이디엄 핸드북 [별책부록]

 필수 단어암기장

해커스공무원(gosi.Hackers.com) 접속 후 로그인 ▶
상단의 [교재·서점 → 무료학습자료] 클릭 ▶
본 교재 우측의 [자료받기] 클릭하여 이용

합격으로 이끄는 이 책의 특징과 구성

실전 감각을 극대화하는 모의고사 수록!

1. 실전동형모의고사 12회분

① 실전동형모의고사 12회분

실제 공무원 영어 시험과 동일한 영역별 문항 수 및 문제 유형으로 구성된 실전동형모의고사 12회분을 제공하여 실전 감각을 극대화하고 실전 대비를 더욱 철저히 할 수 있도록 하였습니다.

② 제한 시간 제시

모의고사 1회분을 푸는 제한 시간(20분)을 제시하고, 시작 시각과 종료 시각을 기입하도록 하여 효율적인 시간 안배 연습을 할 수 있도록 하였습니다.

③ 문제집 내 QR코드를 통한 모바일 자동 채점 및 성적 분석 서비스 이용

매 회차를 끝낸 직후 해당 실전동형모의고사의 정답을 모바일 페이지에서 입력하고 채점 결과 및 성적 분석 서비스를 이용할 수 있도록 각 회차마다 QR코드를 삽입하였습니다.

2. 실전동형모의고사 채점용 정답지 · OMR 답안지

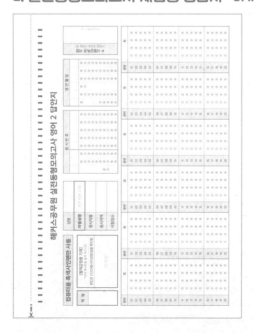

① 실전동형모의고사 채점용 정답지

모든 회차의 정답을 한눈에 확인할 수 있도록 채점용 정답지를 제공하여 빠른 채점이 가능합니다.

② OMR 답안지

모의고사를 풀어본 후 실제 시험처럼 답안지를 작성하는 훈련을 할 수 있도록 실전동형모의고사의 OMR 답안지를 제공하여 실전 감각을 높일 수 있도록 하였습니다.

목표 점수 달성을 위한 체계적인 학습 구성!

1. 나의 목표 달성기

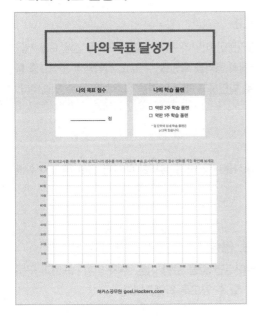

① **목표 점수 기입란**

목표 점수를 기입하도록 하여 목표 의식을 가지고 본 교재를 학습할 수 있도록 하였습니다.

② **점수 변화 그래프**

각 모의고사에 대한 자신의 점수를 기입할 수 있는 점수 변화 그래프를 제공하여 목표 점수를 달성하기까지 자신의 실력 변화를 스스로 확인할 수 있도록 하였습니다.

2. 막판 학습 플랜

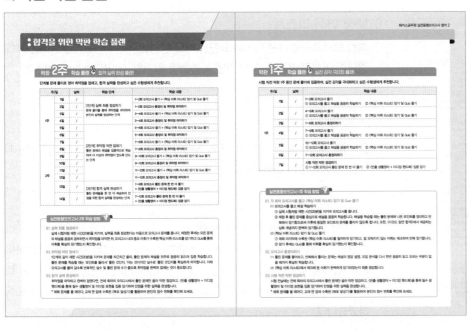

12회분의 모의고사 풀이와 총정리를 2주에 걸쳐 진행할 수 있도록 구성한 2주 학습 플랜과 단기간에 빠르게 모의고사를 풀고자 하는 학습자를 위한 1주 학습 플랜을 제공하였습니다.

합격으로 이끄는 이 책의 특징과 구성

한 문제를 풀어도 확실하게 푼다, 상세한 해설과 어휘 정리!

1. 약점 보완 해설집

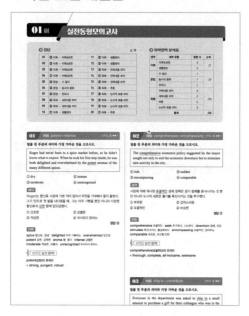

① 정답표 & 취약영역 분석표

모든 문제에 대해 정답과 영역뿐만 아니라 세부 유형이 표시된 정답표를 제공하여 자신이 맞거나 틀린 문제의 영역을 확인할 수 있고, 취약영역 분석표를 통해 자신의 취약영역을 스스로 확인하고 해당 영역을 집중 보완할 수 있습니다.

② 해석 · 해설 · 어휘

모든 문제에 대한 정확한 해석을 제공하며 상세한 해설과 필수 학습 어휘를 제공하였습니다.

③ 이것도 알면 합격! & 구문 분석

해당 문제와 관련해서 더 알아두면 좋을 문법 이론, 추가 어휘 · 표현과 구문 분석을 제공하여 심화학습을 할 수 있도록 하였습니다.

2. 핵심 어휘 리스트

① 핵심 어휘 리스트

매회 모의고사에 나온 어휘와 표현을 따로 정리해두어 모의고사를 풀어본 후에 중요한 어휘와 표현을 다시 한번 복습하며 암기할 수 있도록 하였습니다.

② Quiz

간단한 퀴즈를 통해 핵심 어휘 리스트의 어휘와 표현을 확실히 암기했는지 확인할 수 있도록 하였습니다.

③ 온라인 〈필수 단어암기장〉 제공

해커스공무원(gosi.Hackers.com)에서 교재에 수록된 어휘 중 반드시 알아두어야 할 어휘와 표현을 따로 모은 〈필수 단어암기장〉을 제공합니다. 이를 통해 반드시 알아두어야 할 어휘와 표현을 편리하게 복습 및 암기할 수 있도록 하였습니다.

시험 직전까지 완벽하게, 최종 점검 필수 합격 자료!

1. 빈출 생활영어 + 이디엄 핸드북

공무원 영어 시험을 위해 반드시 알아두어야 할 생활영어 및 이디엄 표현을 따로 모은 〈빈출 생활영어 + 이디엄 핸드북〉을 제공하여 빈출 생활영어 및 이디엄 표현을 편리하게 복습 및 암기하고, 생활영어 문제에 완벽히 대비할 수 있도록 하였습니다.

2. 해커스공무원 합격예측 모의고사 무료 응시권

시험 전 자신의 실력을 최종적으로 점검해볼 수 있도록 [해커스공무원 합격예측 모의고사 무료 응시권]을 제공합니다. 또한 응시 당일에는 철저한 성적 분석이 반영된 성적표와 해커스 스타 선생님의 해설 강의까지 확인할 수 있습니다.

■ 문법

문법 영역에서는 **동사구, 준동사구, 접속사와 절**을 묻는 문제가 자주 출제되며, 세부 빈출 포인트로는 **분사, 수 일치, 관계절, to 부정사**가 있습니다. 최근에는 한 문장 안에서 여러 문법 요소를 묻거나 한 문제의 모든 보기가 하나의 문법 포인트로 구성되는 등, 다양한 형태의 문법 문제가 등장하고 있습니다.

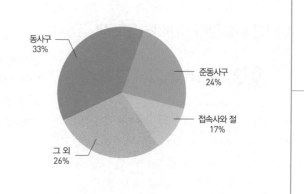

■ 독해

독해 영역에서는 **빈칸 완성(단어·구·절), 주제·제목·요지 파악, 내용 일치·불일치 파악** 유형의 출제 비중이 순서대로 높은 편이며, 특히 최근에는 **문장 삽입**을 비롯한 논리적 흐름 파악 유형의 출제 빈도가 증가하고 있습니다.

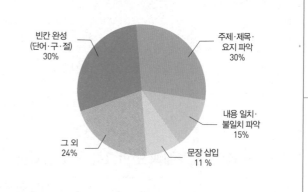

■ 어휘

어휘 영역에서는 유의어 찾기와 빈칸 완성 문제가 대부분 출제되지만, 이 가운데에서는 유의어 찾기 유형의 비중이 가장 높습니다. 이때 지문과 보기에 사용되는 어휘 및 표현의 난이도는 수능 영어 수준에서부터 고난도 수준까지, 매우 다양합니다.

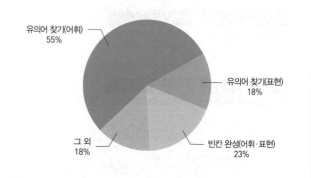

📁 합격 학습 전략

길고 복잡한 문장에서 문법 포인트를 정확하게 파악해야 합니다.

기본 개념을 탄탄히 한 후 세부적인 문법 요소까지 학습하여 실력을 쌓는 것이 중요합니다. 문법 문제는 이론을 알고 있더라도 실전에서 혼동하기 쉬우므로 빈출 포인트 관련 문제를 많이 풀고, 지엽적인 포인트까지 익혀 둡니다. 문장의 기본 원리와 주요 문법 개념을 체계적으로 정리한 다음, 부족한 부분을 집중적으로 보완해 나가며 학습하는 것이 좋습니다.

📁 합격 학습 전략

구문을 정확하게 해석하고 지문의 내용을 빠르게 파악해야 합니다.

시험에 자주 나오는 구문을 해석하는 법을 익히고, 문제를 풀 때 이를 응용해 보는 연습을 하는 것이 중요합니다. 독해 영역은 공무원 영어 시험에서 출제 비중이 가장 높아 문제풀이 시간이 충분하지 않으므로, 문제마다 시간 제한을 두어 빠르고 정확하게 답을 찾는 훈련을 반복합니다.

📁 합격 학습 전략

어휘, 표현, 생활영어까지 모든 유형을 대비하기 위해 폭넓게 학습해야 합니다.

유의어와 파생어까지 폭넓게 학습해 어휘의 양을 늘리는 것이 중요하며, 다양한 전치사를 포함한 표현 또한 함께 외워 둡니다. 특히 예문을 통해 문맥 속 어휘의 뜻을 유추하는 연습을 하는 것도 도움될 수 있습니다. 생활영어 문제에 대비하기 위해서는 상황별·주제별 관용 표현이나 속담을 암기하는 것이 좋습니다.

⠿합격을 위한 막판 학습 플랜

막판 2주 학습 플랜 ✌ 합격 실력 완성 플랜!

단계별 문제 풀이로 영어 취약점을 없애고, 합격 실력을 완성하고 싶은 수험생에게 추천합니다.

주/일		날짜	학습 단계	학습 내용
1주	1일	/	[1단계] 실력 최종 점검하기 문제 풀이를 통해 취약점을 파악하여 본인의 실력을 점검하는 단계	1~2회 모의고사 풀기 + 〈핵심 어휘 리스트〉 암기 및 Quiz 풀기
	2일	/		1~2회 모의고사 총정리 및 취약점 파악하기
	3일	/		3~4회 모의고사 풀기 + 〈핵심 어휘 리스트〉 암기 및 Quiz 풀기
	4일	/		3~4회 모의고사 총정리 및 취약점 파악하기
	5일	/	[2단계] 취약점 막판 없애기 틀린 문제의 해설을 집중적으로 학습하여 더 이상의 취약점이 없도록 만드는 단계	5~6회 모의고사 풀기 + 〈핵심 어휘 리스트〉 암기 및 Quiz 풀기
	6일	/		5~6회 모의고사 총정리 및 취약점 파악하기
	7일	/		7~8회 모의고사 풀기 + 〈핵심 어휘 리스트〉 암기 및 Quiz 풀기
2주	8일	/		7~8회 모의고사 총정리 및 취약점 파악하기
	9일	/		9~10회 모의고사 풀기 + 〈핵심 어휘 리스트〉 암기 및 Quiz 풀기
	10일	/		9~10회 모의고사 총정리 및 취약점 파악하기
	11일	/		11~12회 모의고사 풀기 + 〈핵심 어휘 리스트〉 암기 및 Quiz 풀기
	12일	/		11~12회 모의고사 총정리 및 취약점 파악하기
	13일	/	[3단계] 합격 실력 완성하기 틀린 문제들을 한 번 더 복습하여 만점을 위한 합격 실력을 완성하는 단계	1~6회 모의고사 틀린 문제 한 번 더 풀기 + 〈빈출 생활영어 + 이디엄 핸드북〉 집중 암기
	14일	/		7~12회 모의고사 틀린 문제 한 번 더 풀기 + 〈빈출 생활영어 + 이디엄 핸드북〉 집중 암기

실전동형모의고사 2주 학습 방법

01. 실력 최종 점검하기

실제 시험처럼 제한 시간(20분)을 지키며, 실력을 최종 점검한다는 마음으로 모의고사 문제를 풉니다. 채점한 후에는 모든 문제와 해설을 꼼꼼히 공부하면서 취약점을 파악한 뒤, 모의고사 내의 중요 어휘가 수록된 핵심 어휘 리스트를 암기하고 Quiz를 통해 어휘를 확실히 암기했는지 확인합니다.

02. 취약점 막판 없애기

1단계와 같이 제한 시간(20분)을 지키며 문제를 차근차근 풀되, 틀린 문제의 해설을 위주로 꼼꼼히 읽으며 집중 학습합니다. 틀린 문제를 학습할 때는 '포인트를 몰라서' 틀린 것인지, '아는 것이지만 실수로' 틀린 것인지를 확실하게 파악합니다. 이때 모의고사를 풀어 갈수록 반복적인 실수 및 틀린 문제 수가 줄도록 취약점을 완벽히 없애는 것이 중요합니다.

03. 합격 실력 완성하기

취약점을 파악하고 완벽히 없앴다면, 전체 회차의 모의고사에서 틀린 문제만 골라 막판 점검하고, 〈빈출 생활영어 + 이디엄 핸드북〉을 통해 필수 생활영어 및 이디엄 표현을 집중 암기하여 만점을 위한 실력을 완성합니다.

* 매회 문제를 풀 때마다, 교재 맨 앞에 수록된 〈목표 달성기〉를 활용하여 본인의 점수 변화를 확인해 보세요.

막판 1주 학습 플랜 실전 감각 극대화 플랜!

시험 직전 막판 1주 동안 문제 풀이에 집중하여, 실전 감각을 극대화하고 싶은 수험생에게 추천합니다.

주/일		날짜	학습 내용
1주	1일	/	1~3회 모의고사 풀기 ① 모의고사를 풀고 해설을 꼼꼼히 학습하기　② 〈핵심 어휘 리스트〉 암기 및 Quiz 풀기
	2일	/	4~6회 모의고사 풀기 ① 모의고사를 풀고 해설을 꼼꼼히 학습하기　② 〈핵심 어휘 리스트〉 암기 및 Quiz 풀기
	3일	/	1~6회 모의고사 **총정리하기**
	4일	/	7~9회 모의고사 풀기 ① 모의고사를 풀고 해설을 꼼꼼히 학습하기　② 〈핵심 어휘 리스트〉 암기 및 Quiz 풀기
	5일	/	10~12회 모의고사 풀기 ① 모의고사를 풀고 해설을 꼼꼼히 학습하기　② 〈핵심 어휘 리스트〉 암기 및 Quiz 풀기
	6일	/	7~12회 모의고사 **총정리하기**
	7일	/	**시험 직전 막판 점검하기** ① 1~12회 모의고사 틀린 문제 한 번 더 풀기　② 〈빈출 생활영어 + 이디엄 핸드북〉 집중 암기

실전동형모의고사 1주 학습 방법

01. 각 회차 모의고사를 풀고 〈핵심 어휘 리스트〉 암기 및 Quiz 풀기
　(1) 모의고사를 풀고 해설 학습하기
　　① 실제 시험처럼 제한 시간(20분)을 지키며 모의고사를 풉니다.
　　② 채점 후 틀린 문제를 중심으로 해설을 꼼꼼히 학습합니다. 해설을 학습할 때는 틀린 문제에 나온 포인트를 정리하고 반복해서 암기함으로써 이후에 동일한 포인트의 문제를 틀리지 않도록 합니다. 또한, 〈이것도 알면 합격!〉에서 제공하는 심화 개념까지 완벽히 암기합니다.
　(2) 〈핵심 어휘 리스트〉 암기 및 Quiz 풀기
　　① 매회 마지막에 수록된 〈핵심 어휘 리스트〉를 철저하게 암기하고, 잘 외워지지 않는 어휘는 체크하여 반복 암기합니다.
　　② 암기 후에는 Quiz를 통해 어휘를 확실히 암기했는지 확인합니다.

02. 모의고사 총정리하기
　(1) 틀린 문제를 풀어보고, 반복해서 틀리는 문제는 해설의 정답 설명, 오답 분석을 다시 한번 꼼꼼히 읽고 모르는 부분이 없을 때까지 확실히 학습합니다.
　(2) 〈핵심 어휘 리스트〉에서 체크해 둔 어휘가 완벽하게 암기되었는지 최종 점검합니다.

03. 시험 직전 막판 점검하기
　시험 전날에는 전체 회차의 모의고사에서 틀린 문제만 골라 막판 점검하고, 〈빈출 생활영어 + 이디엄 핸드북〉을 통해 필수 생활영어 및 이디엄 표현을 집중 암기하여 만점을 위한 실력을 완성합니다.
　* 매회 문제를 풀 때마다, 교재 맨 앞에 수록된 〈목표 달성기〉를 활용하여 본인의 점수 변화를 확인해 보세요.

공무원 영어 직렬별 시험 출제 영역

■ 문법 ■ 독해 ■ 어휘

직렬	문법	독해	어휘
국가직 9급 (20문제)	3~7문항	8~11문항	5~6문항
지방직 9급 (20문제)	3~7문항	8~11문항	5~6문항
법원직 9급 (25문제)	3~5문항	20~22문항	
국회직 9급 (20문제)	3~5문항	7~13문항	4~8문항

공무원 영어 시험은 직렬에 따라 20문항 또는 25문항으로 구성되며, 크게 문법/독해/어휘 3개의 영역으로 나눌 수 있습니다.

국가직·지방직·국회직 9급 영어 시험은 총 20문항이며, 독해 영역이 약 50%를 차지하고 나머지 50%는 문법과 어휘 영역으로 구성됩니다. 이때 어휘 영역의 경우 세부적으로 어휘 및 표현, 생활영어로 구분됩니다. 한편, 법원직 9급 영어 시험은 총 25문항이며, 독해 영역이 약 80%를 차지하고 나머지 20%는 문법 영역으로 구성됩니다.

공무원 영어 시험의 영역별 출제 문항 수는 변동이 적은 편이므로, 영역별 문항 수에 따라 풀이 시간을 적정하게 배분하는 연습을 할 수 있습니다.

실전동형
모의고사

잠깐! 실전동형모의고사 전 확인 사항

실전동형모의고사도 실전처럼 문제를 푸는 연습이 필요합니다.

✔ 휴대전화는 전원을 꺼주세요.

✔ 연필과 지우개를 준비하세요.

✔ 제한 시간 20분 내 최대한 많은 문제를 정확하게 풀어보세요.

매회 실전동형모의고사 전, 위 상황을 점검하고 시험에 임하세요.

01회 실전동형모의고사

※ 밑줄 친 부분의 의미와 가장 가까운 것을 고르시오.
[01~04]

01

Roger had never been to a spice market before, so he didn't know what to expect. When he took his first step inside, he was both delighted and overwhelmed by the potent aromas of the many different spices.

① dry   ② intense

③ moderate   ④ unrecognized

02

The comprehensive economic policy suggested by the mayor sought not only to end the economic downturn but to stimulate new activity in the city.

① rich   ② sudden

③ encompassing   ④ comparable

03

Everyone in the department was asked to chip in a small amount to purchase a gift for their colleague who was in the hospital.

① conserve   ② budget

③ obtain   ④ contribute

04

City Hall announced that the city would phase out the temporary hotel tax over the next five years.

① eliminate   ② introduce

③ investigate   ④ reinvest

05 밑줄 친 부분 중 어법상 옳지 않은 것은?

Spinal cord injuries ① profoundly alter lives, and while it is often accepted ② that recovery can be limited, particularly with regard to regaining the ability to walk, the medical community finds ③ it valuable to explore new options. For instance, functional electrical stimulation (FES), a therapy that sends low-level electrical impulses to specific muscles in paralyzed limbs, ④ show promise in helping some patients regain partial motor function.

06 어법상 옳지 않은 것은?

① Never had she tasted Thai food before she visited Bangkok.

② The man whose truck was broken for six months has finally had it repair.

③ The airline insists that passengers be at the gate 30 minutes before departure.

④ Guests were permitted to be served in the dining area until closing time.

07 우리말을 영어로 잘못 옮긴 것은?

① 나는 6개월마다 한 번씩 검진을 위해 치과를 방문한다.

→ I visit the dentist for a checkup every six months.

② 백금이 화이트골드보다 두 배 이상 비싸다.

→ Platinum is more than twice as expensive as white gold.

③ 우리는 여행 전에 호텔 예약을 확인하는 것이 좋겠다.

→ We had better confirm our hotel reservations before our trip.

④ 너는 다음 주 금요일까지 이 책을 도서관에 반납해야 한다.

→ You must return this book to the library until next Friday.

08 다음 글의 내용과 일치하지 않는 것은?

Do you get enough vitamin D? Studies show that 42 percent of American adults today are suffering from a vitamin D deficiency. This is dangerous as vitamin D balances the levels of calcium in the blood and bones. This ensures that our bodies can build bones and maintain healthy tissue. But why has this deficiency emerged in modern times? One of the most likely causes is the shift in lifestyles. Our bodies naturally produce vitamin D when exposed to the sun. But today, people spend most of their time indoors. Luckily, according to Dr. Thomas Carpenter of the Yale School of Medicine, "Therapy and prevention of vitamin D deficiency are straightforward, relatively inexpensive, and safe." Patients simply need to get out in the sun more or take vitamin supplements.

① More than 40 percent of American adults suffer from a vitamin D deficiency.

② Vitamin D is important for the creation of bones and tissue maintenance.

③ Exposure to sunlight causes our bodies to create vitamin D.

④ Dealing with a vitamin D deficiency requires expensive treatment.

09 다음 글의 내용과 일치하는 것은?

The history of newspapers began in 59 B.C.E. with the publication of "Acta Diurna"—handwritten notices that informed citizens about events—in ancient Rome. Later, in the 17th century, modern newspapers, such as the *London Gazette*, emerged in England to announce official government actions. In 1702, *The Daily Courant* was launched, marking the first time that a daily newspaper was published. It gives the public greater access to the latest news than at any time in previous history. As printing technology increased, so did the reach of newspapers, and their circulation attained new heights in the 19th and 20th centuries— the "Golden Age of Newspapers."

① The history of newspapers can be traced to 59 B.C.E. in ancient Greece.

② The *London Gazette* was published to inform people of the city's events.

③ The introduction of *The Daily Courant* in 1702 didn't influence public accessibility to the latest news.

④ Newspaper circulation increased during the Golden Age of Newspapers in the 19th and 20th centuries.

※ 밑줄 친 부분에 들어갈 말로 알맞은 것을 고르시오.
[10~11]

10

A: I just got an email about a cruise deal. We can go to the Bahamas on a five-night cruise for only $250 per person.

B: _____

A: I think it's just a special price for last-minute bookings. It leaves this weekend.

B: Is it an all-inclusive price, or are there a lot of add-ons that push the price up much higher?

A: It includes most things. You just have to pay extra for the tours that you take when in port.

B: Hmm… That could be a great deal. Maybe we should do it.

① That sounds fishy.

② I've never been there before.

③ There is no place like home.

④ Waste not, want not.

11

A: I want to visit another country during my summer break. Do you have any suggestions for where I should go?

B: I think you should try Colombia.

A: That's an unexpected suggestion. What could I do there?

B: _____

A: Wow! I didn't know that was all possible. I'll check it out.

B: I think you would really enjoy it. I know I did.

A: It does sound interesting. Thanks for the advice.

① Check out the ticket prices. It's usually one of the cheapest places to fly.

② Almost everything. You could explore the jungle, climb a mountain, or dive.

③ You need to be sure you budget properly.

④ I've been there several times.

12 두 사람의 대화 중 자연스럽지 않은 것은?

① A: Many people are buying electric cars these days.

   B: Yes. It seems everyone is jumping on the bandwagon.

② A: Kelly said that she'll be on time for today's meeting.

   B: I'll believe it when I see it.

③ A: My aunt is thinking of getting a new pet parrot.

   B: Nice. The early bird gets the worm.

④ A: The professor says he will fail anyone who misses three classes.

   B: Don't worry. He's all talk and no action.

13 다음 글의 제목으로 알맞은 것은?

Establishing rapport with others is essential for effective communication. Mirroring, an active listening technique that involves subtly reflecting someone else's behavior or language, can help achieve this end. Assuming a person's pace or tone of voice can make a big difference in how an interaction goes as people tend to feel more heard and valued when their energy is matched. Likewise, repeating key words or phrases back to them can reassure the person that you're listening and understand what they're saying. In face-to-face interactions, even imitating the person's hand gestures or sitting in a similar posture can enhance the sense of connection.

① Hand Gestures Can Help Get Your Point Across

② Should You Consciously Mirror Others?

③ Imitating Others Makes for Stronger Connections

④ Repeat After Me: Why Repetition Matters in Communication

14 다음 글의 주제로 알맞은 것은?

Growing up with brothers or sisters invariably leads to quarrels and sibling rivalry. For example, siblings will inevitably end up competing over toys, attention, or even just personal space. But these provide great opportunities to teach your kids an essential life lesson: conflict resolution. Don't try to stop every fight from occurring as it's simply impossible. Instead, monitor their interactions, guide them through conflicts as they arise, and encourage them to communicate their feelings. If they are fighting over a toy, ask them to explain why they both need it at the same time, and urge them to try to come up with a way to share it. Further, try to get them to find a solution to the problem that would make them both happy. If they can learn to resolve conflict at a young age, the skill will only grow with them as they get older.

① learning the importance of settling disputes

② building open communication between siblings

③ showing children how to share with one another

④ devising plans to make multiple people happy

15 다음 글의 요지로 알맞은 것은?

Well-intentioned parents often look at themselves as their children's best friend, in addition to being their parent. However, this approach to parenting is problematic because attempting to be one's child's primary friend blurs the lines between the parental role and that of a peer-level friendship. This compromises the parent's ability to set boundaries for their children, making it impossible to enforce rules and provide the guidance that young people need as they are growing up. As a result, children raised by parents determined to be their best friends miss out on the structure and discipline that they need. This makes it difficult for them to pick up the moral and life lessons that are normally passed on during childhood. Being raised by their "best friends" leaves children unprepared to deal with the challenges of the real world, the ultimate goal of child-rearing.

① Good parents teach children how to deal with their peers.

② Parents focused on being friends with their children leave them unprepared for life.

③ Children must learn to deal with challenges without their parents.

④ Parents need to concentrate on ensuring their children make friends.

16 밑줄 친 부분에 들어갈 말로 알맞은 것은?

The shift towards digital advertising has greatly changed marketing in recent decades. Rather than print or video advertisements, modern marketing promotions often use contests, chatbots, augmented reality, and other tools to inform customers about products and services in a way that gets them involved. As a result, people find the marketing materials more compelling. For example, the ALS "Ice Bucket Challenge" was the most widely shared and successful social media campaign in history, with 17 million people raising over $115 million, due in large part to how _____ it was. Doing something out of the ordinary was fun, and challenging others to participate and sharing the videos made people feel like they were part of something bigger than themselves, especially when celebrities joined in.

① dangerous
② engaging
③ unprecedented
④ ubiquitous

17 다음 글의 흐름상 어색한 문장은?

A major change is being tested out in workplaces around the world—the four-day workweek. ① Under this new system, workers condense their work into a period of four days instead of the traditional five. It may seem like common sense that reducing the amount of time worked would result in a reduction in productivity, but this does not appear to be the case. ② Studies show that workplaces that implement this new system have a 20 percent increase in overall productivity. In addition, employees report having an improved work-life balance and fewer feelings of being overwhelmed by their jobs when they have an extra day off each week. ③ Vacation time in the US is not guaranteed by state or federal laws in most cases. Four-day workweeks can also be great incentives for prospective employees. ④ Offering a more attractive work arrangement, such as a shorter workweek, attracts top-quality talent. All told, the four-day workweek benefits all parties involved.

18 주어진 문장이 들어갈 위치로 알맞은 것은?

This proposition shocked many Americans because 40 percent of stoves in the United States burn natural gas.

Gas stoves have recently become a controversial political topic in the United States. (①) This began when the head of the Consumer Product Safety Commission claimed that gas stoves were a "hidden hazard" in the home and suggested they may be prohibited. (②) One reason behind the potential ban is that these common appliances can experience leaks that allow this flammable material to enter the home, which can have deadly results. (③) Further, cooking with gas releases air pollutants, such as nitrogen dioxide (NO_2), which reduces interior air quality. (④) After much public outrage and political grandstanding, the agency clarified that it had no plans to ban gas stoves but would be researching ways to make them safer.

19 주어진 글 다음에 이어질 글의 순서로 알맞은 것은?

In the 20th century, the United States and the USSR were in constant rivalry, especially in the field of space exploration.

(A) The USSR took an early lead in the race by successfully launching the Sputnik satellite in 1957 and putting the first human in space, Yuri Gagarin, in 1961.

(B) Competition over being the first to reach milestones in space was so intense that it became known as the "Space Race."

(C) The US eventually trumped these accomplishments by landing a manned spacecraft on the moon for the first time in 1969.

① (A) – (B) – (C)

② (B) – (A) – (C)

③ (B) – (C) – (A)

④ (C) – (A) – (B)

20 밑줄 친 부분에 들어갈 말로 알맞은 것은?

Since the 1970s, the field of psychology has undergone a significant transformation due to the acceptance of the biopsychosocial model. This fundamental shift reframed how psychologists approach human behavior, mental health, and overall wellbeing. Rather than focusing on narrow perspectives, such as biological impulses or psychological explanations for actions, psychologists who embraced the new model began taking a holistic approach to understanding their patients. This comprehensive approach integrates the biological, psychological, and social factors that affect the individual to understand their needs and diagnose their issues, as well as to create treatment plans that can help patients cope with their conditions. As such, the biopsychosocial model requires interdisciplinary collaboration to provide a better understanding of the interconnections found in the three disciplines. The changes brought about by the acceptance of this approach have greatly improved the field of psychology as they have provided a more nuanced framework to study human behavior and mental health _____.

① in an integrated way

② on the periphery

③ along the way

④ without medical intervention

정답·해석·해설 p. 2

01회 핵심 어휘 리스트

☑ 잘 외워지지 않는 어휘 및 표현은 박스에 체크하여 한 번 더 확인하세요.

□ potent	휑 강한, 강력한
□ aroma	명 향, 향기
□ intense	휑 강렬한
□ comprehensive	휑 포괄적인
□ encompassing	휑 포괄적인, 망라하는
□ comparable	휑 비슷한, 비교할 만한
□ chip in	기부하다, 보태다
□ conserve	동 아껴 쓰다, 아끼다
□ phase out	단계적으로 폐지하다
□ impulse	명 자극
□ partial	휑 부분적인
□ motor	휑 운동의
□ permit	동 허용하다
□ deficiency	명 결핍
□ tissue	명 (세포들로 이루어진) 조직
□ emerge	동 나타나다
□ expose	동 노출하다, 드러내다
□ straightforward	휑 간단한, 쉬운
□ relatively	분 비교적, 상대적으로
□ maintenance	명 유지
□ undertaking	명 (중요한·힘든) 일
□ attain	동 도달하다, 이르다
□ rapport	명 친밀한 관계
□ get across	전달하다, 이해시키다
□ invariably	분 언제나, 예외없이

□ quarrel	명 싸움, 다툼
□ resolution	명 해결
□ dispute	명 분쟁
□ devise	동 고안하다, 궁리하다
□ compromise	동 손상시키다, 더럽히다
□ well-intentioned	휑 좋은 의도를 가진, 선의의
□ augmented reality	증강현실
□ compelling	휑 매력적인, 흥미를 돋우는
□ unprecedented	휑 전례 없는
□ day off	쉬는 날
□ prospective	휑 유망한
□ party	명 당사자
□ proposition	명 주장, 제안
□ controversial	휑 논란이 많은
□ appliances	명 가전제품
□ leak	명 누출
□ trump	동 능가하다
□ undergo	동 겪다
□ embrace	동 수용하다, 받아들이다
□ integrate	동 통합하다
□ diagnose	동 진단하다
□ interconnection	명 상호 연결
□ bring about	초래하다, 야기하다
□ nuance	동 미묘한 차이를 주다
□ periphery	명 주변

Quiz 각 어휘 및 표현의 알맞은 뜻을 찾아 연결하세요.

01 potent	ⓐ 비교적, 상대적으로
02 relatively	ⓑ 포괄적인, 망라하는
03 get across	ⓒ 전달하다, 이해시키다
04 deficiency	ⓓ 나타나다
05 encompassing	ⓔ 강한, 강력한
	ⓕ 결핍

06 devise	ⓐ 싸움, 다툼
07 quarrel	ⓑ 주변
08 compromise	ⓒ 해결
09 integrate	ⓓ 손상시키다, 더럽히다
10 periphery	ⓔ 통합하다
	ⓕ 고안하다, 궁리하다

02회 실전동형모의고사

제한 시간 : 20분 시작   시   분 ~ 종료   시   분 점수 확인   개/ 20개

※ 밑줄 친 부분의 의미와 가장 가까운 것을 고르시오. [01~04]

01

Polling the citizens revealed distinct opinions about the upcoming law.

① varied
② incessant
③ uninformed
④ contemporary

02

Juxtaposition is the intentional placement of two things next to each other, often to evoke a conclusion based on the discordance between them. For example, a movie may use this to highlight a contrast between two characters.

① composition
② balance
③ equilibrium
④ disharmony

03

She put off a long-overdue visit to the doctor's office even though she was feeling increasingly sick.

① delayed
② modified
③ suggested
④ analyzed

04

Art critics tend to look down on paintings and other artistic works created solely for commercial purposes rather than for the sake of expression.

① overlook
② cherish
③ censor
④ disdain

05 밑줄 친 부분에 들어갈 말로 가장 적절한 것은?

Transparent reporting is a key element of _____ for businesses of all sizes, particularly with regard to financial matters.

① insincerity
② accountability
③ deception
④ resistance

06 밑줄 친 부분 중 어법상 옳지 않은 것은?

One of the greatest moments in sports history occurred during a 1990 championship boxing match, ① in which the supposedly unbeatable Mike Tyson was defeated by a significantly worse opponent ② inspired by the passing of his mother, when Buster Douglas scored a ③ shocking victory over the heavyweight champ, with many saying the reason it was one of the greatest matches ever was ④ what the result was completely unexpected.

07 밑줄 친 부분이 어법상 옳지 않은 것은?

① Athletes manage their schedules as responsibly <u>as they ought to</u>.

② I <u>might have left</u> my wallet in the car, since I can't find it now.

③ The soccer match <u>was called off</u> because of reports warning of a large storm.

④ My brother snuck past the <u>asleep</u> dog to get to the kitchen for some water.

08 우리말을 영어로 잘못 옮긴 것은?

① 나는 집을 청소하는 동안 보통 팟캐스트를 듣는다.
  → I generally listen to podcasts while cleaning my house.

② 그 주방장은 볶음 요리를 위해 야채를 잘게 썰었다.
  → The chef had the vegetables finely chopped for the stir-fry.

③ 그는 그의 업무의 성공적인 완수에 만족했다.
  → He was satisfying with the successful completion of his project.

④ 금이 간 화면에도 불구하고, 그 휴대폰은 여전히 완벽하게 작동한다.
  → Despite the cracked screen, the phone still works perfectly.

※ 밑줄 친 부분에 들어갈 말로 가장 적절한 것을 고르시오. [09~10]

09

A: Do you need help with anything, sir?
B: _____
A: Ah. You'll want to head toward the last few aisles in the grocery department.
B: They're not with the household goods?
A: No, sir. Just walk toward the far wall and turn left.
B: Great. Thank you very much.

① Could you weigh these vegetables for me?

② I can't seem to find the cleaning supplies.

③ Where are the household goods kept?

④ I'd like to return this item I bought yesterday.

10

A: Did you submit our status report to the manager last night?
B: I did. Were there any problems?
A: Are you sure the report was complete?
B: Reasonably sure. Why do you ask?
A: I found this page behind the printer.
B: _____

① I'm sorry. I should have told you about the project's status.

② Not quite. We'll need to ask for an extension on our deadline.

③ Precisely. I thought we should review it before submission.

④ It'll be okay. That is from an extra copy I printed out.

11 두 사람의 대화 중 자연스럽지 않은 것은?

① A: Would you like to pay the total in installments?

B: No, thanks. I'd like to pay the total amount all at once.

② A: Could you bring your truck and help me move this weekend?

B: I should be free in the afternoon on Saturday. Would that work?

③ A: Hey, there! Are you heading to Janet's wedding next week?

B: You should have received an invitation. I sent it out last month.

④ A: I can't seem to get my brother to take my advice.

B: Be patient, and consider giving him some breathing room for now.

12 다음 글의 제목으로 가장 적절한 것은?

Professor Emeritus Robert Cialdini discovered one of the most important aspects of persuasion: *social proof.* This psychological phenomenon stems from a combination of uncertainty and a natural inclination toward social learning. Basically, when people are uncertain about the proper mode of behavior, or what to do in a given situation, they mirror the actions of the surrounding group. This tendency is particularly strong when the surrounding group is perceived as being composed of people similar to the individual, as this provides reassurance about and justification for a decision. For example, researchers conducting a door-to-door effort to collect donations found significantly higher contributions were made when the list of people who had already donated was longer, and those donations became even larger when the names were personal acquaintances of those being asked.

① Good Decision-Making

② Importance of Social Outreach

③ Acquaintance Dynamics

④ Tendency to Mirror Peers

13 다음 글의 주제로 가장 적절한 것은?

While everyone is familiar with economic inflation, a related concept that is more difficult to notice is shrinkflation. While inflation involves a higher price being charged for the same goods, with shrinkflation, the price remains the same, but the quantity of goods received is reduced, often subtly. For example, a chocolate company in 2014 maintained the price of its chocolate bar, but made a 25 percent reduction in its size by increasing the sizes of the grooves cut into the bar. Such actions provide competitive advantages. While their competition may raise prices during inflationary periods, companies are able to hide the fact that the same inflation is occurring for their products by reducing sizes instead. During non-inflationary periods, corporations do this to increase profit margins by using fewer resources to generate the same amount of revenue.

① price increases faced by manufacturers of goods

② a hidden form of inflation driving up costs

③ the importance of regulating corporate profits

④ adjustments to chocolate prices internationally

14 다음 글의 요지로 가장 적절한 것은?

University of Georgia researcher Linhao Zhang has completed a multiyear study of the sleep patterns and behavior of nearly 12,000 children. Zhang found that when children did not receive adequate sleep, they showed a substantially greater propensity for impulsive behavior further down the road. This involved poor impulse control, a lack of forethought and planning, a greater inclination to seek short-term benefits, and a lack of perseverance and patience. Zhang theorized that sleep provides a necessary opportunity to regulate hormones and process mental and emotional information, which helps children mitigate the impact of daily stress. As a result, Zhang's team concluded that there are significant consequences later in life for those deprived of getting enough sleep.

① Mitigating stress is necessary to process mental and emotional information.

② Individuals with high stress levels lacked enough sleep as children.

③ Without sufficient sleep, children become impulsive due to unmitigated stress.

④ Poor impulse control can lead to problems getting to sleep.

15 다음 글의 내용과 일치하지 않는 것은?

Traditionally farmed in Mexico and the southwestern United States, cacti have recently experienced a resurgence in agricultural popularity. They require very few resources to grow, as they do not need much water and are not a target for pests and other animals, eliminating the need for pesticides. Additionally, large portions of each plant are useful after a harvest, with both the stems and the prickly pears, or fruit, being edible. Harvesting these edible elements is a difficult procedure, however. Tongs are used to pick the fruit or remove the stems, and then the spines must be withdrawn, using one of a few different techniques. Often, the fruit is rolled across gravel or a screen to get the spines off, though it can also be scrubbed with a wire brush.

① 선인장의 재배는 최근 농업 분야에서 인기가 높아졌다.

② 선인장이 잘 자라기 위해서는 상당한 양의 화학 약품이 필요하다.

③ 선인장의 줄기와 열매는 사람이 먹을 수 있다.

④ 선인장 열매의 가시는 자갈에 굴려서 제거할 수 있다.

16 다음 글의 흐름상 어색한 문장은?

When I was studying to become a voice actor, I attended many lectures by famous voice coaches, but one made a point that really stuck in my mind. ① She emphasized the importance of the body when it comes to acting, even though the audience never sees the voice actor. ② "The body is the home of the voice," she said. "A freely expressive voice cannot occur without a free body." ③ Therefore, she encouraged us to become comfortable with our bodies and to move as appropriate no matter the performance type. ④ Samuels was famous for voicing animated characters before he switched to theater, which he claimed was his "true calling." After the lecture, I recorded myself performing the same monologue twice—once without moving and once following her tip. To my surprise, when I used my body, my performance sounded much more natural.

17 주어진 글 다음에 이어질 글의 순서로 가장 적절한 것은?

One of the greatest problems we face with renewable energy is the difficulty of storing excess power for distribution later.

(A) They have come up with a way to use sand, a cheap and abundant resource, to power a massive battery that is capable of storing large amounts of excess energy efficiently.

(B) Recently, however, a pair of Finnish engineers may have developed a sustainable solution to this problem, one that is scalable and efficiently deployable due to the aspects of its core component.

(C) The battery does this by retaining heat energy generated by raising the sand's temperature to 500 degrees Celsius using electricity from solar and wind power sources. That heat is transferred to the air to be re-circulated, distributed, or converted to hydroelectric power.

① (A) – (B) – (C)

② (B) – (A) – (C)

③ (B) – (C) – (A)

④ (C) – (A) – (B)

18 주어진 문장이 들어갈 위치로 가장 적절한 것은?

Frequently, these problems originate with feelings of distrust from management, leading to reciprocal animosity.

Many companies suffer from extremely high turnover rates, which cost employers a tremendous amount of money. Often, the root of these problems comes down to the specific tone and culture of the office. (①) Many managers and corporations unintentionally create an atmosphere that invites problems, ultimately driving away employees. (②) Such suspicion can be demonstrated by constantly watching over employees' shoulders or conducting frequent and unexpected performance reviews. (③) Even if it's meant to encourage office unity, these actions communicate to the employee that the manager does not trust them, immediately creating an antagonistic relationship. (④) This in turn adds to employee unhappiness and diminishes feelings of being valued. Instead, offering benefits like flexible work hours and increased freedom makes employees feel trusted, inspiring them to attempt to live up to that trust, which benefits the company.

※ 밑줄 친 부분에 들어갈 말로 가장 적절한 것을 고르시오. [19~20]

19

We have all seen people continue putting money, time, or effort into something that was never going to work. This is an effect of the sunk-cost fallacy, a particular cognitive bias that occurs after someone suffers a loss. After losing their initial investment to a poor decision, the rational, predictable decision for people would be to "cut their losses," minimizing the amount they lost. _____, however, many people attempt to rationalize the original loss and prove that the investment was in fact a good decision, thus succumbing to the sunk-cost fallacy. This occurs as a defense of their own egos, leading them to "throw good money after bad."

① Luckily

② Systematically

③ Originally

④ Counterintuitively

20

The constant flood of status updates and information about what our peers are up to at any given moment has been harnessed readily by advertisers, who use it to force comparisons with others and drive us to specific purchases to feel more successful. However, the benefits to the average person are significantly more questionable. While social media helps us stay connected with those we care about, it also leads to constant comparisons, influencing us in _____. These comparisons with others only foster feelings of false superiority. The best way to find happiness is to focus solely on oneself, avoiding comparisons with others altogether. Thus, the best thing we can do for our mental health is limit our time on social media platforms as much as possible.

① connecting with additional people

② following the latest popular trend

③ reaching for greater heights

④ measuring our own success

정답·해석·해설 p. 13

실전동형모의고사 02회
모바일 자동 채점 + 성적 분석 서비스 바로 가기

QR코드를 이용해 모바일로 간편하게 채점하고 나의 실력이 어느 정도인지,
취약 부분이 어디인지 바로 파악해 보세요.

02회 핵심 어휘 리스트

☑ 잘 외워지지 않는 어휘 및 표현은 박스에 체크하여 한 번 더 확인하세요.

□ poll	동 여론 조사를 하다	□ outreach	명 봉사활동
□ distinct	형 다른	□ dynamics	명 역학 관계
□ incessant	형 끊임없는, 잇따른	□ subtly	부 미묘하게
□ intentional	형 의도적인	□ profit margin	이익률, 이윤 폭
□ discordance	명 부조화, 불일치	□ revenue	명 수익, 수입
□ composition	명 구성, 배치	□ regulate	동 규제하다
□ equilibrium	명 평형 상태	□ adequate	형 충분한, 적절한
□ disharmony	명 부조화	□ substantially	부 상당히, 많이
□ modify	동 변경하다, 수정하다	□ propensity	명 경향
□ for the sake of	~을 위해서	□ forethought	명 사전 숙고
□ transparent	형 투명한	□ perseverance	명 끈기
□ insincerity	명 불성실, 무성의	□ resurgence	명 부활
□ accountability	명 책임, 의무	□ reciprocal	형 상호간의, 호혜적인
□ deception	명 기만, 속임	□ animosity	명 적대감, 반감
□ supposedly	부 아마도, 추측건대	□ suspicion	명 불신, 혐의
□ call off	취소하다, 중지하다	□ conduct	동 실시하다, 수행하다
□ reasonably	부 꽤, 상당히	□ antagonistic	형 적대적인
□ submission	명 제출	□ in turn	결국
□ installment	명 할부, 분할불입금	□ live up to	(기대 등)에 부응하다
□ persuasion	명 설득	□ rational	형 합리적인
□ inclination	명 경향, 성향	□ counterintuitively	부 직관에 반대되게
□ reassurance	명 확신	□ readily	부 쉽게, 선뜻
□ justification	명 정당성	□ foster	동 만들다, 증진하다
□ contribution	명 기여도, 기부금	□ superiority	명 우월함
□ acquaintance	명 지인, 아는 사람	□ solely	부 오직

Quiz 각 어휘 및 표현의 알맞은 뜻을 찾아 연결하세요.

01 distinct ⓐ 변경하다, 수정하다
02 disharmony ⓑ 다른
03 transparent ⓒ 지인, 아는 사람
04 installment ⓓ 부조화
05 acquaintance ⓔ 투명한
ⓕ 할부, 분할불입금

06 adequate ⓐ 오직
07 propensity ⓑ 충분한, 적절한
08 perseverance ⓒ 상호간의, 호혜적인
09 reciprocal ⓓ 경향, 성향
10 solely ⓔ 적대적인
ⓕ 끈기

Answer | 01 ⓑ 02 ⓓ 03 ⓔ 04 ⓕ 05 ⓒ 06 ⓑ 07 ⓓ 08 ⓕ 09 ⓒ 10 ⓐ

03 회 실전동형모의고사

제한 시간 : 20분 시작   시   분 ~ 종료   시   분 점수 확인   개/ 20개

※ 밑줄 친 부분에 들어갈 말로 가장 적절한 것을 고르시오. [01~03]

01

He tried to break the tension by being _____, but his inappropriate attempt at humor was not appreciated by those at the meeting.

① solemn

② somber

③ playful

④ pensive

02

The new worker's _____ penmanship made it hard for the other staff to read her notes.

① inedible

② illuminating

③ illegible

④ impertinent

03

After the civil war began, the international community worked hard at _____ disaster, but many civilians lost their lives to hunger and violence.

① taking off

② wearing out

③ holding back

④ varying from

※ 우리말을 영어로 잘못 옮긴 것을 고르시오. [04~05]

04

① 그녀는 햄버거 가게에서 먹느니 차라리 식사를 거르는 편이 나을 것 같았다.

→ She would rather skip a meal than eating at a burger restaurant.

② 불길이 너무 커서 소방관들은 그것을 진압하는 데 애를 먹었다.

→ The fire was so large that firefighters had trouble putting it out.

③ 승객들은 지연 이후 비행기에 타기를 간절히 바랐다.

→ The passengers were eager to board the plane after the delay.

④ 네가 관심 없는 일에 애써봐야 소용없다.

→ It's no use working on something in which you have no interest.

05

① 그는 폭력성 때문에 그 영화를 보는 것을 그만두었다.

→ He stopped watching the movie because of its violence.

② 그들은 자신의 성취에서 좀처럼 만족감을 찾을 수 없었다.

→ They rarely found no satisfaction in their achievements.

③ 그 콘서트는 3시간 동안 계속되었다.

→ The concert lasted for three hours.

④ 같은 학급의 학생들이 항상 같은 나이는 아니다.

→ Students in a class are not always the same age.

※ 글의 제목으로 가장 적절한 것을 고르시오. [06~07]

06

Every year, many people are admitted to hospitals during the flu season. In one area, there was a three-month surge in patient numbers. Hundreds needed treatment, and many had serious complications. The critical issue, however, was that most of the patients were elderly. Doctors call the increase in older patients the "gray tsunami." The elderly population has grown considerably, yet geriatric care programs have not caught up. This is a serious weakness in the health-care system.

* geriatric: 노인의

① Establishing the Causes of a Flu Epidemic

② Organizing Medical Programs for the Elderly

③ Overcoming Obstacles to Flu Vaccinations

④ Inadequacies in Health Care for the Aged

07

The little auk, a small northern European seabird, has had to change its foraging habits in the wake of global warming. Little auks used to hunt for zooplankton around sea ice where large colonies of these microorganisms would congregate. Lately though, it has been difficult for the birds to find enough food, as the ice has melted. However, they have managed to get around this problem by discovering that while zooplankton can no longer be found where they used to gather, they have not disappeared. Rather, the zooplankton have moved from sea ice to melting glaciers on land. The little auks have learned to forage for food in this new location, thereby ensuring their survival for the time being.

① How Auks Impact Global Warming

② Auks Contending With Climate Change's Effects

③ Zooplankton Drawn to Melting Glaciers

④ What Caused the Extinction of the Auk

08 글의 내용과 일치하는 것은?

Cloud systems enable users to store vast amounts of data on remote servers and networks. They rely on a single interface, such as an Internet program or a unique application tailored specifically to a client's needs. Instead of one user being responsible for running multiple programs from a single computer, all the necessary software can be accessed through the cloud. The burden shifts from the front end, a single computer network, to the back end, which consists of the sum total of computers, servers, and storage systems. Although cloud systems are simplifying the way we use information technology, they are not without disadvantages. The most concerning, as demonstrated by recent cyber security breaches, is their increased vulnerability, since users can log in from any location on a range of devices.

① Cloud systems are stored on remote servers.

② Cloud systems utilize a number of interfaces.

③ Cloud systems rely on a single powerful computer.

④ Cloud systems are vulnerable to security breaches.

09 고수에 대한 설명 중 글의 내용과 일치하지 않는 것은?

Coriander is a leafy herb used in global cuisines from Asia to Africa to the Americas. It is both added to dishes while they are cooking to impart a tart, lemon-lime taste and chopped and sprinkled atop finished dishes for additional flavoring and as a garnish. While coriander is common in various dishes worldwide, for many people, the herb ruins them because they think it has an unpleasant, soapy flavor. Scientists have linked this perception to a specific gene that makes some people particularly sensitive to chemical compounds called aldehydes, which are often used in detergents. When these people taste coriander, they immediately associate the flavor with cleaning supplies.

* aldehydes: 알데하이드(탄소 화합물 중 하나)

① 허브의 일종인 고수는 전 세계 문화권의 음식에 등장한다.

② 고수는 시큼한 과일 맛을 요리에 추가하기 위해 사용된다.

③ 고수에서 추출된 화합물은 비누에 향을 첨가하기 위해 사용된다.

④ 특정 유전자를 가진 사람은 고수의 맛을 좋아하지 않는다.

10 밑줄 친 부분에 들어갈 말로 가장 적절한 것은?

Ranging widely in color and size, algae are aquatic organisms that can significantly affect freshwater ecosystems. But while most varieties of green algae are harmless, certain types of blue-green algae produce toxins when certain conditions are present. Warm temperatures, sunlight, and waters rich in nutrients can cause this type of algae to reproduce quickly. Usually, these blooms are not toxic, but they can be a nuisance as they affect water quality. Also, blue-green algae become increasingly abundant when the level of a certain type of agricultural fertilizer is high. If the conditions for heightened growth persist, toxic algal blooms can occur, and these toxins can cause skin rashes, as well as organ and nervous system damage. This puts the humans, pets, and wildlife dependent on the water source at serious risk, as the water is unsafe for drinking and bathing. Hence, for the sake of public health, _____ _____.

① temporary tap water bans may be issued by local authorities

② sales of fertilizer must be encouraged in lakeside communities

③ warmer weather could help cause increases in blue-green algae

④ blue-green algae should be thoroughly mixed with agricultural fertilizer

11 밑줄 친 부분에 공통으로 들어갈 말로 가장 적절한 것은?

- They had to call the plumber because the kitchen sink was _____.
- He _____ his friend's story when the teacher asked if it was true.

① straightened out

② called for

③ backed up

④ came by

12 밑줄 친 'my character'를 가장 잘 표현하는 것은?

I ripped open the letter. I couldn't wait to read it. I always thought I'd be a shoo-in for the prestigious graduate program that I applied to and I expected to be accepted. I read the letter aloud to my mother. "Dear Ms. Summers, your application for Crimson University has been received and you meet all the qualifications for admission." I beamed, thinking "That's it! I'm in!" But then I read the next line. "However, we have already offered admission to the maximum number of incoming freshmen. Therefore, you have been put on our waiting list." My mother tried to console me, but I told her there was no need. I was sure some students would not accept the offer and I still had a good chance of getting in. My mother said she was proud of me and said my reaction revealed a lot about my character.

① nervous and sad

② upbeat and confident

③ confused and reactive

④ sullen and hopeless

13 밑줄 친 부분에 들어갈 말로 가장 적절한 것은?

A: I'm worried I'll get stuck in traffic on my way to my interview tomorrow morning.

B: Then take the bus. The bus lanes let them avoid the traffic.

A: It's in Shelbyville. There're no buses to there.

B: _____

① That's not a problem. You can use your bus pass.

② In that case, take the subway. There's a station by the library.

③ It's the most environmentally friendly way to go.

④ I've always preferred to live near my place of work.

14 두 사람의 대화 중 가장 어색한 것은?

① A: Do you want to come to lunch with me and Sylvia?

   B: I would, but I'm really busy.

② A: Hello. May I speak to Tom Metz?

   B: Certainly. Please hold while I get him.

③ A: Can you tell me where the bathroom is?

   B: Yes, it's at the end of the hallway.

④ A: Have you been to the movies lately?

   B: I prefer action movies.

※ 어법상 옳은 것을 고르시오. [15~16]

15

① I will both rest and relaxing while on vacation next week.

② Our family's cat is friendly, but she dislikes being touched by strangers.

③ The guy that you met him at my party is my father.

④ If you started saving early, you would have been wealthy today.

16

① The property owner wouldn't agree to sell his home.

② Wendy was accustomed to be given money by her parents.

③ The high cost of repairing home appliances make replacing them a better option.

④ Russel has been asked to oversee the company picnic, isn't he?

17 글의 흐름상 가장 어색한 문장은?

Everyone knows that it's important to protect your skin, especially if you're planning a day out in the sun. ① Unfortunately, the best sunscreen on the market with the highest SPF won't do you any good if you skimp. ② Recent studies show that less than 30 percent of people regularly use sunscreen. ③ It takes a minimum of 28 grams—about the size of a shot glass—to cover the entire body sufficiently when wearing a bathing suit. ④ If you are going to be stingy when applying, you might as well not use any lotion at all.

18 주어진 문장이 들어갈 위치로 가장 적절한 곳은?

Admitting to these flaws of character becomes preferable to conceding a weakness of intellect.

Self-sabotage may seem like contradictory behavior for someone who wants to succeed, but a surprising number of people do this. (①) One of the biggest reasons is that most people do not like believing themselves unintelligent. (②) For example, if students avoid studying for an exam and then get poor scores, they can justify the results by saying they didn't study. Others might confess to a lack of sleep or being distracted by personal problems. Whatever the reason, students know they would feel worse about failing if they had actually been prepared. (③) By being purposefully unprepared, they can blame their failure on the lack of diligence, discipline, or focus. (④) This protects the ego and makes failure easier to accept.

※ 밑줄 친 부분에 들어갈 말로 가장 적절한 것을 고르시오.
[19~20]

19

It is natural that _____ is something we look to others for. This is the reason we resist expressing our true feelings or acting in a way that conveys what we really believe. We fear what others might think of us if we did. This is understandable. Everyone wants to fit in. But if we yearn to always be accepted or liked, we could be setting ourselves up for disappointment. Not everyone will agree with our ideas and actions, and sometimes, we may even be flat-out rejected. If we are rebuffed, we shouldn't take it to mean that there is good reason for our being rejected. The opinions of others should have no effect on our self-worth. Only when we are honest with ourselves and stand firmly for what we believe in can we truly feel that we matter.

① approval

② conformity

③ making money

④ starting hobbies

20

Perhaps one of the most peculiar jobs in 19th-century England was the occupation of consuming sins. The work was relatively simple, albeit a bit morbid. Once a person passed on, a professional consumer would arrive and proceed to eat a meal off of the departed's chest. This practice would free the deceased person from _____. It originated from a fairly widespread superstition at the time. It was thought that when someone died, his or her misdeeds and errors could be absorbed by the person who ate a meal off the body. Families paid for the service because they believed it would "cleanse" their deceased loved ones of their transgressions and give them easier access into heaven.

① responsibilities he or she had

② the cares and worries of the day

③ the wrongs committed during life

④ what he or she missed the most

정답 · 해석 · 해설 p. 23

실전동형모의고사 03회
모바일 자동 채점 + 성적 분석 서비스 바로 가기

QR코드를 이용해 모바일로 간편하게 채점하고 나의 실력이 어느 정도인지, 취약 부분이 어디인지 바로 파악해 보세요.

03회 핵심 어휘 리스트

☑ 잘 외워지지 않는 어휘 및 표현은 박스에 체크하여 한 번 더 확인하세요.

□ solemn	휑 근엄한
□ somber	휑 침울한, 어두컴컴한
□ impertinent	휑 무례한, 버릇없는
□ civilian	몡 민간인
□ wear out	낡아서 떨어지다
□ be eager to	~하기를 간절히 바라다
□ admit	됭 (병원·시설 등에) 입원시키다
□ surge	몡 급증, 동요
□ considerably	휜 상당히, 많이
□ epidemic	몡 유행성 (전염병)
□ vaccination	몡 예방 접종
□ forage	됭 먹이를 찾다
□ colony	몡 군집
□ extinction	몡 멸종, 소멸
□ vast	휑 많은, 방대한
□ shift	됭 이동하다
□ simplify	됭 단순화하다
□ disadvantage	몡 결점
□ vulnerable	휑 취약한, 연약한
□ cuisine	몡 요리
□ impart	됭 첨가하다, 전하다
□ compound	몡 화합물, 혼합물
□ reproduce	됭 번식하다, 복제하다
□ temporary	휑 일시적인
□ call for	요구하다

□ prestigious	휑 명망 높은
□ reactive	휑 반발하는, 반응을 보이는
□ sullen	휑 시무룩한, 뚱한
□ replace	됭 교체하다
□ oversee	됭 감독하다, 감시하다
□ stingy	휑 인색한, 쩨쩨한
□ might as well	~하는 편이 낫다
□ preferable	휑 선호되는
□ concede	됭 인정하다, 수긍하다
□ sabotage	몡 파괴 행위
□ contradictory	휑 모순되는
□ confess	됭 고백하다, 자백하다
□ diligence	몡 근면, 성실
□ convey	됭 전달하다
□ fit in	(자연스럽게 ~와) 어울리다
□ yearn	됭 갈망하다, 동경하다
□ rebuff	됭 거절하다
□ approval	몡 동의, 인정
□ conformity	몡 순응, 복종
□ peculiar	휑 특이한, 이상한
□ morbid	휑 소름 끼치는
□ pass on	임종하다
□ departed	휑 죽은
□ superstition	몡 미신
□ misdeed	몡 악행

Quiz 각 어휘 및 표현의 알맞은 뜻을 찾아 연결하세요.

01 compound	ⓐ 파괴 행위
02 sabotage	ⓑ 번식하다, 복제하다
03 reproduce	ⓒ 소름 끼치는
04 morbid	ⓓ 먹이를 찾다
05 forage	ⓔ 화합물, 혼합물
	ⓕ 군집

06 vulnerable	ⓐ 인색한, 쩨쩨한
07 peculiar	ⓑ 급증, 동요
08 surge	ⓒ 특이한, 이상한
09 stingy	ⓓ 취약한, 연약한
10 conformity	ⓔ 순응, 복종
	ⓕ 침울한, 어두컴컴한

04회 실전동형모의고사

제한 시간 : 20분 시작   시   분 ~ 종료   시   분 점수 확인   개/ 20개

01 밑줄 친 부분에 들어갈 말로 가장 적절한 것은?

Much of the underground infrastructure in the United States is _____, but replacing the pipelines and gas lines with modern versions less prone to rupture would cost trillions.

① flammable

② obsolete

③ productive

④ complete

※ 밑줄 친 부분의 의미와 가장 가까운 것을 고르시오. [02~04]

02

Government subsidies are expected to temporarily mitigate the difficulties of industries that have suffered big losses during the pandemic.

① provoke

② dissuade

③ allay

④ challenge

03

Kelly often felt put-upon by her colleagues who expected her to fix their errors.

① caught on

② owed a favor by

③ found out

④ taken advantage of

04

To be scorned by one's own peers or family is the most hurtful of all experiences.

① regarded

② disrespected

③ approved

④ enabled

05 어법상 옳은 것은?

① The roller coaster ride was truly frightened, and I never want to ride on it again.

② The workers did not dare to questioning their manager's decision.

③ She needs to leave for the airport now as she is catching a flight to Los Angeles at 10 today.

④ How much did you agree with among the numerous ideas presented at the conference?

06 밑줄 친 부분의 의미와 가장 가까운 것은?

Mayor Bronson made a pitch for lowering the sales tax in his annual report on the city's finances. He claimed that a reduction in the tax rate would pay for itself because citizens would spend more and improve the city's economy.

① protested against

② quietly questioned

③ strongly opposed

④ advocated for

07 밑줄 친 부분 중 어법상 옳지 않은 것은?

Robert Ralph Carmichael, a well-known international artist, painted landscapes in Canada and taught art, even ① mentoring young artists who admired him "for his methodical approach and perfectionism." But in the mid-1980s, Carmichael gained even greater fame when he designed the coin ② that came to replace Canada's old one-dollar banknote. Among the several versions made by Carmichael ③ were the 11-sided piece that featured a loon, a North American diving bird. The coin was eventually called the "loonie", with the bird ④ depicted on its back and Queen Elizabeth on the front.

08 우리말을 영어로 잘못 옮긴 것은?

① 내가 충분한 돈을 모았었다면, 나는 지금 바하마로 가는 길일 텐데.
→ If I had saved enough money, I would be on my way to the Bahamas now.

② 그 부팀장 자리는 누구든 모든 필요조건들을 충족시키는 사람에게 주어질 것이다.
→ The assistant manager position will be offered to whomever meets all the qualifications.

③ 내 여동생이 일어났었기 때문에, 나는 그녀가 일하러 갈 준비를 하고 있다고 생각했다.
→ Since my sister had awakened, I thought she was getting ready to leave for work.

④ 그는 오늘 아침에 마감일을 놓쳐서 곤경에 빠졌다.
→ He was in hot water for missing the deadline this morning.

09 밑줄 친 (A), (B)에 들어갈 말로 가장 적절한 것은?

Classical conditioning is a learning process that uses associations between something that naturally occurs and an environmental stimulus. It was discovered by Ivan Pavlov, whose experiments conditioned dogs to associate food with a ringing bell. He did this by ringing the bell when food was served, which trained the dogs to salivate when they heard the bell, whether or not food was being served.   (A)   , operant conditioning is about associating a voluntary behavior and a usually negative consequence. This can be utilized not just on animals in experiments but also on people in real life.   (B)   , a child who is scolded every time he eats candy will learn to associate candy with disapproval. Although it may cause the child to avoid candy so as not to get a scolding, it could also teach the child to hide his weakness for candy by eating candy in secret.

	(A)	(B)
①	In addition	Therefore
②	Consequently	Likewise
③	On the other hand	For instance
④	In other words	Otherwise

10 다음 글의 주제로 가장 적절한 것은?

Wearable step-counting devices have become popular now that people are more aware of the benefits of walking. One type features an internal mechanism so that when a person walks or runs the vertical movements of the steps taken cause a spring-suspended lever to move. Each time it moves, it opens and closes an electrical circuit, which registers the steps taken. This type is known as a spring-lever device because the spring reacts to movement. Another type uses a transducer, which converts energy from one form to another. A piezoresistive transducer detects mechanical energy in the form of pressure and converts it into electrical energy. When a person walks or runs, patterns of both positive and negative accelerations are recorded, with peaks of acceleration registering as steps. This type of mechanism is known as an accelerometer and is considered more accurate than spring-levered devices.

* piezoresistive transducer: 압전 저항형(압력을 가하면 저항이 변하는) 변환기

① How step-counting devices have grown in popularity

② How people became more health-conscious

③ How wearable step-counting devices work

④ How step-counting devices have technically advanced

11 밑줄 친 부분에 들어갈 말로 가장 적절한 것은?

A: The printer doesn't seem to be working.

B: I just used it. It seemed fine.

A: That's strange. I keep sending a print request and it keeps getting cancelled.

B: It's possible your computer isn't set up properly.

A: _____?

B: Sure. OK, now I see what the problem is. You're connected to the wrong printer.

A: Oh, I see. Is there any way to fix it?

B: I'll set it up for you now.

① Is there a chance you're wrong

② Can you come and look at my computer

③ When will you send another print request

④ Are you trying to print a color document

12 우리말을 영어로 잘못 옮긴 것은?

① 네가 떠날 때 알람을 켤 것을 반드시 기억해라.

→ Be sure you remember turning on the alarm when you leave.

② 그들의 그 리조트 방문은 나의 방문보다 더 나았다.

→ Their stay at the resort was better than mine.

③ 새로운 선거 규칙이 일부 시민들에게서 투표할 권리를 박탈했다.

→ The new election rules deprived some citizens of the right to vote.

④ 관리자들은 새로운 사고를 하는 직원들을 높이 평가한다.

→ Supervisors appreciate employees who think outside the box.

13 두 사람의 대화 중 가장 자연스러운 것은?

① A: Do you know what street it's on?

B: Wow, this is the busiest road in the city.

② A: Why are you going to bed so early?

B: I need to head off to work at 8.

③ A: Are you going to go there on foot?

B: Yes, I broke my toe yesterday.

④ A: Have you heard the latest news?

B: That's what I hear too.

14 다음 글의 제목으로 가장 적절한 것은?

The Notre Dame Cathedral, an edifice of great immensity, started out as a small church in the Ile-de-la-Cite in 1345. Since then, the cathedral has symbolized church authority. Its continued existence despite being damaged during the French revolution and by earlier fires attests to the importance of the structure to church officials. Thus, preserving the cathedral was critical. Many structural details and appendages were added to the building, such as the flying buttresses to support the Gothic walls, the gargoyles, and the famous spire. These additions greatly increased the size of the structure and added to its importance. The once humble church is now the largest cathedral in Paris and one of the city's most well-known landmarks.

① The Architectural Patterns of a Gothic Structure

② The Irreplaceable Spire of the Cathedral

③ The Use of Notre Dame as a Famous Landmark

④ Notre Dame's Expansion from Church to Landmark

15 글의 흐름상 가장 어색한 문장은?

The humanities and the sciences, two unrelated disciplines, are often seen as polar opposites. ① Despite their seeming incompatibility, however, it is not incorrect to say that science majors can benefit from the humanities. ② Students interested in this discipline may take courses in history, philosophy, literature, linguistics and so on. ③ Writing skills are a requisite for humanities majors, but it cannot be denied that students of science also need to develop and use these same skills; after all, they write science proposals and reports. ④ Moreover, science researchers benefit from having a human perspective, as the desire for truth is a human desire. Though scientists are stereotyped as individuals in lab coats, they also need to communicate scientific ideas to the public.

16 밑줄 친 부분에 들어갈 말로 가장 적절한 것은?

Tragedy occurred on April 15, 1912, when the Titanic struck an iceberg and sank into the Atlantic Ocean on its maiden journey from the United Kingdom to New York City. This was one of the worst maritime disasters in history, as it resulted in the deaths of numerous passengers, hundreds of whom were emigrants hoping to begin a new life in America. Out of the 2,224 people who had boarded the ship, only 705 survived. The Titanic had been seen not only as a symbol of liberty but also as an architectural marvel. Restaurants, a swimming pool, a library, and a gymnasium could all be found on the ship. Sadly, these facilities were barely used, and the dreams of the people who were heading to America ＿＿＿＿＿＿＿＿＿＿ never came to fruition. By the time a rescue ship arrived, the Titanic had already sunk to the bottom of the sea.

① to live in a free and prosperous country

② to visit relatives and friends

③ to find work on a luxury ocean liner

④ to be first to cross the Atlantic Ocean

17 다음 글의 요지로 가장 적절한 것은?

Studies show that of people aged 75 or older, 1 out of every 3 men and 1 out of every 2 women do not engage in any physical activity. A lack of physical activity is particularly dangerous for the elderly, whose bones weaken with age and who are more prone to falls and serious accidents. Therefore, it is recommended that they experience at least 150 minutes of physical activity per week. This could include simple things such as taking a brisk walk outside, riding a bicycle, or even pushing a lawnmower. Some communities even hold regular dance nights for seniors, which also contribute to their health. By moving and exercising enough, the elderly can spend their years in relative comfort.

① Sufficient moderate exercise is crucial for seniors to maintain their health.

② Seniors are reluctant to exercise as they get older.

③ People over 75 should refrain from doing too much physical activity.

④ Weekly dance events are the best way for seniors to get exercise.

18 주어진 글 다음에 이어질 글의 순서로 가장 적절한 것은?

Like our grandmothers used to tell us, weather disturbances can cause bodily pain, and there may be a scientific reason behind it.

(A) For instance, when barometric pressure drops, such as right before a thunderstorm, there is less pressure on our bodies, allowing the tissue inside to swell.

(B) As a result, the swollen tissue exerts pressure on our joints, and we feel it in our hips, knees, hands, and shoulders, which swell and cause pain. This is probably why our grandmothers would tell us that a storm was coming—the proof was the pain in their joints.

(C) Although we don't often think about it, the air in Earth's atmosphere presses down on everything below it including our bodies. This is called barometric pressure, and any change in it has an effect on us.

① (A) – (B) – (C)

② (B) – (A) – (C)

③ (C) – (A) – (B)

④ (C) – (B) – (A)

19 주어진 문장이 들어갈 위치로 가장 적절한 것은?

> But surveys indicate that they are expected to be the most pivotal where social impact is concerned, and one proof of this is their outspokenness when it comes to social issues.

Generation Z, the individuals born between 1997 and 2012, is considered by sociologists to be the most critical of all the age groups of the past century, including the Silent Generation, the Boomers, Gen X, and the Millennials. (①) They were just children when the iPhone was released and are the most tech savvy of the groups, leading some to conclude that Gen Z is also the most distracted. (②) They are accused of being addicted to the technology that they grew up with, always having a phone in hand and seemingly living for social media. (③) Older generations often dismiss them as frivolous, and caring only about themselves and not other members of society. (④) These young people are more likely to protest injustices in society, including racial, financial, and gender inequalities.

20 다음 글의 내용과 일치하지 않는 것은?

Soil is a precious natural resource known to support all living things on Earth. Yet, it is easily depleted, especially by agriculture—the practice of plant cultivation that began only several thousand years ago. In that relatively short period, increases in human populations worldwide boosted the demand for agricultural commodities. Farmers cleared forests and converted grasslands and marshlands to farmlands to plant food crops, such as coffee, soy beans, and wheat. The soil quickly lost its ability to maintain itself and stay healthy. In addition, because the trees and shrubs had been stripped away, the soil easily washed away whenever it rained. In fact, half of the topsoil—the uppermost part of the soil which has the greatest concentration of nutritive elements, is now gone—and what remains is much too degraded to support plant growth and the soil ecosystem.

① The value of soil to living things on earth is that it sustains life.

② Farmers turned farmland into wetlands to plant edible products.

③ The growth in the global population has increased the demand for farm products.

④ The remaining soil is not effective in helping plants grow healthily.

정답·해석·해설 p. 33

실전동형모의고사 04회
모바일 자동 채점 + 성적 분석 서비스 바로 가기

QR코드를 이용해 모바일로 간편하게 채점하고 나의 실력이 어느 정도인지, 취약 부분이 어디인지 바로 파악해 보세요.

04회 / 핵심 어휘 리스트

☑ 잘 외워지지 않는 어휘 및 표현은 박스에 체크하여 한 번 더 확인하세요.

□ underground	혱 지하의	□ set up	설정하다
□ rupture	몡 파열	□ latest	혱 최신의, 최근의
□ flammable	혱 가연성의	□ edifice	몡 건물, 조직
□ obsolete	혱 노후화된	□ attest	동 증명하다
□ subsidy	몡 보조금	□ humble	혱 보잘것없는, 변변찮은
□ provoke	동 유발하다, 짜증 나게 하다	□ architectural	혱 건축의, 건축학의
□ dissuade	동 만류하다	□ irreplaceable	혱 대체할 수 없는
□ allay	동 가라앉히다, 누그러뜨리다	□ humanities	몡 인문학
□ catch on	인기를 얻다	□ discipline	몡 학문, 훈육
□ scorn	동 멸시하다 몡 멸시	□ linguistics	몡 언어학
□ regard	동 간주하다	□ stereotype	동 정형화하다
□ frighten	동 무섭게 하다	□ maiden	혱 최초의
□ reduction	몡 인하, 감소	□ emigrant	몡 이민자, 이주민
□ protest	동 항의하다, 반대하다	□ liberty	몡 자유
□ advocate	동 옹호하다, 지지하다	□ moderate	혱 적당한, 중도의
□ methodical	혱 체계적인, 꼼꼼한	□ disturbance	몡 (날씨의) 저기압
□ perfectionism	몡 완벽주의	□ swell	동 붓다
□ qualification	몡 필요조건, 자격	□ pivotal	혱 중추적인, 중심이 되는
□ association	몡 연상, 연관성	□ distracted	혱 산만한, 정신없는
□ salivate	동 침을 흘리다	□ dismiss	동 일축하다, 묵살하다
□ disapproval	몡 비난, 반감	□ frivolous	혱 경박한
□ weakness	몡 기호, 편애	□ precious	혱 귀중한
□ vertical	혱 수직적인	□ deplete	동 고갈시키다
□ register	동 기록하다, 기재하다	□ degrade	동 퇴화하다
□ detect	동 감지하다	□ edible	혱 식용의

Quiz 각 어휘 및 표현의 알맞은 뜻을 찾아 연결하세요.

01 rupture	ⓐ 노후화된	
02 obsolete	ⓑ 옹호하다, 지지하다	
03 provoke	ⓒ 유발하다, 짜증 나게 하다	
04 catch on	ⓓ 항의하다, 반대하다	
05 advocate	ⓔ 파열	
	ⓕ 인기를 얻다	

06 edifice	ⓐ 퇴화하다	
07 degrade	ⓑ 중추적인, 중심이 되는	
08 frivolous	ⓒ 건물, 조직	
09 stereotype	ⓓ 경박한	
10 pivotal	ⓔ 보잘것없는, 변변찮은	
	ⓕ 정형화하다	

Answer | 01 ⓔ 02 ⓐ 03 ⓒ 04 ⓕ 05 ⓑ 06 ⓒ 07 ⓐ 08 ⓓ 09 ⓕ 10 ⓑ

05회 실전동형모의고사

제한 시간 : 20분 | 시작 　시　 분 ~ 종료 　시　 분 | 점수 확인 　개/ 20개

※ 밑줄 친 부분의 의미와 가장 가까운 것을 고르시오.
[01~02]

01

The magazine's editor proofread the article about the dangers of sleep deprivation and found some unclear parts, which had to be revised.

① improved
② published
③ advanced
④ diversified

02

When Jacob first arrived in the country as an immigrant, he had no choice but to toil away at menial jobs for little pay. Nevertheless, he persevered by saving his money and learning about private business ownership, and he now runs a very promising tech startup.

① practical
② formidable
③ lowly
④ intricate

03 두 사람의 대화 중 가장 어색한 것은?

① A: Do you know how much a plane ticket to Guam is?
　 B: I can give you an approximate figure.

② A: I didn't expect the professor to give a pop quiz today.
　 B: Me neither. It was very surprising.

③ A: My wisdom tooth has been hurting. Should I get it pulled, doctor?
　 B: We will need to take an X-ray first.

④ A: You didn't answer the phone when I called earlier.
　 B: I didn't understand your answer.

04 밑줄 친 부분에 들어갈 말로 가장 적절한 것은?

A: It was difficult to find your house while I was driving.

B: Sorry about that. This neighborhood gets especially dark at night.

A: Yeah, there were too few streetlights.

B: I know. They're obscured by all the trees and foliage.

A: Why doesn't the city cut some of the branches down?

B: They tried it once, but then the trees looked terrible.

A: _____?

B: Not right now. But the city is planning to install more streetlights soon.

① What is the reason the city didn't plant more trees
② Why didn't I see any of the streetlights
③ Is there any easy solution
④ Aren't those lamps already bright enough

05 밑줄 친 부분 중 어법상 옳지 않은 것은?

Former US President and Nobel Prize recipient Woodrow Wilson was ① as widely admired for his political accomplishments as for his leadership, but during his tenure, his treatment of African Americans ② was deplorable. For example, many universities began to accept black students, only for Wilson ③ to oppose this initiative. He worked to undo many of the social gains made by black Americans by appointing ④ uniting white members to his cabinet and removing black people from all positions of influence within the government.

06 어법상 옳은 것은?

① Customers can receive a 50 percent discount by visit the store's website.

② He looked desperately all over the house for fear that his wallet was gone.

③ Skeptics inaccurately believe frozen temperatures are proof that climate change isn't real.

④ We thought Jonathan was forgotten about pursuing the promotion.

07 주어진 글 다음에 이어질 글의 순서로 가장 적절한 것은?

Loss-aversion marketing, or FOMO marketing, revolves around manipulating consumers into believing that they will be excluded from an opportunity. It is a powerful and commonly used trick in modern advertising.

(A) To demonstrate that such regret will occur and that the experience is worth participating in, forms of peer pressure are often used. This is why websites will show how many of an item has been sold, for example.

(B) The technique relies on the feeling of "FOMO," or "fear of missing out." The idea is to create an experience that people might later regret not taking part in, and indicate the potential for this regret to customers.

(C) Similar tactics increase the pressure of a potential regret by giving consumers limited time to take advantage of an offer, creating the illusion that customers must act now or miss out, a tactic becoming more effective recently, as social media has increased our aptitude to be susceptible to these maneuvers.

* aptitude 성향, 습성

① (B) – (A) – (C) 　② (B) – (C) – (A)

③ (C) – (A) – (B) 　④ (C) – (B) – (A)

08 다음 글의 내용과 일치하는 것은?

Deep within South Africa's Blombos Cave, archaeologists found an image that they believe is the oldest drawing made by human hands ever to be discovered. At an estimated 73,000 year old, it is nearly four times older than the more famous cave paintings of wildlife found in the Lascaux Caves of France. The older image is much simpler than its successor, as it consists only of lines made with an ochre crayon. Even though not a fully finished picture, it is just as important. Experts believe that the arrangement of the lines required thought and indicates cognition in our early ancestors. As such, the drawings are one of the earliest examples of human creativity. In fact, the lines could be an early example of the usage of symbols by early humans. Much like other prehistoric, or preliterate artworks, the lines likely represented some significant meanings that the artist wanted to memorize before written languages appeared.

* ochre: 황토, 황토색

① The last prehistoric human work of art was found in an African cave.

② The Blombos drawing resembled early artwork found in Europe.

③ Thought was required to arrange the drawing, indicating early creativity.

④ Prehistoric artwork only served an aesthetic purpose rather than a functional one.

09 다음 글의 주제로 가장 적절한 것은?

In 1882, inventor Nikola Tesla was hired to work in one of Thomas Edison's laboratories in New York City. Edison told Tesla he would pay him $50,000 to improve the design of one of his electric motors, but when Tesla completed the task after months of painstaking work, Edison claimed that the offer he had put forth initially had been made merely in jest. Feeling betrayed, Tesla resigned on the spot and soon registered a patent for his own electric motor design. The licensing rights to the device were thereafter purchased by George Westinghouse, a businessman who had already acquired a similar design from Italian inventor Galileo Ferraris. Westinghouse had feared that Tesla's patent would otherwise be snapped up by one of Westinghouse's competitors, so he moved with haste to acquire the rights. Tesla subsequently spent a year as an engineering consultant for Westinghouse, who at the time was engaged in a fierce battle with Edison over the advantages of alternating and direct current. This consulting position effectively placed Tesla in direct competition with his old nemesis who had once ripped him off.

① An engineer as a businessman

② An inventor and intellectual property

③ Electricity in automobiles

④ Disputes of rights and ownership

10 글의 흐름상 가장 어색한 문장은?

Accepting welfare during tough times has helped many individuals get back on their feet. Nonetheless, Australia's welfare system has been abused time and again. To prevent misuse, the government has put into effect what it calls "work for the dole." ① It requires those receiving benefits to provide labor to various charities and government agencies—including landscaping, hairdressing, and maintenance—in exchange for money. ② This sends a clear message that it is never acceptable to get something for nothing. ③ The government provides a list of reputable charities for which people may do volunteer work. ④ "Work for the dole" not only prevents the assistance program from being misused but also gives recipients the opportunity to work for their welfare. Those who do not comply with the requirements have their payments cut off.

※ 밑줄 친 부분의 의미와 가장 가까운 것을 고르시오. [11~12]

11

With red tomatoes, white mozzarella cheese, and green basil, the colors of the caprese salad are reminiscent of the Italian flag.

① conscious of   ② aligned with

③ recognized by   ④ remindful of

12

Flight attendants are sometimes thought of as servers, but they are actually highly trained professionals who must <u>be acquainted with</u> a variety of safety procedures.

① have knowledge of   ② take away from

③ be related to   ④ work hard for

※ 밑줄 친 (A), (B)에 들어갈 말로 가장 적절한 것을 고르시오.
[13~14]

13

The Baron de Montesquieu believed that an ideal government was one in which power was equally distributed among the officials who created the laws, the rulers who enforced them, and the judges who interpreted them. Montesquieu's idea is included in the _____(A)_____ of many nations nowadays, reflecting his profound influence on legal systems. His objective was to prevent any one individual or group from having too much power. Montesquieu wanted the power to _____(B)_____ between authorities and thought it important to make sure that no one be afraid of anyone else.

    (A)   (B)

① constitutions   be balanced

② regulations   generate

③ privileges   aggregate

④ industries   be established

14

When it comes to protesting for a cause, university students are some of the most active demonstrators. The combination of a thriving academic environment with a large community makes it easy for groups of students to band together. Through the experience, they develop their own perspectives and interest in social issues. _____(A)_____, these protests do not come without a cost for the students. Because they must occur when they would be most effective, the protests often take place during the daytime, which forces students to make the decision to skip their classes in order to participate in them. _____(B)_____, their academic standing—in addition to inconveniencing teachers who had prepared their lessons—is at risk. In order to support causes in a responsible way, students should only consider getting involved when doing so does not conflict with their studies.

    (A)   (B)

① Therefore   At last

② However   Despite this

③ Therefore   Conversely

④ However   As a result

15 주어진 문장이 들어갈 위치로 가장 적절한 것은?

> The same advice applies in other situations as well, especially with regard to those involving mental health.

Sometimes putting yourself first is the best thing you can do for others. (①) Only when you are in a good state personally can you give others what they need from you. (②) A good example of this occurs on airplanes when passengers are told that it is best for them to put on their own mask before helping those around them in case of an emergency. (③) If you're worried about yourself or exhausted, it can make it impossible for you to give relationship partners the emotional support that they require. (④) By prioritizing yourself and your needs, you aren't being selfish; you're making it possible for you to be in the best position to interact with others.

16 우리말을 영어로 잘못 옮긴 것은?

① John의 여동생은 그가 그녀에게 전화할 새 전화기를 사주었다.
→ John's sister bought a new phone for him to call her with.

② 많은 정치인들은 그들이 사안에 대해 틀렸다는 것을 인정하는 데 어려움을 겪는다.
→ Many politicians have difficulty admitting that they were wrong about an issue.

③ 연간 최고 판매자 상은 25년 동안 가장 많은 매출을 올린 부동산 중개인에게 수여되었다.
→ The annual Top Seller award has given to the realtor with the most sales for 25 years.

④ 할머니께서는 내가 아직 빵집에 있다면 바게트를 사 올 것을 요청하셨다.
→ Grandmother asked me to get a baguette as long as I was still at the bakeshop.

※ 다음 글의 내용과 일치하지 않는 것을 고르시오. [17~18]

17

Tuberculosis, abbreviated TB, is a deadly bacterial disease that affects the respiratory system. It is often characterized by a persistent cough that lasts for weeks, fever, and general fatigue. The disease, which affects millions of people each year, can be spread through the air when an infected person coughs, sneezes, or speaks. When this occurs, healthy people nearby may breathe in the bacteria and contract the disease. With the discovery of antibiotics and other effective medications, TB was relatively straightforward to treat. But nowadays, a new form of drug-resistant TB has emerged. This more recent and deadly strain is the result of late diagnoses by doctors, as well as patients who do not complete their prescribed course of treatment. In the latter case, patients may feel that they are getting better and stop taking their medication. The bacteria that are most resistant to treatment remain, and they replicate, getting more resilient over time. In order to prevent potential future large-scale outbreaks of this easily transmissible pathogen, it is crucial that all TB patients receive prompt medical attention and that they take all of their prescribed medications.

① TB is a sometimes fatal disease caused by an infection of microorganisms.

② People with TB can infect others around them only through physical contact.

③ Medicines discovered in the past made it relatively uncomplicated to treat TB.

④ Not finishing prescriptions and late treatment are causing a more dangerous form of TB.

18

Narcissism is far more complicated than simply being vain or having an unwarranted sense of entitlement. While these are certainly symptoms, there is reason to believe that narcissism is actually an internal mechanism for people to deal with feelings of shame. Some theorists posit that the projection of strong attitudes by many narcissists is an affectation that masks the fact that their self-esteem is actually the opposite from how it is presented. Not wanting to reveal this inner fragility, they do everything they can to pretend to be strong and completely justified in their actions, even if they blatantly lack empathy or concern for others. Narcissists believe that this will protect them from others getting too close to them and learning their weaknesses, and in many cases, they are right, as their disengaged and uncaring behavior tends to drive people away.

① Vanity and undeserved privilege are only two aspects of narcissism.

② Narcissism is thought to be a coping mechanism for shame.

③ People with low self-esteem may develop narcissism to cover up the condition.

④ Projection attracts people to narcissists and boosts their self-confidence.

※ 밑줄 친 부분에 들어갈 말로 가장 적절한 것을 고르시오.
[19~20]

19

In the 1980s, chemists succeeded in creating the first molecular motors, which convert light or chemical energy into mechanical motion. Since then, _____.
For instance, one team of researchers put together several molecular motors and axles to invent a four-wheel-drive "nanocar." This tiny vehicle is immensely sophisticated and elaborate, despite being a thousand times thinner than a single human hair. Scientists foresee an exciting future in which these high-tech devices could be put to work, say, in the human body, performing tasks like searching for and destroying cancer cells. As the complexity of these machines advances, so too will their usefulness.

① harnessing light energy has become a goal

② researchers have focused on powering automobiles

③ scientists have developed machines of increasing intricacy

④ technology has been used to treat diseases

20

Throughout history, followers of nearly every religion have presented gifts to their gods. Offering something to a divine being is one way that people express thanks, atone for sins, and win the approval of the beings they believe control their fates. While most cultures have made symbolic donations of wine or food to the heavens, certain groups, like the Aztec civilization, went much further. Believing that their deities had given up the life of one of their own for the sake of humanity, the Aztecs felt a great deal of indebtedness. As a result, they decided to _____ their most valuable possessions—animals, crops, art, and even human hearts—in return. While it may have inconvenienced or saddened them to lose items and eliminate the good's practical value, they felt that it was necessary for the continued existence of the world.

① adorn

② respect

③ sacrifice

④ ascribe

정답·해석·해설 p. 44

05회 핵심 어휘 리스트

☑ 잘 외워지지 않는 어휘 및 표현은 박스에 체크하여 한 번 더 확인하세요.

□ proofread	통 교정을 보다		□ take away from	~을 폄하하다
□ diversify	통 다각화하다		□ enforce	통 집행하다
□ menial	형 하찮은, 천한		□ constitution	명 헌법
□ formidable	형 어마어마한		□ aggregate	통 모이다
□ intricate	형 복잡한		□ combination	명 결합
□ neighborhood	명 근처, 인근		□ inconvenience	통 불편을 끼치다, 폐를 끼치다
□ recipient	명 수상자, 수령인		□ with regard to	~에 관련해서
□ tenure	명 재임 기간		□ selfish	형 이기적인
□ deplorable	형 개탄스러운, 한탄할		□ interact	통 교류하다, 상호작용을 하다
□ skeptic	명 회의론자		□ realtor	명 부동산 중개인
□ aversion	명 회피		□ abbreviate	통 축약하다, 줄여 쓰다
□ manipulate	통 (교묘하게) 조종하다		□ respiratory	형 호흡의
□ maneuver	명 교묘한 조치, 술책		□ persistent	형 끊임없는
□ archaeologist	명 고고학자		□ fatigue	명 피로
□ successor	명 뒤를 잇는 것, 후임자		□ contract	통 (병에) 걸리다
□ prehistoric	형 선사시대의		□ strain	명 변종
□ aesthetic	형 미적인		□ outbreak	명 (병의) 발병, 발발
□ betray	통 배신하다		□ vain	형 허영심이 많은
□ resign	통 사임하다		□ entitlement	명 권리
□ patent	명 특허권		□ fragility	명 연약함, 깨지기 쉬움
□ property	명 재산, 소유물		□ convert	통 전환시키다
□ put into effect	시행하다		□ harness	통 활용하다
□ reputable	형 평판이 좋은		□ atone	통 속죄하다
□ reminiscent of	~을 연상시키는		□ adorn	통 꾸미다, 장식하다
□ remindful	형 생각나게 하는		□ ascribe	통 ~의 탓으로 하다, ~에 돌리다

Quiz 각 어휘 및 표현의 알맞은 뜻을 찾아 연결하세요.

01 remindful	ⓐ 생각나게 하는		06 aggregate	ⓐ 모이다
02 constitution	ⓑ 회피		07 patent	ⓑ 허영심이 많은
03 persistent	ⓒ 헌법		08 respiratory	ⓒ 호흡의
04 aversion	ⓓ 복잡한		09 vain	ⓓ 특허권
05 intricate	ⓔ 시행하다		10 harness	ⓔ 개탄스러운, 한탄할
	ⓕ 끊임없는			ⓕ 활용하다

Answer | 01 ⓐ 02 ⓒ 03 ⓕ 04 ⓑ 05 ⓓ 06 ⓐ 07 ⓓ 08 ⓒ 09 ⓑ 10 ⓕ

06회 실전동형모의고사

제한 시간 : 20분 시작 시   분 ~ 종료 시   분 점수 확인   개/ 20개

※ 밑줄 친 부분의 의미와 가장 가까운 것을 고르시오.
[01~02]

01

> The scientist was able to debunk the widely held belief that the Earth was flat by providing concrete evidence of its spherical shape.

① alleviate

② elaborate

③ disprove

④ counterfeit

02

> The opinions of Tim Starr, the young animal-rights activist, ran counter to the actions some chemical companies were taking.

① were restricted

② were suited

③ were opposed

④ were accustomed

03 두 사람의 대화 중 가장 어색한 것은?

① A: I heard you got in a car accident the other day.
   B: I was taken by surprise when another car stopped suddenly.

② A: Do you still talk to your friends from high school?
   B: We've lost touch over the last few years.

③ A: Could you do me a favor real quick?
   B: I tend to favor summer more than winter.

④ A: How are things going with your boyfriend?
   B: He tore my heart out and ended things.

04 밑줄 친 부분에 들어갈 말로 가장 적절한 것은?

> A: Have you seen the movie *Final Arguments*?
> B: No, what is it about?
> A: It's the story of a man in prison for murder and his struggle to prove his innocence.
> B: _____?
> A: It's a new actor named Josh Cruz. This was his first role, but he gave one of the best performances I've ever seen.
> B: Sounds great! I'll check it out.

① Who directed the movie

② Who told you about it

③ Who played the lead part

④ Who do you think did it

※ 우리말을 영어로 잘못 옮긴 것을 고르시오. [05~06]

05

① 내가 너에게 사주려고 했던 그 선물들은 가게에서 매진되었다.
   → The presents I was intending to buy you were sold out in stores.

② 그 팀원들은 회의 후에 간단히 자기소개를 했다.
   → The team members briefly introduced themselves prior to the meeting.

③ 그 11살 소년이 하버드에 합격했을 때 대대적으로 보도되었다.
   → The 11-year-old boy made headlines when he got accepted to Harvard.

④ 학생들은 숙제를 하는 것이 그들이 배우는 것을 돕는다는 것을 이해한다.
   → Students understand that doing homework helps them learn.

06

① 과거의 관광객을 위한 천국은 폭력으로 넘쳐나게 되었으며, 다른 어느 곳보다 더 많은 자본 범죄가 발생하고 있다.

→ The former tourist paradise has become overrun with violence, with more crimes per capita than anywhere else.

② 그 여자는 관리자에게 항의했고, 그녀의 남편 역시 그랬다.

→ The woman complained to the manager, and so did her husband.

③ 내가 문을 열었을 때 본 것은 믿을 수 없을 정도로 놀라웠다.

→ What I saw when I opened the door was incredibly surprising.

④ 지난주 이후로 내내 나뭇잎들이 나무들에서 떨어지고 있다.

→ The leaves have been falling off the trees ever since last week.

※ 밑줄 친 부분 중 어법상 옳지 않은 것을 고르시오. [07~08]

07

The invention of the internal combustion engine was one of the most significant developments of the industrial era. The transition from steam-powered or wood-burning engines to ① something combustible revolutionized the rate of production. These devices used small chambers to house explosions, ② powered pistons that turned a drive shaft. These engines were cheaper and more powerful than predecessors, and unlike human workforces, they didn't tire, which gave manufacturers a motor ③ to rely upon consistently. While we may decry these machines today for their environmental impact, they remain ④ of value as we develop the modern world.

08

The monomyth, or hero's journey, was formalized by Joseph Campbell in 1949. While researchers had compared mythologies and mapped patterns across them before, Campbell ① helped to codify these patterns. He ② tried to identify a specific way that the heroes' paths led them, which he argued was present across all myths and nearly all stories. In the hero's journey, the hero ③ calls upon by another party, such as a villagers he or she must save. The hero, ④ who is often reluctant to undergo the journey, is eventually spurred to action. The hero then encounters preparation, defeat, and an eventual victorious return, among other steps along the way.

09 다음 글의 제목으로 가장 적절한 것은?

Despite electric cars getting better and more affordable with each passing year, they have not yet been widely accepted by the public because of one significant issue: they have to be recharged frequently. Their limited battery power has prevented many from opting to buy the eco-friendly rides, but that may soon change. The UK government announced that it will begin testing under-the-road wireless charging. The vehicles will be able to "fill up" as they drive over motorways, taking the hassle out of having to stop and recharge every few hundred kilometers. Officials have taken their cue from a South Korean city, which has actually been implementing such a practice with specialized buses for two years now. They hope to be able to follow suit on a wider scale in their country to help push electric automobiles into the mainstream.

① How to Make Reasonably Priced Cars

② What Has Caused Electric Cars' Popularity

③ Resolving a Problem With Electric Vehicles

④ Designing Innovative Electric Vehicles

10 다음 글의 요지로 가장 적절한 것은?

Perhaps you would like to adopt healthy habits but find that maintaining new behaviors past the preliminary stage is a challenge. Part of the reason for this is that many of us attempt too much all at once and end up getting overwhelmed and giving up. For instance, if we decide to take up running, but can't finish a marathon immediately, we quit. Instead of doing it this way, you should set a goal and take small steps that gradually lead to it. With each minor accomplishment, you'll feel more inspired to keep it up and continue pushing yourself further and further. Before you know it, those smaller actions will snowball and give you the impetus to keep moving toward your goal. When momentum builds up like this, there can be no stopping you from accomplishing anything you want.

① Make progress through large sporadic steps.

② Ask for progress reports from others.

③ Use your leisure time to make progress.

④ Consistently make any progress you can.

11 다음 글의 내용과 일치하지 않는 것은?

Deadvlei, or dead marsh, is a region in Namibia that features leafless trees in white clay soil. These trees are in fact dead, their exteriors having been blackened by the scorching sun. What may come as a surprise is that these trees are believed to have died 600 to 700 years earlier and appear to be alive only because they are still standing. The trees are unable to decompose because of the dry climate. Scientists who have examined the soil and rocks in the area are aware that the seeds of these trees were long ago deposited in the region due to a flood, which also transported the clay soil. However, a drought that came after the flood hardened the soil and almost all of the flora and fauna died en masse as a result.

① 햇볕은 Deadvlei의 나무들에 상당한 영향을 미쳤다.

② 죽은 습지의 나무들은 이미 오래전에 죽어있었다.

③ 오래전의 홍수가 진흙 토양을 Deadvlei 지역에 가두었다.

④ Deadvlei 지역의 백색 진흙 토양은 원래 단단하지 않았었다.

12 밑줄 친 부분 중 글의 흐름상 가장 어색한 것은?

The economic decisions of a society can cause ripples across countries throughout the world. One notable example of this is the United States' decision to abandon the gold standard in 1971. ① In 1944, the US, Canada, Australia, Japan, and Europe had created an agreement to use gold as the basis for measuring the worth of currency. ② The gold standard creates long-term stability, but has extreme volatility across shorter time periods. ③ But in 1971, the US unilaterally pulled out of the agreement, turning the dollar into a fiat currency, which lacks any intrinsic value. ④ This had the immediate result in devaluing the dollar somewhat, which affected currencies that were based on the value of the dollar. But it had more far-reaching effects as well, affecting oil prices worldwide and leading to an energy crisis, all of which can be traced back to a single country's economic decision.

13 다음 글의 주제로 가장 적절한 것은?

When he was younger, he took a shot at something that he never thought he would do. A friend of his who had moved overseas to set up a business asked him to join her. She told him that she needed someone to help with the day-to-day operations. At first he was hesitant, as he did not feel at ease with the idea of uprooting his life and going to a place where he couldn't even speak the language. But then he gave it some thought. What was the worst that could happen? If he didn't like it, he could always go home and find a new job and a new apartment, which would be difficult only at the start. On the other hand, living overseas could turn out to be the experience of a lifetime. Besides, when would he ever get such a chance again? After weighing the pros and cons, he decided to go for it. There was a bit of culture shock early on, but he eventually settled in and never looked back. He loved the new job and living abroad. He's even picked up the language!

① The expenses of traveling to new countries

② The risks of accepting new employment opportunities

③ The pursuit of trying new things

④ The need to acquire a new business partner

※ 밑줄 친 부분의 의미와 가장 가까운 것을 고르시오.
[14~15]

14

The mortgage company offers complementary services, such as homeowners' insurance and tax status reporting, which make purchasing a home much easier for buyers.

① pertinent
② supplemental
③ interchangeable
④ competitive

16 밑줄 친 (A), (B)에 들어갈 말로 가장 적절한 것은?

Many countries feature a two-party system in which each struggles for control of the government. When one party is elected to power, it is common for supporters of the other to spark a social movement in reaction. _____(A)_____, this gains momentum over time and affects the next election. The trend is known as the backlash effect. After an election, supporters of the losing candidate feel powerless and seek political action. Since they have little legal or legislative authority, they latch onto social campaigns in defiance of the values espoused by the party in power. Their protest may take the form of marches, petitions, fundraising, and more. _____(B)_____ they are in the minority position, those who represent the backlash have a profound effect on the cultural narratives of a nation and ultimately can influence official policy through their outspoken voices and persuasive arguments.

	(A)	(B)
①	In contrast	However
②	For instance	Since
③	Therefore	Otherwise
④	Consequently	Even though

15

Although she weighed only 50 kilograms, the competitive eater consumed more hot dogs than competitors twice her size.

① put away
② put out
③ put up
④ put forward

17 주어진 문장이 들어갈 위치로 가장 적절한 것은?

This demonstrated the crows remembering the face of and holding grudges against the researcher who had harmed them.

A study shows that crows are remarkable at remembering human faces. Whereas people might vaguely recall seeing someone's face, crows are unerring in identifying faces they have seen before. In the experiment, one researcher wore a "dangerous" mask, and another wore a "neutral" mask. The former captured several crows, tagged them, and even sprayed them with water, while the latter did nothing. (①) Several days later, the two walked around wearing the masks, and the tagged crows proceeded to dive-bomb and scold the researcher with the dangerous mask. (②) Weeks and even months later, crows that hadn't been tagged began assaulting the researcher. (③) This indicated that the tagged crows were communicating with other crows, who then expressed their own displeasure with the researcher. (④) Interestingly, when the researcher wasn't wearing the mask, he wasn't attacked.

18 밑줄 친 부분에 들어갈 말로 가장 적절한 것은?

Those who follow the philosophy of solipsism question what we can really understand about the world around us. _____. Everything outside of our own consciousness, including the external world and other people, cannot be guaranteed to exist. These things may simply be manifestations of the mind and can be wrong in the view of solipsists. This is because our perception of things outside of ourselves may be inaccurate. For instance, if a spoon is placed in a glass of water, it will appear that the spoon is bent when we look at it. However, the spoon is not actually bent and our sense of sight has played a trick on our mind. For solipsists, this demonstrates the problem inherent with trying to understand the outside world. If our senses cannot be trusted to prove reality, then how can we truly say that we know anything outside of ourselves?

* solipsism: 유아론(자신만이 존재하고, 타인이나 그 밖의 다른 존재는 자신의 의식 속에 있다고 하는 생각)

① Generally, our existence cannot be proven to solipsists

② To understand this philosophy, we must connect with the people around us

③ According to them, the only thing one can really know is one's own mind

④ In reality, the physical senses are the key to comprehending the external world

19 다음 글의 내용과 일치하지 않는 것은?

The United States Drug Enforcement Administration has recently authorized new controls on prescription painkillers in order to curb the growing rate of addiction across the nation. It is estimated that as many as seven million Americans regularly abuse painkillers, which can easily result in death through accidental overdose. For far too long, physicians have been irresponsibly prescribing the strongest of medications for minor surgeries and dental procedures, a practice that has made pills widely available and therefore easy to abuse. Under the new rules, only patients deemed to be in severe pain will receive these drugs. Furthermore, patients will never be prescribed more than a three-month supply at once and will have to undergo a medical examination before being prescribed more. These measures should help limit the misuse and extensive distribution of pain-killing pills. However, to truly stop the trend of addiction, more needs to be done to limit the ability of pharmaceutical companies to pressure doctors to prescribe these drugs when they're not needed.

① Doctors have been negligent in their prescription of powerful painkillers.

② Prescription pills are abused primarily by patients who are suffering severe pain.

③ No more than three months' worth of medication can be prescribed without a visit to the doctor.

④ Pharmaceutical companies are trying to motivate doctors to prescribe more painkillers.

20 주어진 문장 다음에 이어질 글의 순서로 가장 적절한 것은?

The scientific method is based on the principle of methodological naturalism.

(A) This describes an approach to the world that is concerned with natural causes and phenomena. This is not to suggest there are not any other types of causes, such as supernatural causes, and scientists are not required to accept or reject such ideas one way or another.

(B) However, for the purpose of utilizing the scientific method, scientists merely accept a methodological naturalist approach, because they think only that which is natural can be subjected to testing and experimentation.

(C) For that same reason, theories and explanations tend to exclude supernatural causes because they are inapplicable to the scientific method. Even though naturalist explanations may best account for what we experience in the world, supernatural causes are also important factors we have to work with.

① (A) – (B) – (C)　　② (A) – (C) – (B)

③ (B) – (A) – (C)　　④ (B) – (C) – (A)

정답 · 해석 · 해설 p. 55

실전동형모의고사 06회
모바일 자동 채점 + 성적 분석 서비스 바로 가기

QR코드를 이용해 모바일로 간편하게 채점하고 나의 실력이 어느 정도인지, 취약 부분이 어디인지 바로 파악해 보세요.

06회 핵심 어휘 리스트

☑ 잘 외워지지 않는 어휘 및 표현은 박스에 체크하여 한 번 더 확인하세요.

□ debunk	⑧ 틀렸음을 드러내다	□ hesitant	⑲ 망설이는, 주저하는
□ concrete	⑲ 구체적인, 사실에 의거한	□ mortgage	⑲ 대출, 융자
□ alleviate	⑧ 완화하다, 달래다	□ complementary	⑲ 보완적인, 보충되는
□ counterfeit	⑧ 위조하다	□ backlash	⑲ 반발, 저항, 반격
□ accustom	⑧ 익숙하게 하다, 길들게 하다	□ legislative	⑲ 입법의
□ innocence	⑲ 무죄, 무결함	□ authority	⑲ 권한
□ overrun	⑧ 넘치다, 만연하다	□ defiance	⑲ 반항, 저항
□ transition	⑲ 전환, 변화	□ espouse	⑧ 옹호하다, 지지하다
□ revolutionize	⑧ 혁신을 일으키다	□ narrative	⑲ 서사, 이야기
□ decry	⑧ 비난하다, 매도하다	□ outspoken	⑲ 솔직한, 거리낌 없이 말하는
□ formalize	⑧ 형식을 갖추다	□ demonstrate	⑧ 입증하다
□ mythology	⑲ 신화	□ remarkable	⑲ 뛰어난, 놀라운
□ codify	⑧ 체계적으로 정리하다	□ vaguely	⑨ 어렴풋이
□ affordable	⑲ (가격이) 저렴한, 알맞은	□ proceed to	계속 ~을 하다
□ hassle	⑲ 귀찮은 상황	□ guarantee	⑧ 보장하다
□ preliminary	⑲ 준비의, 시초의	□ manifestation	⑲ 표현, 표명
□ impetus	⑲ 자극, 추진력	□ perception	⑲ 인식
□ sporadic	⑲ 산발적인, 때때로 일어나는	□ curb	⑧ 억제하다
□ decompose	⑧ 부패하다, 썩다	□ addiction	⑲ 중독
□ examine	⑧ 조사하다	□ irresponsibly	⑨ 무책임하게
□ ripple	⑲ 파문, 잔물결	□ deem	⑧ 여기다, 생각하다
□ abandon	⑧ 폐지하다	□ pharmaceutical	⑲ 제약의, 약학의
□ volatility	⑲ 변동성	□ negligent	⑲ 부주의한
□ unilaterally	⑨ 일방적으로	□ exclude	⑧ 배제하다
□ devalue	⑧ 가치를 떨어뜨리다	□ account for	~을 설명하다

Quiz 각 어휘 및 표현의 알맞은 뜻을 찾아 연결하세요.

01 concrete		ⓐ 폐지하다	06 defiance		ⓐ 표현, 표명
02 mythology		ⓑ 신화	07 addiction		ⓑ 대출, 융자
03 decompose		ⓒ 산발적인, 때때로 일어나는	08 espouse		ⓒ 여기다, 생각하다
04 abandon		ⓓ 변동성	09 manifestation		ⓓ 중독
05 sporadic		ⓔ 구체적인, 사실에 의거한	10 deem		ⓔ 반항, 저항
		ⓕ 부패하다, 썩다			ⓕ 옹호하다, 지지하다

Answer | 01 ⓔ 02 ⓑ 03 ⓕ 04 ⓐ 05 ⓒ 06 ⓔ 07 ⓓ 08 ⓕ 09 ⓐ 10 ⓒ

※ 밑줄 친 부분의 의미와 가장 가까운 것을 고르시오.
[01~04]

01

The practical way she deals with the country's problems and her authentic interest in the people have endeared her to voters.

① durable   ② novel

③ sincere   ④ vigorous

02

The quality of the sound system in the old auditorium was so poor that even when the volume was turned up, the voices on stage were nearly inaudible.

① reticent   ② unfamiliar

③ indistinct   ④ subtle

03

As the sun sank inch by inch below the horizon, the ship's captain raced to reach the dock before nightfall.

① overtly   ② abruptly

③ gradually   ④ immediately

04

After the hurricane swept through the town, the disaster relief agency showed up to take stock of the extent of the damage.

① appraise   ② deduce

③ convene   ④ submit

05 어법상 옳은 것은?

① The waiting line for the adventure film is longer than those for the romance movie.

② People expect the fame live in homes that are large and luxurious.

③ He'll call you when he will be arriving at the airport tomorrow morning.

④ Surviving an economic crisis is closely connected with how well a company adjusts to change.

06 우리말을 영어로 가장 잘 옮긴 것은?

① CEO의 딸이 그 회사를 인수하도록 지명되었다.
   → The daughter of the CEO has named to take over the company.

② 경비 담당 부서는 그 건물의 모든 방문자들이 사진이 부착된 신분증을 제시하도록 요구한다.
   → Security requires that all visitors to the building present a photo ID.

③ 그 소설은 초현대적인 기술을 가진 사회를 묘사했다.
   → The novel is depicted by a society with futuristic technology.

④ 그는 단추들이 떨어져서 셔츠를 갈아입었다.
   → He changed his shirt because the buttons fall off.

07 우리말을 영어로 잘못 옮긴 것은?

① 그들은 너무 화가 나서 그 문제를 평화로운 방식으로 처리할 수 없었다.
   → They were too angry to handle the problem in a peaceful way.

② 그 동물은 그 자신을 환경에 맞추거나 다른 장소로 이동할 것이다.
   → The animal will either adjust itself to its surroundings or move to another area.

③ 판사의 판결이 그 죄수가 감옥에서 석방되는 것을 막았다.
   → The judge's decision prevented the prisoner from releasing from prison.

④ 지원자를 오직 학력만으로 채용하는 것은 근시안적이다.
   → It is shortsighted to employ an applicant only for his educational background.

08 다음 글의 요지로 가장 적절한 것은?

Half a century ago, if a person wanted to remotely contact someone immediately, their only option was placing a phone call to a home or office number. If the receiver happened to be out, the call would go unanswered and it would be up to the caller to attempt to make contact again. Today, however, the burden of responsibility for making contact falls on the receiver. With phone calls, e-mails, text messages, and more, there are numerous ways to initiate instant communication, and few excuses to avoid contact. Consequently, this has created stress for those who frequently engage in communication with others, professionally or otherwise, leading to moral quandaries. When is it acceptable not to respond? How long is it appropriate to wait before responding? Sadly, there are no clear rules regarding appropriate etiquette, and this has led to instances of misinterpretation. Someone whose preference it is to halt communication after work hours may come across to others as unreachable or aloof. Conversely, someone who responds to e-mails and texts too quickly and eagerly may appear desperate for attention or emotionally needy. While this is not a simple problem, we must seek ways to cope with the development of remote communications.

① You are obligated to respond to communications as promptly as you are able.

② You must establish boundaries for everyone you communicate with.

③ You should prioritize making phone calls over sending e-mails and texts.

④ You have to find ways about how and when you respond to today's instant communication.

09 다음 글의 제목으로 가장 적절한 것은?

Before Covid-19 became a pandemic, the problems of 2019, which included humanitarian crises, major changes in weather patterns, and economic inequality, were already catastrophic and threatened the mental well-being of many. But the coronavirus only worsened these issues, making mental health a priority. Economic and political refugees housed in tents, as well as the very poor in urban areas, were finding it impossible to comply with social-distancing requirements put in place to prevent the spread of the coronavirus. Furthermore, job loss due to lockdown rules had resulted in low-income families falling even further into poverty. An infrastructure that was underequipped to handle such a widespread crisis had left healthcare and unemployment systems at their breaking point. These conditions made life unbearable, increasing the incidence of mental health problems. If the impact of Covid-19 had increased the anxiety of the middle-income class, then how much greater were the mental pressures of people living on the streets or in tents? Mental-health experts spoke of widespread, even worldwide, psychological trauma. We didn't know what the future would bring, but all indications pointed to the coronavirus causing more deaths and aggravating the economic downturn. It's no wonder that people were pessimistic.

① Why Did Pandemic Affect Mental Health?

② How Do Inequalities Influence Our Future?

③ How Have Economic and Political Refugees Affected Other Countries?

④ What Changes Have Occurred Because of the Economic Reconstruction?

10 다음 글의 내용과 일치하지 않는 것은?

Recently, a Supreme Court case regarding a convicted murderer of Native American descent resulted in the restoration of land rights in Oklahoma to several Native American tribes. After an Oklahoman jury found Patrick Murphy guilty of murder, Murphy filed an appeal. He claimed that an Oklahoman court could not convict him because the land belonged to the Muskogee Nation, to which he belonged, and his case should be tried in a federal court instead of a state court. His case was reviewed, and an appeals court determined that the transfer of Muskogee land ownership to the United States had never officially occurred, despite the state of Oklahoma claiming jurisdiction of this territory. The case was sent to the Supreme Court, where it was settled that the land still belonged to the Muskogee Nation. Moreover, the court concluded that all similar transfers of jurisdiction from other Native American reservations were invalid, thus returning land rights to the Cherokee, Choctaw, Chickasaw, and Seminole Nations. This landmark case was a small but significant step in restoring sovereignty and dignity to Native American peoples.

① Patrick Murphy disputed the ruling he received in an Oklahoman court.

② Murphy claimed that his case should not be heard in state court.

③ An appeals court discovered the lack of resolution in an historical land transfer.

④ The Supreme Court distributed the Muskogee territory to the four tribes.

11 두 사람의 대화 중 가장 어색한 것은?

① A: Does your leg still hurt?

B: It's a little sore when I walk.

② A: Where is my departure gate?

B: To the left after the security check.

③ A: What was I supposed to do today?

B: Pick up ingredients for dinner.

④ A: Someone's knocking at the door.

B: Don't knock it until you've tried it.

12 밑줄 친 부분에 들어갈 말로 가장 적절한 것은?

A: Hello, this is Autumn Springs Restaurant. Thank you for calling. What can I help you with today?

B: Hi, I'd like to make a reservation for a party of 15 people for this coming Saturday at 6 p.m.

A: Sure, I'll put you down. Would you prefer to order your dishes individually or try the set menu?

B: _____?

A: If ordered separately, an appetizer, main course, and dessert would be a little more expensive.

B: In that case, the set menu sounds good.

A: Great. We'll see you this Saturday evening, then.

B: Thank you for letting me know. See you.

① Do you have a separate table for our group

② What time does your establishment open

③ How do the prices of those compare

④ Can you tell me the calorie count per dish

13 밑줄 친 (A), (B)에 들어갈 말로 가장 적절한 것은?

Supporters of the direct method of language learning believe that a second language can be learned in the same way a first language was acquired. Some educators found memorizing the grammar of a language to be ineffective, and after observing how young children grasp a language, they concluded that the direct method, which uses only the second language, was superior. Teachers found that students could deduce the grammar rules by first using the language itself. The method taught students to think in the language rather than to use their mother tongue to translate meaning into the second language. ____(A)____, critics of the direct method point to its drawbacks, one being that the teacher has to have near-native proficiency in the language. However, scholars such as Lambert Sauveur and Maximilian Berlitz used methods they had devised for direct learning and successfully used the method in commercial language schools. ____(B)____, critics consider that direct method techniques inevitably take longer for the meaning of a word or idea to be understood and instilled.

	(A)	(B)
①	Nevertheless	Overall
②	Therefore	In addition
③	Nevertheless	Even so
④	Therefore	Likewise

14 다음 글의 주제로 가장 적절한 것은?

Our changing world has made the workplace environment more complex and demanding. As a result, workers often find themselves struggling with excessive workloads, communication problems, and troublesome relationships. Sometimes, employees try to find their own way of coping. Workplace counselors agree that there are certain skills that can make it easier—staying resilient when disappointed or frustrated, managing stress as it comes, analyzing situations in an objective manner, and being able to get along with workmates. All of these skills, however, take time to develop, so workers should start now as the skills can be useful over the long term.

① Courses to help employees cope

② The biggest problems at the office today

③ Making an appointment to see a counselor

④ The need for skills to thrive in the workplace

15 주어진 글 다음에 이어질 글의 순서로 가장 적절한 것은?

In the aftermath of the September 11 terrorist attacks, rescue workers rushed to the scene to help. But these brave men were not the only heroes. They were joined by ordinary people who had been quietly going about their day.

(A) He immediately jumped in his car and drove to the site with the images still on his mind. When he got there, he realized that he was not the only Good Samaritan who decided to show up.

(B) Hundreds were already doing whatever they could by the time he got there. The volunteers spent the next few weeks clearing the debris and searching for survivors.

(C) One man had just walked into the office like any other morning when he heard what had happened. He watched in horror as news reports showed the buildings collapsing. He decided he couldn't just stand by.

① (A) – (B) – (C)   ② (B) – (A) – (C)

③ (C) – (A) – (B)   ④ (C) – (B) – (A)

16 다음 글의 흐름상 가장 어색한 문장은?

When a break occurs in the skin, a complex process meant to heal the wound is triggered. The wound begins bleeding, and almost immediately after, the body acts to stem further blood loss by sending platelets to the affected area. This causes the blood cells to clump together and clot. ① Meanwhile, a protein called fibrin forms a protective net to hold the clot in place. ② Once the wound is closed, the blood vessels reopen slightly, a step that brings nutrients and oxygen to the wound in order to heal it. ③ At the same time, while white blood cells flood the area to clean the wound and attack bacteria, red blood cells start building new tissue, which appears some days later as a tender, reddish scar that eventually becomes dull in color. ④ If the wound does not stop bleeding, the person should seek immediate medical attention. The scar tissue soon becomes as strong as the surrounding skin, and though it is less noticeable, it is still a reminder that the person sustained an injury.

* platelet: 혈소판 * fibrin: 섬유소

17 주어진 문장이 들어갈 위치로 가장 적절한 것은?

Subsequently, Elisha Otis demonstrated an elevator brake that he had invented, by having his son cut the rope while Otis was standing on a platform on the third floor.

Many think Elisha Otis invented the elevator, but the elevator industry began in the 1840s when Harry Waterman invented the equipment for lifting platforms. (①) However, buildings at the time were never more than two or three floors high because riding an elevator was very dangerous. (②) The ropes of an elevator could snap, causing it to plummet to the ground, and a fall from the second or third floor could guarantee a broken leg, a broken neck, or even death. (③) Everyone gasped, thinking that the inventor would fall to his death, but the platform remained suspended. (④) With this revolutionary invention, buildings began to get taller, and soon, the skyscraper emerged as a 20th century reality.

18 다음 글의 내용과 일치하지 않는 것은?

Thomas Edison is hailed as the father of the Electric Age, but he has been given too much credit over the years. While it is true that he was the first to bring the light bulb and the phonograph into people's homes, neither invention was his idea. A number of other inventors had made earlier versions of both; Edison simply improved upon their designs and successfully marketed them. There is also the opinion that Edison was the greatest inventor of his time because he managed to accumulate more than 2,000 patents during his career. However, not only did Edison employ a veritable legion of assistants to do much of the work for him, but he also purchased the rights to some inventions from their original creators.

① 에디슨은 전구와 같은 발명품을 대중에게 처음으로 선보였다.

② 에디슨은 백열전구와 축음기의 초기 형태를 만들었다.

③ 에디슨은 일을 할 때 적은 인원을 유지하며, 자신이 그 일을 하는 것을 선호했다.

④ 에디슨은 다른 발명가들과 창작자들에게서 그의 발명품 일부에 대한 권리를 샀다.

19 밑줄 친 (A), (B)에 들어갈 말로 가장 적절한 것은?

It is the presence of oxygen in earth's oceans that allows for sea life to flourish, but there was a long period in the earth's history when the oxygen content of oceans was extremely low. Roughly 2.4 billion years ago, the oceans experienced the Great Oxygenation Event, during which the ocean water underwent a rapid rise in oxygen levels and multi-cellular life forms began to develop. However, this gave way to what geochemists have amusingly named the Boring Billion. During the span of 1.8 and 0.8 billion years ago, the earth entered a period of profound stagnation. Continental drift halted, the climate ___(A)___, and little biological evolution occurred. In this period, bacteria in the oceans produced sulfur instead of oxygen, making oceanic composition less ___(B)___ to life. Oxygenation did not resume until the end of the Boring Billion, which would lead into the Cambrian Explosion during which all types of plant and animal life would come into being.

	(A)	(B)
①	stabilized	hospitable
②	transformed	unnecessary
③	stabilized	diverse
④	transformed	elemental

20 밑줄 친 부분에 들어갈 말로 가장 적절한 것은?

It has long been accepted as true that a species is a group of genetically like individuals that can freely and successfully breed within their group. While there are many cases of members of two different species breeding and producing offspring, these offspring are known to be infertile and cannot reproduce. A common example of this is the mule, the offspring of a horse and a donkey. The horse has 64 chromosomes and the donkey has 62, and the mule inherits half a pair of each, resulting in 63 chromosomes. The reason it cannot reproduce is that its 63 chromosomes cannot be evenly halved. And yet, confounding biologists, there are very rare but confirmed cases of mules reproducing. There was this surprising _____ in 2007, when a mule gave birth to a foal that biologists genetically confirmed to be the offspring of the mule. The mule was found to have exactly 63 chromosomes, making her ability to pass on half her genetic material a lingering mystery.

* chromosome: 염색체

① occasion of negligible value

② event of extreme unlikelihood

③ outcome of great probability

④ claim of dubious authenticity

정답·해석·해설 p. 67

07회 핵심 어휘 리스트

☑ 잘 외워지지 않는 어휘 및 표현은 박스에 체크하여 한 번 더 확인하세요.

☐ authentic	형 진정한, 진짜의	
☐ endear	동 사랑을 받게 하다	
☐ sincere	형 진실된	
☐ indistinct	형 (소리 따위가) 불명료한	
☐ overtly	부 명백히	
☐ take stock of	~을 조사하다	
☐ appraise	동 살피다	
☐ deduce	동 추론하다	
☐ convene	동 소집하다	
☐ take over	인수하다	
☐ depict	동 묘사하다	
☐ shortsighted	형 근시안적인	
☐ quandary	명 곤경, 진퇴양난	
☐ acceptable	형 용인되는, 받아들일 수 있는	
☐ misinterpretation	명 오해, 잘못된 해석	
☐ cope with	~에 대처하다	
☐ obligate	동 의무를 지우다, 강요하다	
☐ prioritize	동 우선시하다	
☐ pandemic	명 전 세계적인 유행병	
☐ humanitarian	형 인도주의적인	
☐ refugee	명 난민	
☐ comply with	~을 따르다	
☐ incidence	명 발병률, 발생률	
☐ indication	명 징후, 조짐	
☐ convicted	형 유죄 선고를 받은	

☐ determine	동 밝히다, 알아내다	
☐ jurisdiction	명 사법권	
☐ invalid	형 무효한	
☐ sovereignty	명 통치권	
☐ dignity	명 존엄성	
☐ reservation	명 예약	
☐ grasp	동 습득하다, 붙잡다	
☐ drawback	명 결점	
☐ inevitably	부 불가피하게	
☐ troublesome	형 골치 아픈	
☐ resilient	형 회복력 있는, 탄력성을 가진	
☐ aftermath	명 여파	
☐ debris	명 잔해	
☐ collapse	동 무너지다, 붕괴하다	
☐ clump	동 엉겨 붙다	
☐ clot	동 응고하다 명 응고된 혈액	
☐ tender	형 부드러운, 연한	
☐ suspend	동 매달다, 걸다	
☐ revolutionary	형 혁명적인	
☐ hail	동 일컫다, 묘사하다	
☐ give credit	공로를 인정하다	
☐ accumulate	동 축적하다	
☐ stagnation	명 정체	
☐ genetically	부 유전적으로	
☐ confound	동 당황하게 만들다	

Quiz 각 어휘 및 표현의 알맞은 뜻을 찾아 연결하세요.

01 sincere	ⓐ 살피다	06 dignity	ⓐ 여파
02 appraise	ⓑ 발병률, 발생률	07 aftermath	ⓑ 부드러운, 연한
03 incidence	ⓒ 징후, 조짐	08 confound	ⓒ 결점
04 shortsighted	ⓓ 추론하다	09 tender	ⓓ 존엄성
05 deduce	ⓔ 진실된	10 drawback	ⓔ 당황하게 만들다
	ⓕ 근시안적인		ⓕ 골치 아픈

제한 시간 : 20분 시작 시 분 ~ 종료 시 분 점수 확인 개/ 20개

※ 밑줄 친 부분의 의미와 가장 가까운 것을 고르시오. [01~02]

01

Many popular teen novels portray a ruthless, futuristic world that may be too gloomy for younger readers.

① profound
② flawless
③ submissive
④ cruel

02

The owners must explore every avenue to avoid having to close the restaurant for good.

① check all available options
② check all arrangements
③ organize marketing strategies
④ organize every procedure

03 밑줄 친 부분 중 어법상 옳지 않은 것은?

The town of Stony Village has a road ① named Main Street, which runs right through it. It has served as the main thoroughfare connecting Stony Village to the next nearest town ② for the 30 years since it was built. However, major traffic congestion has given road planners cause ③ to consider building an alternative route between towns. A separate route ④ what reaches the same destination would reduce traffic on Main Street.

04 우리말을 영어로 잘못 옮긴 것은?

① 내가 TV를 켰을 때 테니스 경기는 이미 끝나있었다.
→ The tennis match had already ended when I turned on the TV.

② 그녀는 아직 젊었을 때 건강한 식습관을 형성했었어야 했다.
→ She ought to have formed the habit of healthy eating while still young.

③ 그 바이러스를 막기 위한 많은 방법들이 성공적인 것으로 판명되어 왔다.
→ A number of methods for stopping the virus have proved to be successful.

④ 방에서 보기엔 너무 어두웠기 때문에, 나는 나의 휴대전화를 빛으로 사용했다.
→ Being too dark to see in the room, I used my phone as a light.

05 밑줄 친 부분의 의미와 가장 가까운 것은?

A recent survey shows that the mayor's plan to build a community center enjoys unwavering support among the city's residents.

① obsessive
② dismissive
③ inadequate
④ steadfast

06 밑줄 친 부분에 들어갈 말로 가장 적절한 것은?

The computer technicians are running tests so they can _____ what the cause of the malfunction is.

① take issue with ② catch up with

③ zero in on ④ make hay of

07 어법상 옳은 것은?

① The drawbridge lets through boats that is too tall to pass other bridges.

② Had it not been for the massive sale, the store would have gone out of business.

③ She approached to the empty building with fear.

④ The more you wear your sneakers, the dirtiest they become.

08 우리말을 영어로 옳게 옮긴 것은?

① 그녀는 돈을 마련하기 위해 작년에 그녀의 차를 팔았다.
  → She sold her car last year to raise money.

② 많은 사람들은 자율주행차량에 매혹되었다.
  → Many people became fascinating with self-driving vehicles.

③ 그 시장은 올해 경제를 강화하는 데 전념한다.
  → The mayor is committed to strengthen the economy this year.

④ 아이들은 그들이 가진 것으로 만족해야 했다.
  → The children had to make it do with what they had with them.

09 다음 글의 흐름상 가장 어색한 문장은?

The stock market crash known as Black Friday occurred on November 26, 1929, and kicked off the Great Depression—the largest economic collapse in U.S. history. ① Within a week of the initial stock market crash, the stock market lost one third of its value from its high at the end of the 1920s. ② The "roaring twenties" had been one of the most profitable in history, with Wall Street markets gaining rapidly after World War I. ③ The destabilization of the economy caused a massive number of bank and business failures across the country, leaving millions of people unemployed and in poverty. ④ At the lowest point, the stock market lost 89 percent of its value and the country's overall economy shrank by more than 50 percent.

10 다음 글의 요지로 가장 적절한 것은?

Albert Camus, a 20th-century French philosopher, is famous for developing the philosophy known as absurdism. He posited that life had no meaning; thus, trying to find the meaning of our existence was pointless. In spite of this seemingly depressing view on life, Camus himself believed this perspective to be the most honest and optimistic. While he did regard existence as meaningless, he stated that we needed to embrace the absurdity instead of despair over it. Only then could humans be free to revolt against the futility and put real effort and passion into their lives. We could create happiness on our own terms—individuals could define for themselves the significance of their lives rather than looking outward for it. For Camus, making one's life meaningful, passionate, and happy would always be a relative experience. And it could only occur after one has accepted that nothing matters in the first place.

① An acceptance of absurdity leads to individual meaning.

② There is no point to doing or believing in anything.

③ Knowing that life is absurd is what makes us depressed.

④ It is possible for humans to obtain happiness by reaching outward.

11 밑줄 친 부분에 들어갈 말로 가장 적절한 것은?

> A: Have you seen a receipt lying around? I can't find it anywhere.
>
> B: No, I don't remember seeing one. What was it for?
>
> A: I was going to return a pair of pants. They fit well, but I wanted a different color.
>
> B: _____.
>
> A: I guess that's not such a bad thing.

① You owe me for the cost of the pants

② You may have to buy a second pair

③ That color goes well with my outfit

④ That store doesn't accept returns anymore

12 다음 글에 나타난 화자의 심경으로 가장 적절한 것은?

> The day that mystery writer Gavin Hale's devotees have been anticipating has finally arrived. After a wait of more than half a decade, his most recent thriller, *Down to the Bones*, was released in bookstores nationwide this morning. It's no secret that his last book received overwhelmingly negative reviews from critics like myself. So, it was with no small amount of wariness that we approached his newest offering. But now the verdict is in, and I've got to say, who knew Hale had such a masterpiece left in him? The wooden prose and flat characters that made his previous work a chore to read are nowhere to be found in *Down to the Bones*. Let's hope that this marks a turning point in Hale's career and that he builds on the achievement he's made with this latest novel.

① disappointed and annoyed

② ambivalent and satisfied

③ confused and frustrated

④ impressed and relieved

13 주어진 문장 다음에 이어질 글의 순서로 가장 적절한 것은?

The Internet of Things (IoT) is having a wide-ranging impact, changing a number of unexpected industries.

(A) This ability to adjust in response to the needs of the crops ensures a greater success rate for crops, with fewer resources used.

(B) For example, the IoT is now being widely used in agriculture. Most notably, devices are being used to monitor soil temperature and content.

(C) By providing this detailed information, such agrotechnology allows farmers to better assess the ever-changing needs of their crops and respond accordingly.

* agrotechnology: 농업 기술

① (B) – (A) – (C)

② (B) – (C) – (A)

③ (C) – (A) – (B)

④ (C) – (B) – (A)

※ 밑줄 친 부분에 들어갈 말로 가장 적절한 것을 고르시오. [14~15]

14

A: I heard your sister is moving to China! How is she going to adjust to living there?

B: She's confident, so she'll adapt quickly.

A: I can't imagine living like that. I like to stay in one place.

B: _____.

① Same here. My sister and I are complete opposites

② I know. It's time I moved somewhere new

③ You're going to have a wonderful time in China

④ I wish I were as confident as you about this

15

In today's competitive business world, workers often feel pressure to show their abilities and willingness to work hard to their supervisors. As a result, they sometimes work long hours and neglect their personal lives in order to get ahead professionally. But they need to remember one thing: _____.
While having a successful career can give one a sense of pride, failing to make personal connections in one's personal life can lead to feelings of loneliness and make work successes feel hollow, as there is no one to share them with. Moreover, loneliness and mental stress can cause feelings of burnout and desperation, and this is bad for one's psyche as well as hold one back career-wise. In light of this, it is crucial for workers to recognize that working on their personal relationships is an important part of career success.

① two heads are better than one

② the enemy of my enemy is my friend

③ haste makes waste

④ no man is an island

16 다음 글의 제목으로 가장 적절한 것은?

Professional scientists tend to have an advanced degree in their field of study, lending them authority and credibility, but they are by no means the only ones capable of scientific study. Citizen science describes the efforts of individuals or groups, usually without a scientific background or funding for their research, to engage in laborious study and record-keeping in a particular field. Those who participate are volunteers and vary in level of expertise. While this engagement may be motivated primarily by a love of the subject matter, efforts deemed significant enough to be considered citizen science often turn out to be useful to the professional scientific community. A famous example involved a teacher and bird watcher, Wells Woodbridge Cooke, who began recording the arrival dates of migratory birds in his area of the Mississippi Valley in 1881. From that humble beginning, thousands joined Cooke in recording migrations where they lived. Though the project lagged after several decades, the US Geological Survey saw the enormous value of that database, and in 2009, launched the North American Bird Phenology Program. Since then, over 400,000 records have been validated and are now available to the public and the scientific community. Some scientists are now using the data to understand how climate change is affecting bird migration and changing populations of bird species in North America.

① Join a Citizen Science Program

② Bird Watching as a Hobby

③ How Do Citizens Help Advance Scientific Knowledge?

④ Migratory Birds: Changing Patterns Around the World

17 밑줄 친 (A), (B)에 들어갈 말로 가장 적절한 것은?

One of the most pressing issues facing humanity today is water scarcity. People living in many areas are suffering from a lack of clean, potable water. ____(A)____, this does not mean that there isn't enough water on the planet for everyone. Earth actually has more than enough fresh water for the number of people currently living on it. The problem is that several factors prevent people in some locations from accessing the life-giving liquid. While location and climate are both major contributors to the lack of adequate, appropriately managed water supplies, manmade issues compound the problem and make it even more widespread. For instance, poor infrastructure makes it impossible for people in some rural areas and developing nations to easily get clean water. Often their water supplies are contaminated by dangerous chemicals or human waste. To make matters worse, wars and political conflicts displace populations and interrupt their ability to get clean water. As a result of these issues, today, an estimated two billion people worldwide are forced to rely on contaminated water supplies. Using this water often causes life-threatening health conditions like cholera, typhoid, and dysentery. ____(B)____, according to the World Health Organization (WHO), more than 3.5 million people die each year due to water-related issues.

	(A)	(B)
①	However	Likewise
②	However	Indeed
③	Therefore	Besides
④	Therefore	Meanwhile

18 다음 글의 내용과 일치하지 않는 것은?

The custom of foot binding was once practiced by nearly every woman in China. It involved breaking the toes, folding them underneath, and binding the whole foot in bandages in order to mold tiny feet. This unusual procedure began in AD 970 with Emperor Li Yu. He became captivated with a dancer who had wrapped her feet in strips of cloth, making them look small and delicate. Hearing of his admiration for this look, other women began adorning their feet similarly. Binding feet not only became a popular trend but it soon turned de rigueur for marrying into the upper classes as well; the smaller the feet, the better the chances a girl had at a life of comfort and pleasure. To ensure they would be desirable to wealthy men, women did their best to stop their feet from ever growing at all.

* foot binding: 전족

① The method of binding feet altered the foot's shape.

② Emperor Li Yu was attracted to a dancer's small, delicate feet.

③ Women began wrapping their feet to produce a look that the emperor admired.

④ Chinese women lengthened their feet to tempt rich men.

19 주어진 문장이 들어갈 위치로 가장 적절한 것은?

> Moreover, the loud noise their armored trucks made could be heard from kilometers away.

In late November 1939 during World War II, the Soviets attempted to invade Finland with machine guns, two thousand tanks, and an army four times larger than the Finns'. (①) The Soviet Union clearly possessed the manpower and artillery for what should have been an easy takeover. In fact, they assumed it would be so easy that they planned to have taken over the neighboring country in time for Stalin's birthday, which was occurring in only three weeks. (②) But it was not to be—the Soviets hadn't counted on how inaccessible the small country really was. There were few roads leading into the nation and none were large enough to properly accommodate their massive machinery. (③) Since driving was nearly impossible and they could not quietly move through the countryside, the invaders had no choice but to abandon the vehicles and trudge through deep snow while carrying their equipment, leaving them half-frozen and exhausted. Adding fuel to the fire, Finland's soldiers skied in and out of their camps every night to wreck all of their food supplies. (④) In the end, the mighty adversary gave up trying to deal with the tough terrain, as well as the crafty Finns, and simply retreated.

20 밑줄 친 부분에 들어갈 말로 가장 적절한 것은?

The domestication of an animal species can take generations and involves the development of certain traits as a result of the domesticator's influence. When these traits develop, the animal can become a reliable source of food or service. However, biologists have wondered whether it's possible for domesticated animals to become wild again. They also want to know whether such a change would manifest genetic differences. Fortunately, they now have a chance to investigate. The feral chickens of Kauai are unique in that they were once domesticated, but after being released into the wild many generations ago, they have become feral and now freely live in the jungles. This occurred because circumstances on the island, such as the lack of predators, made it possible for them to thrive in the wild. Interestingly, the behavior of these birds is very different from that of their domesticated counterparts. In fact, many of the previously dormant traits inherited from their long-lost wild ancestors have reemerged, including having an egg-laying season and being more attentive parents. This situation has allowed researchers to determine whether adapting to the wild might _____.

① affect the source of food on the island of Kauai

② reduce the availability of animals for service

③ result in a conflict between wild and tame species

④ allow domestic species to return to their ancestral ways

정답·해석·해설 p. 78

실전동형모의고사 08회
모바일 자동 채점 + 성적 분석 서비스 바로 가기

QR코드를 이용해 모바일로 간편하게 채점하고 나의 실력이 어느 정도인지, 취약 부분이 어디인지 바로 파악해 보세요.

08회 / 핵심 어휘 리스트

☑ 잘 외워지지 않는 어휘 및 표현은 박스에 체크하여 한 번 더 확인하세요.

☐ ruthless	혱 냉혹한, 무자비한	☐ futility	몡 무가치, 공허
☐ flawless	혱 흠이 없는, 완벽한	☐ owe	동 빚지고 있다
☐ submissive	혱 순종적인, 고분고분한	☐ anticipate	동 고대하다
☐ arrangement	몡 배치, 정렬	☐ overwhelmingly	뷘 압도적으로
☐ organize	동 준비하다, 조직하다	☐ verdict	몡 판단, 평결
☐ congestion	몡 (교통) 체증	☐ chore	몡 따분한 일, 하기 싫은 일
☐ alternative	혱 대안이 되는	☐ ambivalent	혱 불안정한, 상반되는 감정을 가진
☐ prove	동 판명되다, 드러나다	☐ monitor	동 추적 관찰하다
☐ unwavering	혱 변함없는, 확고한	☐ assess	동 가늠하다
☐ obsessive	혱 강박적인	☐ adapt	동 적응하다
☐ dismissive	혱 무시하는	☐ neglect	동 소홀히 하다, 방치하다
☐ inadequate	혱 불충분한	☐ hollow	혱 공허한, 속이 빈
☐ zero in on	~에 초점을 맞추다	☐ desperation	몡 절망, 자포자기
☐ massive	혱 대규모의, 거대한	☐ credibility	몡 신뢰성
☐ approach	동 ~에 다가가다	☐ funding	몡 자금, 재정 지원
☐ fascinate	동 매혹하다	☐ laborious	혱 어려운
☐ be committed to	~에 전념하다	☐ validate	동 검증하다
☐ make do with	~으로 만족하다, 견디다	☐ scarcity	몡 부족, 결핍
☐ crash	몡 붕괴, 폭락	☐ potable	혱 마실 수 있는
☐ initial	혱 최초의	☐ contaminate	동 오염시키다
☐ profitable	혱 수익성이 좋은	☐ emperor	몡 황제
☐ shrink	동 줄어들다	☐ tempt	동 유혹하다, 부추기다
☐ posit	동 단정하다	☐ invade	동 침략하다, 침입하다
☐ optimistic	혱 낙관적인	☐ terrain	몡 지형
☐ revolt	동 반감을 품다	☐ domestication	몡 가축화

Quiz 각 어휘 및 표현의 알맞은 뜻을 찾아 연결하세요.

01 profitable	ⓐ ~에 초점을 맞추다	
02 submissive	ⓑ 소홀히 하다, 방치하다	
03 neglect	ⓒ 수익성이 좋은	
04 domestication	ⓓ 가축화	
05 zero in on	ⓔ 순종적인, 고분고분한	
	ⓕ 변함없는, 확고한	

06 verdict	ⓐ 판단, 평결	
07 ambivalent	ⓑ 단정하다	
08 posit	ⓒ 어려운	
09 revolt	ⓓ 불안정한, 상반되는 감정을 가진	
10 laborious	ⓔ 무시하는	
	ⓕ 반감을 품다	

Answer | 01 ⓒ 02 ⓔ 03 ⓑ 04 ⓓ 05 ⓐ 06 ⓐ 07 ⓓ 08 ⓑ 09 ⓕ 10 ⓒ

09회 실전동형모의고사

제한 시간 : 20분 시작 시 분 ~ 종료 시 분 점수 확인 개/ 20개

※ 밑줄 친 부분에 들어갈 말로 가장 적절한 것을 고르시오. [01~02]

01

A: Are you going on the fundraising cruise around the bay this Sunday?

B: No, I didn't know about it. What's the cause?

A: The hospital is raising money for cancer research.

B: Sounds fun and worthwhile. Where can I sign up?

A: I think tickets have sold out already, unfortunately.

B: _____. Maybe I can join in on the next one.

① It's time to call it a night

② That reason doesn't hold water

③ I'll have to sit this one out

④ I was caught napping

02

People used to meet their marriage partners through mutual friends or simply by chance. Nowadays, though, technology—in the form of online dating sites and apps—has created an environment where we have access to a much larger pool. Our search through thousands of potential mates from all over the world is that much easier. While this has allowed us to cast a wider net more easily, the chances of a successful relationship remain the same. No matter how you find your partner, you will have to be _____ _____ because hard work and continued effort are still necessary in order to maintain a lasting relationship.

① less entangled than you were with your exes

② more committed to the relationship than lucky

③ less interested than you appear to be

④ more fascinating than your potential partner is

03 다음 글의 제목으로 가장 적절한 것은?

Sherry was an ambitious new employee who wanted to prove herself. She was assigned her first solo project and excitedly got to work. When her boss asked if she could do another assignment, Sherry accepted it without hesitation, feeling proud. Over the course of a month, she burned the midnight oil trying to get both tasks done. By the time she turned them in, she was worn out. Not only that, both projects turned out poorly and Sherry lost the confidence of her manager. While Sherry's experience may seem like the fault of her manager, Sherry needed to be more assertive, letting her boss know exactly what was and was not realistic for her. Knowing her own limitations and abilities would have enabled her to say "no," limiting the burden upon her.

① Common Characteristics of Hard Workers

② First Impressions: The Importance of Presenting a Good Image

③ Some Advantages of Learning to Multitask

④ Take on as Much as You Can Handle

04 밑줄 친 부분 중 어법상 옳지 않은 것은?

On rare occasions, the materials discharged from underwater volcanic activity make it to the surface, ① resulting in the creation of new landforms. While most of the islands created this way are only temporary, it is not unheard of for some ② to stay around for several centuries. A classic example is Surtsey Island. ③ It is first appeared off the southern coast of Iceland in 1963 and since then, it has become populated with various living things. This small island ④ gives a rough idea of how permanent landmasses evolve from volcanic refuse to complex ecosystems.

05 밑줄 친 부분의 의미와 가장 가까운 것은?

I could tell from her <u>agitated</u> expression that she had forgotten the speech she had prepared.

① nervous   ② fickle

③ insolent   ④ composed

06 밑줄 친 부분에 들어갈 말로 가장 적절한 것은?

A lot of parents are _____ letting their kids go to school. Many of them fret about their children's education.

① indifferent to   ② identified with

③ concerned about   ④ out of their league with

07 다음 글의 흐름상 가장 어색한 문장은?

A great number of people come down with food poisoning each year, and one of the most common culprits is milk. This staple in most homes can sour quickly, yet many continue to drink it past its expiration date, believing that a few extra days won't cause harm. ① Scientists at Peking University hope to put an end to that belief, though. ② Using nanotechnology, they've created tags that can be added to the packaging and are designed to gradually change from red to green in reaction to the rate at which the dairy product is losing freshness. ③ When they start to change color, it is a clear indication that the quality of the liquid is no longer at its best. ④ It's especially important to remember that infants and young children are sensitive to the bacteria in expired milk. A green tag is a definite sign that the product is no longer safe for consumption.

08 밑줄 친 부분에 들어갈 말로 가장 적절한 것은?

A: Jeff, can you feed my cat this weekend?

B: Sure. Are you going away?

A: Yes, I'm going to a spa.

B: That sounds like fun.

A: Hopefully. I need some time away.

B: You deserve it. You've been working hard lately.

A: Thanks. I can't wait to _____.

① hit the hay   ② check the time

③ let the cat out of the bag   ④ put my feet up

09 다음 글의 내용과 일치하는 것은?

Funeral customs differ greatly from culture to culture. In Jewish tradition, the deceased is not left alone until the burial. A shomer, or watchman, stays with the body continuously as mourners come to pay respects. In Vietnam, it is traditional for mourners to leave money at graves so that the deceased can buy whatever he or she needs in the afterlife. Customs in Thailand dictate that "spirit houses" be built. These are small huts where food and drink are placed periodically for the departed ones. There are also more bizarre funeral rituals that have been practiced throughout history. For example, in 18th-century India, many Hindu widows performed suttee, an act in which the widow voluntarily lies next to her deceased husband and is set on fire so that she can travel with him to the afterlife.

* shomer: 히브리어로 '경비 요원'

① The deceased are left alone until the funeral according to Jewish custom.

② Money for the dead is left at Vietnamese graves by mourners.

③ The Thai people keep their departed in small huts called spirit houses.

④ Eighteenth-century Hindu widows considered it an honor to perform suttee.

10 밑줄 친 부분 중 어법상 옳지 않은 것은?

Everyone believes that mice love cheese. In fact, ① mice that enjoy cheese have been depicted in stories, cartoons, movies, and even paintings. But, mice actually don't like cheese at all. So how did the idea become ② rooting in popular culture? It began in Europe during the 1500s when there was no refrigeration. Vegetables and bread were purchased and consumed daily. Because meat spoils easily, people usually stocked it in secure storage places that the mice could not reach, in order to ③ have it stay fresh. Cheese, on the other hand, was a completely different story. It had to be warm in order for it to ripen properly, which required ④ keeping it stored on racks at room temperature. Since it was out in the open, mice had easy access to the cheese.

11 밑줄 친 부분 중 글의 흐름상 가장 어색한 것은?

When we are frightened by something, we might scream. But what is it about that piercing sound that startles people and makes them feel ① unsettled? According to a recent study, screams and other shrill sounds have the quality of "roughness," which means that the shift in volume in a scream is so ② high as to sound unpleasantly shrill. While normal speech is modulated between 4 and 5 Hertz, screams have a roughness of 30 to 150 Hertz. This acoustic range triggers activity in parts of the brain that are used to process fear and our ③ perception of threats. The authors of the study note that sounds of higher roughness values are ④ unthreatening to people. Thus, unleashing one good scream when we are startled alerts everyone around us and conveys that there is an immediate danger at hand.

12 다음 글의 주제로 가장 적절한 것은?

In 1540, King Henry VIII of England married his fourth wife, Anne of Cleves, for political purposes. Henry had wanted to marry Anne based on a portrait of her but found her unattractive when they met in person. However, backing out of the union would have caused an international incident, so the wedding took place. Much to Henry's relief, Anne willingly agreed to an annulment only six months later. To thank her for her cooperation, Henry provided her with a distinguished title, vast amounts of property, and an ample annual income. Essentially, by simply opting out of the union, Anne was able to avoid the notoriously unpleasant ends met by some of Henry's former wives and to live out the rest of her life as one of the most privileged and respected women in England. Further, she and the king stayed on harmonious terms.

① What happened to the king's fourth wife?

② How did King Henry choose his wives?

③ Why did King Henry and Anne marry?

④ How many times did the king marry?

13 다음 글의 내용과 일치하지 않는 것은?

How we stand in line today is something that was actually invented by Walt Disney. Prior to the 1960s, waiting in a line meant standing in a queue that extended in a linear fashion. Not only did this take up a lot of room and make it difficult for organizers, but it posed a particularly big problem at Disney's amusement parks, where much of the waiting for rides had to be done outdoors, whether or not it was raining. Disney began hearing complaints from his customers, so the company decided to implement switchback lines. Unlike traditional straight lines, switchback lines fold in on themselves, which allows for more people to be condensed into a smaller area, such as inside a tent. Another advantage of this type of line is that people assume the line is shorter than it actually is because it is squeezed into a smaller space. Thus, the simple change revolutionized queuing and is now how we line up in places like banks and airports.

① 지그재그 줄서기는 1960년대 이전부터 놀이공원에서 유명했다.

② 지그재그 줄서기가 시행되기 이전에 놀이공원 방문객들은 비가 오는 날씨에도 바깥에서 기다렸다.

③ 고객들의 의견이 지그재그 줄서기 도입에 결정적인 역할을 했다.

④ 지그재그 줄서기는 직선 줄서기보다 줄이 더 짧아 보이게 한다.

※ 밑줄 친 부분의 의미와 가장 가까운 것을 고르시오.
[14~15]

14

Many were concerned that terrible things would happen after the strange astronomical events, viewing them as <u>indications</u> of coming disasters.

① signs
② aspects
③ judgments
④ arrivals

15

The low prices of the computers in the ad made it appear to be a scam, but Gary determined that it was <u>on the up and up.</u>

① to find a new way

② from the other way

③ in an honest way

④ along the way

16 주어진 문장이 들어갈 위치로 가장 적절한 것은?

While some people are against using this technique because of its bad effects, proponents counter these criticisms by giving evidence of its positive impact and practical uses.

Fracking, a high-pressure water drilling technique to extract oil and natural gas from shale rock deep underground, is caught up in controversy. (①) Some activists and scientists have rallied against it, highlighting environmental and health concerns. (②) They point out that toxic pollutants such as methane are released into the air. (③) There are also around 750 identified chemicals used in the process, 29 of which are known carcinogens and many of which end up in nearby groundwater supplies, threatening the health of local residents. (④) For example, fracking allows for electricity generation at half of the carbon dioxide emission levels of coal. It also has a third of the carbon footprint of mines, which equates to greater natural habitat conservation.

17 다음 글의 내용과 일치하지 않는 것은?

A survey of North Americans reveal why smartphone owners are not taking advantage of voice recognition interfaces contrary to what developers had anticipated. Just over 60 percent of respondents noted that the system, which allows people to use speech to make commands, takes too much time to learn. Despite the availability of free online tutorials, they feel it's much simpler and faster to use their fingers to perform these actions. Another complaint repeated in the surveys was the failure of the system to accurately interpret local dialects and non-English names. Given that around 78 percent of the global population's mother tongues are non-mainstream languages, this technical flaw needs to be resolved if voice recognition systems are to succeed in the marketplace. In addition, makers of speech processing technologies need to account for the meaning of a natural utterance. Human beings catch the exact meaning even when a sentence is not complete or when only certain words are used. Thus, if a user says "Asiana Airlines flight 701," the system should recognize that real-time flight information is needed and be able to display it within seconds.

* interfaces: (컴퓨터의 각 장치 사이의) 정보 전달 장치

① Participants say that typing out texts is easier than using voice recognition.

② The technology is not efficient at recognizing local language variants.

③ Present technologies are unable to capture meanings of natural speech.

④ The majority of respondents complain about inaccurate interpretations.

18 밑줄 친 부분에 들어갈 말로 가장 적절한 것은?

When we were young, accumulating possessions was important. Having many books, clothes, and accessories and so on seemed to confirm our status in life and made us feel powerful. But as we got older, some of us became tired of the build-up of clutter and began seeking something emotionally fulfilling, something that provided _____.
We came to appreciate the friends and family who were still with us, who stuck by us through the years. And we in turn remained with them, because they would always give us comfort and uplift us, and vice versa. It became imperative to find out who we really valued in life and to surround ourselves with them, placing less value on the things that don't provide lasting satisfaction.

① much more enduring contentment

② a higher cost and greater appeal

③ the organization of our possessions

④ a source of envy for others

19 주어진 문장 다음에 이어질 글의 순서로 가장 적절한 것은?

The national sporting goods chain store Finish Line announced a brand-new mobile application yesterday. It will allow consumers to browse items and get alerts for sales on their devices.

(A) Others agree with his statement. Despite the 50-plus year history of the establishment, little has changed—its inventory, purchasing options, advertising, and more remain the same.

(B) However, analysts don't believe the new feature will do much. "If they want to stay competitive with Goldsmith," says industry expert Bart Flynn, "they've got to start thinking about the big picture. The app is a Band-Aid."

(C) Without a complete overhaul, the loyalty of regular customers isn't expected to hold out much longer.

① (A) – (B) – (C)

② (B) – (A) – (C)

③ (B) – (C) – (A)

④ (C) – (A) – (B)

20 우리말을 영어로 잘못 옮긴 것은?

① 그 의사는 환자 정보의 기밀성을 위반한 죄로 기소되었다.

→ The doctor was accused of breaching the confidentiality of the patients' information.

② 베네수엘라의 물가 상승률은 세계의 다른 어떤 나라의 상승률보다 더 높다.

→ Inflation in Venezuela is higher than that of any other country in the world.

③ 공복으로 약을 먹는 것은 그것이 치료하는 것보다 더 많은 문제를 일으킨다.

→ Taking medicine on an empty stomach creates more problems than it cures.

④ 이 수집가의 물품은 포장지가 벗겨졌다면, 상자 안에 보관되어 있을 때만큼 가치 있지 않다.

→ This collector's item is not as more valuable as left in its case, if unwrapped.

정답·해석·해설 p. 89

실전동형모의고사 09회
모바일 자동 채점 + 성적 분석 서비스 바로 가기

QR코드를 이용해 모바일로 간편하게 채점하고 나의 실력이 어느 정도인지, 취약 부분이 어디인지 바로 파악해 보세요.

09회 핵심 어휘 리스트

☑ 잘 외워지지 않는 어휘 및 표현은 박스에 체크하여 한 번 더 확인하세요.

☐ fundraising	몡 모금	☐ notoriously	閉 악명 높게
☐ call it a night	끝내다	☐ terms	몡 관계, 사이
☐ cast	동 던지다	☐ linear	혱 직선의
☐ entangled	혱 얽힌	☐ implement	동 시행하다
☐ assignment	몡 임무, 할당	☐ condense	동 모으다, 압축하다
☐ turn in	제출하다	☐ assume	동 추측하다, 생각하다
☐ assertive	혱 자기주장이 강한, 독단적인	☐ astronomical	혱 천문학적인
☐ discharge	동 방출하다, 해방하다	☐ aspect	몡 양상, 국면
☐ volcanic	혱 화산의	☐ proponent	몡 지지자
☐ fickle	혱 변덕스러운	☐ controversy	몡 논란, 논쟁
☐ composed	혱 침착한, 차분한	☐ carcinogen	몡 발암 물질
☐ fret	동 초조해하다	☐ respondent	몡 응답자
☐ come down with	(병에) 걸리다	☐ command	몡 명령
☐ staple	몡 기본 식료품	☐ utterance	몡 말, 표현
☐ infant	몡 아기, 유아	☐ inaccurate	혱 부정확한, 확실하지 않은
☐ consumption	몡 섭취, 소비	☐ possession	몡 재산, 소유물
☐ funeral	혱 장례의 몡 장례식	☐ confirm	동 확정해주다
☐ bizarre	혱 기이한, 별난	☐ uplift	몡 희망, 행복감
☐ spoil	동 상하다	☐ imperative	혱 중요한, 긴요한
☐ secure	혱 안전한, 확실한	☐ analyst	몡 분석가
☐ startle	동 깜짝 놀라게 하다	☐ loyalty	몡 충성(심)
☐ acoustic	혱 음향의, 청각의	☐ accuse of	~의 죄로 기소하다
☐ range	몡 범위, 폭	☐ breach	동 위반하다, 침해하다
☐ back out of	~을 취소하다	☐ confidentiality	몡 기밀성
☐ distinguished	혱 위엄 있는	☐ inflation	몡 물가 상승률

Quiz 각 어휘 및 표현의 알맞은 뜻을 찾아 연결하세요.

01 spoil	ⓐ 천문학적인		06 fundraising	ⓐ 중요한, 긴요한
02 condense	ⓑ 모으다, 압축하다		07 come down with	ⓑ 모금
03 astronomical	ⓒ 임무, 할당		08 notoriously	ⓒ (병에) 걸리다
04 command	ⓓ 상하다		09 imperative	ⓓ 침착한, 차분한
05 utterance	ⓔ 명령		10 composed	ⓔ 악명 높게
	ⓕ 말, 표현			ⓕ 기본 식료품

Answer | 01 ⓓ 02 ⓑ 03 ⓐ 04 ⓔ 05 ⓕ 06 ⓑ 07 ⓒ 08 ⓔ 09 ⓐ 10 ⓓ

01 밑줄 친 부분에 들어갈 말로 가장 적절한 것은?

Taking a shower before bed is a recommended _____ practice so that you don't sleep with the dirt that has collected on your skin.

① infectious　　　　② hygienic

③ impure　　　　　④ exhausted

※ 밑줄 친 부분의 의미와 가장 가까운 것을 고르시오. [02~04]

02

Our company has created technologies that complement our workflow, enabling us to serve our customers more effectively.

① comfort　　　　② diminish

③ enhance　　　　④ inspect

03

Though the apartment for rent had some issues, I decided I could live with them.

① look over　　　　② put up with

③ make use of　　　④ pave the way for

04

The council solicited the help of an accountant to assist them in determining the size of the budget.

① requisitioned　　② installed

③ proposed　　　　④ eschewed

05 어법상 옳은 것은?

① He will sometimes drink water when he is thirsty.

② The TV show was bored, so the kids decided to change the channel.

③ The issue with carbon dioxide is how many of it gets trapped in earth's atmosphere.

④ We had better checking the weather before we make weekend plans.

06 밑줄 친 부분의 의미와 가장 가까운 것은?

Although Miles looked back on high school fondly, it had been a difficult period for him. He had been rather insecure and worried about the future, and he regretted the missed opportunities his reluctance had cost him.

① reflected upon

② meddled in

③ suddenly sensed

④ profoundly lamented

07 밑줄 친 부분 중 어법상 옳지 않은 것은?

Among the most surprising things that occurred during World War II ① was the numerous earthquakes in the Hokkaido region of Japan that resulted in the formation of a 400-meter mountain. Since this was a time ② that was filled with strife, few in Japan were aware of this development. One observer was a postman who had a clear view of the mountain from his house. He kept a daily log of the growth of the mountain, with the changes ③ marked on a diagram. After the seismic activity died down, tourists began visiting the mountain and leaving their garbage. The postman decided he would buy the mountain, ④ stating, "I must preserve the condition of the mountain for further research."

08 우리말을 영어로 잘못 옮긴 것은?

① 내가 만약 작년에 체육관 회원권을 갱신했었더라면, 지금 더 건강할 텐데.

→ If I had renewed my gym membership last year, I would be in better shape now.

② 누구든 사전에 도움을 요청하는 사람들에게는 그것이 제공될 것이다.

→ Assistance will be provided to whomever requests it in advance.

③ 콘서트가 끝나서, 모두 공연장을 떠났다.

→ Since the concert had ended, everyone left the arena.

④ 그녀는 오늘 아침에 그녀의 휴대폰을 잃어버렸는데, 설상가상으로, 그녀의 모든 사진이 거기에 있었다.

→ She lost her phone this morning, and worse still, all of her photos were on it.

09 밑줄 친 (A), (B)에 들어갈 말로 가장 적절한 것은?

Empathy requires a bit of work from the person experiencing it. That person must be invested in the struggles of another. They must observe and listen to those struggles, and try their best to understand them. They must imagine how those struggles would make them feel, such that the pain and hardship is shared among the two people. While the empathizer can never truly know what it was like, they try to take some of the burden off the struggler. ____(A)____, projection attempts to transplant a burden from the projector to another. There are many possible reasons for projection, but ultimately the projector does not take responsibility for their own feelings. ____(B)____, they talk as if another person is experiencing their feelings, and that those feelings are worthy of criticism. They are effectively criticizing themselves while simultaneously refusing to admit this.

	(A)	(B)
①	Similarly	First of all
②	In contrast	Instead
③	Moreover	Consequently
④	Despite this	However

10 다음 글의 주제로 가장 적절한 것은?

Electronic devices with Internet functionality generally have two ways of connecting. The most common method is with an Ethernet cable. Ethernet was standardized in 1980, becoming widely adopted due to its use of unshielded twisted-pairs—a type of copper cabling used in telephone wiring and local area networks (LANs)—which was already available in many buildings at the time. Because Ethernet cables physically link one device to another, they provide the fastest available speeds of data transfer. Also, their physical nature means there is little chance of a disruption to service, unless a wire is severed somewhere or an entire grid loses power. The other common option is Wi-Fi, which provides wireless connectivity. Devices with Wi-Fi compatibility can connect to the Internet wherever a Wi-Fi signal is available. Wi-Fi sends data across radio waves on a variety of bandwidths, each broken up into smaller channels. These signals can be greatly interrupted by physical obstructions, limiting the risk of interference from other devices.

① How Wi-Fi has become ubiquitous

② How more people use the Internet

③ How devices connect to the Internet

④ How Internet speeds have increased

11 밑줄 친 부분에 들어갈 말로 가장 적절한 것은?

A: I've been getting so many calls these days.

B: Me too. It's like I can't go 15 minutes without the phone ringing.

A: At least we're getting a lot of business.

B: Yes, but it's harder to get through our individual workloads.

A: _____?

B: That would certainly help with the calls.

A: Let's ask the boss if we can afford additional staff.

B: That's a good idea. I'll get on it.

① Do you need to work overtime

② Isn't there a number you can reach

③ When did the last call come in

④ Can we hire a dedicated secretary

12 우리말을 영어로 잘못 옮긴 것은?

① 빠듯한 마감 기한을 가진 관리자들은 어려운 고비를 넘겨야 한다.
→ Managers that have tight deadlines need to weather the storm.

② 그녀의 직장까지의 통근 거리는 나의 통근 거리보다 더 멀다.
→ Her commute to work is longer than mine.

③ 일기예보가 주민들에게 다가오는 토네이도를 알렸다.
→ The weather report notified residents of an upcoming tornado.

④ John은 발진이 생긴 후 그 새로운 비누를 사용하는 것을 멈췄다.
→ John stopped to use the new soap after he developed a rash.

13 두 사람의 대화 중 가장 자연스러운 것은?

① A: Have you seen my sneakers?
B: The heel on my shoe broke off.

② A: Can we take a break from driving?
B: I'll pull over somewhere soon.

③ A: Is that a new hat you're wearing?
B: Not off the top of my head.

④ A: Could you turn the fan on?
B: We can take turns.

14 다음 글의 제목으로 가장 적절한 것은?

The Colossus of Rhodes was the tallest statue of the ancient world. Erected in 280 BC and measuring around 33 meters high, it depicted Helios, the patron god of the Rhodians, but it stood for only 54 years. An earthquake in the region caused the figure to break at the knees and fall to the ground. Locals were warned against rebuilding or repairing the statue, as an oracle claimed it would anger Helios. Nevertheless, the statue was such an impressive sight even while prone that it remained a popular tourist attraction for the next 800 years. It wasn't until the siege of Rhodes by Arab forces in 653 that the statue was finally melted down and sold.

① How Was the Colossus of Rhodes Erected?

② Helios: The Patron Deity of the Rhodians

③ The Largest Structures of the Ancient World

④ A Statue's Popularity Despite Disaster

15 글의 흐름상 가장 어색한 문장은?

There is much overlap between the fields of psychology and psychiatry with one major deviation: those who practice psychiatry are licensed medical doctors. ① As such, psychiatrists are capable of writing prescriptions for patients in addition to providing therapy. ② The therapy used by psychologists tends to draw from the same disciplines that psychiatrists use. ③ However, since psychologists cannot prescribe medicine, therapy is the primary means with which they help their patients. ④ Students experiencing mental distress are encouraged to visit a school psychologist for help. If a patient is suffering from a serious condition that therapy alone cannot address, it is common for a psychologist to refer the patient to a qualified psychiatrist.

16 밑줄 친 부분에 들어갈 말로 가장 적절한 것은?

The course of life for most people will follow a similar trajectory: we enjoy childhood, go to school, get jobs, and establish a measure of professional stability. Despite such commonalities, the details of how these events are experienced are _____ _____, such that nobody else will experience them in the same way. For example, school will be different things for different people: an opportunity to socialize for some, access to knowledge and new abilities for others, or a mixture of both. Similarly, professional careers take different sorts of paths. Some people might make a lot of money but hate their work, while others might find creative fulfillment despite meager pay.

① of great importance in business
② largely standardized and uniform
③ far more individualistic and distinctive
④ filled with challenges and hardships

17 다음 글의 요지로 가장 적절한 것은?

Families a few centuries ago tended to be much larger than those today, but many today are unclear why this was so. In the case of farmers, it is understood that more children meant more people to help with the farm work, but this doesn't account for large families of non-farmers. To understand the importance of large families to these families, in more urban areas, one must realize that it was in the best interests of parents for at least one of their children to survive in order to care for them later in life and having more children increased those chances. The reason for their large family size is deceptively simple: life expectancy in times past was far lower than it is today. Only about half of children born at the time were expected to reach adulthood.

① Having more children ensured a greater rate of survival.

② Larger families offset the need for manual farm labor.

③ Households were larger because they took in elderly family members.

④ Diseases were more severe in societies of the past.

18 주어진 글 다음에 이어질 글의 순서로 가장 적절한 것은?

During the French Revolution, Charles Maurice de Talleyrand suggested revising the French standard of measurement. His idea was a more simplified system that could be adopted internationally.

(A) Although it would take France roughly 50 years to formally replace this antiquated system, conferences with experts from other European countries established other metric units of measurement, as metric became widely adopted throughout the continent.

(B) Basing the system on features in nature, Talleyrand devised the meter, one of seven unit types that would comprise the system. He set the length of a meter to be one ten-millionth of the distance from the equator to the north pole.

(C) Furthermore, this unit could be easily expressed in powers of ten, such that a thousand meters could be expressed as one kilometer. In contrast, the previous system utilized by France was based on the *toise*, which was made up of six *pieds*.

* toise: 토와즈 (옛날 길이의 단위, 6.395피트(1.949m)에 상당)
* pied: 피에 (옛날 길이의 단위)

① (A) – (B) – (C)

② (B) – (A) – (C)

③ (B) – (C) – (A)

④ (C) – (A) – (B)

19 주어진 문장이 들어갈 위치로 가장 적절한 것은?

Unfortunately, one of those things may have been the key to a locker that contained, among other things, binoculars.

One of the oddest theories about why the Titanic really sunk has to do with a missing key. It begins with British mariner David Blair, who was appointed second officer for the maiden voyage. (①) He participated in all the sea trials, but just before the launch, he was replaced with a more experienced sailor. (②) This would not have been an issue except for the fact that as Blair departed in haste, he may have accidentally thrown some of the ship's things in with his personal belongings. (③) On the night of the tragedy, lookouts could only rely on their eyes, which sadly were not enough. (④) So it seems that one of history's greatest tragedies could have been avoided if only Blair had been more careful when he packed up before leaving.

20 다음 글의 내용과 일치하지 않는 것은?

Bioluminescence is the emission of light by a living organism. Although it is most often associated with tropical marine bacteria, it also occurs in 1,500 fish species and terrestrial organisms, such as fungi and insects. Species that exhibit this ability do so by producing their own light or through a symbiotic relationship with light-producing bacteria. Those that emit light on their own generally do so through an intracellular chemical reaction in which an enzyme oxidizes a light-emitting molecule. This is how fireflies light up the night sky. Bobtail squid and anglerfish, on the other hand, rely on bacteria they ingest to produce light. The reasons organisms produce light are even more varied than the ways they do so. In species like anglerfish, it is a tool for attracting prey items, while in fireflies, it can attract potential mates. For bobtail squid, on the other hand, it has the opposite purpose. By emitting light that matches their surroundings, the squid can effectively camouflage themselves from predators.

① Bioluminescence occurs not only in marine bacteria, but also in a large number of other organisms.

② Some organisms produce light through a chemical reaction within their cells.

③ Anglerfish take in bacteria and then use their light to lure in their prey.

④ Colored light makes bobtail squid appear dangerous to their predators.

정답 · 해석 · 해설 p. 100

실전동형모의고사 10회
모바일 자동 채점 + 성적 분석 서비스 바로 가기

QR코드를 이용해 모바일로 간편하게 채점하고 나의 실력이 어느 정도인지, 취약 부분이 어디인지 바로 파악해 보세요.

10회 / 핵심 어휘 리스트

☑ 잘 외워지지 않는 어휘 및 표현은 박스에 체크하여 한 번 더 확인하세요.

□ infectious	혱 전염성의	□ ubiquitous	혱 편재하는, 아주 흔한
□ hygienic	혱 위생적인	□ dedicated	혱 전담의, 전용의
□ complement	동 보완하다	□ weather the storm	어려운 고비를 넘기다
□ comfort	동 위로하다	□ upcoming	혱 다가오는
□ inspect	동 점검하다, 검사하다	□ pull over	(차를) 대다
□ solicit	동 요청하다	□ statue	명 조각상
□ install	동 임용하다, 설치하다	□ erect	동 세우다
□ eschew	동 피하다, 삼가다	□ oracle	명 예언자
□ atmosphere	명 (지구의) 대기, 공기	□ siege	명 포위 작전
□ reluctance	명 주저함	□ deity	명 신, 하느님
□ meddle in	~에 간섭하다	□ psychiatry	명 정신 의학
□ profoundly	부 깊이, 극심하게	□ deviation	명 편차, 벗어남
□ lament	동 슬퍼하다, 한탄하다	□ prescription	명 처방전
□ strife	명 분쟁, 불화	□ refer	동 위탁하다, 맡기다
□ seismic	혱 지진의	□ trajectory	명 궤도, 궤적
□ die down	사그라들다	□ stability	명 안정, 안정성
□ preserve	동 보존하다	□ fulfillment	명 성취, 실현
□ renew	동 갱신하다, 연장하다	□ meager	혱 변변찮은, 불충분한
□ worse still	설상가상으로	□ life expectancy	기대 수명
□ empathy	명 공감	□ offset	동 상쇄시키다
□ criticize	동 비판하다	□ antiquated	혱 구식의
□ simultaneously	부 동시에	□ appoint	동 임명하다
□ disruption	명 중단	□ depart	동 떠나다, 그만두다
□ compatibility	명 호환성	□ emission	명 방출, 배출
□ obstruction	명 장애물, 차단	□ predator	명 포식자

Quiz 각 어휘 및 표현의 알맞은 뜻을 찾아 연결하세요.

01 inspect	ⓐ 어려운 고비를 넘기다	
02 simultaneously	ⓑ 점검하다, 검사하다	
03 weather the storm	ⓒ 동시에	
04 complement	ⓓ 궤도, 궤적	
05 trajectory	ⓔ 분쟁, 불화	
	ⓕ 보완하다	

06 meddle in	ⓐ 호환성
07 fulfillment	ⓑ 성취, 실현
08 predator	ⓒ ~에 간섭하다
09 empathy	ⓓ 공감
10 compatibility	ⓔ 포식자
	ⓕ 상쇄시키다

11회 실전동형모의고사

제한 시간 : 20분 | 시작 시 분 ~ 종료 시 분 | 점수 확인 개/ 20개

※ 밑줄 친 부분에 들어갈 말로 가장 적절한 것을 고르시오.
[01~02]

01

> A: Hello, I have a reservation under the name Higgs.
> B: I see it here. Welcome, where would you like to sit?
> A: We'd like to eat on the patio, please.
> B: Sorry, our outdoor patio isn't available today.
> A: OK. _____.

① That sounds like a worthwhile idea to me

② I think we're ready to pay the bill now

③ I guess we'll take a table by the window, then

④ It's a shame that all the tables are booked

02

> A: Why the long face?
> B: I broke up with my girlfriend over the weekend.
> A: I'm sorry to hear that, but I'd say _____.
> B: In what way?
> A: You two were always fighting. I don't think you were a good match.
> B: Maybe you're right. I'll probably be better off.

① it was a long shot

② it's for the best

③ it's news to me

④ it's not too late to apologize

※ 우리말을 영어로 잘못 옮긴 것을 고르시오. [03~04]

03

① 나는 진이 다 빠졌어. 나는 그 검사가 심각한 신체적 해를 야기할 가능성이 있다고 생각해.

→ I'm exhausted. I think the test has the potential to cause serious bodily harm.

② 그는 대개 나쁜 핑계들을 대지만, 이번에는 좋은 핑계를 가지고 있다.

→ Even though he usually gives bad excuses, he has a good excuse this time.

③ 그들은 집의 값을 매기기 위해 중개인을 고용했다.

→ They hired an agent to praise the value of their home.

④ 아직 2월이었다는 사실에도 불구하고 공기가 습하게 느껴졌다.

→ The air felt humid despite the fact that it was still February.

04

① 방이 점점 더워져서, 나는 난방기를 껐다.

→ The room getting hot, I turned the heater off.

② 문에 있는 사람이 누군지 봐주겠니?

→ Would you see who that is at the door?

③ 오늘날에는 일찍 일어나는 사람이 거의 없는 것 같다.

→ It seems that few people today rise early.

④ 서비스를 제공하여 돈을 버는 것이 회사의 목표이다.

→ To provide services and earning money is the company's goals.

※ 밑줄 친 부분과 의미가 가장 가까운 것을 고르시오.
[05~07]

05

Once it came to light that the CEO was misappropriating funds, the board of directors insisted that he relinquish his position as head of the company immediately and without pay.

① accord

② uphold

③ mediate

④ vacate

06

She tried to focus and keep her head during the competition.

① make a fuss about the issue

② maintain a upright position

③ remain calm and sensible

④ concentrate on the details

07

David is at a really impressionable age right now, so we're trying to keep him away from negative influences.

① resistant

② manipulative

③ suggestible

④ immature

08 주어진 문장이 들어갈 위치로 가장 적절한 곳은?

This is especially applicable to developing nations, where people wash their hands with water only.

In an attempt to mobilize people around the world to improve their handwashing habits, Global Handwashing Day (GHD) was created in 2008 and takes place every October 15. (①) One of the key aims of this movement is to educate the public about the importance of washing hands with soap as one of the best prevention methods against disease. (②) Illnesses like pneumonia and diarrhea still run rampant there and account for a staggering 3.5 million child deaths every year. (③) Furthermore, proper handwashing before eating and after using the toilet has been estimated to save more lives than any other medical intervention or vaccine thus far provided to such regions. (④) The campaign hopes to maintain that trend and tirelessly promotes the practice in conjunction with ongoing research on the benefits of handwashing. Through organizers' efforts, along with the involvement of teachers, students, and families, GHD spreads the word of good hand hygiene, which no doubt saves thousands of lives.

09 다음 글의 내용과 일치하지 않는 것은?

The 80 billion dollars that the global community spends on average each year in order to repair the damage caused by extreme weather is an amount that experts expect will only climb in the years to come. Increases in average global temperatures have resulted in worldwide climate change, which in turn has made weather become more volatile and unstable. Climatologists predict that this type of extreme weather will get worse, partly due to our continued use of fossil fuels. Specifically, they say we can expect stronger tropical cyclones and more frequent heat waves, droughts, and floods. Global leaders agree that this is a serious issue that will not only cost the world more money, but will also claim thousands, perhaps millions, of lives in the future.

① Extreme weather has caused tens of billions of dollars' worth of damage.

② Worldwide temperature change is a factor in the worsening weather conditions.

③ More use of fossil fuels is brought on by extreme weather.

④ Extreme weather will likely endanger millions of more people.

10 다음 글의 내용과 가장 일치하는 것은?

Intermittent explosive disorder (IED) is characterized by an outburst of anger that is out of proportion with a situation. It tends to occur more frequently among young people and may go away on its own in later adulthood. While the exact cause is unknown, researchers suspect a combination of biological and environmental factors. These factors can include genetic disorders, differences in brain chemistry, and even exposure to verbal or physical abuse. Researchers have also found observable damage in the brains of people with IED. This damage takes the form of injuries in the brain's prefrontal cortex, which leads to improper blood sugar control and a decrease in brain function. Ultimately, this can result in impaired planning, decision making, and emotional control. Until a clear pathway is found, diagnosis and treatment of IED should be approached with caution, particularly where emotional trauma and medication are involved.

① IED has been known to gradually recede with age when left untreated.

② A genetic disorder is the biggest contributor to the development of IED.

③ Excessive sugar intake can cause damage to the brain's prefrontal cortex.

④ Doctors have found a connection between medical treatments and the development of IED.

11 밑줄 친 부분에 공통으로 들어갈 말로 가장 적절한 것은?

- Mr. Taylor _____ a good idea at the meeting.
- We were both a bit hesitant to discuss the problem, so I _____ the issue first.

① brought up
② brought in
③ brought back
④ brought about

12 주어진 글 다음에 이어질 글의 순서로 가장 적절한 것은?

Google's AlphaGo program set a milestone in the field of artificial intelligence when it beat top-ranked player Lee Sedol at the game of Go. Now, four of the world's best poker players have been defeated by a program called Libratus.

(A) The level of expertise it achieved was astonishing, especially considering the fact that poker involves a high degree of uncertainty. For one, it requires being able to understand the thought processes of the opponents and knowing whether they are bluffing.

(B) Designed by researchers at Carnegie Mellon University, the program was simply given the rules of a two-player version of the game known as Texas Hold'em. The program was then left to develop its own strategy over the course of trillions of games.

(C) Moreover, although everyone can see the board in Go, poker players can't see the other players' cards. They must also know when and how much to bet. Despite these unknowns, Libratus crushed its human opponents after 20 days of competition.

① (A) – (B) – (C)　　② (A) – (C) – (B)
③ (B) – (A) – (C)　　④ (B) – (C) – (A)

※ 어법상 옳은 것을 고르시오. [13~14]

13

① Tenants are required to leaving used furnitures on side of the street.

② The reconstructed supplies from the manufacturing plant was scrapped last month.

③ If I had attended the meeting yesterday, I would have learned about the new policy.

④ He remembered to tell his mother that he was filled the car up with gas.

14

① She had to wear a cast on her leg during two months.

② Applicants are prohibited from being contacted the company directly.

③ Although dinner was served, the children didn't so much as eat one bite.

④ Parents may unintentional pass their antisocial tendencies on to their children.

※ 밑줄 친 부분에 들어갈 말로 가장 적절한 것을 고르시오. [15~17]

15

Whereas modern humans typically think of love as limited to romantic relationships, the ancient Greeks recognized no less than six different types of love. These types were distinguished by certain characteristics, such as passion or friendship. The Greeks devoted time to each one in a spirit of self-improvement. For them, it was healthy to _____ a balance of the six kinds of love to lead a fulfilling life.

① nurture　　　　　② divulge

③ quench　　　　　④ disregard

16

At the center of nearly every observed galaxy lies a black hole, which in turn is flanked by the celestial bodies we see. Surrounding all this is a "halo" of dark matter that is unobservable but nevertheless detectable by its exertion on gravity. Initially, astronomers presumed it was the number of stars that determined the size of a galaxy's black hole; the more stars, the bigger the black hole. However, new evidence suggests that _____. The connection was discovered by analyzing the way elliptical galaxies evolved. When two smaller galaxies combined and became elliptical, the dark matter in each one merged to create a massive black hole. Scientists believe this is what ultimately dictated the new galaxy's shape and guided the growth of its black hole.

① some stars exert more gravity

② black holes can become visible

③ dark matter plays a larger role

④ galaxies assume different shapes

17

With the exception of those who have been blind from birth, people see random bright spots or patterns of color even when their eyes are closed. Called phosphenes, these flashes of light occur when the retina is activated in some way and starts firing cells into the visual center of the brain. Phosphenes are temporary, lasting only as long as the action that causes them to appear. Electricity, like that used during conscious brain surgery, can sometimes cause patients to see them. However, physical forces tend to bring about phosphenes far more often than electrical ones do. The act of rubbing your closed eyelids, for instance, is strong enough to _____ the cells in your retinas, producing the phenomenon.

① paralyze

② transmute

③ stimulate

④ circumvent

18 다음 글의 흐름상 가장 어색한 문장은?

For a long time, it was unknown how bats could carry deadly viruses without succumbing to the effects themselves. Recent research has found that this is related to an immunosuppression response in bats. ① Essentially, the bats prevent their immune systems from reacting to the viruses, which in turn limits the effects of damage and disease the bats experience. ② It may seem counterintuitive for an organism to benefit from an underactive immune system, but this comes down to inflammation. ③ Bats are known to sometimes suffer from white nose syndrome, named for the characteristic white fungus that forms on the muzzles, ears, and wings of affected bats. ④ A moderate amount of inflammation in response to a disease may counteract it, but excessive inflammation can cause extensive and even lifelong damage on the host, which is often the case in humans and not a problem when it comes to bats.

* immunosuppression: 면역 억제

19 다음 글의 내용과 일치하지 않는 것은?

Ohio University, located in Athens, Ohio, hosts one of the largest Halloween block parties in the United States. On that night, streets are closed to traffic to accommodate the roughly 20,000 to 30,000 people who descend on the town to participate in the annual event, nearly doubling the city's population. The massive gathering has its roots in a far more modest incident that took place back in 1974. At the time, a group of costumed partygoers ended up blocking some cars on Court Street for nearly two hours as they celebrated the spooky holiday in a particularly inebriated state. Subsequent years found additional revelers jamming the street on the special day once again. It quickly became such a popular tradition that the city council gave in and made it an official celebration in 1977. University officials were put in charge of planning all the activities, which have included live music and costume contests, as well as providing refreshments for the mostly student attendees. The festival continued to grow throughout the 1980s and 1990s, and the number of participants grows bigger with each passing year.

① The Halloween event attracts tens of thousands of people yearly.

② The Halloween event originally was the cause of traffic congestion.

③ The Halloween event became an official Ohioan holiday in 1977.

④ The Halloween event is prepared by the students of Ohio University.

20 밑줄 친 부분에 들어갈 말로 가장 적절한 것은?

People disapprove of performance-enhancing substances being used by professional athletes, but one might ask, "What about drugs that can boost one's cognitive abilities?" If there were a so-called smart drug that could make it effortless to concentrate for hours on end and improve memory, with no long-term side effects, one could also ask, "Would it be ethical or even advantageous to take it?" Sure, it might help people be more productive at work and finally get that promotion. But as the development of such drugs becomes more of a reality, it seems _____. Some opponents say that taking them would be like cheating on a test, and that some companies could even start pressuring their employees to use them against their will. In this day and age, most people strive for a healthy work-life balance. However, these drugs would likely only contribute to the creation of a society in which the main focus is work, leaving people with little time to relax and spend time doing the things they want to do.

① there are more downsides

② it will cost an arm and a leg

③ restrictions are expected to go into effect

④ people aren't interested

정답·해석·해설 p. 111

실전동형모의고사 11회
모바일 자동 채점 + 성적 분석 서비스 바로 가기

QR코드를 이용해 모바일로 간편하게 채점하고 나의 실력이 어느 정도인지, 취약 부분이 어디인지 바로 파악해 보세요.

11회 핵심 어휘 리스트

☑ 잘 외워지지 않는 어휘 및 표현은 박스에 체크하여 한 번 더 확인하세요.

☐ patio	명 테라스	
☐ be better off	더 잘 지내다, 더 좋은 상태이다	
☐ potential	명 가능성, 잠재력	
☐ agent	명 중개인	
☐ misappropriate	동 횡령하다, 유용하다	
☐ relinquish	동 포기하다, 양도하다	
☐ accord	동 허용하다, 조화시키다	
☐ mediate	동 중재하다	
☐ make a fuss	소란을 피우다	
☐ concentrate	동 집중하다	
☐ resistant	형 저항하는, ~에 잘 견디는	
☐ suggestible	형 영향을 받기 쉬운	
☐ immature	형 미숙한	
☐ applicable	형 적용되는, 해당되는	
☐ staggering	형 믿기 어려운, 충격적인	
☐ intervention	명 개입	
☐ involvement	명 참여, 관여	
☐ volatile	형 변덕스러운, 불안한	
☐ frequent	형 빈번한	
☐ endanger	동 위험에 빠뜨리다	
☐ intermittent	형 간헐적인, 간간이 일어나는	
☐ genetic	형 유전적인	
☐ improper	형 부적절한, 부적당한	
☐ medication	명 약물 (치료)	
☐ contributor	명 요인, 원인	

☐ bring about	초래하다, 야기하다	
☐ astonishing	형 정말 놀라운	
☐ opponent	명 상대, 적대자	
☐ tenant	명 세입자	
☐ reconstruct	동 복원하다, 재건하다	
☐ prohibit	동 금지하다	
☐ tendency	명 성향	
☐ distinguish	동 구별하다	
☐ devote	동 쏟다, 바치다	
☐ nurture	동 기르다, 양성하다	
☐ divulge	동 누설하다, 알려주다	
☐ exertion	명 (영향력·힘의) 발휘, 행사	
☐ evolve	동 발달하다, 진화하다	
☐ merge	동 합쳐지다, 합병하다	
☐ phenomenon	명 현상	
☐ transmute	동 바꾸다, 변화시키다	
☐ circumvent	동 피하다, 회피하다	
☐ succumb	동 죽다, 굴복하다	
☐ fungus	명 곰팡이, 균류	
☐ counteract	동 대항하다, 상쇄하다	
☐ incident	명 사건, 일	
☐ inebriated	형 술에 취한	
☐ refreshment	명 다과, 음료	
☐ substance	명 물질	
☐ strive for	~을 얻으려고 노력하다	

Quiz 각 어휘 및 표현의 알맞은 뜻을 찾아 연결하세요.

01 suggestible		ⓐ 술에 취한
02 astonishing		ⓑ 정말 놀라운
03 tenant		ⓒ 세입자
04 relinquish		ⓓ 영향을 받기 쉬운
05 inebriated		ⓔ 포기하다, 양도하다
		ⓕ 중재하다

06 intervention		ⓐ 피하다, 회피하다
07 circumvent		ⓑ 개입
08 make a fuss		ⓒ 집중하다
09 intermittent		ⓓ 합쳐지다, 합병하다
10 merge		ⓔ 간헐적인, 간간이 일어나는
		ⓕ 소란을 피우다

Answer | 01 ⓓ 02 ⓑ 03 ⓒ 04 ⓔ 05 ⓐ 06 ⓑ 07 ⓐ 08 ⓕ 09 ⓔ 10 ⓓ

12회 실전동형모의고사

제한 시간 : 20분 시작 시 분 ~ 종료 시 분 점수 확인 개/ 20개

※ 밑줄 친 부분의 의미와 가장 가까운 것을 고르시오.
[01~02]

01

Given that its leaders had spent the previous year talking about the need for tighter immigration policies, the country's decision to sanction the entry of individuals without travel documents was surprising.

① subsidize
② apprehend
③ insulate
④ authorize

02

The bright red car among all of the black, white, and grey vehicles in the parking lot caught the eye.

① was disappointing
② was noticeable
③ was insignificant
④ was inappropriate

03 두 사람의 대화 중 가장 어색한 것은?

① A: I'm not sure I'm really interested in this show.
　B: Don't worry. It gets better the more you watch.

② A: Do you have an extra pair of sunglasses I can wear?
　B: Sure, but make sure to give them back later.

③ A: Our food is taking a long time to come out.
　B: We should ask the waiter if there's a problem.

④ A: It seems I'll be a little late to the meeting.
　B: You can just start the meeting without me.

04 밑줄 친 부분에 들어갈 말로 가장 적절한 것은?

A: Has your assistant finished writing the budget report?

B: Not yet. She's been busy with other assignments these days.

A: Well, I'd like to check it before it's submitted.

B: Then, um, _____?

A: At latest by Tuesday.

B: OK, I'll let her know.

① when can you check on it
② when will you be busy
③ when do you think you'll finish
④ when should it be done by

※ 우리말을 영어로 잘못 옮긴 것을 고르시오. [05~06]

05

① 교외에 있는 내 친구는 자신의 미용실을 운영한다.
　→ My friend out in the suburbs runs her own hair salon.

② 논의되고 있는 것은 기후 변화가 야생동물에 어떻게 영향을 미치는지이다.
　→ What is being debated is how climate change affects wildlife.

③ 2주간의 세일은 그 상점이 오래된 재고를 정리하기 위한 것이었다.
　→ The two-week-long sale was for the store to clear out old inventory.

④ 그 학생은 그가 바라고 있던 성적보다 3점 높았다.
　→ The student was three points short of the grade he was hoping for.

06

① 쥐는 설치류이지만, 비버와 같이 더 큰 포유류도 마찬가지다.
   → Mice are rodents, but so are larger mammals like beavers.
② 그녀는 자신의 차가 수리되는 동안 렌터카를 이용해오고 있다.
   → She has been using a rental car while her own is getting fixed.
③ 그 아이가 거짓말을 시인한 것은 용감했다.
   → It was brave for the child to have admitted to lying.
④ 아이들이 작업을 하느라 오후를 보냈던 것은 과학 프로젝트였다.
   → What the kids spent the afternoon working on was a science project.

※ 밑줄 친 부분 중 어법상 옳지 않은 것을 고르시오. [07~08]

07

Although today the fork is associated with western dining, it is ① of note that many societies were reluctant to adopt it. In 11th-century Italy, it was considered rude to employ a utensil ② to pick up one's food when fingers worked just as well. Knives in 17th-century France were versatile tools ③ suitable for both cutting and picking up food at the end. However, people frequently used the pointed end of the knives to pick their teeth, which King Louis XIV detested. ④ Banned all such knives, King Louis XIV had forks imported to replace them.

08

One of the most important skills taught in higher education is the ability to compose an academic essay, with the purpose of presenting an argument and being able to support it sufficiently. This ① tends to involve a few simple but crucial steps, the first of which is stating the main premise and the intention of what will ② include in the essay. Next, a separate paragraph should be dedicated to each point used to argue in favor of the premise. Such paragraphs are comprised of relevant facts and examples that ③ attempt to back up the point being discussed. Lastly, a reiteration of all points ④ that are made throughout the essay comes at the end to remind readers of what was stated, thus concluding the argument.

09 다음 글의 제목으로 가장 적절한 것은?

Regenerative medicine has been making great strides, and one area where it is showing great promise is in regrowing hair follicles. Up till now, those who have experienced significant hair loss have had few options. Some have tried hair transplants, which are expensive, time-consuming to put in, and rarely look natural. Others may opt for wigs or hair pieces, and others still may simply accept their condition. But the new stem cell-based therapy that one medical organization is proposing is different. It stimulates actual hair follicles that have stopped functioning and resulted in hair loss, while rejuvenating those that are still active. This leads to renewed hair growth that is nearly indistinguishable from one's pre-hair loss appearance. Researchers have had success with the process in lab mice and hope the treatment will be ready for commercialization sometime in the near future.

* hair follicle: (피부의) 모낭

① How Hair Follicles Are Regrown
② Advantages of Regenerative Medicine
③ A Promising Cure for Baldness
④ Stem Cell Therapy's Commercial Use

10 다음 글의 요지로 가장 적절한 것은?

I used to be anxious all the time. Whenever there was the slightest problem in my life, it would plague me until I became crippled with worry. But one day, a good friend taught me a lesson I would never forget. She held up a little rock and asked me how heavy it was. I guessed a couple of times, but she kept shaking her head. She told me that it didn't matter how much the rock actually weighed; the longer she held it, the heavier it would become. She asked me what I should do and I told her to throw it away, it was just a rock. She smiled and did so. "That's right. I don't need this old thing," she said. I finally understood. Everybody has worries in life. But fretting over every little bump in the road is pointless. It will only cause me grief over something that won't make that much of an overall difference in my life anyway.

① Don't worry over petty issues.

② Make the most of opportunities.

③ Keep trying until you succeed.

④ It's never too late to start over again.

11 다음 글의 내용과 일치하지 않는 것은?

Audrey Hepburn was as celebrated for her philanthropic work as she was for her iconic fashion sense and starring roles in movies like *Roman Holiday* and *Breakfast at Tiffany's*. Her desire to participate in charitable work stemmed from her early childhood experiences. While growing up in the Netherlands during the Nazi occupation, she suffered from many health problems due to malnutrition. Additionally, the trauma of watching Jewish children being deported would stay with her forever. She thus made it her mission to help children in need, traveling all over the world as a UNICEF ambassador after retiring from acting.

① 오드리 헵번은 그녀의 연기만큼 자선 활동으로도 유명하다.

② 오드리 헵번은 네덜란드에서 겪은 경험으로 인해 아이들을 돕고 싶어 했다.

③ 오드리 헵번은 어린 시절에 좋은 영양 상태를 유지할 수 없었다.

④ 오드리 헵번은 배우와 유니세프 대사로서 두 가지 일의 균형을 유지했다.

12 밑줄 친 부분 중 글의 흐름상 가장 어색한 것은?

South Korea is facing a record-low birth rate that threatens to topple the economic and social security that the previous generations have worked so hard to establish. The primary factors causing the trend are various: a decreased youth employment rate, rising housing and living costs, and a lack of steady positions. ① Many millennials feel they have no choice but to delay or even forgo relationships and marriage due to the unstable circumstances. ② It is common for a South Korean family to celebrate their child's hundredth day after being born. ③ Young men report anxiety about whether they can provide enough security to maintain a family. ④ Meanwhile, women in the workforce fear being penalized if they take maternity leave. All this has led to the country having one of the lowest birth rates in the world.

13 다음 글의 주제로 가장 적절한 것은?

Sports appeal to a wide range of people regardless of age, gender, background, and more. Among the large base of casual sports fans, however, there is a smaller band of extreme loyalists for every sport, whose dedication to their teams can sometimes go overboard. One of the most infamous groups is known as the Bleacher Creatures. This gathering is comprised of ardent followers of the New York Yankees who tend to sit in one specific section of the team's stadium. They are merciless to visiting teams, routinely chanting insults and curses at them during the game. At times, they have even thrown objects at rival athletes on the field. The Creatures also harass people sitting near them if they happen to be supporters of the rival teams. In 2000, their behavior got so out of hand that officials banned alcohol from the specific seating area they frequent, in hopes of curbing their rowdy behavior. When a new Yankees Stadium was built in 2009, the Creatures predictably found a new seating area in which to congregate. The beer ban was lifted at this time, on the condition that the Creatures maintain decent behavior.

① The characteristics of good sports fans

② The banning of alcohol in stadiums

③ The appeal of sports to certain people

④ The problem of extreme sports fans

※ 밑줄 친 부분의 의미와 가장 가까운 것을 고르시오.
[14~15]

14

The government is making a desperate effort to improve the nation's aging infrastructure in time for the Olympics.

① necessary   ② costly

③ laudable   ④ frantic

15

The truck driver decided to stop at a rest area until the storm subsided a little, as visibility was low and the roads were slippery.

① let up   ② let in

③ let out   ④ let down

16 밑줄 친 (A), (B)에 들어갈 말로 가장 적절한 것은?

Many people believe that having a spouse or romantic partner always leads to a happier life, but the results of a New Zealand survey indicate that this isn't the case for everyone. Of the more than 4,000 residents who participated, about 38 percent of them identified as having "high avoidance social goals." Those falling under this category do everything possible to avoid conflict in relationships because of the severe anxiety it triggers in them. They were,   (A)   , more likely to report lower life satisfaction when in long-term relationships due to that stress and a higher quality of life when single. The remaining 62 percent of respondents,   (B)   , were found to be more fulfilled within the context of a partnership regardless of whether that relationship was healthy, and were 47 percent less likely to get a divorce. These individuals, who fall under the category of having low avoidance goals, represent the majority of the population.

	(A)	(B)
①	thus	in contrast
②	however	in reality
③	moreover	in particular
④	nonetheless	in fact

17 주어진 문장이 들어갈 위치로 가장 적절한 것은?

Yet the group also noted during the same analysis that the virus bore other animate characteristics.

After initially becoming aware of their existence, scientists categorized viruses to be wholly animate entities, as they have the capacity to multiply like other living creatures. That view changed abruptly in the 1930s. (①) When researchers were finally able to peer inside them with more sophisticated equipment, they discovered that viruses have no metabolism. This indicated that they are inanimate agents, unlike what they had previously thought. (②) They evolve, change, and can repair themselves when damaged. Their simplistic structure, composed only of an outer coat and genome, allow them to stay in latent form theoretically forever. (③) Once a virus enters a suitable host, though, it becomes active and reproduces. Interestingly, none of these functions activate until a virus is inside a biological host. (④) That's why to this day, whether viruses should be classified as alive or not remains a question with no satisfactory or definitive answer.

18 밑줄 친 부분에 들어갈 말로 가장 적절한 것은?

Why are economists so worried about the future? _____. One of the greatest challenges the global market will face within the next few decades will be how to adjust to a mechanized workforce. Technology is progressing at a breakneck speed and robots continue to replace human jobs more and more with each passing year. Economists predict that by 2050, an estimated 100 million workers will be displaced—nearly 70 percent of the current workforce. And why wouldn't they be? Machines are faster, more accurate, and much cheaper. As it stands, a future wherein human labor is no longer needed is not a worst-case scenario but an inevitable one. Therefore, society needs to prepare now for how it is going to deal with a population that will soon be sitting idle.

① In the past, employees had to learn how to use AI

② Lately, fields of industry around the world are disappearing

③ Soon, the demand for human workers will go into a freefall

④ Recently, the technical field has been divided into several categories

19 다음 글의 내용과 일치하지 않는 것은?

The Russian Revolution of 1917 and the Chinese Revolution of 1949 resulted in both nations implementing communist regimes. The political upheavals may not have occurred at the same time, they did not last the same amount of time, and they ultimately did not produce the same results, but the parallels between the two are noteworthy. For one, Russia and China were hit extremely hard by World War I and World War II, respectively. Although there had long been conflict between the exploited poor and the privileged classes in both countries, the suffering that abounded after the wars only served to increase class tensions and strengthen the resolve of revolutionaries to incite change. Essentially, blaming the existing political systems for the heavy losses the people had incurred helped communist radicals gain support. In addition, the two nations had extremely charismatic leaders, Vladimir Lenin in Russia and Mao Zedong in China. Both were skilled speakers who rallied for industrialization and modernization while persuading the populace that erasing the inequalities of class and gender was the answer. Similarly, both leaders saw an advantage in trying to spread their ideology to other surrounding countries, which would serve in bolstering their support against anti-communist forces in the West.

① The Russian and Chinese Revolutions were similar in several ways.

② There was a long conflict between the poor and the privileged in both China and Russia.

③ The difference between classes decreased after the two wars.

④ Mao and Lenin persuaded the public that eliminating inequality would be the solution.

20 주어진 문장 다음에 이어질 글의 순서로 가장 적절한 것은?

Social media is often portrayed in a negative light, but it can be a highly positive experience for some.

(A) It allows for the sharing of information and advice between people who lack such networking opportunities in person. For instance, it can help individuals with chronic illnesses connect with others who share their struggles.

(B) The words of encouragement she received from those in similar positions, not to mention former sufferers, played a vital role in helping her get better.

(C) Teenager Ashleigh Ponder was recovering from an eating disorder when she began posting photos of her meals online.

① (A) – (B) – (C)　　② (A) – (C) – (B)
③ (B) – (A) – (C)　　④ (B) – (C) – (A)

정답·해석·해설 p. 122

실전동형모의고사 12회
모바일 자동 채점 + 성적 분석 서비스 바로 가기

QR코드를 이용해 모바일로 간편하게 채점하고 나의 실력이 어느 정도인지, 취약 부분이 어디인지 바로 파악해 보세요.

12회 핵심 어휘 리스트

☑ 잘 외워지지 않는 어휘 및 표현은 박스에 체크하여 한 번 더 확인하세요.

□ sanction	동 허가하다, 인가하다	□ philanthropic	형 자선의, 박애의
□ apprehend	동 파악하다, 체포하다	□ iconic	형 상징이 되는
□ insulate	동 격리하다, 절연하다	□ stem from	~에서 기인하다
□ noticeable	형 눈에 띄는	□ malnutrition	명 영양실조
□ inappropriate	형 부적절한	□ topple	동 쓰러뜨리다, 무너뜨리다
□ clear out	정리하다	□ forgo	동 포기하다
□ inventory	명 재고, 물품 목록	□ penalize	동 불리하게 만들다, 처벌하다
□ short of	~이 부족한	□ maternity leave	출산 휴가
□ utensil	명 식기, 도구	□ overboard	형 과도한
□ detest	동 몹시 싫어하다	□ ardent	형 열렬한
□ argument	명 주장, 논거	□ merciless	형 무자비한
□ sufficiently	부 충분히	□ congregate	동 모이다, 집합하다
□ premise	명 전제	□ decent	형 품위 있는, 예의 바른
□ dedicate	동 전용하다, 바치다	□ desperate	형 필사적인
□ reiteration	명 반복	□ infrastructure	명 공공 기반 시설
□ transplant	명 이식	□ laudable	형 칭찬할 만한
□ propose	동 제안하다	□ subside	동 진정되다
□ stimulate	동 자극하다	□ visibility	명 가시성, 시야
□ rejuvenate	동 활력을 되찾게 하다	□ let up	누그러지다, 약해지다
□ indistinguishable	형 구별할 수 없는	□ categorize	동 분류하다, ~을 특징짓다
□ commercialization	명 상업화, 영리화	□ sophisticated	형 정교한, 복잡한
□ slight	형 사소한	□ breakneck	형 아주 빠른, 맹렬한 속도의
□ plague	동 괴롭히다	□ idle	형 일하지 않는, 한가한
□ cripple	동 무력하게 만들다	□ exploit	동 착취하다
□ grief	명 깊은 고뇌, 비통	□ chronic	형 만성적인

Quiz 각 어휘 및 표현의 알맞은 뜻을 찾아 연결하세요.

01 insulate		ⓐ 전제
02 rejuvenate		ⓑ 구별할 수 없는
03 plague		ⓒ 격리하다, 절연하다
04 premise		ⓓ 제안하다
05 indistinguishable		ⓔ 활력을 되찾게 하다
		ⓕ 괴롭히다

06 philanthropic		ⓐ 진정되다
07 merciless		ⓑ 무자비한
08 subside		ⓒ 쓰러뜨리다, 무너뜨리다
09 sophisticated		ⓓ 자선의, 박애의
10 topple		ⓔ 정교한, 복잡한
		ⓕ 품위 있는, 예의 바른

Answer | 01 ⓒ 02 ⓔ 03 ⓕ 04 ⓐ 05 ⓑ 06 ⓓ 07 ⓑ 08 ⓐ 09 ⓔ 10 ⓒ

해커스공무원
gosi.Hackers.com

해커스공무원 실전동형모의고사 영어 2

채점용 정답지

1회 실전동형모의고사

문번	제 2 과목
01	②
02	③
03	④
04	①
05	④
06	②
07	④
08	④
09	④
10	①
11	②
12	③
13	③
14	①
15	②
16	②
17	③
18	②
19	②
20	①

O: 개　△: 개　X: 개

2회 실전동형모의고사

문번	제 2 과목
01	①
02	④
03	①
04	④
05	②
06	④
07	④
08	③
09	②
10	④
11	③
12	④
13	②
14	③
15	②
16	④
17	②
18	②
19	④
20	④

O: 개　△: 개　X: 개

3회 실전동형모의고사

문번	제 2 과목
01	③
02	③
03	③
04	①
05	②
06	④
07	②
08	④
09	③
10	①
11	③
12	②
13	②
14	④
15	②
16	①
17	②
18	④
19	①
20	③

O: 개　△: 개　X: 개

4회 실전동형모의고사

문번	제 2 과목
01	②
02	③
03	④
04	②
05	③
06	④
07	③
08	②
09	③
10	③
11	②
12	①
13	②
14	④
15	②
16	①
17	①
18	③
19	④
20	②

O: 개　△: 개　X: 개

5회 실전동형모의고사

문번	제 2 과목
01	①
02	③
03	④
04	③
05	④
06	②
07	①
08	③
09	②
10	③
11	④
12	①
13	①
14	④
15	③
16	③
17	②
18	④
19	③
20	③

O: 개　△: 개　X: 개

6회 실전동형모의고사

문번	제 2 과목
01	③
02	③
03	③
04	③
05	②
06	①
07	②
08	③
09	③
10	④
11	③
12	②
13	③
14	②
15	①
16	④
17	②
18	③
19	④
20	①

O: 개　△: 개　X: 개

해커스공무원 실전동형모의고사 영어 2
채점용 정답지

7회 실전동형모의고사

문번	제 2 과목			
01	①	②	❸	④
02	①	②	❸	④
03	①	②	❸	④
04	❶	②	③	④
05	①	②	③	❹
06	①	❷	③	④
07	①	②	❸	④
08	①	②	③	❹
09	❶	②	③	④
10	①	②	③	❹
11	①	②	③	❹
12	①	②	❸	④
13	①	②	❸	④
14	①	②	③	❹
15	①	②	❸	④
16	①	②	③	❹
17	①	②	❸	④
18	①	②	❸	④
19	❶	②	③	④
20	①	❷	③	④

O: 개   △: 개   X: 개

8회 실전동형모의고사

문번	제 2 과목			
01	①	②	③	❹
02	❶	②	③	④
03	①	②	③	❹
04	①	②	③	❹
05	①	②	③	❹
06	①	②	❸	④
07	①	❷	③	④
08	❶	②	③	④
09	①	❷	③	④
10	❶	②	③	④
11	①	❷	③	④
12	①	②	③	❹
13	①	❷	③	④
14	❶	②	③	④
15	①	②	③	❹
16	①	②	❸	④
17	①	❷	③	④
18	①	②	③	❹
19	①	②	❸	④
20	①	②	③	❹

O: 개   △: 개   X: 개

9회 실전동형모의고사

문번	제 2 과목			
01	①	②	❸	④
02	①	❷	③	④
03	①	②	③	❹
04	①	②	❸	④
05	❶	②	③	④
06	①	②	❸	④
07	①	②	③	❹
08	①	②	③	❹
09	①	❷	③	④
10	①	❷	③	④
11	①	②	③	❹
12	❶	②	③	④
13	❶	②	③	④
14	❶	②	③	④
15	①	②	❸	④
16	①	②	③	❹
17	①	②	③	❹
18	❶	②	③	④
19	①	❷	③	④
20	①	②	③	❹

O: 개   △: 개   X: 개

10회 실전동형모의고사

문번	제 2 과목			
01	①	❷	③	④
02	①	②	❸	④
03	①	❷	③	④
04	❶	②	③	④
05	❶	②	③	④
06	❶	②	③	④
07	❶	②	③	④
08	①	❷	③	④
09	①	❷	③	④
10	①	②	❸	④
11	①	②	③	❹
12	①	②	③	❹
13	①	❷	③	④
14	①	②	③	❹
15	①	②	③	❹
16	①	②	❸	④
17	❶	②	③	④
18	①	②	❸	④
19	①	②	❸	④
20	①	②	③	❹

O: 개   △: 개   X: 개

11회 실전동형모의고사

문번	제 2 과목			
01	①	②	❸	④
02	①	❷	③	④
03	①	②	❸	④
04	①	②	③	❹
05	①	②	③	❹
06	①	②	❸	④
07	①	②	❸	④
08	①	❷	③	④
09	①	②	❸	④
10	❶	②	③	④
11	❶	②	③	④
12	①	②	❸	④
13	①	②	❸	④
14	①	②	❸	④
15	❶	②	③	④
16	①	②	❸	④
17	①	②	❸	④
18	①	②	❸	④
19	①	②	③	❹
20	❶	②	③	④

O: 개   △: 개   X: 개

12회 실전동형모의고사

문번	제 2 과목			
01	①	②	③	❹
02	①	❷	③	④
03	①	②	③	❹
04	①	②	③	❹
05	①	②	③	❹
06	①	②	❸	④
07	①	②	③	❹
08	①	❷	③	④
09	①	②	❸	④
10	❶	②	③	④
11	①	②	③	❹
12	①	②	③	❹
13	①	②	③	❹
14	①	②	③	❹
15	❶	②	③	④
16	❶	②	③	④
17	①	❷	③	④
18	①	②	③	❹
19	①	②	❸	④
20	①	❷	③	④

O: 개   △: 개   X: 개

해커스공무원 실전동형모의고사 영어 2 답안지

컴퓨터용 흑색사인펜만 사용

성명	
자필성명	본인 성명 기재
응시직렬	
응시지역	
시험장소	

[필적감정용 기재]
*아래 예시문을 옮겨 적으시오

본인은 OOO(응시자성명)임을 확인함

기재란

형	
책	

※ 시험감독관 서명
(성명을 정자로 기재할 것)

생 년 월 일

응 시 번 호

문번	회			
01	①	②	③	④
02	①	②	③	④
03	①	②	③	④
04	①	②	③	④
05	①	②	③	④
06	①	②	③	④
07	①	②	③	④
08	①	②	③	④
09	①	②	③	④
10	①	②	③	④
11	①	②	③	④
12	①	②	③	④
13	①	②	③	④
14	①	②	③	④
15	①	②	③	④
16	①	②	③	④
17	①	②	③	④
18	①	②	③	④
19	①	②	③	④
20	①	②	③	④

해커스공무원 실전동형모의고사 영어 2 답안지

컴퓨터용 흑색사인펜만 사용

성명	
자필성명	본인 성명 기재
응시직렬	
응시지역	
시험장소	

[필적감정용 기재]
*아래 예시문을 옮겨 적으시오
본인은 OOO(응시자성명)임을 확인함

기재란

성	
책	

응시번호

생년월일

※ 시험감독관 서명
(성명을 정자로 기재할 것)

책임감독관 확인란

문번	①	②	③	④		문번	①	②	③	④		문번	①	②	③	④
01	①	②	③	④		01	①	②	③	④		01	①	②	③	④
02	①	②	③	④		02	①	②	③	④		02	①	②	③	④
03	①	②	③	④		03	①	②	③	④		03	①	②	③	④
04	①	②	③	④		04	①	②	③	④		04	①	②	③	④
05	①	②	③	④		05	①	②	③	④		05	①	②	③	④
06	①	②	③	④		06	①	②	③	④		06	①	②	③	④
07	①	②	③	④		07	①	②	③	④		07	①	②	③	④
08	①	②	③	④		08	①	②	③	④		08	①	②	③	④
09	①	②	③	④		09	①	②	③	④		09	①	②	③	④
10	①	②	③	④		10	①	②	③	④		10	①	②	③	④
11	①	②	③	④		11	①	②	③	④		11	①	②	③	④
12	①	②	③	④		12	①	②	③	④		12	①	②	③	④
13	①	②	③	④		13	①	②	③	④		13	①	②	③	④
14	①	②	③	④		14	①	②	③	④		14	①	②	③	④
15	①	②	③	④		15	①	②	③	④		15	①	②	③	④
16	①	②	③	④		16	①	②	③	④		16	①	②	③	④
17	①	②	③	④		17	①	②	③	④		17	①	②	③	④
18	①	②	③	④		18	①	②	③	④		18	①	②	③	④
19	①	②	③	④		19	①	②	③	④		19	①	②	③	④
20	①	②	③	④		20	①	②	③	④		20	①	②	③	④

2024 최신개정판

해커스공무원
실전동형
모의고사
영어 2

개정 11판 1쇄 발행 2024년 4월 4일

지은이	해커스 공무원시험연구소
펴낸곳	해커스패스
펴낸이	해커스공무원 출판팀

주소	서울특별시 강남구 강남대로 428 해커스공무원
고객센터	1588-4055
교재 관련 문의	gosi@hackerspass.com
	해커스공무원 사이트(gosi.Hackers.com) 교재 Q&A 게시판
	카카오톡 플러스 친구 [해커스공무원 노량진캠퍼스]
학원 강의 및 동영상강의	gosi.Hackers.com

ISBN	979-11-6999-788-1 (13740)
Serial Number	11-01-01

공무원 교육 1위,
해커스공무원 gosi.Hackers.com

㏗ 해커스공무원

· 공무원 영어 시험의 빈출 어휘 및 표현을 정리한 **필수 단어암기장**

· '회독'의 방법과 공부 습관을 제시하는 **해커스 회독증강 콘텐츠**(교재 내 할인쿠폰 수록)

· 정확한 성적 분석으로 약점 극복이 가능한 **합격예측 온라인 모의고사**(응시권 및 해설강의 수강권 수록)

· 내 점수와 석차를 확인하는 **모바일 자동 채점 및 성적 분석 서비스**

· **해커스공무원 학원 및 인강**(교재 내 인강 할인쿠폰 수록)

2024 최신개정판

해커스공무원
**실전동형
모의고사**
영어 ②

약점 보완 해설집

해커스공무원

▶ 정답

p. 16

01	② 어휘 – 어휘&표현	11	② 어휘 – 생활영어
02	③ 어휘 – 어휘&표현	12	③ 어휘 – 생활영어
03	④ 어휘 – 어휘&표현	13	③ 독해 – 전체내용 파악
04	① 어휘 – 어휘&표현	14	① 독해 – 전체내용 파악
05	④ 문법 – 수 일치	15	② 독해 – 전체내용 파악
06	② 문법 – 동사의 종류	16	② 독해 – 추론
07	④ 문법 – 전치사	17	③ 독해 – 논리적 흐름 파악
08	④ 독해 – 세부내용 파악	18	② 독해 – 논리적 흐름 파악
09	④ 독해 – 세부내용 파악	19	② 독해 – 논리적 흐름 파악
10	① 어휘 – 생활영어	20	① 독해 – 추론

▶ 취약영역 분석표

영역	세부 유형	문항 수	소계
어휘	어휘&표현	4	/7
	생활영어	3	
문법	수 일치	1	/3
	동사의 종류	1	
	전치사	1	
독해	전체내용 파악	3	/10
	세부내용 파악	2	
	추론	2	
	논리적 흐름 파악	3	
총계			**/20**

---

01 어휘 potent = intense
난이도 중 ●●○

밑줄 친 부분의 의미와 가장 가까운 것을 고르시오.

Roger had never been to a spice market before, so he didn't know what to expect. When he took his first step inside, he was both delighted and overwhelmed by the potent aromas of the many different spices.

① dry
② intense
③ moderate
④ unrecognized

해석

Roger는 향신료 시장에 가본 적이 없어서 무엇을 기대해야 할지 몰랐다. 그가 안으로 첫 발을 내디뎠을 때, 그는 아주 기뻤을 뿐만 아니라 다양한 향신료의 강한 향에 압도당했다.

① 건조한
② 강렬한
③ 적당한
④ 의식되지 못하는

정답 ②

어휘

spice 향신료, 양념 delighted 아주 기뻐하는 overwhelmed 압도된
potent 강한, 강력한 aroma 향, 향기 intense 강렬한
moderate 적당한, 보통의 unrecognized 의식되지 못하는

이것도 알면 합격!

potent(강한)의 유의어
= strong, pungent, robust

---

02 어휘 comprehensive = encompassing
난이도 중 ●●○

밑줄 친 부분의 의미와 가장 가까운 것을 고르시오.

The comprehensive economic policy suggested by the mayor sought not only to end the economic downturn but to stimulate new activity in the city.

① rich
② sudden
③ encompassing
④ comparable

해석

시장에 의해 제시된 포괄적인 경제 정책은 경기 침체를 종식시키는 것 뿐만 아니라 도시의 새로운 활기를 촉진시키는 것을 추구했다.

① 부유한
② 갑작스러운
③ 포괄적인
④ 비슷한

정답 ③

어휘

comprehensive 포괄적인 seek 추구하다, 시도하다 downturn 침체, 하강
stimulate 촉진시키다, 활성화하다 encompassing 포괄적인, 망라하는
comparable 비슷한, 비교할 만한

이것도 알면 합격!

comprehensive(포괄적인)의 유의어
= thorough, complete, all-inclusive, extensive

---

03 어휘 chip in = contribute
난이도 중 ●●○

밑줄 친 부분의 의미와 가장 가까운 것을 고르시오.

Everyone in the department was asked to chip in a small amount to purchase a gift for their colleague who was in the hospital.

해커스공무원

실전동형
모의고사
영어 2

약점 보완 해설집

① conserve　　　　　② budget
③ obtain　　　　　　④ contribute

해석

그 부서에 있는 모든 사람들은 병원에 있는 그들의 동료에게 줄 선물을 사기 위해 소액을 기부할 것을 요청받았다.

① 아껴 쓰다　　　　② 예산을 세우다
③ 얻다　　　　　　④ 기부하다

정답 ④

어휘

chip in 기부하다, 보태다　conserve 아껴 쓰다, 아끼다
budget 예산을 세우다　contribute 기부하다, 도움이 되다

이것도 알면 합격!

chip in(기부하다)과 유사한 의미의 표현
= pitch in, donate, kick in

04　어휘 phase out = eliminate　난이도 중 ●●○

밑줄 친 부분의 의미와 가장 가까운 것을 고르시오.

City Hall announced that the city would phase out the temporary hotel tax over the next five years.

① eliminate　　　　② introduce
③ investigate　　　 ④ reinvest

해석

시청은 시가 향후 5년간 임시 호텔세를 단계적으로 폐지할 것이라고 발표했다.

① 폐지하다　　　　② 소개하다
③ 조사하다　　　　④ 재투자하다

정답 ①

어휘

announce 발표하다　phase out 단계적으로 폐지하다　temporary 임시의
eliminate 폐지하다, 제거하다　investigate 조사하다, 살피다
reinvest 재투자하다

이것도 알면 합격!

phase out(단계적으로 폐지하다)의 유의어
= discontinue, abolish, withdraw, remove

05　문법 수 일치　난이도 중 ●●○

밑줄 친 부분 중 어법상 옳지 않은 것은?

Spinal cord injuries ① profoundly alter lives, and while it is often accepted ② that recovery can be limited, particularly

with regard to regaining the ability to walk, the medical community finds ③ it valuable to explore new options. For instance, functional electrical stimulation (FES), a therapy that sends low-level electrical impulses to specific muscles in paralyzed limbs, ④ show promise in helping some patients regain partial motor function.

해석

척수 부상은 삶을 완전히 바꾸고, 특히 걸을 수 있는 능력을 되찾는 것과 관련하여 회복이 제한될 수 있다는 것이 종종 받아들여지지만, 의료계는 새로운 선택지를 탐구하는 것이 가치 있다고 생각한다. 예를 들어, 마비된 팔다리의 특정 근육에 낮은 수준의 전기 자극을 보내는 치료법인 기능적 전기 자극(FES)은 일부 환자들이 부분적인 운동 기능을 되찾도록 돕는 것의 전망을 보여준다.

해설

④ 주어와 동사의 수 일치 주어 자리에 단수 명사 functional electrical stimulation이 왔으므로 복수 동사 show를 단수 동사 shows로 고쳐야 한다. 참고로 주어와 동사 사이의 수식어 거품(a therapy ~ paralyzed limbs)은 동사의 수 결정에 영향을 주지 않는다.

[오답 분석]

① 부사 자리 동사(alter)를 앞에서 수식할 수 있는 것은 부사이므로 부사 profoundly가 올바르게 쓰였다.

② 명사절 접속사 1 : that | 가짜 주어 구문 완전한 절(recovery can be limited)을 이끌며 동사 accept의 목적어 자리에 올 수 있는 명사절 접속사 that이 올바르게 쓰였다. 또한 that절(that ~ limited)과 같이 긴 주어가 오면 진짜 주어인 that절을 맨 뒤로 보내고 가주어인 it이 주어 자리에 대신해서 쓰이므로 진짜 주어 자리에 that절을 이끄는 that이 올바르게 쓰였다.

③ 5형식 동사 | 목적어 자리 동사 find는 5형식 동사로 쓰일 때 'find + 목적어 + 목적격 보어(valuable)' 형태를 취하며 '~이 –임을 깨닫다'라는 의미를 나타내는데, to 부정사구 목적어가 목적격 보어와 함께 오면 진짜 목적어(to 부정사구)를 목적격 보어 뒤로 보내고 목적어가 있던 자리에 가짜 목적어 it을 써서 '가짜 목적어 it + 목적격 보어(valuable) + 진짜 목적어(to explore new options)'의 형태가 되어야 하므로 목적어 자리에 it이 올바르게 쓰였다.

정답 ④

어휘

spinal cord 척수　injury 부상　profoundly 완전히, 심오하게
alter 바꾸다, 달라지다　with regard to ~과 관련하여
regain 되찾다, 회복하다　valuable 가치 있는　explore 탐구하다
impulse 자극　paralyzed 마비된　limb 팔다리　promise 전망, 가능성
regain 되찾다　partial 부분적인　motor 운동의

이것도 알면 합격!

5형식 동사는 '목적어 + 목적격 보어'를 취하는데, 동사에 따라 명사, 형용사, 분사, to 부정사, 동사원형 등 다양한 형태의 목적격 보어가 올 수 있다.

> He **considers** the project a tremendous success.
　　　　　　　　목적어　　　　목적격 보어(명사)
그는 그 프로젝트를 엄청난 성공으로 여긴다.

> They **judged** the performance flawless.
　　　　　　　목적어　　　　목적격 보어(형용사)
그들은 그 공연이 흠잡을 데 없다고 평가했다.

06 문법 동사의 종류 난이도 중 ●●○

어법상 옳지 않은 것은?

① Never had she tasted Thai food before she visited Bangkok.

② The man whose truck was broken for six months has finally had it repair.

③ The airline insists that passengers be at the gate 30 minutes before departure.

④ Guests were permitted to be served in the dining area until closing time.

해석

① 그녀는 방콕을 방문하기 전까지 태국 음식을 먹어본 적이 없었다.

② 트럭이 고장 난 지 6개월 된 남자가 마침내 그것을 수리받았다.

③ 항공사는 탑승객들이 출발 30분 전에 탑승구에 있어야 한다고 주장한다.

④ 손님들은 문을 닫는 시간까지 식사 공간에서 응대 받도록 허용되었다.

해설

② 5형식 동사 사역동사 have(had)의 목적어(it)와 목적격 보어가 '그것(트럭)이 수리를 받다'라는 의미의 수동 관계이므로 동사원형 repair를 과거분사 repaired로 고쳐야 한다.

[오답 분석]

① 도치 구문: 부사구 도치 1 부정을 나타내는 부사(Never)가 강조되어 문장 맨 앞에 나오면 주어와 조동사가 도치되어 '조동사 + 주어 + 동사'의 어순이 되어야 하므로 Never had she tasted가 올바르게 쓰였다.

③ 조동사 should의 생략 주절에 주장을 나타내는 동사 insist가 오면 종속절에는 '(should +) 동사원형'이 와야 하므로, 종속절에 동사원형 be가 올바르게 쓰였다.

④ 5형식 동사의 수동태 | to 부정사의 형태 to 부정사를 목적격 보어로 취하는 5형식 동사(permit)가 수동태가 되면 to 부정사는 수동태 동사(were permitted) 뒤에 그대로 남아야 하는데, to 부정사(to be served) 뒤에 목적어가 없고 to 부정사가 가리키는 명사(Guests)와 to 부정사가 '손님들이 응대 받다'라는 의미의 수동 관계이므로 were permitted 뒤에 to 부정사의 수동형 to be served가 올바르게 쓰였다.

정답 ②

어휘

repair 수리하다 insist 주장하다 departure 출발 permit 허용하다
serve 응대하다

🏆 이것도 알면 **합격!**

동사 suggest와 insist가 해야 할 것에 대한 제안과 주장의 의미가 아닌 '암시하다', '~라는 사실을 주장하다'라는 의미를 나타낼 때는 종속절에 '(should +) 동사원형'을 쓸 수 없다.

> His hesitation in answering the question **suggested** that he be(→ was) unsure of the answer.
> 그 질문에 대한 답변에서의 그의 망설임은 그가 정답을 확신할 수 없다는 것을 암시했다.

07 문법 전치사 난이도 중 ●●○

우리말을 영어로 잘못 옮긴 것은?

① 나는 6개월마다 한 번씩 검진을 위해 치과를 방문한다.
→ I visit the dentist for a checkup every six months.

② 백금이 화이트골드보다 두 배 이상 비싸다.
→ Platinum is more than twice as expensive as white gold.

③ 우리는 여행 전에 호텔 예약을 확인하는 것이 좋겠다.
→ We had better confirm our hotel reservations before our trip.

④ 너는 다음 주 금요일까지 이 책을 도서관에 반납해야 한다.
→ You must return this book to the library until next Friday.

해설

④ 전치사 2: 시점 '다음 주 금요일까지 반납해야 한다'라는 정해진 시점(다음 주 금요일)까지 완료되는 상황을 나타내고 있으므로 '특정 시점까지 어떤 행동이나 상황이 계속되는 것'을 의미하는 전치사 until을 '특정 시점까지 어떤 행동이나 상황이 완료되는 것'을 의미하는 전치사 by(~까지)로 고쳐야 한다.

[오답 분석]

① 현재 시제 '6개월마다 한 번씩 치과를 방문한다'라는 반복되는 동작을 표현하고 있으므로 현재 시제 visit이 올바르게 쓰였다. 참고로 every six months는 '6개월마다 한 번씩'이라는 의미이다.

② 원급 '두 배 이상 비싸다'는 '배수사 + as + 원급 + as'의 형태로 나타낼 수 있으므로 more than twice as expensive as가 올바르게 쓰였다.

③ 조동사 관련 표현 조동사처럼 쓰이는 표현 had better(~하는 게 좋겠다) 뒤에는 동사원형이 와야 하므로 동사원형 confirm이 올바르게 쓰였다.

정답 ④

어휘

dentist 치과, 치과의사 platinum 백금(금속 원소의 하나)
white gold 화이트골드(금, 니켈, 아연으로 이루어진 흰색의 합금)
confirm 확인하다

🏆 이것도 알면 **합격!**

배수사를 사용한 비교 구문의 경우, 배수사 자리에 퍼센트, 분사 등의 '부분'을 나타내는 표현이 올 수 있다.

> This recipe requires **25 percent** as much sugar as the original one.
> 이 조리법은 원래의 것보다 25퍼센트 정도까지 많은 설탕을 필요로 한다.

08 독해 세부내용 파악(내용 불일치 파악) 난이도 중 ●●○

다음 글의 내용과 일치하지 않는 것은?

Do you get enough vitamin D? Studies show that 42 percent of American adults today are suffering from a vitamin D deficiency. This is dangerous as vitamin D balances the levels of calcium in the blood and bones. This ensures that our bodies can build bones and maintain healthy tissue. But why has this deficiency emerged in modern times? One of the most likely causes is the shift in lifestyles. Our bodies naturally produce vitamin D when exposed to the sun. But today, people spend most of their time indoors. Luckily, according to Dr. Thomas Carpenter of the Yale School of Medicine, "Therapy and prevention of vitamin D deficiency are straightforward, relatively inexpensive, and safe." Patients simply need to get out in the sun more or take vitamin supplements.

① More than 40 percent of American adults suffer from a vitamin D deficiency.

② Vitamin D is important for the creation of bones and tissue maintenance.

③ Exposure to sunlight causes our bodies to create vitamin D.

④ Dealing with a vitamin D deficiency requires expensive treatment.

해석

당신은 충분한 비타민 D를 섭취하고 있는가? 연구는 오늘날 미국 성인의 42퍼센트가 비타민 D 결핍을 겪고 있다는 것을 보여준다. 이것은 위험한데, 비타민 D가 혈액과 뼈의 칼슘 수준의 균형을 유지하기 때문이다. 이것은 우리의 몸이 뼈를 만들고 건강한 조직을 유지할 수 있도록 해준다. 하지만 왜 이런 결핍이 현대에 나타났을까? 가장 가능성 있는 원인 중 하나는 생활 양식의 변화이다. 우리의 몸은 태양에 노출되면 자연스럽게 비타민 D를 생산한다. 하지만 오늘날의 사람들은 대부분의 시간을 실내에서 보낸다. 다행히도, 예일대학교 의과대학의 Thomas Carpenter 박사에 따르면, "비타민 D 결핍의 치료와 예방은 간단하며, 비교적 저렴하고, 안전합니다."라고 한다. 환자들은 단지 햇볕을 더 쬐거나 비타민 보충제를 복용하면 된다.

① 미국 성인의 40퍼센트 이상이 비타민 D 결핍을 겪고 있다.
② 비타민 D는 뼈 생성과 조직 유지에 중요하다.
③ 햇볕에의 노출은 우리의 몸이 비타민 D를 만들게 한다.
④ 비타민 D 결핍을 다루는 것은 값비싼 치료를 요구한다.

해설

지문 마지막에서 예일대학교 의과대학의 Thomas Carpenter 박사에 따르면 비타민 D 결핍의 치료와 예방은 간단하며, 비교적 저렴하고, 안전하다고 했으므로, '④ 비타민 D 결핍을 다루는 것은 값비싼 치료를 요구한다'라는 것은 지문의 내용과 일치하지 않는다.

[오답 분석]
① 두 번째 문장에서 오늘날 미국 성인의 42퍼센트가 비타민 D 결핍을 겪고 있다고 언급되었다.
② 네 번째 문장에서 비타민 D가 우리의 몸이 뼈를 만들고 건강한 조직을 유지할 수 있도록 해준다고 언급되었다.
③ 일곱 번째 문장에서 우리의 몸이 태양에 노출되면 자연스럽게 비타민 D를 생산한다고 언급되었다.

정답 ④

어휘

deficiency 결핍 tissue (세포들로 이루어진) 조직 emerge 나타나다
expose 노출하다, 드러내다 prevention 예방
straightforward 간단한, 쉬운 relatively 비교적, 상대적으로
inexpensive 저렴한 maintenance 유지

---

09 독해 세부내용 파악(내용 일치 파악) 난이도 중 ●●○

다음 글의 내용과 일치하는 것은?

The history of newspapers began in 59 B.C.E. with the publication of "Acta Diurna"—handwritten notices that informed citizens about events—in ancient Rome. Later, in the 17th century, modern newspapers, such as the *London Gazette*, emerged in England to announce official government actions. In 1702, *The Daily Courant* was launched, marking the first time that a daily newspaper was published. It gives the public greater access to the latest news than at any time in previous history. As printing technology increased, so did the reach of newspapers, and their circulation attained new heights in the 19th and 20th centuries—the "Golden Age of Newspapers."

① The history of newspapers can be traced to 59 B.C.E. in ancient Greece.

② The *London Gazette* was published to inform people of the city's events.

③ The introduction of *The Daily Courant* in 1702 didn't influence public accessibility to the latest news.

④ Newspaper circulation increased during the Golden Age of Newspapers in the 19th and 20th centuries.

해석

신문의 역사는 기원전 59년에 고대 로마에서 'Acta Diurna'의 발행으로 시작되었는데, 이것은 시민들에게 사건들에 대해 알려준 손으로 쓴 공지 사항이었다. 그 후, 17세기에, 영국에서 공식적인 정부의 조치를 발표하기 위해 《런던 가제트》와 같은 현대 신문이 등장했다. 1702년에 《데일리 코란트》가 창간되었고, 이는 일간지가 발행된 최초의 사례를 기록하였다. 그것은 대중들에게 이전 역사의 그 어떤 때보다 최신 뉴스에 대한 더 많은 접근을 제공했다. 인쇄 기술이 향상됨에 따라, 신문이 미치는 범위도 증가했고, 그것들의 발행 부수는 19세기와 20세기의 '신문의 황금기'에 새로운 절정에 도달했다.

① 신문의 역사는 고대 그리스의 기원전 59년까지 거슬러 올라갈 수 있다.
② 《런던 가제트》는 사람들에게 그 도시의 사건들을 알리기 위해 발행되었다.
③ 1702년 《데일리 코란트》의 도입은 최신 뉴스에 대한 대중의 접근성에 영향을 미치지 않았다.
④ 19세기와 20세기의 신문의 황금기 동안에 신문 발행 부수가 증가했다.

해설

지문 마지막에서 신문의 발행 부수는 19세기와 20세기의 '신문의 황금기'에 새로운 절정에 도달했다고 했으므로 '④ 19세기와 20세기의 신문의 황금기 동안에 신문 발행 부수가 증가했다'는 것은 지문의 내용과 일치한다.

[오답 분석]
① 첫 번째 문장에서 신문의 역사는 기원전 59년에 고대 로마에서 'Acta Diurna'의 발행으로 시작되었다고 했으므로 지문의 내용과 다르다.
② 두 번째 문장에서 영국에서 공식적인 정부의 조치를 발표하기 위해 《런던 가제트》와 같은 현대 신문이 등장했다고 했으므로 지문의 내용과 다르다.
③ 세 번째와 네 번째 문장에서 1702년에 《데일리 코란트》가 창간되었는데, 이것이 대중들에게 이전 역사의 그 어떤 때보다 최신 뉴스에 대한 더 많은 접근을 제공했다고 했으므로 지문의 내용과 반대이다.

정답 ④

어휘

publication 발행, 출판 inform 알리다, 정보를 제공하다
London Gazette 런던 가제트(1665년 창간한 주 2회 발간되는 영국 정부 관보)
access 접근 reach (세력, 영향이) 미치는 범위 circulation 발행 부수
attain 도달하다, 이르다

---

10 생활영어 That sounds fishy. 난이도 중 ●●○

밑줄 친 부분에 들어갈 말로 알맞은 것을 고르시오.

> A: I just got an email about a cruise deal. We can go to the Bahamas on a five-night cruise for only $250 per person.
> B: _____
> A: I think it's just a special price for last-minute bookings. It leaves this weekend.
> B: Is it an all-inclusive price, or are there a lot of add-ons that push the price up much higher?
> A: It includes most things. You just have to pay extra for the tours that you take when in port.
> B: Hmm... That could be a great deal. Maybe we should do it.

① That sounds fishy.
② I've never been there before.
③ There is no place like home.
④ Waste not, want not.

해석

> A: 방금 유람선 여행 계획과 관련된 이메일을 받았어요. 1인당 250 달러만 내면 5박 유람선 여행으로 바하마에 갈 수 있어요.
> B: 그건 좀 의심스러운 것 같은데요.
> A: 제 생각에는 그냥 막바지 예약 특가인 것 같아요. 이번 주말에 출발해요.
> B: 다 포함된 가격인가요, 아니면 가격을 훨씬 더 올리는 추가 항목들이 많이 있나요?
> A: 거의 다 포함해요. 항구에 있을 때 이용하는 관광에 대한 비용만 추가로 내면 돼요.
> B: 음... 좋은 거래일 수 있겠네요. 우리가 해야 할 것 같아요.

① 그건 좀 의심스러운 것 같은데요.
② 저는 그곳에 가본 적이 없어요.
③ 집만 한 곳은 없어요.
④ 낭비하지 않으면 아쉬울 일이 없어요. (아껴야 잘 산다)

해설

1인당 250달러만 내면 비하미에 갈 수 있는 유람선 여행 계획과 관련된 이메일을 받았다는 A의 말에 B가 대답하고, 빈칸 뒤에서 다시 A가 그냥 막바지 예약 특가인 것 같다고 설명하고 있으므로, 빈칸에는 '① 그건 좀 의심스러운 것 같은데요(That sounds fishy)'가 들어가야 자연스럽다.

정답 ①

어휘

deal 계획, 계약 all-inclusive 다 포함된 add-on 추가 항목
fishy 의심스러운, 물고기의

이것도 알면 합격!

여행사에서 쓸 수 있는 표현

> › Do you offer travel insurance for this package?
>   이 상품에 대해 여행 보험을 제공하나요?
> › Could you recommend some popular tourist attractions in Rome?
>   로마에서 인기있는 관광지를 추천해줄 수 있나요?
> › I need to cancel my reservation. What's your cancellation policy?
>   예약을 취소해야 합니다. 취소 방침이 어떻게 되나요?

---

11 생활영어 Almost everything. You could explore the jungle, climb a mountain, or dive. 난이도 하 ●○○

밑줄 친 부분에 들어갈 말로 알맞은 것을 고르시오.

> A: I want to visit another country during my summer break. Do you have any suggestions for where I should go?
> B: I think you should try Colombia.
> A: That's an unexpected suggestion. What could I do there?
> B: _____
> A: Wow! I didn't know that was all possible. I'll check it out.
> B: I think you would really enjoy it. I know I did.
> A: It does sound interesting. Thanks for the advice.

① Check out the ticket prices. It's usually one of the cheapest places to fly.
② Almost everything. You could explore the jungle, climb a mountain, or dive.
③ You need to be sure you budget properly.
④ I've been there several times.

해석

> A: 여름방학 때 다른 나라를 방문하고 싶어요. 어디로 가야 할지 추천해 줄 수 있나요?
> B: 콜롬비아에 가봐야 할 것 같아요.
> A: 뜻밖의 제안이네요. 거기서 제가 뭘 할 수 있을까요?
> B: 거의 모든 것을요. 정글을 탐험하고 등산이나 다이빙도 할 수 있어요.
> A: 와! 그것들이 모두 가능할 줄 몰랐어요. 저도 한번 확인해볼게요.
> B: 당신이 정말 좋아할 것 같아요. 저도 그랬어요(좋았어요).
> A: 정말 흥미롭게 들리네요. 조언 감사해요.

① 항공권 가격을 확인해 보세요. 보통 비행기로 가기에 가장 싼 곳 중 하나예요.
② 거의 모든 것을요. 정글을 탐험하고 등산이나 다이빙도 할 수 있어요.

③ 예산을 제대로 세웠는지 확인할 필요가 있어요.

④ 나는 거기에 몇 번 가본 적이 있어요.

[해설]

여름방학 때 방문할 나라를 추천해달라는 A의 말에 B가 콜롬비아를 추천하고, 거기서 무엇을 할 수 있냐는 말에 A의 B가 대답한 후, 빈칸 뒤에서 다시 A가 그것들이 모두 가능할 줄은 몰랐다고 하고 있으므로, 빈칸에는 '② 거의 모든 것을요. 정글을 탐험하고 등산이나 다이빙도 할 수 있어요(Almost everything. You could explore the jungle, climb a mountain, or dive)'가 들어가야 자연스럽다.

정답 ②

[어휘]

unexpected 뜻밖의, 예상치 못한　budget 예산을 세우다

 이것도 알면 **합격!**

휴가 계획에 대해 말할 때 쓸 수 있는 표현

> Have you decided where you're going for vacation this year?

　올해 휴가는 어디로 갈지 정했나요?

> I'm thinking we should allocate a day for exploring the local cuisine.

　현지 요리 탐방에 하루를 배정해야 할 것 같아요.

> Do you have any preferences for accommodation?

　숙소로 선호하는 곳이 있나요?

> Is it better to rent a car or rely on public transport?

　차를 빌리는 것이 나을까요 아니면 대중교통에 의존하는 것이 나을까요?

12 　생활영어 Nice. The early bird gets the worm.
난이도 하 ●○○

두 사람의 대화 중 자연스럽지 않은 것은?

① A: Many people are buying electric cars these days.

　B: Yes. It seems everyone is jumping on the bandwagon.

② A: Kelly said that she'll be on time for today's meeting.

　B: I'll believe it when I see it.

③ A: My aunt is thinking of getting a new pet parrot.

　B: Nice. The early bird gets the worm.

④ A: The professor says he will fail anyone who misses three classes.

　B: Don't worry. He's all talk and no action.

[해석]

① A: 요즘 많은 사람들이 전기차를 사요.

　B: 네. 다들 시류에 편승하고 있는 것 같네요.

② A: Kelly가 오늘 회의 시간에 맞춰서 올 거라고 했어요.

　B: 제가 보기 전까지는 믿을 수 없어요.

③ A: 저희 이모는 새로운 애완용 앵무새를 키울까 생각 중이에요.

　B: 좋네요. 일찍 일어나는 새가 벌레를 잡아요.

④ A: 교수님이 수업을 세 번 안 오는 사람은 낙제시킨다고 하셨어요.

　B: 걱정하지 마세요. 그는 말뿐이에요.

[해설]

③번에서 A는 이모가 새로운 애완용 앵무새를 키울까 생각 중이라고 했으므로, 일찍 일어나는 새가 벌레를 잡는다는 B의 대답 '③ Nice. The early bird gets the worm(좋네요. 일찍 일어나는 새가 벌레를 잡아요)'은 어울리지 않는다.

정답 ③

[어휘]

jump on the bandwagon 시류(유행)에 편승하다　parrot 앵무새
all talk and no action 말뿐인, 말은 엄청나게 많이 하고 행동은 하지 않는

 이것도 알면 **합격!**

여러가지 속담 표현

> Every cloud has a silver lining.

　모든 구름의 뒤편은 은빛으로 빛난다. (괴로움 뒤에는 기쁨이 있다)

> The proof of the pudding is in the eating.

　푸딩 맛은 먹어봐야 한다. (길고 짧은 것은 재어 봐야 안다)

> Hindsight is 20/20.

　때 늦은 지혜. (소 잃고 외양간 고치기)

> Penny wise, pound foolish.

　적은 것 아끼려다 큰 것 잃는다. (한 푼 아끼려다 열 냥 잃는다)

13 　독해 전체내용 파악(제목 파악)
난이도 중 ●●○

다음 글의 제목으로 알맞은 것은?

Establishing rapport with others is essential for effective communication. Mirroring, an active listening technique that involves subtly reflecting someone else's behavior or language, can help achieve this end. Assuming a person's pace or tone of voice can make a big difference in how an interaction goes as people tend to feel more heard and valued when their energy is matched. Likewise, repeating key words or phrases back to them can reassure the person that you're listening and understand what they're saying. In face-to-face interactions, even imitating the person's hand gestures or sitting in a similar posture can enhance the sense of connection.

① Hand Gestures Can Help Get Your Point Across

② Should You Consciously Mirror Others?

③ Imitating Others Makes for Stronger Connections

④ Repeat After Me: Why Repetition Matters in Communication

[해석]

다른 사람들과 친밀한 관계를 수립하는 것은 효과적인 의사소통을 위해 필수적이다. 다른 사람의 행동이나 언어를 미묘하게 반영하는 것을 수반하는 능동적인 듣기 기술인 미러링은 이러한 목적을 달성하는 데 도움을 줄 수 있다. 한 사람의 목소리의 속도나 어조를 가장하는 것은 상호작용이 어떻게 진행되는지에 큰 차이를 만들 수 있는데, 이는 사람들이 그들의 에너지가 일치할 때 더 많이 들린다고 느끼고 존중받는다고 느끼는 경향이 있기 때문이다. 마찬가지로, 주요 단어나 구를 그들에게 다시 반복하는 것은 당신이 듣고 있고 그들이 말하는 것을 이해하고 있다는 것을 그 사람에게

확신시킬 수 있다. 대면 상호작용에서는, 그 사람의 손동작을 모방하거나 비슷한 자세로 앉아 있는 것조차도 연결감을 향상시킬 수 있다.

① 손동작은 당신의 요점을 전달하는 데 도움을 줄 수 있다
② 당신은 다른 사람들을 의식적으로 반영해야 하는가?
③ 다른 사람을 모방하는 것은 더 강력한 연결에 도움이 된다
④ 나를 따라 해봐요: 의사소통에서 반복이 중요한 이유

해설

지문 처음에서 다른 사람들과 친밀한 관계를 수립하는 것은 효과적인 의사소통을 위해 필수적이라고 하고, 지문 전반에 걸쳐 다른 사람의 행동이나 언어를 미묘하게 반영하는 능동적인 듣기 기술인 미러링에 대해 설명하면서 사람들이 그들의 에너지가 일치할 때 더 많이 들린다고 느끼고 존중받는다고 느끼는 경향이 있다고 설명하고 있으므로, '③ 다른 사람을 모방하는 것은 더 강력한 연결에 도움이 된다'가 이 글의 제목이다.

[오답 분석]
① 손동작을 모방하는 것이 연결감을 향상시킬 수 있다고 했지만 지엽적이다.
② 다른 사람들을 미러링하는 것이 효과적인 의사소통에 도움이 된다고는 했지만, 의식적으로 반영해야 하는지에 대한 내용은 언급되지 않았다.
④ 주요 단어와 구를 다른 사람들에게 다시 반복하는 것은 당신이 듣고 있고 그들이 말하는 것을 이해하고 있다는 것을 그 사람에게 확신시킬 수 있다고 했지만, 이는 미러링의 예시이므로 지엽적이다.

정답 ③

어휘

establish 수립하다 rapport 친밀한 관계 subtly 미묘하게
assume 가장하다, (~인) 체하다 pace 속도
reassure 확신시키다, 안심시키다 face-to-face 대면의, 마주보는
imitate 모방하다 enhance 향상시키다, 높이다
get across 전달하다, 이해시키다 repetition 반복, 다시 말하기

---

14 독해 전체내용 파악(주제 파악) 난이도 중 ●●○

다음 글의 주제로 알맞은 것은?

Growing up with brothers or sisters invariably leads to quarrels and sibling rivalry. For example, siblings will inevitably end up competing over toys, attention, or even just personal space. But these provide great opportunities to teach your kids an essential life lesson: conflict resolution. Don't try to stop every fight from occurring as it's simply impossible. Instead, monitor their interactions, guide them through conflicts as they arise, and encourage them to communicate their feelings. If they are fighting over a toy, ask them to explain why they both need it at the same time, and urge them to try to come up with a way to share it. Further, try to get them to find a solution to the problem that would make them both happy. If they can learn to resolve conflict at a young age, the skill will only grow with them as they get older.

① learning the importance of settling disputes
② building open communication between siblings
③ showing children how to share with one another
④ devising plans to make multiple people happy

해석

형제 또는 자매와 함께 성장하는 것은 언제나 싸움과 형제 간의 경쟁으로 이어진다. 예를 들어, 형제들은 필연적으로 결국 장난감, 관심, 심지어 개인적인 공간을 두고도 경쟁하게 될 것이다. 그러나 이것들은 당신의 아이들에게 필수적인 인생 교훈인 갈등 해결을 가르칠 수 있는 좋은 기회를 제공한다. 모든 싸움이 일어나는 것을 멈추려고 노력하지 마라, 왜냐하면 그것은 결코 불가능하기 때문이다. 대신, 그들의 상호작용을 관찰하고, 갈등이 발생할 때 그들을 인도하고, 그들(아이들)이 그들의 감정을 전달하도록 격려하라. 만약 그들이 장난감 때문에 싸우고 있다면, 그것이 그들에게 동시에 필요한 이유를 설명하도록 요청하고, 그들이 그것을 공유할 수 있는 방법을 생각해 내도록 격려하라. 또, 그들이 그 문제에 대해 그들 모두를 행복하게 만들 수 있는 해결책을 찾게 하도록 시도하라. 만약 그들이 어린 나이에 갈등을 해결하는 것을 배울 수 있다면, 그 기술은 그들이 나이가 들수록 그들과 함께 성장할 것이다.

① 분쟁 해결의 중요성을 배우기
② 형제 간의 열린 의사소통을 구축하기
③ 아이들에게 서로 공유하는 방법을 보여주기
④ 여러 사람들을 행복하게 해줄 계획을 고안하기

해설

지문 처음에 형제 또는 자매와 함께 성장하는 것은 언제나 싸움과 경쟁으로 이어지지만 이것들은 아이들에게 필수적인 인생 교훈인 갈등 해결을 가르칠 수 있는 좋은 기회를 제공한다고 하고, 지문 전반에 걸쳐 아이들 사이에 갈등이 일어났을 때 해결할 수 있도록 격려하는 것에 대해 설명하면서 그 기술이 나이가 들수록 그들과 함께 성장할 것이라고 하고 있으므로, '① 분쟁 해결의 중요성을 배우기'가 이 글의 주제이다.

[오답 분석]
② 형제 간에 서로 갈등에 대한 감정을 전달하도록 격려하라고는 언급되었지만 분쟁 해결을 위한 방법이므로 지엽적이다.
③ 아이들이 서로 공유하는 방법을 생각해 내도록 격려하라고 했으므로 지문의 내용과 다르다.
④ 여러 사람들을 행복하게 해줄 계획을 고안하는 것은 언급되지 않았다.

정답 ①

어휘

invariably 언제나, 예외없이 quarrel 싸움, 다툼
sibling rivalry 형제 간의 경쟁 inevitably 필연적으로, 불가피하게
essential 필수적인 resolution 해결 arise 발생하다, 생기다
dispute 분쟁 devise 고안하다, 궁리하다

---

15 독해 전체내용 파악(요지 파악) 난이도 중 ●●○

다음 글의 요지로 알맞은 것은?

Well-intentioned parents often look at themselves as their children's best friend, in addition to being their parent.

However, this approach to parenting is problematic because attempting to be one's child's primary friend blurs the lines between the parental role and that of a peer-level friendship. This compromises the parent's ability to set boundaries for their children, making it impossible to enforce rules and provide the guidance that young people need as they are growing up. As a result, children raised by parents determined to be their best friends miss out on the structure and discipline that they need. This makes it difficult for them to pick up the moral and life lessons that are normally passed on during childhood. Being raised by their "best friends" leaves children unprepared to deal with the challenges of the real world, the ultimate goal of child-rearing.

① Good parents teach children how to deal with their peers.
② Parents focused on being friends with their children leave them unprepared for life.
③ Children must learn to deal with challenges without their parents.
④ Parents need to concentrate on ensuring their children make friends.

해석

좋은 의도를 가진 부모는 종종 자신들을 자녀의 부모로서뿐만 아니라 그들의 가장 친한 친구로서 바라본다. 그러나, 이러한 부모 양육 접근법은 자녀의 주된 친구가 되려고 시도하는 것이 부모의 역할과 또래 수준의 우정에서의 역할 사이의 경계를 모호하게 만들기 때문에 문제가 있다. 이것은 자녀에 대한 경계를 설정하는 부모의 능력을 손상시켜, 젊은이들이 성장하면서 필요로 하는 규칙을 적용하고 지도를 제공하는 것을 불가능하게 만든다. 결과적으로, 가장 친한 친구가 되기로 결심한 부모에 의해 양육되는 아이들은 그들이 필요로 하는 구조와 규율을 놓친다. 이것은 그들이 아동기 동안 보통 전달되는 도덕과 삶의 교훈을 습득하는 것을 어렵게 만든다. '가장 친한 친구'에 의해 양육됨으로써 아이들은 자녀 양육의 궁극적인 목표인 현실 세계의 도전에 대처할 준비가 되지 않게 된다.

① 좋은 부모는 아이들에게 또래를 대하는 법을 가르친다.
② 아이들과 친구가 되는 것에 중점을 둔 부모들은 그들이 삶에 대한 준비를 하지 못하게 한다.
③ 아이들은 부모 없이 도전에 대처하는 법을 배워야 한다.
④ 부모들은 자녀들이 친구를 사귈 수 있도록 하는데 집중할 필요가 있다.

해설

지문 처음에서 자녀의 가장 친구로서 자신들을 바라보는 부모 양육 접근법은 문제가 있다고 하고, 지문 마지막에서 '가장 친한 친구'에 의해 양육됨으로써 아이들은 현실 세계의 도전에 대처할 준비가 되지 않게 된다고 설명하고 있으므로, '② 아이들과 친구가 되는 것에 중점을 둔 부모들은 그들이 삶에 대한 준비를 하지 못하게 한다'가 이 글의 요지이다.

[오답 분석]
① 좋은 부모가 아이들에게 또래를 대하는 법을 가르치는지에 대해서는 언급되지 않았다.
③ 아이들이 부모 없이 도전에 대처하는 법을 배워야 하는지는 언급되지 않았다.
④ 부모들이 자녀들이 친구를 사귈 수 있도록 하는 데 집중할 필요가 있는지에 대해서는 언급되지 않았다.

정답 ②

어휘

well-intentioned 좋은 의도를 가진, 선의의 problematic 문제가 있는 primary 주된 blur 모호하게 만들다, 흐릿해지다 parental 부모의 compromise 손상시키다, 더럽히다 boundary 경계 enforce 적용하다 discipline 규율 child-rearing 자녀 양육

16 독해 추론(빈칸 완성 – 단어) 난이도 중 ●●○

밑줄 친 부분에 들어갈 말로 알맞은 것은?

The shift towards digital advertising has greatly changed marketing in recent decades. Rather than print or video advertisements, modern marketing promotions often use contests, chatbots, augmented reality, and other tools to inform customers about products and services in a way that gets them involved. As a result, people find the marketing materials more compelling. For example, the ALS "Ice Bucket Challenge" was the most widely shared and successful social media campaign in history, with 17 million people raising over $115 million, due in large part to how _____ it was. Doing something out of the ordinary was fun, and challenging others to participate and sharing the videos made people feel like they were part of something bigger than themselves, especially when celebrities joined in.

① dangerous   ② engaging
③ unprecedented   ④ ubiquitous

해석

디지털 광고로의 전환은 최근 수십 년간 마케팅을 크게 변화시켰다. 인쇄 광고나 비디오 광고보다는, 현대의 마케팅 홍보는 종종 공모전, 챗봇, 증강현실, 그리고 고객들을 참여시키는 방식으로 그들에게 제품과 서비스에 대해 알리기 위한 다른 도구들을 사용한다. 그 결과, 사람들은 마케팅 자료가 더 매력적이라고 생각한다. 예를 들어, ALS(근위축성측색경화증; 루게릭병) '아이스 버킷 챌린지'는 역사상 가장 널리 공유되고 성공적이었던 소셜 미디어 캠페인으로, 1,700만 명의 사람들이 1억 1,500만 달러 이상을 모금했는데, 이것은 상당 부분에서 그것(캠페인)이 얼마나 사람을 끌어들였는지에 기인했다. 평범하지 않은 것을 하는 건 재미있었고, 다른 사람들에게 참여하는 것을 권유하고 영상을 공유하는 것은, 특히 유명인들이 합류했을 때, 사람들이 그들 자신보다 더 큰 것의 일부가 된 것처럼 느끼게 했다.

① 위험한   ② 사람을 끌어들이는
③ 전례 없는   ④ 어디에나 있는

해설

빈칸 앞부분에 현대의 마케팅 홍보는 종종 공모전, 챗봇, 증강현실과 고객들을 참여시키는 방식으로 제품과 서비스에 대해 알리기 위한 다른 도구들을 사용하는데, 그 결과로 사람들은 마케팅 자료가 더 매력적이라고 생각한다는 내용을 설명하며 '아이스 버킷 챌린지'를 예시로 들고 있고, 빈칸 뒤에서 다른 사람들에게 참여하는 것을 권유하고 영상을 공유하는 것은 특히 유명인들이 합류했을 때 사람들이 그들 자신보다 더 큰 것의 일부가 된 것처럼 느끼게 했다는 내용이 있으므로, 빈칸에는 '아이스 버킷 챌린지'가 그것

이 얼마나 '② 사람을 끌어들였는'지에 상당 부분 기인하여 역사상 가장 널리 공유되고 성공적이었던 소셜 미디어 캠페인이었다는 내용이 들어가야 한다.

정답 ②

어휘

shift 전환   promotion 홍보   augmented reality 증강현실
compelling 매력적인, 흥미를 돋우는
ALS(amyotrophic lateral sclerosis) 근위축성측색경화증(루게릭 병)
unprecedented 전례 없는   ubiquitous 어디에나 있는

어휘

condense 압축하다   reduce 줄이다   productivity 생산성
implement 시행하다   overwhelmed 압도된   day off 쉬는 날
incentive 장려책   prospective 유망한   arrangement 배치
party 당사자

---

17 독해 논리적 흐름 파악(무관한 문장 삭제)   난이도 하 ●○○

다음 글의 흐름상 어색한 문장은?

A major change is being tested out in workplaces around the world—the four-day workweek. ① Under this new system, workers condense their work into a period of four days instead of the traditional five. It may seem like common sense that reducing the amount of time worked would result in a reduction in productivity, but this does not appear to be the case. ② Studies show that workplaces that implement this new system have a 20 percent increase in overall productivity. In addition, employees report having an improved work-life balance and fewer feelings of being overwhelmed by their jobs when they have an extra day off each week. ③ Vacation time in the US is not guaranteed by state or federal laws in most cases. Four-day workweeks can also be great incentives for prospective employees. ④ Offering a more attractive work arrangement, such as a shorter workweek, attracts top-quality talent. All told, the four-day workweek benefits all parties involved.

해석

세계 곳곳의 일터에서 주요한 변화가 시험되고 있는데, 바로 주 4일 근무 제이다. ① 이 새로운 제도 아래에서, 근로자들은 그들의 일을 전통적인 5일 대신 4일의 기간으로 압축한다. 근무된 시간의 양을 줄이는 것이 생산성의 감소를 낳을 것이라는 것은 상식처럼 보일 수도 있지만, 그것은 사실이 아닌 것처럼 보인다. ② 연구는 이 새로운 제도(주 4일 근무제)를 시행하는 일터는 전반적인 생산성이 20퍼센트 증가한다는 것을 보여준다. 게다가, 직원들은 매주 하루 더 쉬는 날이 있을 때 일과 삶의 균형이 향상되고 자신들의 일에 압도당하는 느낌이 적다고 보고한다. ③ 미국의 휴가 시간은 대부분의 경우 주나 연방법에 의해 보장되지 않는다. 주 4일 근무제는 또한 유망한 직원들에게 큰 장려책이 될 수 있다. ④ 더 짧은 노동 시간과 같은 더 매력적인 근무 배치를 제공하는 것은 최고의 인재들을 끌어 모은다. 통틀어, 주 4일 근무제는 관련된 모든 당사자들에게 혜택을 준다.

해설

지문 처음에서 세계 곳곳의 일터에서 주요한 변화가 시험되고 있는데, 바로 주 4일 근무제라고 하고, ①, ②, ④번 문장에서 이에 대한 설명, 연구 결과와 장점에 대해 설명하고 있다. 그러나 ③번은 미국의 휴가 시간이 대부분의 경우 주나 연방법에 의해 보장되지 않는다는 내용으로, 주 4일 근무제에 대해 설명하고 있는 지문 전반의 내용과 관련이 없다.

정답 ③

---

18 독해 논리적 흐름 파악(문장 삽입)   난이도 중 ●●○

주어진 문장이 들어갈 위치로 알맞은 것은?

This proposition shocked many Americans because 40 percent of stoves in the United States burn natural gas.

Gas stoves have recently become a controversial political topic in the United States. (①) This began when the head of the Consumer Product Safety Commission claimed that gas stoves were a "hidden hazard" in the home and suggested they may be prohibited. (②) One reason behind the potential ban is that these common appliances can experience leaks that allow this flammable material to enter the home, which can have deadly results. (③) Further, cooking with gas releases air pollutants, such as nitrogen dioxide (NO_2), which reduces interior air quality. (④) After much public outrage and political grandstanding, the agency clarified that it had no plans to ban gas stoves but would be researching ways to make them safer.

해석

미국 내 (가스)레인지의 40퍼센트가 천연 가스를 연소하기 때문에 이 주장은 많은 미국인들에게 충격을 주었다.

가스레인지는 최근에 미국에서 논란이 많은 정치적인 주제가 되었다. (①) 이것은 소비자 제품 안전 위원회의 위원장이 가스레인지가 가정에서 '숨겨진 위험'이라고 주장하고 그것들이 금지될지도 모른다고 암시하면서 시작되었다. (②) 이 잠재적인 금지 뒤에 있는 한 가지 이유는 이러한 일반적인 가전제품들이 이 가연성 물질(천연 가스)이 가정으로 들어오게 하는 누출을 경험할 수 있고, 이것은 치명적인 결과를 가져올 수 있기 때문이다. (③) 게다가, 가스로 요리를 하는 것은 내부 공기의 질을 감소시키는 이산화질소(NO_2)와 같은 대기 오염 물질을 방출한다. (④) 많은 대중의 분노와 정치적인 유리한 입장을 얻으려는 말 이후, 그 기관(소비자 제품 안전 위원회)은 가스레인지를 금지할 계획이 없지만, 그것들을 더 안전하게 만들기 위한 방법을 연구할 것이라고 명확히 했다.

해설

②번 앞 문장에서 소비자 제품 안전 위원회의 위원장이 가스레인지가 가정에서 '숨겨진 위험'이라고 주장하고 그것들이 금지될지도 모른다고 암시하면서 가스레인지가 논란이 많은 정치적 주제가 되었다고 했고, ②번 뒤 문장에서 이 잠재적인 금지 뒤에 있는 한 가지 이유는 이러한 일반적인 가전제품들이 이 가연성 물질이 가정으로 들어오게 하는 누출을 경험할 수 있기 때문이라고 하고 있으므로, ②번에 미국 내 레인지의 40퍼센트가 천연 가스를 연소하기 때문에 이 주장(This proposition)이 많은 미국인들에게 충격을 주었다는 주어진 문장이 나와야 지문이 자연스럽게 연결된다.

[오답 분석]

① 앞 문장에서 가스레인지가 미국에서 논란이 많은 정치적인 주제가 되었다고 했고, ①번 뒤 문장에서 이것은(This) 소비자 제품 안전 위원회의 위원장이 가스레인지가 가정에서 '숨겨진 위험'이라고 주장하면서 시작되었다는 내용이 있으므로 ①번에 다른 문장이 삽입되면 문맥상 부자연스럽다.

③ 앞 문장에 일반적인 가전제품들이 가연성 물질이 가정으로 들어오게 하는 누출을 경험할 수 있고 이것이 치명적인 결과를 가져올 수 있다는 내용이 있고, ③번 뒤 문장에 게다가(Futher) 가스로 요리를 하는 것은 대기 오염 물질을 방출한다고 하며 앞 문장과 연결되는 내용이 있으므로 ③번에 다른 문장이 삽입되면 문맥상 부자연스럽다.

④ 앞 문장에 가스로 요리하는 것이 대기 오염 물질을 방출한다는 내용이 있으므로 ④번에 미국인에게 충격을 준 주장에 대해 말하고 있는 주어진 문장이 삽입되면 문맥상 부자연스럽다.

정답 ②

어휘

proposition 주장, 제안 stove 레인지, 스토브 controversial 논란이 많은
hazard 위험 prohibit 금지하다 ban 금지 appliances 가전제품
leak 누출 flammable 가연성의 material 물질 deadly 치명적인, 극도의
release 방출하다 pollutant 오염 물질 outrage 분노, 격분
grandstanding 유리한 입장을 얻으려는 말 clarify 명확하게 하다

기 주도권을 잡았다.

(C) 미국은 1969년에 처음으로 유인 우주선을 달에 착륙시킴으로써 결국 이러한 성과(소련이 초기 주도권을 잡은 것)를 능가하였다.

해설

주어진 문장에서 20세기에 미국과 소련은 끊임없는 경쟁관계에 있었으며 특히 우주 탐사 분야에서 그러했다고 설명하고, (B)에서 우주에서 중요한 단계에 가장 먼저 도달하는 것을 둘러싼 경쟁이 너무 치열해서 '우주 경쟁'으로 알려지게 되었다고 하면서 우주 탐사 분야에서의 경쟁에 대해 설명하고 있다. 이어서 (A)에서 소련이 1957년에 스푸트니크 위성을 성공적으로 발사하고 1961년에 인류 최초의 우주인을 우주로 보냄으로써 경쟁에서 초기 주도권을 잡았다고 하고, 뒤이어 (C)에서 미국이 1969년에 처음으로 유인 우주선을 달에 착륙시킴으로써 소련의 성과를 능가하게 되었다고 하며 우주 경쟁에서 소련과 미국이 주도권을 잡은 순서대로 설명하고 있다.

정답 ②

어휘

USSR(Union of Soviet Socialist Republics) 소련(소비에트 연방)
rivalry 경쟁관계 exploration 탐사, 탐험 launch 발사하다
satellite (인공)위성 competition 경쟁 milestone 중요한 단계, 중대 시점
intense 치열한 trump 능가하다 accomplishment 성과
manned 유인(有人)의 spacecraft 우주선

---

19 독해 논리적 흐름 파악(문단 순서 배열)   난이도 중 ●●○

주어진 글 다음에 이어질 글의 순서로 알맞은 것은?

In the 20th century, the United States and the USSR were in constant rivalry, especially in the field of space exploration.

(A) The USSR took an early lead in the race by successfully launching the Sputnik satellite in 1957 and putting the first human in space, Yuri Gagarin, in 1961.

(B) Competition over being the first to reach milestones in space was so intense that it became known as the "Space Race."

(C) The US eventually trumped these accomplishments by landing a manned spacecraft on the moon for the first time in 1969.

① (A) – (B) – (C)

② (B) – (A) – (C)

③ (B) – (C) – (A)

④ (C) – (A) – (B)

해석

20세기에 미국과 소련은 끊임없는 경쟁관계에 있었으며, 특히 우주 탐사 분야에서 그러했다.

(B) 우주에서 중요한 단계에 가장 먼저 도달하는 것을 둘러싼 경쟁은 너무 치열해서 그것은 '우주 경쟁'으로 알려지게 되었다.

(A) 소련은 1957년에 스푸트니크 위성을 성공적으로 발사하고 1961년에 인류 최초의 우주인 유리 가가린을 우주로 보냄으로써 경쟁에서 초

---

20 독해 추론(빈칸 완성 – 구)   난이도 상 ●●●

밑줄 친 부분에 들어갈 말로 알맞은 것은?

Since the 1970s, the field of psychology has undergone a significant transformation due to the acceptance of the biopsychosocial model. This fundamental shift reframed how psychologists approach human behavior, mental health, and overall wellbeing. Rather than focusing on narrow perspectives, such as biological impulses or psychological explanations for actions, psychologists who embraced the new model began taking a holistic approach to understanding their patients. This comprehensive approach integrates the biological, psychological, and social factors that affect the individual to understand their needs and diagnose their issues, as well as to create treatment plans that can help patients cope with their conditions. As such, the biopsychosocial model requires interdisciplinary collaboration to provide a better understanding of the interconnections found in the three disciplines. The changes brought about by the acceptance of this approach have greatly improved the field of psychology as they have provided a more nuanced framework to study human behavior and mental health _____.

① in an integrated way

② on the periphery

③ along the way

④ without medical intervention

해석

1970년대부터, 심리학 분야는 생물심리사회 모델의 수용으로 인해 큰 변화를 겪었다. 이 근본적인 변화는 심리학자들이 인간의 행동, 정신 건강 및 전반적인 안녕에 접근하는 방식을 재구성했다. 생물학적 충동 또는 행동에 대한 심리적 설명과 같은 좁은 관점에 초점을 맞추기 보다는, 그 새로운 모델을 수용한 심리학자들은 환자들을 이해하는 전체론적 접근법을 취하기 시작했다. 이 포괄적인 접근법은 환자가 그들의 상태를 다루는 데 도움을 줄 수 있는 치료 계획을 수립할 뿐만 아니라 그들의 요구를 이해하고 문제를 진단할 수 있도록 하기 위해 개인에게 영향을 미치는 생물학적, 심리적 및 사회적 요인을 통합한다. 이처럼, 생물심리사회 모델은 세 가지 분야에서 발견되는 상호 연결에 대한 더 나은 이해를 제공하기 위해 학제 간 협력을 필요로 한다. 이 접근법의 수용에 의해 초래된 변화는 인간의 행동과 정신 건강을 <u>통합적인 방식으로</u> 연구할 수 있는 더 미묘한 틀을 제공함에 따라 심리학 분야를 크게 향상시켰다.

① 통합적인 방식으로
② 주변의
③ 그 과정에서
④ 의료적인 개입 없이

해설

지문 처음에서 1970년대부터 생물심리사회 모델의 수용으로 인해 심리학 분야가 큰 변화를 겪었다고 설명하고, 지문 중간에서 이 포괄적인 접근법을 수용한 심리학자들은 환자들을 이해하는 전체론적 접근을 취하기 시작했는데, 이는 환자가 그들의 상태를 다루는 데 도움을 줄 수 있는 치료 계획을 수립하고 문제를 진단할 수 있도록 하기 위해 개인에게 영향을 미치는 생물학적, 심리적 및 사회적 요인들을 통합한다고 설명하고 있다. 따라서 빈칸에는 이 접근법의 수용에 의해 초래된 변화는 인간의 행동과 정신 건강을 '① 통합적인 방식으로' 연구할 수 있는 더 미묘한 틀을 제공함에 따라 심리학 분야를 크게 향상시켰다는 내용이 들어가야 한다.

[오답 분석]
② 주변을 연구할 수 있는 것에 대해서는 언급되지 않았다.
③ 그 과정에서 연구할 수 있는 것에 대해서는 언급되지 않았다.
④ 의료적인 개입 없이 연구할 수 있는 것은 지문의 내용과 다르다.

정답 ①

어휘

undergo 겪다 significant 큰, 상당한 transformation 변화
biopsychosocial model 생물심리사회 모델(생물학적, 심리적, 사회적, 문화적 요소들이 모두 정신 건강과 질병에서 중요한 역할을 한다고 가정하는 모델)
fundamental 근본적인 shift 변화 reframe 재구성하다
psychologist 심리학자 wellbeing 안녕, 행복 narrow 좁은
perspective 관점 impulse 충동 embrace 수용하다, 받아들이다
holistic approach 전체론적 접근법 comprehensive 포괄적인
integrate 통합하다 diagnose 진단하다 cope with ~을 다루다
interdisciplinary 학제 간의(여러 학문 분야가 관련된)
interconnection 상호 연결 discipline 분야, 학과
bring about 초래하다, 야기하다 nuance 미묘한 차이를 주다
periphery 주변 intervention 개입

구문 분석

[10행] (생략) psychological, and social factors / that affect the individual / to understand their needs and diagnose their issues, / as well as to create treatment plans / that can help patients cope with their conditions.
: 이처럼 'A as well as B' 구문으로 병렬 관계를 나타내는 경우, 'B뿐만 아니라 A도'라고 해석한다.

정답

p. 24

01	① 어휘 - 어휘&표현	11	③ 어휘 - 생활영어
02	④ 어휘 - 어휘&표현	12	④ 독해 - 전체내용 파악
03	① 어휘 - 어휘&표현	13	② 독해 - 전체내용 파악
04	④ 어휘 - 어휘&표현	14	③ 독해 - 전체내용 파악
05	② 어휘 - 어휘&표현	15	② 독해 - 세부내용 파악
06	④ 문법 - 명사절	16	④ 독해 - 논리적 흐름 파악
07	④ 문법 - 형용사와 부사	17	② 독해 - 논리적 흐름 파악
08	③ 문법 - 능동태·수동태	18	② 독해 - 논리적 흐름 파악
09	② 어휘 - 생활영어	19	④ 독해 - 추론
10	④ 어휘 - 생활영어	20	④ 독해 - 추론

취약영역 분석표

영역	세부 유형	문항 수	소계
어휘	어휘&표현	5	/8
	생활영어	3	
문법	명사절	1	/3
	형용사와 부사	1	
	능동태·수동태	1	
독해	전체내용 파악	3	/9
	세부내용 파악	1	
	추론	2	
	논리적 흐름 파악	3	
총계			/20

---

01   어휘 distinct = varied   난이도 중 ●●○

밑줄 친 부분의 의미와 가장 가까운 것을 고르시오.

> Polling the citizens revealed <u>distinct</u> opinions about the upcoming law.

① varied
② incessant
③ uninformed
④ contemporary

해석

시민들의 여론 조사를 한 것은 곧 나올 법에 대한 <u>다른</u> 의견을 드러냈다.

① 다른
② 끊임없는
③ 지식이 없는
④ 동시대의

정답 ①

어휘

poll 여론 조사를 하다   reveal 드러내다   distinct 다른
incessant 끊임없는, 잇따른

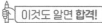 **이것도 알면 합격!**

distinct(다른)의 유의어
= divergent, different, diverse

---

02   어휘 discordance = disharmony   난이도 중 ●●○

밑줄 친 부분의 의미와 가장 가까운 것을 고르시오.

> Juxtaposition is the intentional placement of two things next to each other, often to evoke a conclusion based on the <u>discordance</u> between them. For example, a movie may use this to highlight a contrast between two characters.

① composition
② balance
③ equilibrium
④ disharmony

해석

병치는 두 가지가 나란히 있는 의도적인 배치로, 종종 그것들 사이의 <u>부조화</u>에 근거하여 어떤 결론을 이끌어내게 하기 위한 것이다. 예를 들어, 영화는 두 등장인물들 사이의 대조를 강조하기 위해 이것을 사용할 수 있다.

① 구성
② 균형
③ 평형 상태
④ 부조화

정답 ④

어휘

juxtaposition 병치(나란히 하기)   intentional 의도적인
evoke 이끌어내다, 환기시키다   discordance 부조화, 불일치
contrast 대조   composition 구성, 배치   equilibrium 평형 상태
disharmony 부조화

이것도 알면 합격!

discordance(부조화)의 유의어
= discrepancy, incongruity, variance

---

03   어휘 put off = delay   난이도 하 ●○○

밑줄 친 부분의 의미와 가장 가까운 것을 고르시오.

> She <u>put off</u> a long-overdue visit to the doctor's office even though she was feeling increasingly sick.

① delayed
② modified
③ suggested
④ analyzed

해석

그녀는 점점 더 아팠음에도 불구하고 한참 전에 했어야 할 병원에의 방문을 <u>미루었다</u>.

① 미루었다   ② 변경했다
③ 제안했다   ④ 분석했다

정답 ①

어휘

put off 미루다   long-overdue 한참 전에 했어야 할
increasingly 점점 더   delay 미루다, 연기하다   modify 변경하다, 수정하다

이것도 알면 합격!

put off(미루다)의 유의어
= postpone, defer, procrastinate, reschedule

---

04   어휘 look down on = disdain   난이도 중 ●●○

밑줄 친 부분의 의미와 가장 가까운 것을 고르시오.

> Art critics tend to look down on paintings and other artistic works created solely for commercial purposes rather than for the sake of expression.

① overlook   ② cherish
③ censor   ④ disdain

해석

미술 평론가들은 표현을 위해서라기보다 오로지 상업적인 목적으로만 만들어진 회화나 다른 예술 작품들을 업신여기는 경향이 있다.

① 간과하다   ② 소중히 여기다
③ 검열하다   ④ 업신여기다

정답 ④

어휘

critic 평론가, 비평가   look down on 업신여기다, 경시하다
for the sake of ~을 위해서

이것도 알면 합격!

look down on(업신여기다)의 유의어
= disparage, scorn, belittle, denigrate

---

05   어휘 accountability   난이도 중 ●●○

밑줄 친 부분에 들어갈 말로 가장 적절한 것은?

> Transparent reporting is a key element of _____ for businesses of all sizes, particularly with regard to financial matters.

① insincerity   ② accountability
③ deception   ④ resistance

해석

투명한 보고는 특히 재정적인 문제와 관련하여 모든 규모의 기업들에 있

어 책임의 핵심 요소이다.

① 불성실   ② 책임
③ 기만   ④ 저항

정답 ②

어휘

transparent 투명한   element 요소   financial 재정적인
insincerity 불성실, 무성의   accountability 책임, 의무
deception 기만, 속임   resistance 저항, 반대

이것도 알면 합격!

accountability(책임)의 유의어
= responsibility, liability, answerability

---

06   문법 명사절   난이도 상 ●●●

밑줄 친 부분 중 어법상 옳지 않은 것은?

> One of the greatest moments in sports history occurred during a 1990 championship boxing match, ① in which the supposedly unbeatable Mike Tyson was defeated by a significantly worse opponent ② inspired by the passing of his mother, when Buster Douglas scored a ③ shocking victory over the heavyweight champ, with many saying the reason it was one of the greatest matches ever was ④ what the result was completely unexpected.

해석

스포츠 역사상 가장 위대한 순간들 중 하나는 1990년 챔피언십 복싱 경기 중에 일어났는데, 그 경기에서 아마도 무적이었던 마이크 타이슨이 어머니의 죽음에 고무된 현저히 더 떨어지는 상대(버스터 더글라스)에게 패배를 당했을 때, 버스터 더글라스가 헤비급 챔피언(마이크 타이슨)을 상대로 충격적인 승리를 기록했고, 많은 사람들은 그것이 역대 가장 위대한 경기들 중 하나였던 이유는 결과가 전혀 예상치 못했기 때문이었다고 말했다.

해설

④ what vs. that 완전한 절(the result was ~ unexpected)을 이끌며 be동사(was)의 보어 자리에 올 수 있는 것은 명사절 접속사 that이므로, 불완전한 절을 이끄는 명사절 접속사 what을 완전한 절을 이끄는 명사절 접속사 that으로 고쳐야 한다.

[오답 분석]

① 전치사 + 관계대명사 관계사 뒤에 완전한 절(the supposedly ~ his mother)이 왔으므로 '전치사 + 관계대명사' 형태가 올 수 있다. '전치사 + 관계대명사'에서 전치사는 선행사 또는 관계절의 동사에 따라 결정되는데, 문맥상 '그 경기에서 아마도 무적이었던 마이크 타이슨이 패배를 당하다'라는 의미가 되어야 자연스러우므로 전치사 in(~에서)이 관계대명사 which 앞에 온 in which가 올바르게 쓰였다.

② 현재분사 vs. 과거분사 수식받는 명사(a significantly worse opponent)와 분사가 '현저히 더 떨어지는 상대가 고무되다'라는 의미의 수동 관계이므로, 과거분사 inspired가 올바르게 쓰였다.

③ 현재분사 vs. 과거분사 감정을 나타내는 분사(shocking)가 보충 설명하는 대상이 감정을 일으키는 주체인 경우 현재분사를 쓰고, 감정

을 느끼는 대상인 경우 과거분사를 쓰는데, a victory가 '충격적인 승리'라는 의미로 감정을 일으키는 주체이므로 현재분사 shocking이 올바르게 쓰였다.

정답 ④

어휘

occur 일어나다, 발생하다 supposedly 아마도, 추측건대
unbeatable 무적의, 패배시킬 수 없는

이것도 알면 합격!

분사가 명사를 수식하는 경우, 수식받는 명사와 분사가 능동 관계이면 현재분사가 와야 한다.

> The hikers paused to admire the sun **setting** behind the mountains.

등산객들은 산 뒤로 지는 해를 감상하기 위해 잠시 멈추었다.

---

07 문법 형용사와 부사   난이도 중 ●●○

밑줄 친 부분이 어법상 옳지 않은 것은?

① Athletes manage their schedules as responsibly as they ought to.
② I might have left my wallet in the car, since I can't find it now.
③ The soccer match was called off because of reports warning of a large storm.
④ My brother snuck past the asleep dog to get to the kitchen for some water.

해석

① 운동선수들은 그들이 해야 할 만큼 책임감 있게 그들의 일정을 관리한다.
② 지금 내가 지갑을 찾을 수가 없으니, 차에 그것을 두고 내렸을지도 모른다.
③ 그 축구 경기는 대규모 폭풍에 대한 경보 때문에 취소되었다.
④ 내 남동생은 부엌에 물을 마시러 가기 위해 잠이 든 개를 몰래 지나쳤다.

해설

④ **형용사 자리** 형용사는 명사나 대명사를 수식하는 자리에 오거나 보어 자리에 오는데, asleep(잠이 든)은 보어 자리에만 쓰이며 명사를 앞에서 수식할 수 없으므로, the asleep dog를 '자고 있는'이라는 의미의 형용사 sleeping을 써서 the sleeping dog으로 고쳐야 한다.

[오답 분석]

① **원급 | 조동사 관련 표현** '~만큼 책임감 있게'는 '~만큼 -하게'라는 의미로 두 대상의 동등함을 나타내는 원급 표현 'as + 부사의 원급 + as'를 사용하여 나타낼 수 있으므로 as responsibly as가 올바르게 쓰였다. 또한 '그들이 해야 할 만큼'은 조동사 관련 표현 ought to(~해야 한다)를 써서 나타낼 수 있으므로 as they ought to가 올바르게 쓰였다.
② **조동사 관련 표현** 문맥상 '차에 그것을 두고 내렸을지도 모른다'라는 의미가 되어야 자연스러운데, '~했을지도 모른다'는 조동사 관련 표현 might have p.p.를 사용하여 나타낼 수 있으므로, might have left가 올바르게 쓰였다.
③ **동사구의 수동태** '타동사 + 부사'(call off) 형태의 동사구가 수동태

가 되어 목적어(The soccer match)가 주어가 된 경우, 목적어 뒤에 쓰인 부사 off가 수동태 동사 뒤에 그대로 남으므로 was called off가 올바르게 쓰였다.

정답 ④

어휘

athlete 운동선수 responsibly 책임감 있게 call off 취소하다, 중지하다
sneak past ~을 몰래 지나치다

이것도 알면 합격!

목적어를 취하지 않는 자동사는 수동태로 쓰이지 않지만, '자동사 (+ 부사) + 전치사' 형태로 목적어를 취하는 몇몇 동사구는 수동태로 쓰일 수 있다.

> The outdated technology was caught up with by the rapid advancements in the industry.

구식의 기술은 산업의 급속한 발전에 의해 따라잡혔다.

---

08 문법 능동태·수동태   난이도 중 ●●○

우리말을 영어로 잘못 옮긴 것은?

① 나는 집을 청소하는 동안 보통 팟캐스트를 듣는다.
→ I generally listen to podcasts while cleaning my house.
② 그 주방장은 볶음 요리를 위해 야채를 잘게 썰었다.
→ The chef had the vegetables finely chopped for the stir-fry.
③ 그는 그의 업무의 성공적인 완수에 만족했다.
→ He was satisfying with the successful completion of his project.
④ 금이 간 화면에도 불구하고, 그 휴대폰은 여전히 완벽하게 작동한다.
→ Despite the cracked screen, the phone still works perfectly.

해설

③ **3형식 동사의 수동태** 감정을 나타내는 동사(satisfy)의 경우 주어가 감정의 원인이면 능동태를, 감정을 느끼는 주체이면 수동태를 써야 하는데, 문맥상 '그가 만족했다'라는 의미로 주어(He)가 감정의 주체가 되어야 하므로 현재분사 satisfying을 be동사(was) 뒤에서 수동태를 완성하는 과거분사 satisfied로 고쳐야 한다.

[오답 분석]

① **분사구문의 형태** '청소하는 동안'이라는 의미를 나타내기 위해 시간을 나타내는 부사절 역할을 하는 분사구문 while cleaning my house가 올바르게 쓰였다. 참고로 분사구문의 의미를 분명하게 하기 위해 부사절 접속사 while이 분사구문 앞에 쓰였다.
② **5형식 동사** 사역동사 have(had)는 목적어와 목적격 보어가 수동 관계일 때 과거분사를 목적격 보어로 취하는 5형식 동사인데, 목적어 the vegetables와 목적격 보어가 '야채가 썰리다'라는 의미의 수동 관계이므로 과거분사 chopped가 올바르게 쓰였다.
④ **전치사 4: 양보** '금이 간 화면에도 불구하고'는 '~에도 불구하고'라는 의미의 전치사 despite을 사용하여 나타낼 수 있으므로 Despite the cracked screen이 올바르게 쓰였다.

정답 ③

어휘

finely 잘게, 가늘게 chop 썰다, 자르다 stir-fry 볶음 요리; 볶다

get, 사역동사, 지각동사는 목적어와 목적격 보어가 수동 관계일 때 목적격 보어로 과거분사를 취할 수 있다. 단, 사역동사 let은 목적어와 목적격 보어가 수동 관계일 때 목적격 보어로 'be + p.p.' 형태를 취한다.

> They **let** the cake <u>be decorated</u> by a professional baker for the party.
  그들은 파티를 위해 케이크를 전문적인 제빵사가 장식하게 했다.

---

09 생활영어 I can't seem to find the cleaning supplies. 난이도 하 ●○○

밑줄 친 부분에 들어갈 말로 가장 적절한 것을 고르시오.

A: Do you need help with anything, sir?
B: _____
A: Ah. You'll want to head toward the last few aisles in the grocery department.
B: They're not with the household goods?
A: No, sir. Just walk toward the far wall and turn left.
B: Great. Thank you very much.

① Could you weigh these vegetables for me?
② I can't seem to find the cleaning supplies.
③ Where are the household goods kept?
④ I'd like to return this item I bought yesterday.

해석

A: 도움이 필요하신가요, 손님?
B: <u>청소용품을 못 찾겠어요.</u>
A: 아. 식료품 코너의 마지막 몇 개 통로 쪽으로 가셔야 해요.
B: 그것들이 생활용품이랑 같이 있지는 않나요?
A: 아닙니다 손님. 저쪽 벽 쪽으로 걸어가서 왼쪽으로 꺾으시면 됩니다.
B: 좋아요. 정말 감사합니다.

① 이 야채들의 무게를 달아 주실 수 있나요?
② 청소용품을 못 찾겠어요.
③ 생활용품이 있는 곳은 어디인가요?
④ 어제 산 이 물건을 반품하고 싶어요.

해설

도움이 필요하냐고 묻는 A의 말에 B가 대답하고, 빈칸 뒤에서 A가 You'll want to head toward the last few aisles in the grocery department(식료품 코너의 마지막 몇 개 통로 쪽으로 가셔야 해요)라고 하고 있으므로, 빈칸에는 '② 청소용품을 못 찾겠어요(I can't seem to find the cleaning supplies)'가 들어가야 자연스럽다. 참고로, B가 그것들이 생활용품이랑 같이 있지는 않냐고 물었을 때 A가 아니라고 했으므로, '③ 생활용품이 있는 곳은 어디인가요(Where are the household goods kept)'는 정답이 될 수 없다.

정답 ②

어휘

aisle 통로, 복도   household goods 생활용품, 가재도구

마트에서 쓸 수 있는 표현

> Do you know where I can find the gluten-free section?
  글루텐 프리 코너는 어디에 있는지 아시나요?
> I'm in search of some ripe peaches.
  저는 잘 익은 복숭아를 찾고 있어요.
> We offer reusable bags at the checkout.
  저희는 계산대에서 재사용이 가능한 가방을 제공합니다.

---

10 생활영어 It'll be okay. That is from an extra copy I printed out. 난이도 하 ●○○

밑줄 친 부분에 들어갈 말로 가장 적절한 것을 고르시오.

A: Did you submit our status report to the manager last night?
B: I did. Were there any problems?
A: Are you sure the report was complete?
B: Reasonably sure. Why do you ask?
A: I found this page behind the printer.
B: _____

① I'm sorry. I should have told you about the project's status.
② Not quite. We'll need to ask for an extension on our deadline.
③ Precisely. I thought we should review it before submission.
④ It'll be okay. That is from an extra copy I printed out.

해석

A: 어제 저녁에 부장님에게 저희 현황 보고서를 제출하셨나요?
B: 했어요. 무슨 문제라도 있었나요?
A: 보고서가 완료된 것이 확실한가요?
B: 꽤 확실해요. 왜 묻는거죠?
A: 프린터 뒤에서 이 페이지를 발견했어요.
B: <u>괜찮을 거예요. 그건 제가 출력한 여유분에서 나온 거예요.</u>

① 미안해요. 제가 당신에게 프로젝트 상황에 대해 말했어야 했어요.
② 완전히는 아니에요. 기한 연장을 요청해야 할 것 같아요.
③ 그렇고 말고요. 제출 전에 그것을 다시 검토해야 할 것으로 생각했어요.
④ 괜찮을 거예요. 그건 제가 출력한 여유분에서 나온 거예요.

해설

현황 보고서를 제출했는지 묻는 A의 말에 B가 그렇다고 대답하고, 다시 확실한지 묻는 A의 말에 B가 왜 묻는지 묻자 A가 I found this page behind the printer(프린터 뒤에서 이 페이지를 발견했어요)이라고 하고 있으므로, 빈칸에는 '④ 괜찮을 거예요. 그건 제가 출력한 여유분에서 나온 거예요(It'll be okay. That is from an extra copy I printed out)'가 들어가야 자연스럽다.

정답 ④

어휘

submit 제출하다   complete 완료된   reasonably 꽤, 상당히
extension 연장   precisely (동의를 나타내어) 그렇고 말고요
submission 제출

이것도 알면 **합격!**

회사에서 쓸 수 있는 표현

> Please RSVP for the team-building event by Friday.
> 금요일까지 팀워크 활동에 대한 참석 회신 바랍니다.
> The printer is out of paper. Could you refill it?
> 프린터 용지가 없어요. 채워 주실 수 있나요?
> The conference room is booked from 2 PM to 3 PM.
> 회의실은 오후 2시부터 3시까지 예약되어 있어요.

이것도 알면 **합격!**

계산할 때 쓸 수 있는 표현

> Check, please. 계산서 주세요.
> Do you accept mobile payments like Apple Pay?
> 애플페이 같은 모바일 결제도 받나요?
> Can I pay for the concert tickets with a combination of cash and card?
> 공연 티켓은 현금과 카드를 합쳐서 결제할 수 있나요?
> Could you please split the bill between the two of us?
> 저희 둘이 나누어 계산할 수 있나요?

---

11   생활영어   You should have received an invitation. I sent it out last month.   난이도 하 ●○○

두 사람의 대화 중 자연스럽지 않은 것은?

① A: Would you like to pay the total in installments?
   B: No, thanks. I'd like to pay the total amount all at once.
② A: Could you bring your truck and help me move this weekend?
   B: I should be free in the afternoon on Saturday. Would that work?
③ A: Hey, there! Are you heading to Janet's wedding next week?
   B: You should have received an invitation. I sent it out last month.
④ A: I can't seem to get my brother to take my advice.
   B: Be patient, and consider giving him some breathing room for now.

해석

① A: 총 금액을 할부로 지불하시겠습니까?
   B: 아니요. 일시불로 결제할게요.
② A: 이번 주말에 트럭 가지고 와서 내가 이사하는 것 좀 도와줄 수 있니?
   B: 토요일에는 오후에 시간이 날 텐데. 괜찮겠어?
③ A: 이봐! 다음 주에 있을 Janet의 결혼식에 갈 거야?
   B: 너는 초대장을 받았어야 해. 내가 지난달에 보냈거든.
④ A: 동생이 내 충고를 받아들이도록 할 수가 없는 것 같아.
   B: 인내심을 가지고, 일단 그에게 숨쉴 공간을 좀 주는 것을 고려해봐.

해설

③번에서 A는 B에게 다음 주에 있을 Janet의 결혼식에 갈 건지 묻고 있으므로, 자신이 보낸 초대장을 받았어야 한다는 B의 대답 '③ You should have received an invitation. I sent it out last month(너는 초대장을 받았어야 해. 내가 지난달에 보냈거든)'는 어울리지 않는다.

정답 ③

어휘

installment 할부, 분할불입금   patient 인내심이 있는

---

12   독해   전체내용 파악(제목 파악)   난이도 중 ●●○

다음 글의 제목으로 가장 적절한 것은?

Professor Emeritus Robert Cialdini discovered one of the most important aspects of persuasion: *social proof*. This psychological phenomenon stems from a combination of uncertainty and a natural inclination toward social learning. Basically, when people are uncertain about the proper mode of behavior, or what to do in a given situation, they mirror the actions of the surrounding group. This tendency is particularly strong when the surrounding group is perceived as being composed of people similar to the individual, as this provides reassurance about and justification for a decision. For example, researchers conducting a door-to-door effort to collect donations found significantly higher contributions were made when the list of people who had already donated was longer, and those donations became even larger when the names were personal acquaintances of those being asked.

① Good Decision-Making
② Importance of Social Outreach
③ Acquaintance Dynamics
④ Tendency to Mirror Peers

해석

Robert Cialdini 명예 교수는 설득의 가장 중요한 측면들 중 하나인 '사회적 검증'을 발견했다. 이 심리적 현상은 불확실성과 사회적 학습에 대한 타고난 경향의 조합에서 기인한다. 기본적으로, 사람들이 적절한 행동 방식에 대해, 또는 주어진 상황에서 무엇을 해야 할지에 대해 불확실할 때, 그들은 주변 집단의 행동을 반영한다. 이러한 경향은 주변 집단이 그 개인과 비슷한 사람들로 구성되어 있다고 인식될 때 특히 더 강한데, 이것이 결정에 대한 확신과 정당성을 제공하기 때문이다. 예를 들어, 기부금을 모으기 위해 집집마다 방문하는 노력을 하는 연구자들은 이미 기부한 사람들의 명단이 길 때 기여도가 훨씬 더 높았고, 그 명단이 요청을 받은 사람들의 개인적인 지인들일 때 그 기부금은 훨씬 더 커졌다는 것을 발견했다.

① 좋은 의사 결정
② 사회적 봉사활동의 중요성
③ 지인 역학 관계
④ 동료를 반영하는 경향

해설

지문 전반에 걸쳐 사람들이 적절한 행동 방식에 대해, 또는 주어진 상황에서 무엇을 해야 할지에 대해 불확실할 때 주변 집단의 행동을 반영하는 '사회적 검증'이라는 심리적 현상에 대해 설명하면서 기부금을 모으기 위해 집집마다 방문하는 노력을 하는 연구자들을 예시로 들고 있으므로, '④ 동료를 반영하는 경향'이 이 글의 제목이다.

[오답 분석]
① 사회적 검증이 결정에 대한 확신과 정당성을 제공한다고 했지만, 그것이 좋은 의사 결정인지에 대해서는 언급되지 않았다.
② 사회적 봉사활동의 중요성에 대해서는 언급되지 않았다.
③ 지인 역학 관계는 지문의 내용과 관련이 없다.

정답 ④

어휘

professor emeritus 명예 교수   persuasion 설득
stem from ~에서 기인하다   inclination 경향, 성향   reassurance 확신
justification 정당성   contribution 기여도, 기부금   acquaintance 지인, 아는 사람   outreach 봉사활동   dynamics 역학 관계

---

13 독해 전체내용 파악(주제 파악) 난이도 중 ●●○

다음 글의 주제로 가장 적절한 것은?

While everyone is familiar with economic inflation, a related concept that is more difficult to notice is shrinkflation. While inflation involves a higher price being charged for the same goods, with shrinkflation, the price remains the same, but the quantity of goods received is reduced, often subtly. For example, a chocolate company in 2014 maintained the price of its chocolate bar, but made a 25 percent reduction in its size by increasing the sizes of the grooves cut into the bar. Such actions provide competitive advantages. While their competition may raise prices during inflationary periods, companies are able to hide the fact that the same inflation is occurring for their products by reducing sizes instead. During non-inflationary periods, corporations do this to increase profit margins by using fewer resources to generate the same amount of revenue.

① price increases faced by manufacturers of goods
② a hidden form of inflation driving up costs
③ the importance of regulating corporate profits
④ adjustments to chocolate prices internationally

해석

모든 사람들이 경제적인 인플레이션에 익숙한 반면, 알아채기 더 어려운 관련 개념은 슈링크플레이션이다. 인플레이션이 같은 물품에 대해 더 높이 청구되는 가격을 포함하는 반면, 슈링크플레이션의 경우, 가격은 여전히 동일하지만 받게되는 물품의 양이 종종 미묘하게 줄어든다. 예를 들어, 한 초콜릿 회사는 2014년에 초콜릿 바의 가격을 유지했지만, 바에 난 홈의 크기를 늘림으로써 그것(초콜릿 바)의 크기를 25퍼센트 줄였다. 그러한 조치는 경쟁 우위를 제공한다. 그들(기업들)의 경쟁이 인플레이션 기간 동안 가격을 상승시킬 수 있겠지만, 기업들은 대신 크기를 줄임으로써

그들의 제품에 동일한 인플레이션이 일어나고 있다는 사실을 숨길 수 있다. 비인플레이션 기간 동안, 기업은 동일한 양의 수익을 창출하기 위한 더 적은 양의 자원을 사용함으로써 이익률을 증가시키기 위해 이것을 한다.

① 상품 제조업자들이 직면한 가격 상승
② 비용을 상승시키는 인플레이션의 숨겨진 형태
③ 기업의 이익을 규제하는 것의 중요성
④ 국제적인 초콜릿 가격 조정

해설

지문 전반에 걸쳐 가격이 동일하지만 받게되는 물품의 양이 종종 미묘하게 줄어든다는 개념인 슈링크플레이션에 대해 설명하면서 한 초콜릿 회사에서 초콜릿 바의 크기를 줄이고 가격을 유지하는 방식으로 경쟁 우위를 점했다는 예시를 들고 있고, 기업들은 크기를 줄임으로써 인플레이션이 일어나고 있다는 사실을 숨길 수 있다고 설명하고 있으므로, '② 비용을 상승시키는 인플레이션의 숨겨진 형태'가 이 글의 주제이다.

[오답 분석]
① 상품 제조업자들이 직면한 가격 상승은 슈링크플레이션의 예시로서 한 초콜릿 회사에 대해 언급된 것이므로 지엽적이다.
③ 기업의 이익을 규제하는 것의 중요성에 대해서는 언급되지 않았다.
④ 국제적인 초콜릿 가격 조정에 대해서는 언급되지 않았다.

정답 ②

어휘

subtly 미묘하게   groove (패인) 홈, 패인 곳   profit margin 이익률, 이윤 폭
revenue 수익, 수입   regulate 규제하다   adjustment 조정

---

14 독해 전체내용 파악(요지 파악) 난이도 중 ●●○

다음 글의 요지로 가장 적절한 것은?

University of Georgia researcher Linhao Zhang has completed a multiyear study of the sleep patterns and behavior of nearly 12,000 children. Zhang found that when children did not receive adequate sleep, they showed a substantially greater propensity for impulsive behavior further down the road. This involved poor impulse control, a lack of forethought and planning, a greater inclination to seek short-term benefits, and a lack of perseverance and patience. Zhang theorized that sleep provides a necessary opportunity to regulate hormones and process mental and emotional information, which helps children mitigate the impact of daily stress. As a result, Zhang's team concluded that there are significant consequences later in life for those deprived of getting enough sleep.

① Mitigating stress is necessary to process mental and emotional information.
② Individuals with high stress levels lacked enough sleep as children.
③ Without sufficient sleep, children become impulsive due to unmitigated stress.
④ Poor impulse control can lead to problems getting to sleep.

[해석]

조지아 대학교의 연구원인 Linhao Zhang은 거의 12,000명에 달하는 어린이들의 수면 패턴과 행동에 대한 수년 간의 연구를 완료했다. Zhang은 어린이들이 충분한 수면을 취하지 않았을 때 그들이 장래에 상당히 더 큰 충동적인 행동의 경향을 보였다는 것을 발견했다. 이것은 좋지 못한 충동 조절, 사전 숙고와 계획 수립의 부족, 단기적인 이익을 추구하는 더 큰 경향, 그리고 끈기와 인내의 부족을 포함했다. Zhang은 수면이 호르몬을 조절하고 정신적, 감정적 정보를 처리하는 데 필요한 기회를 제공하며, 이것은 어린이들이 일상적인 스트레스의 영향을 완화하도록 돕는다는 이론을 세웠다. 그 결과, Zhang의 팀은 충분한 수면을 박탈당한 사람들에게 인생 후반부에 중요한 결과(충동적인 행동의 경향)가 있다는 결론을 내렸다.

① 스트레스를 완화하는 것은 정신적이고 감정적 정보를 처리하기 위해 필요하다.

② 스트레스 정도가 높은 사람들은 어린이일 때 충분한 수면이 부족했다.

③ 충분한 수면 없이는, 아이들은 완화되지 않는 스트레스로 인해 충동적이게 된다.

④ 좋지 못한 충동 조절은 잠이 드는 데 문제를 일으킨다.

[해설]

지문 처음에서 Linhao Zhang이라는 연구원이 완료한 어린이들의 수면 패턴과 행동에 대한 연구 결과, 어린이들이 충분한 수면을 취하지 않았을 때 장래에 더 큰 충동적인 행동의 경향을 보였다고 했고, 지문 중간에서 Zhang이 수면은 호르몬을 조절하고 정신적, 감정적 정보를 처리하는 데 필요한 기회를 제공하는데, 이 기회가 어린이들이 일상적인 스트레스의 영향을 완화하도록 돕는다는 이론을 세웠다고 했으므로, '③ 충분한 수면 없이는, 아이들은 완화되지 않는 스트레스로 인해 충동적이게 된다'가 이 글의 요지이다.

[오답 분석]

① 수면이 호르몬을 조절하고 정신적, 감정적 정보를 처리하는 데 필요한 기회를 제공하며, 이것이 어린이들의 일상적인 스트레스를 완화한다고 했으므로 지문의 내용과 반대이다.

② 스트레스 정도가 높은 사람들이 어린이일 때 충분한 수면이 부족했는지에 대해서는 언급되지 않았다.

④ 수면의 부족으로 인해 장래에 충동적인 행동의 경향을 보였다고는 했으나, 좋지 못한 충동 조절이 잠이 드는 데 문제를 일으키는지에 대해서는 언급되지 않았다.

정답 ③

[어휘]

adequate 충분한, 적절한 substantially 상당히, 많이 propensity 경향
impulsive 충동적인 further down the road 장래에, 장차 언젠가는
forethought 사전 숙고 inclination 경향 perseverance 끈기
patience 인내 theorize 이론을 세우다 mitigate 완화시키다
consequence 결과 deprive 박탈하다, 빼앗다 sufficient 충분한

---

15 독해 세부내용 파악(내용 불일치 파악) 난이도 중 ●●○

다음 글의 내용과 일치하지 않는 것은?

> Traditionally farmed in Mexico and the southwestern United States, cacti have recently experienced a resurgence in agricultural popularity. They require very few resources to grow, as they do not need much water and are not a target for pests and other animals, eliminating the need for pesticides. Additionally, large portions of each plant are useful after a harvest, with both the stems and the prickly pears, or fruit, being edible. Harvesting these edible elements is a difficult procedure, however. Tongs are used to pick the fruit or remove the stems, and then the spines must be withdrawn, using one of a few different techniques. Often, the fruit is rolled across gravel or a screen to get the spines off, though it can also be scrubbed with a wire brush.

① 선인장의 재배는 최근 농업 분야에서 인기가 높아졌다.

② 선인장이 잘 자라기 위해서는 상당한 양의 화학 약품이 필요하다.

③ 선인장의 줄기와 열매는 사람이 먹을 수 있다.

④ 선인장 열매의 가시는 자갈에 굴려서 제거할 수 있다.

[해석]

전통적으로 멕시코와 미국 남서부에서 재배되는 선인장은 최근에 농업적인 인기의 부활을 경험했다. 그것들은 자라기 위해서 매우 적은 자원을 필요로 하는데, 많은 물을 필요로 하지 않고 해충과 다른 동물들의 목표물이 되지 않기 때문에 살충제의 필요성을 없애기 때문이다. 게다가, 각 식물의 많은 부분이 수확 후 유용한데, 줄기와 선인장 또는 열매를 모두 먹을 수 있기 때문이다. 그러나 이러한 먹을 수 있는 요소를 수확하는 것은 어려운 절차이다. 열매를 따거나 줄기를 제거하기 위해 집게가 사용되고, 그리고 나서 몇 가지 다른 기술 중 하나를 사용하여 가시가 반드시 제거되어야 한다. 종종, 그 열매는 가시를 빼내기 위해 자갈이나 체에 굴려지지만, 그것은 또한 철사 브러시로 문질러질 수도 있다.

[해설]

지문 처음에서 선인장은 자라기 위해서 매우 적은 자원을 필요로 한다고 했고, 해충과 다른 동물들의 목표물이 되지 않기 때문에 살충제의 필요성을 없앤다고 했으므로, '② 선인장이 잘 자라기 위해서는 상당한 양의 화학 약품이 필요하다'는 것은 지문의 내용과 일치하지 않는다.

[오답 분석]

① 첫 번째 문장에 선인장은 최근에 농업적인 인기의 부활을 경험했다고 언급되었다.

③ 세 번째 문장에 줄기와 선인장 또는 열매를 모두 먹을 수 있다고 언급되었다.

④ 마지막 문장에 선인장 열매는 가시를 빼내기 위해 자갈이나 체에 굴려진다고 언급되었다.

정답 ②

[어휘]

cacti 선인장(cactus의 복수형) resurgence 부활
agricultural 농업적인, 농업의 pest 해충 eliminate 없애다
pesticide 살충제 portion 부분 harvest 수확 stem 줄기
prickly pear 선인장(의 일종) edible 먹을 수 있는 tongs 집게
spine 가시 withdraw 빼내다 gravel 자갈 screen 체 scrub 문지르다

구문 분석

[6행] Additionally, / large portions of each plant are useful / after a harvest, / with both the stems and the prickly pears, or fruit, / being edible.

: 이처럼 'with + 명사 + 분사'로 이유를 나타내는 경우, '~ 때문에'라고 해석한다.

---

16 독해 논리적 흐름 파악(무관한 문장 삭제) 난이도 하 ●○○

다음 글의 흐름상 어색한 문장은?

When I was studying to become a voice actor, I attended many lectures by famous voice coaches, but one made a point that really stuck in my mind. ① She emphasized the importance of the body when it comes to acting, even though the audience never sees the voice actor. ② "The body is the home of the voice," she said. "A freely expressive voice cannot occur without a free body." ③ Therefore, she encouraged us to become comfortable with our bodies and to move as appropriate no matter the performance type. ④ Samuels was famous for voicing animated characters before he switched to theater, which he claimed was his "true calling." After the lecture, I recorded myself performing the same monologue twice—once without moving and once following her tip. To my surprise, when I used my body, my performance sounded much more natural.

해석

내가 성우가 되기 위해 공부할 때 유명한 성우 코치들의 강연을 많이 들었지만, 한 사람이 정말 나의 마음에 뚜렷이 남은 주장을 했다. ① 관객들이 성우는 전혀 보지 않는데도 불구하고, 그녀는 연기에 있어서 몸의 중요성을 강조했다. ② "몸은 목소리의 고향이에요."라고 그녀가 말했다. "자유로운 몸 없이는 자유롭게 표현하는 목소리가 발생할 수 없어요." ③ 그러므로, 그녀는 우리가 몸에 편안해지고 공연 형태에 상관없이 적절하게 움직이도록 격려했다. ④ Samuels는 그가 '진정한 천직'이라고 주장했던 무대 공연으로 전환하기 전에 애니메이션 캐릭터의 목소리를 내는 것으로 유명했다. 강의 후에, 나는 한 번은 움직이지 않고, 한 번은 그녀의 팁을 따라서 똑같은 독백을 연기하는 것을 두 번 녹음했다. 놀랍게도, 내가 몸을 사용했을 때 나의 연기는 훨씬 더 자연스럽게 들렸다.

해설

지문 처음에서 화자가 성우가 되기 위해 공부할 때 들었던 유명한 성우 코치들의 강연 중 한 사람의 강연이 마음에 뚜렷이 남았다고 했고, ①, ②, ③번에서 그 성우 코치의 강연 내용에 대해 설명하고 있다. 그러나 ④번은 Samuels가 '진정한 천직'이라고 주장했던 무대 공연으로 전환하기 전에 애니메이션 캐릭터의 목소리를 내는 것으로 유명했다고 하는 내용으로, 성우가 되기 위해 들었던 강연 중 몸의 중요성에 대해 이야기한 것이 가장 기억에 남았다고 하고 있는 지문 전반의 내용과 관련이 없다.

정답 ④

어휘

voice actor 성우, 목소리 배우 emphasize 강조하다
encourage 격려하다 comfortable 편안한 appropriate 적절한
switch 전환하다, 바꾸다 calling 천직, 소명 monologue 독백

---

17 독해 논리적 흐름 파악(문단 순서 배열) 난이도 중 ●●○

주어진 글 다음에 이어질 글의 순서로 가장 적절한 것은?

One of the greatest problems we face with renewable energy is the difficulty of storing excess power for distribution later.

(A) They have come up with a way to use sand, a cheap and abundant resource, to power a massive battery that is capable of storing large amounts of excess energy efficiently.

(B) Recently, however, a pair of Finnish engineers may have developed a sustainable solution to this problem, one that is scalable and efficiently deployable due to the aspects of its core component.

(C) The battery does this by retaining heat energy generated by raising the sand's temperature to 500 degrees Celsius using electricity from solar and wind power sources. That heat is transferred to the air to be re-circulated, distributed, or converted to hydroelectric power.

① (A) – (B) – (C)
② (B) – (A) – (C)
③ (B) – (C) – (A)
④ (C) – (A) – (B)

해석

재생가능한 에너지에 대해 우리가 직면한 가장 큰 문제들 중 하나는 나중의 분배를 위한 초과 전력을 저장하는 것의 어려움이다.

(B) 그러나, 최근에 핀란드인 엔지니어 두 명이 이 문제에 대한 지속 가능한 해결책을 개발했을 수도 있는데, 그것은 핵심 구성 요소의 측면들로 인해 측정할 수 있고 효율적으로 사용할 수 있는 것이다.

(A) 그들은 엄청난 양의 초과 전력을 효율적으로 저장할 수 있는 거대한 배터리에 동력을 공급하기 위해 값싸고 풍부한 자원인 모래를 사용할 방법을 제안했다.

(C) 그 배터리는 태양열과 풍력 발전원의 전기를 사용하여 모래의 온도를 섭씨 500도까지 상승시키며 생성된 열에너지를 유지함으로써 이것(엄청난 양의 초과 전력을 효율적으로 저장하는 것)을 수행한다. 그 열은 공기로 전달되어 재순환되거나, 분배되거나, 또는 수력으로 변환된다.

해설

주어진 글에서 재생가능한 에너지에 대해 우리가 직면한 가장 큰 문제들 중 하나가 초과 전력을 저장하는 것의 어려움이라고 한 뒤, (B)에서 그러나(however) 최근에 핀란드인 엔지니어 두 명이 이 문제에 대해 측정할 수 있고 효율적으로 사용할 수 있는 지속 가능한 해결책을 개발했을 수도 있다고 언급하고 있다. 이어서 (A)에서 그들(They)은 거대한 배터리에 동력을 공급하기 위해 값싸고 풍부한 자원인 모래를 사용할 방법을 제안했다고 하고, (C)에서 그 배터리(The battery)는 태양열과 풍력 발전원의 전기를 사용하여 모래의 온도를 상승시키며 생성된 열에너지를 유지함으로써 이것(엄청난 양의 초과 전력을 효율적으로 저장하는 것)을 수행한다고 설명하고 있다.

정답 ②

어휘

renewable 재생가능한 excess 초과, 초과량 distribution 분배
come up with 제안하다 abundant 풍부한 massive 거대한
sustainable 지속 가능한 scalable 측정할 수 있는
deployable 효율적으로 사용할 수 있는 component 구성 요소
retain 유지하다 hydroelectric power 수력

18 독해 논리적 흐름 파악(문장 삽입) 난이도 상 ●●●

주어진 문장이 들어갈 위치로 가장 적절한 것은?

Frequently, these problems originate with feelings of distrust from management, leading to reciprocal animosity.

Many companies suffer from extremely high turnover rates, which cost employers a tremendous amount of money. Often, the root of this phenomenon comes down to the specific tone and culture of the office. (①) Many managers and corporations unintentionally create an atmosphere that invites problems, ultimately driving away employees. (②) Such suspicion can be demonstrated by constantly watching over employees' shoulders or conducting frequent and unexpected performance reviews. (③) Even if it's meant to encourage office unity, these actions communicate to the employee that the manager does not trust them, immediately creating an antagonistic relationship. (④) This in turn adds to employee unhappiness and diminishes feelings of being valued. Instead, offering benefits like flexible work hours and increased freedom makes employees feel trusted, inspiring them to attempt to live up to that trust, which benefits the company.

해석

흔히 이런 문제들은 경영진으로부터의 불신에서 비롯되어 상호간의 적대감으로 이어진다.

많은 회사들이 극도로 높은 이직률로 고통받고 있는데, 이것은 고용주들에게 엄청난 비용을 들게 한다. 종종, 이러한 현상의 근원은 사무실의 특정한 경향과 문화로 설명된다. (①) 많은 관리자들과 회사는 의도치 않게 문제를 유발하는 분위기를 조성하고, 궁극적으로 직원들을 떠나고 싶게 만든다. (②) 그러한 불신은 직원들의 어깨너머로 끊임없이 감시하거나 빈번하고 예상치 못한 업무 평가를 실시함으로써 입증될 수 있다. (③) 비록 그것이 사무실의 단합을 장려하기 위한 것일지라도, 이러한 행동들은 직원들에게 관리자가 그들을 신뢰하지 않는다는 것을 전달하여 즉시 적대적인 관계를 형성한다. (④) 이것은 결국 직원들의 불행을 늘리고, 가치 있게 여겨진다는 느낌을 감소시킨다. 대신에, 유연한 근무 시간과 늘어난 자유와 같은 혜택을 제공하는 것은 직원들이 신뢰받는다고 느끼게 하며, 그들이 그 신뢰에 부응하기 위한 시도를 하도록 고무시키고, 이것은 회사에 이익이 된다.

해설

②번 앞 문장에 많은 관리자들과 회사가 의도치 않게 문제를 유발하는 분위기를 조성하며 궁극적으로는 직원들을 떠나고 싶게 만든다는 내용이 있고, ②번 뒤 문장에 그러한 불신(Such suspicion)은 직원들의 어깨너머로 끊

임없이 감시하거나 빈번하고 예상치 못한 업무 평가를 실시함으로써 입증될 수 있다는 내용이 있으므로, ②번에 흔히 이런 문제들(these problems)은 경영진으로부터의 불신에서 비롯되어 상호간의 적대감으로 이어진다는 주어진 문장이 나와야 지문이 자연스럽게 연결된다.

[오답 분석]

① 앞 문장에 이러한 현상(높은 이직률)의 근원은 사무실의 특정한 경향과 문화로 설명된다는 내용이 있고, ①번 뒤 문장에 많은 관리자들과 회사가 의도치 않게 문제를 유발하는 분위기를 조성한다고 하며 앞 문장과 연결되는 내용이 있으므로 ①번에 다른 문장이 삽입되면 문맥상 부자연스럽다.

③ 앞 문장에 관리자들과 회사가 직원들을 끊임없이 감시하거나 빈번하고 예상치 못한 업무 평가를 실시한다는 내용이 있고, ③번 뒤 문장에 이러한 행동들(these actions)은 직원들과 관리자의 적대적인 관계를 형성한다고 하며 앞 문장과 연결되는 내용이 있으므로 ③번에 다른 문장이 삽입되면 문맥상 부자연스럽다.

④ 앞 문장에 이러한 행동들(these actions)은 직원들에게 관리자가 그들을 신뢰하지 않는다는 것을 전달한다는 내용이 있고, ④번 뒤 문장에 이것(This)은 결국 직원들의 불행을 늘린다고 하며 앞 문장과 연결되는 내용이 있으므로 ④번에 다른 문장이 삽입되면 문맥상 부자연스럽다.

정답 ②

어휘

originate with ~에서 비롯되다 distrust 불신
reciprocal 상호간의, 호혜적인 animosity 적대감, 반감
turnover rate 이직률 come down to ~으로 설명되다, 요약되다
drive away ~를 떠나고 싶게 만들다 suspicion 불신, 혐의
conduct 실시하다, 수행하다 performance review 업무 평가, 인사 고과
antagonistic 적대적인 in turn 결국 add to ~을 늘리다, ~에 더하다
live up to (기대 등)에 부응하다

19 독해 추론(빈칸 완성 – 단어) 난이도 중 ●●○

밑줄 친 부분에 들어갈 말로 가장 적절한 것을 고르시오.

We have all seen people continue putting money, time, or effort into something that was never going to work. This is an effect of the sunk-cost fallacy, a particular cognitive bias that occurs after someone suffers a loss. After losing their initial investment to a poor decision, the rational, predictable decision for people would be to "cut their losses," minimizing the amount they lost. _____, however, many people attempt to rationalize the original loss and prove that the investment was in fact a good decision, thus succumbing to the sunk-cost fallacy. This occurs as a defense of their own egos, leading them to "throw good money after bad."

① Luckily

② Systematically

③ Originally

④ Counterintuitively

해석

우리는 모두 사람들이 결코 잘 되지 않았을 것에 계속해서 돈, 시간, 또는 노력을 쏟는 것을 보아왔다. 이것은 매몰 비용 오류의 영향인데, 그것은 누군가가 손해를 경험한 후에 발생하는 특정한 인지적 편향이다. 잘못된 결정으로 초기 투자액을 잃은 후에, 사람들에게 합리적이고 예측 가능한 결정은 그 사람이 잃은 금액을 최소화하면서 '손해를 줄이는' 일일 것이다. 그러나 <u>직관에 반대되게</u>, 많은 사람들은 원래의 손해를 합리화하고 그 투자가 사실은 좋은 결정이었음을 증명하려고 시도하며, 이렇게 하여 매몰 비용 오류에 굴복한다. 이것은 그들의 자아에 대한 방어로서 발생하며, 그들이 '이미 많은 돈을 낭비한 것에 돈을 더 쓰도록' 한다.

① 운이 좋게도
② 체계적으로
③ 원래는
④ 직관에 반대되게

해설

빈칸 앞 문장에서 잘못된 결정으로 초기 투자액을 잃은 후에 사람들에게 합리적이고 예측 가능한 결정은 그 사람이 잃은 금액을 최소화하면서 '손해를 줄이는' 일일 것이라고 하고 있으며, 빈칸 뒤에서 그러나(however) 많은 사람들은 원래의 손해를 합리화하고 그 투자가 사실은 좋은 결정이었음을 증명하려고 시도한다고 하면서 빈칸 앞에서 언급한 합리적이고 예측 가능한 결정에 대한 반대의 현상을 설명하고 있으므로, 빈칸에는 '④ 직관에 반대되게'가 들어가야 한다.

정답 ④

어휘

sunk-cost fallacy 매몰 비용 오류(개인이 어떤 행동 코스를 선택하면 그것이 만족스럽지 못하더라도 그것을 정당화하기 위해 더욱 깊이 개입해가는 의사 결정 과정)
rational 합리적인 succumb 굴복하다 counterintuitively 직관에 반대되게

---

20 독해 추론(빈칸 완성 – 구) 난이도 상 ●●●

밑줄 친 부분에 들어갈 말로 가장 적절한 것을 고르시오.

The constant flood of status updates and information about what our peers are up to at any given moment has been harnessed readily by advertisers, who use it to force comparisons with others and drive us to specific purchases to feel more successful. However, the benefits to the average person are significantly more questionable. While social media helps us stay connected with those we care about, it also leads to constant comparisons, influencing us in _____. These comparisons with others only foster feelings of false superiority. The best way to find happiness is to focus solely on oneself, avoiding comparisons with others altogether. Thus, the best thing we can do for our mental health is limit our time on social media platforms as much as possible.

① connecting with additional people
② following the latest popular trend
③ reaching for greater heights
④ measuring our own success

해석

상태 업데이트와 우리의 또래들이 어떤 순간에 무엇을 하고 있는지에 대한 정보의 끊임없는 홍수는 다른 사람들과의 비교를 강요하고 우리가 더 성공적이라고 느낄 수 있는 특정한 구매로 이끌기 위해 그것을 사용하는 광고주들에 의해 쉽게 활용되어 왔다. 그러나, 평범한 사람들에게 주는 혜택은 상당히 더 의심스럽다. 소셜 미디어가 우리가 관심을 갖는 사람들과 계속 연결될 수 있도록 도와주지만, 그것은 또한 지속적인 비교로 이어지면서 우리가 <u>우리 자신의 성공을 측정하는 것</u>에 영향을 미친다. 다른 사람들과의 이러한 비교는 잘못된 우월감을 만들 뿐이다. 행복을 찾는 가장 좋은 방법은 다른 사람들과의 비교를 완전히 피하면서 오직 자신에게만 집중하는 것이다. 따라서, 우리가 정신 건강을 위해 할 수 있는 최선의 일은 소셜 미디어 플랫폼에서의 우리의 시간을 가능한 한 제한하는 것이다.

① 추가적인 사람들과의 연결
② 최신 유행을 따르는 것
③ 더 높은 곳에 도달하는 것
④ 우리 자신의 성공을 측정하는 것

해설

지문 처음에서 상태 업데이트와 우리의 또래들이 무엇을 하고 있는지에 대한 정보의 끊임없는 홍수가 다른 사람들과의 비교를 강요하고 우리가 더 성공적이라고 느낄 수 있는 특정한 구매로 이끌기 위해 광고주들에 의해 활용되어 왔다고 했으므로, 빈칸에는 소셜 미디어는 우리가 관심을 갖는 사람들과 계속 연결될 수 있도록 도와주지만, 지속적인 비교로 이어지면서 우리가 '④ 우리 자신의 성공을 측정하는 것'에 영향을 미친다는 내용이 들어가야 자연스럽다.

[오답 분석]
① 추가적인 사람들과의 연결에 대해서는 언급되지 않았다.
② 최신 유행을 따르는 것에 대해서는 언급되지 않았다.
③ 더 높은 곳에 도달하는 것은 지문의 내용과 관련이 없다.

정답 ④

어휘

constant 끊임없는, 지속적인 harness 활용하다, 이용하다
readily 쉽게, 선뜻 questionable 의심스러운, 미심쩍은
foster 만들다, 증진하다 superiority 우월함 solely 오직
measure 측정하다

▶ 정답

p. 32

01	③ 어휘 – 어휘&표현	11	③ 어휘 – 어휘&표현
02	③ 어휘 – 어휘&표현	12	② 독해 – 세부내용 파악
03	③ 어휘 – 어휘&표현	13	② 어휘 – 생활영어
04	① 문법 – 병치·도치·강조 구문&조동사	14	④ 어휘 – 생활영어
05	② 문법 – 형용사와 부사	15	② 문법 – 동명사
06	④ 독해 – 전체내용 파악	16	① 문법 – to 부정사
07	② 독해 – 전체내용 파악	17	② 독해 – 논리적 흐름 파악
08	④ 독해 – 세부내용 파악	18	④ 독해 – 논리적 흐름 파악
09	③ 독해 – 세부내용 파악	19	① 독해 – 추론
10	① 독해 – 추론	20	③ 독해 – 추론

▶ 취약영역 분석표

영역	세부 유형	문항 수	소계
어휘	어휘&표현	4	/6
	생활영어	2	
문법	병치·도치·강조 구문&조동사	1	/4
	형용사와 부사	1	
	동명사	1	
	to 부정사	1	
독해	전체내용 파악	2	/10
	세부내용 파악	3	
	추론	3	
	논리적 흐름 파악	2	
총계			/20

---

01 | 어휘 playful

난이도 하 ●○○

밑줄 친 부분에 들어갈 말로 가장 적절한 것을 고르시오.

> He tried to break the tension by being _____, but his inappropriate attempt at humor was not appreciated by those at the meeting.

① solemn
② somber
③ playful
④ pensive

해석

그는 장난치는 것으로 긴장을 풀려고 했지만, 유머에 대한 그의 부적절한 시도는 회의에서 사람들에게 환영받지 못했다.

① 근엄한
② 침울한
③ 장난치는
④ 수심에 잠긴

정답 ③

어휘

tension 긴장, 불안   inappropriate 부적절한   humor 유머
appreciate 환영하다, 고마워하다   solemn 근엄한
somber 침울한, 어두컴컴한   playful 장난치는, 쾌활한   pensive 수심에 잠긴

 이것도 알면 **합격!**

playful(장난치는)의 유의어
= humorous, flippant, prankish, impish, comical

---

02 | 어휘 illegible

난이도 중 ●●○

밑줄 친 부분에 들어갈 말로 가장 적절한 것을 고르시오.

> The new worker's _____ penmanship made it hard for the other staff to read her notes.

① inedible
② illuminating
③ illegible
④ impertinent

해석

그 신입사원의 알아보기 어려운 서체는 다른 직원들이 그녀의 메모를 읽기 어렵게 했다.

① 먹을 수 없는
② 분명하게 하는
③ 알아보기 어려운
④ 무례한

정답 ③

어휘

penmanship 서체, 필적   inedible 먹을 수 없는   illuminating 분명하게 하는
illegible 알아보기 어려운, 읽기 어려운   impertinent 무례한, 버릇없는

이것도 알면 **합격!**

illegible(알아보기 어려운, 읽기 어려운)의 유의어
= unreadable, scribbled, undecipherable, squiggly, unintelligible

03 | 어휘 hold back | 난이도 중 ●●○

밑줄 친 부분에 들어갈 말로 가장 적절한 것을 고르시오.

> After the civil war began, the international community worked hard at _____ disaster, but many civilians lost their lives to hunger and violence.

① taking off
② wearing out
③ holding back
④ varying from

해석

내전이 시작된 후, 국제 사회는 참사를 저지하는 데 최선을 다했지만, 많은 민간인들이 굶주림과 폭력으로 목숨을 잃었다.

① 이륙하는
② 낡아서 떨어지는
③ ~을 저지하는
④ ~에서 일탈하는

정답 ③

어휘

civil war 내전 international community 국제 사회 civilian 민간인
violence 폭력, 폭행 take off 이륙하다 wear out 낡아서 떨어지다
hold back ~을 저지하다 vary from ~에서 일탈하다, 벗어나다

이것도 알면 합격!

hold back(~을 저지하다)의 유의어
= block, inhibit, prevent, impede, restrain, suppress

04 | 문법 병치·도치·강조 구문 & 조동사 | 난이도 중 ●●○

우리말을 영어로 잘못 옮긴 것을 고르시오.

① 그녀는 햄버거 가게에서 먹느니 차라리 식사를 거르는 편이 나을 것 같았다.
→ She would rather skip a meal than eating at a burger restaurant.
② 불길이 너무 커서 소방관들은 그것을 진압하는 데 애를 먹었다.
→ The fire was so large that firefighters had trouble putting it out.
③ 승객들은 지연 이후 비행기에 타기를 간절히 바랐다.
→ The passengers were eager to board the plane after the delay.
④ 네가 관심 없는 일에 애써봐야 소용없다.
→ It's no use working on something in which you have no interest.

해설

① **병치 구문 | 조동사 관련 표현** 비교 구문 would rather A than B에서 비교 대상은 같은 품사끼리 연결되어야 하는데, 조동사 관련 숙어 would rather 뒤에 동사원형 skip이 왔으므로 than 뒤에도 동사원형이 와야 한다. 따라서 eating을 동사원형 eat으로 고쳐야 한다.

[오답 분석]
② **부사절 접속사 2: 이유** '불길이 너무 커서 ~ 그것을 진압하는 데 애를 먹었다'는 부사절 접속사 so ~ that(매우 ~해서 -하다)을 사용하여 나타낼 수 있으므로, so large that firefighters had trouble putting it out이 올바르게 쓰였다.
③ **to 부정사 관련 표현** 형용사 eager(간절히 바라는)는 to 부정사를 취해 be eager to(~하기를 간절히 바라다)로 쓰이는 형용사이므로 were eager to board가 올바르게 쓰였다.
④ **동명사 관련 표현 | 전치사 + 관계대명사** '관심 없는 일에 애써봐야 소용없다'는 동명사 관련 표현 It's no use -ing(-해도 소용없다)로 나타낼 수 있으므로 It's no use working이 올바르게 쓰였다. 또한, 선행사 something이 사물이고 관계절 내에서 전치사 in의 목적어 역할을 하므로 목적격 관계대명사 which가 올바르게 쓰였다. 참고로, 전치사(in) 뒤에 관계대명사 that은 올 수 없다.

정답 ①

어휘

skip a meal 식사를 거르다 put out (불을) 진압하다
be eager to ~하기를 간절히 바라다 board (배·기차·비행기 등에) 타다

이것도 알면 합격!

to 부정사를 취하는 형용사의 종류

> be able to ~할 수 있다   > be pleased to ~해서 기쁘다
> be difficult to ~하기 어렵다 > be likely to ~할 것 같다
> be ready to ~할 준비가 되다 > be willing to 기꺼이 ~하다
> be about to 막 ~하려 하다

05 | 문법 형용사와 부사 | 난이도 중 ●●○

우리말을 영어로 잘못 옮긴 것을 고르시오.

① 그는 폭력성 때문에 그 영화를 보는 것을 그만두었다.
→ He stopped watching the movie because of its violence.
② 그들은 자신의 성취에서 좀처럼 만족감을 찾을 수 없었다.
→ They rarely found no satisfaction in their achievements.
③ 그 콘서트는 3시간 동안 계속되었다.
→ The concert lasted for three hours.
④ 같은 학급의 학생들이 항상 같은 나이는 아니다.
→ Students in a class are not always the same age.

해설

② **빈도 부사** 빈도 부사 rarely(좀처럼 ~ 않다)는 이미 부정의 뜻을 담고 있어 부정어 no와 함께 쓰일 수 없으므로, no satisfaction을 satisfaction으로 고쳐야 한다.

[오답 분석]
① **동명사와 to 부정사 둘 다 목적어로 취하는 동사** 동사 stop은 '~하는 것을 멈추다(그만두다)'라는 의미의 타동사로 쓰일 때 동명사를 목적어로 취하므로 '그 영화를 보는 것을 그만두었다'를 나타내기 위해 동사 stop의 목적어 자리에 동명사 watching이 올바르게 쓰였다.
③ **전치사 2: 기간** '3시간 동안'을 나타내기 위해 숫자를 포함한 시간 표현(three hours) 앞에 와서 '얼마나 오래 지속되는가'를 나타내는 전

치사 for(~동안)가 올바르게 쓰였다.

④ **부정관사 a(n)** 부정관사 a(n)는 '같은(the same)'이라는 의미를 나타낼 수 있으므로, a class(같은 학급)가 올바르게 쓰였다.

정답 ②

어휘

satisfaction 만족(감) achievement 성취

 **이것도 알면 합격!**

hardly, rarely, seldom, scarcely, barely는 부정의 의미로 not과 같은 부정어와 함께 올 수 없다.

> She is ~~not seldom~~(→ seldom) on time for her class.
　그녀는 좀처럼 수업에 제 시간에 도착하지 않는다.

---

06 독해 **전체내용 파악(제목 파악)**　난이도 하 ●○○

글의 제목으로 가장 적절한 것을 고르시오.

> Every year, many people are admitted to hospitals during the flu season. In one area, there was a three-month surge in patient numbers. Hundreds needed treatment, and many had serious complications. The critical issue, however, was that most of the patients were elderly. Doctors call the increase in older patients the "gray tsunami." The elderly population has grown considerably, yet geriatric care programs have not caught up. This is a serious weakness in the health-care system.

* geriatric: 노인의

① Establishing the Causes of a Flu Epidemic
② Organizing Medical Programs for the Elderly
③ Overcoming Obstacles to Flu Vaccinations
④ Inadequacies in Health Care for the Aged

해석

매년, 독감 철에 많은 사람이 병원에 입원한다. 한 지역에서는, 환자 수가 3개월 동안 급증했다. 수백 명의 사람들이 치료를 필요로 했고, 많은 사람들은 심각한 합병증을 가지고 있었다. 그러나, 중요한 문제는 대부분의 환자가 노인이라는 것이었다. 의사들은 이 나이 든 환자들의 증가를 '노년의 쓰나미'라고 부른다. 노인 인구는 상당히 증가해왔지만, 노인 간호 프로그램은 이를 따라잡지 못했다. 이는 의료 서비스 체계의 심각한 결점이다.

① 유행성 독감의 원인 규명
② 노인층을 위한 의료 프로그램 조직
③ 독감 예방 접종에 대한 장애물 극복
④ 고령자를 위한 의료 서비스의 부족

해설

지문 전반에 걸쳐 매년 독감 철에 많은 사람이 병원에 입원하는데, 대부분의 환자가 노인이며, 노인 인구가 상당히 증가해왔지만 노인 간호 프로그램이 이를 따라잡지 못한 것이 의료 서비스 체계의 심각한 결점이라고 설명하고 있으므로, '④ 고령자를 위한 의료 서비스의 부족'이 이 글의 제목이다.

[오답 분석]

① 독감 철에 대해서는 언급되었지만, 유행성 독감의 원인 규명에 대한 내용은 언급되지 않았다.

② 노인 간호 프로그램이 필요하다는 점은 언급되었으나, 이를 조직하는 것에 대해서는 언급되지 않았다.

③ 독감 예방 접종에 대한 장애물을 극복하는 것에 대해서는 언급되지 않았다.

정답 ④

어휘

admit (병원·시설 등에) 입원시키다 flu season 독감 철 surge 급증, 동요 complication 합병증 critical 중요한 elderly 노인의, 나이가 지긋한 population 인구 considerably 상당히, 많이 epidemic 유행성 (전염병) organize 조직하다, 준비하다 overcome 극복하다 obstacle 장애물 vaccination 예방 접종 inadequacy 부족, 불충분

---

07 독해 **전체내용 파악(제목 파악)**　난이도 중 ●●○

글의 제목으로 가장 적절한 것을 고르시오.

> The little auk, a small northern European seabird, has had to change its foraging habits in the wake of global warming. Little auks used to hunt for zooplankton around sea ice where large colonies of these microorganisms would congregate. Lately though, it has been difficult for the birds to find enough food, as the ice has melted. However, they have managed to get around this problem by discovering that while zooplankton can no longer be found where they used to gather, they have not disappeared. Rather, the zooplankton have moved from sea ice to melting glaciers on land. The little auks have learned to forage for food in this new location, thereby ensuring their survival for the time being.

① How Auks Impact Global Warming
② Auks Contending With Climate Change's Effects
③ Zooplankton Drawn to Melting Glaciers
④ What Caused the Extinction of the Auk

해석

북유럽의 작은 바닷새인 각시바다쇠오리는 지구 온난화의 여파로 그것의 먹이를 찾는 습성을 바꿔야 했다. 각시바다쇠오리들은 해빙 주변에서 동물성 플랑크톤을 사냥하곤 했는데, 그곳에 이 미생물들(동물성 플랑크톤)의 큰 군집이 모여있었을 것이다. 그러나 최근에 그 얼음(해빙)이 녹으면서, 이 새들은 충분한 먹이를 찾는 것이 어려워졌다. 하지만, 동물성 플랑크톤이 예전에 모여있었던 곳에서는 더 이상 발견될 수 없지만, 이것들이 사라진 것은 아니라는 것을 알아냄으로써 그것들(각시바다쇠오리)은 이 문제를 간신히 극복했다. 더 정확히 말하면, 동물성 플랑크톤은 해빙에서 육지의 녹고 있는 빙하로 이동했다. 각시바다쇠오리는 이 새로운 장소에서 먹이를 찾는 것을 터득해왔으며, 그렇게 함으로써 당분간 그것들의 생존을 보장할 수 있게 되었다.

① 어떻게 바다쇠오리가 지구 온난화에 영향을 미치는가
② 기후 변화의 영향과 씨름하는 바다쇠오리

③ 녹고 있는 빙하로 이끌린 동물성 플랑크톤
④ 무엇이 바다쇠오리의 멸종을 야기했는가

해설

지문 전반에 걸쳐 각시바다쇠오리는 먹이인 동물성 플랑크톤의 기존 서식지(해빙)가 지구 온난화의 여파로 사라지면서 먹이를 찾기가 어려워졌지만, 플랑크톤의 새로운 서식지를 알아냄으로써 당분간 생존할 수 있게 되었다는 것을 설명하고 있으므로, '② 기후 변화의 영향과 씨름하는 바다쇠오리'가 이 글의 제목이다.

[오답 분석]
① 바다쇠오리가 지구 온난화에 영향을 미치는 방식은 지문의 내용과 반대이다.
③ 녹고 있는 빙하로 이끌린 동물성 플랑크톤은 지문에 언급되었으나 지엽적이다.
④ 바다쇠오리의 멸종을 야기한 것이 무엇인지에 대해서는 언급되지 않았다.

정답 ②

어휘

little auk 각시바다쇠오리 forage 먹이를 찾다 in the wake of ~의 여파로
zooplankton 동물성 플랑크톤 colony 군집 microorganism 미생물
congregate 모이다, 군집하다 melt 녹다 manage 간신히 해내다
get around 극복하다, 해결하다 disappear 사라지다, 멸종되다
rather 더 정확히 말하면 for the time being 당분간
contend (문제 등과) 씨름하다 extinction 멸종, 소멸

---

08 독해 세부내용 파악(내용 일치 파악) 난이도 중 ●●○

글의 내용과 일치하는 것은?

Cloud systems enable users to store vast amounts of data on remote servers and networks. They rely on a single interface, such as an Internet program or a unique application tailored specifically to a client's needs. Instead of one user being responsible for running multiple programs from a single computer, all the necessary software can be accessed through the cloud. The burden shifts from the front end, a single computer network, to the back end, which consists of the sum total of computers, servers, and storage systems. Although cloud systems are simplifying the way we use information technology, they are not without disadvantages. The most concerning, as demonstrated by recent cyber security breaches, is their increased vulnerability, since users can log in from any location on a range of devices.

① Cloud systems are stored on remote servers.
② Cloud systems utilize a number of interfaces.
③ Cloud systems rely on a single powerful computer.
④ Cloud systems are vulnerable to security breaches.

해석

클라우드 시스템은 사용자가 원격 서버와 네트워크에 많은 양의 정보를 저장할 수 있게 한다. 그것은 인터넷 프로그램이나 한 고객의 요구에 특별히 맞춰진 고유의 응용 프로그램과 같은 단일 인터페이스에 의존한다. 한 명의 사용자가 한 대의 컴퓨터에서 다수의 프로그램을 실행하는 것을 떠맡는 것이 아니라, 필요한 모든 소프트웨어가 클라우드를 통해 접속될 수 있다. 무거운 짐(많은 양의 정보)은 단일 컴퓨터 네트워크 방식인 프런트 엔드에서 컴퓨터, 서버, 그리고 저장 시스템의 총합으로 구성된 백 엔드로 이동한다. 비록 클라우드 시스템이 우리가 정보기술을 사용하는 방식을 단순화하고 있기는 하지만, 그것들에 결점이 없는 것은 아니다. 최근의 사이버 보안 침해에서 입증되었듯이, 가장 우려되는 부분은 그것들(클라우드 시스템)의 증가된 취약성인데, 이것은 사용자들이 다양한 기기로 어디에서나 로그인할 수 있기 때문이다.

① 클라우드 시스템은 원격 서버에 저장되어 있다.
② 클라우드 시스템은 많은 인터페이스를 이용한다.
③ 클라우드 시스템은 한 대의 강력한 컴퓨터에 의존한다.
④ 클라우드 시스템은 보안 침해에 취약하다.

해설

지문 마지막에서 사용자들이 다양한 기기로 어디에서나 로그인 할 수 있기 때문에 보안에 대한 취약성이 증가한다고 했으므로, '④ 클라우드 시스템은 보안 침해에 취약하다'는 것은 지문의 내용과 일치한다.

[오답 분석]
① 첫 번째 문장에서 클라우드 시스템은 사용자가 원격 서버와 네트워크에 많은 양의 정보를 저장할 수 있도록 한다고 했으므로, 클라우드 시스템이 원격 서버에 저장되어 있다는 것은 지문의 내용과 다르다.
② 두 번째 문장에서 클라우드 시스템은 단일 인터페이스에 의존한다고 했으므로, 클라우드 시스템이 많은 인터페이스를 이용한다는 것은 지문의 내용과 다르다.
③ 세 번째 문장에서 클라우드 시스템은 한 명의 사용자가 한 대의 컴퓨터에서 다수의 프로그램을 실행하는 것을 떠맡는 것이 아니라 필요한 모든 소프트웨어가 클라우드를 통해 접속될 수 있다고 했으므로, 클라우드 시스템이 한 대의 강력한 컴퓨터에 의존한다는 것은 지문의 내용과 다르다.

정답 ④

어휘

store 저장하다 vast 많은, 방대한 remote 원격의
application 응용 프로그램 tailor 맞추다, 조정하다
specifically 특별히, 분명히 access 접속하다 burden 무거운 짐, 부담
shift 이동하다 storage 저장 simplify 단순화하다 disadvantage 결점
demonstrate 입증하다 security 보안 breach 침해, 위반
vulnerability 취약성 a range of 다양한 vulnerable 취약한, 연약한

---

09 독해 세부내용 파악(내용 불일치 파악) 난이도 중 ●●○

고수에 대한 설명 중 글의 내용과 일치하지 않는 것은?

Coriander is a leafy herb used in global cuisines from Asia to Africa to the Americas. It is both added to dishes while they are cooking to impart a tart, lemon-lime taste and chopped and sprinkled atop finished dishes for additional flavoring and as a garnish. While coriander is common in various dishes worldwide, for many people, the herb ruins them because they think it has an unpleasant, soapy flavor. Scientists have linked this perception to a specific gene that makes some people particularly sensitive to chemical compounds called aldehydes, which are often used in detergents. When these people taste coriander, they immediately associate the flavor with cleaning supplies.

* aldehydes: 알데하이드(탄소 화합물 중 하나)

① 허브의 일종인 고수는 전 세계 문화권의 음식에 등장한다.
② 고수는 시큼한 과일 맛을 요리에 추가하기 위해 사용된다.
③ 고수에서 추출된 화합물은 비누에 향을 첨가하기 위해 사용된다.
④ 특정 유전자를 가진 사람은 고수의 맛을 좋아하지 않는다.

[해석]

고수는 아시아에서 아프리카, 아메리카까지 이르는 전 세계의 요리에 사용되는 잎이 무성한 허브이다. 그것(고수)은 요리하는 동안 시큼한 레몬 라임 맛을 첨가하기 위해 요리에 더해지고, 추가적인 향을 위해 그리고 고명으로서 완성된 요리 위에 잘게 잘려서 뿌려진다. 고수는 전 세계적으로 다양한 요리에서 흔하지만, 많은 사람들은 그 허브(고수)가 불쾌하고 비누 같은 맛이 난다고 생각하기 때문에 그들에게 그것(고수)은 그것들(다양한 요리)을 망친다. 과학자들은 이러한 인식을 세제에 흔히 사용되는 알데하이드라고 불리는 화학 화합물에 어떤 사람들을 특히 민감하게 만드는 특정 유전자와 연결시켜왔다. 이 사람들(특정 유전자를 가진 사람들)은 고수를 맛볼 때, 즉시 그 맛을 청소용품과 연관 짓는다.

[해설]

지문 중간에서 많은 사람들은 고수가 불쾌하고 비누 같은 맛이 난다고 생각하는데, 과학자들이 그러한 인식을 알데하이드라고 불리는 화학 화합물에 어떤 사람들을 특히 민감하게 만드는 특정 유전자와 연결시키고 있다고 했고, 그 유전자를 가진 사람들은 고수를 맛볼 때, 즉시 그 맛을 청소용품과 연관 짓는다고 했으므로, '③ 고수에서 추출된 화합물은 비누에 향을 첨가하기 위해 사용된다'는 것은 지문의 내용과 일치하지 않는다.

[오답 분석]

① 첫 번째 문장에서 고수는 전 세계의 요리에 사용되는 잎이 무성한 허브라고 언급되었다.
② 두 번째 문장에서 고수는 시큼한 레몬 라임 맛을 첨가하기 위해 요리에 더해진다고 언급되었다.
④ 네 번째와 다섯 번째 문장에서 알데하이드에 특히 민감하게 만드는 특정 유전자를 가진 사람들은 고수를 맛볼 때 즉시 그 맛을 청소용품과 연관 짓는다고 언급되었다.

정답 ③

[어휘]

coriander 고수(풀)　leafy 잎이 무성한　cuisine 요리
impart 첨가하다, 전하다　tart 시큼한　chop 잘게 자르다, 썰다
sprinkle 뿌리다　atop 위에, 꼭대기에　garnish 고명, 고명을 얹다
ruin 망치다, 엉망으로 만들다　soapy 비누 같은　perception 인식
gene 유전자　sensitive 민감한　compound 화합물, 혼합물
detergent 세제　associate 연관 짓다　cleaning supplies 청소용품

---

10 독해 추론(빈칸 완성 – 절)　난이도 중 ●●○

밑줄 친 부분에 들어갈 말로 가장 적절한 것은?

Ranging widely in color and size, algae are aquatic organisms that can significantly affect freshwater ecosystems. But while most varieties of green algae are harmless, certain types of blue-green algae produce toxins when certain conditions are present. Warm temperatures, sunlight, and waters rich in nutrients can cause this type of algae to reproduce quickly. Usually, these blooms are not toxic, but they can be a nuisance as they affect water quality. Also, blue-green algae become increasingly abundant when the level of a certain type of agricultural fertilizer is high. If the conditions for heightened growth persist, toxic algal blooms can occur, and these toxins can cause skin rashes, as well as organ and nervous system damage. This puts the humans, pets, and wildlife dependent on the water source at serious risk, as the water is unsafe for drinking and bathing. Hence, for the sake of public health, _____.

① temporary tap water bans may be issued by local authorities
② sales of fertilizer must be encouraged in lakeside communities
③ warmer weather could help cause increases in blue-green algae
④ blue-green algae should be thoroughly mixed with agricultural fertilizer

[해석]

색과 크기가 광범위한 해조류는 담수 생태계에 크게 영향을 미칠 수 있는 수생 생물이다. 그러나 대부분의 종류의 녹조류는 무해하지만, 특정 조건이 존재할 때 어떤 종류의 남조류는 독소를 만들어낸다. 따뜻한 온도, 햇빛, 그리고 영양소가 풍부한 물은 이러한 종류의 해조류가 빠르게 번식하는 것을 초래할 수 있다. 일반적으로는, 이러한 대량 발생이 유독하지 않지만, 그것들은 수질에 영향을 주기 때문에 골칫거리가 될 수 있다. 또한, 남조류는 특정 종류의 농업 비료의 농도가 높을 때, 점점 풍부해진다. 만약 고조된 (남조류의) 확장을 위한 조건들이 지속되면, 유독한 녹조 현상이 일어날 수 있고, 이러한 독소는 장기와 신경계의 손상뿐만 아니라 피부 발진도 일으킬 수 있다. 이는 그 수자원에 의존하는 사람, 애완동물, 그리고 야생 동물을 심각한 위험에 처하게 하는데, 그 물이 마시거나 목욕하기에 안전하지 않기 때문이다. 따라서, 공중 보건을 위해, 지방 당국에 의한 일시적인 수돗물 금지령이 발표될 수 있다.

① 지방 당국에 의한 일시적인 수돗물 금지령이 발표될 수 있다
② 비료의 판매는 호숫가의 지역사회에서 장려되어야 한다
③ 따뜻한 날씨가 남조류의 증가를 유발하는 데 기여할 수 있다
④ 남조류는 농업 비료와 완전히 섞여야 한다

[해설]

지문 마지막에서 유독한 녹조 현상이 일어나면 물이 마시거나 목욕하기에 안전하지 않게 되어, 그 수자원에 의존하는 사람, 애완동물, 그리고 야생 동물이 심각한 위험에 처하게 된다는 내용이 있으므로, 빈칸에는 공중 보건을 위해 '① 지방 당국에 의한 일시적인 수돗물 금지령이 발표될 수 있다'는 내용이 들어가야 한다.

[오답 분석]

② 비료의 판매가 호숫가의 지역사회에서 장려되어야 한다는 것은 지문의 내용과 관련이 없다.

③ 따뜻한 온도가 남조류가 빠르게 번식하는 것을 초래할 수 있다고는 언급되었으나, 공중 보건을 위해서는 남조류가 감소해야 한다고 말하고 있으므로 지문의 문맥에 적절하지 않다.

④ 남조류는 특정 종류의 농업 비료의 농도가 높을 때 점점 풍부해진다고 했으므로, 공중 보건을 위해 남조류가 농업 비료와 완전히 섞여야 한다는 것은 지문의 문맥에 적절하지 않다.

정답 ①

어휘

algae 해조류, 말 aquatic 수생의 organism 생물
freshwater 담수의, 민물의 variety 종류 toxin 독소
reproduce 번식하다, 복제하다 bloom 대량 발생
nuisance 골칫거리, 성가신 것 abundant 풍부한, 많은
agricultural 농업의, 농사의 fertilizer 비료 heighten 고조시키다
persist 지속되다, 계속되다 algal bloom 녹조 현상 rash 발진, 뾰루지
organ 장기, 기관 nervous system 신경계
put at risk ~을 위험에 처하게 하다 for the sake of ~을 위해
temporary 일시적인 local authorities 지방 당국 thoroughly 완전히

구문 분석

[1행] (생략) algae are aquatic organisms / that can significantly affect / freshwater ecosystems.

: 이처럼 주격 관계대명사 that이 이끄는 절이 명사를 꾸며주는 경우, '~한' 또는 '~하는'이라고 해석한다.

11 　어휘 back up　　　　　난이도 중 ●●○

밑줄 친 부분에 공통으로 들어갈 말로 가장 적절한 것은?

- They had to call the plumber because the kitchen sink was _____ .
- He _____ his friend's story when the teacher asked if it was true.

① straightened out
② called for
③ backed up
④ came by

해석

- 부엌의 싱크대가 막혔기 때문에 그들은 배관공을 불러야 했다.
- 선생님이 친구의 이야기가 사실이냐고 물었을 때 그는 그것을 뒷받침했다.

① 바로잡혔다, 바로잡았다
② 요구되었다, 요구했다
③ 막혔다, 뒷받침했다
④ 얻어졌다, 잠깐 들렀다

정답 ③

어휘

plumber 배관공 straighten out 바로잡다 call for 요구하다
back up 막히다, 뒷받침하다 come by 얻다, 잠깐 들르다

🔖 이것도 알면 합격!

back up(막히다)의 유의어
= clog, block, congest, cram

back up(뒷받침하다)의 유의어
= confirm, support, authenticate, corroborate, reinforce, substantiate

---

12 　독해 세부내용 파악(지칭 대상 파악)　난이도 하 ●○○

밑줄 친 'my character'를 가장 잘 표현하는 것은?

I ripped open the letter. I couldn't wait to read it. I always thought I'd be a shoo-in for the prestigious graduate program that I applied to and I expected to be accepted. I read the letter aloud to my mother. "Dear Ms. Summers, your application for Crimson University has been received and you meet all the qualifications for admission." I beamed, thinking "That's it! I'm in!" But then I read the next line. "However, we have already offered admission to the maximum number of incoming freshmen. Therefore, you have been put on our waiting list." My mother tried to console me, but I told her there was no need. I was sure some students would not accept the offer and I still had a good chance of getting in. My mother said she was proud of me and said my reaction revealed a lot about my character.

① nervous and sad
② upbeat and confident
③ confused and reactive
④ sullen and hopeless

해석

나는 그 편지를 찢어서 열었다. 나는 그것을 빨리 읽고 싶었다. 나는 항상 내가 지원했던 그 명망 높은 대학원 과정에 확실히 합격할 후보라고 생각했고, 내가 합격할 것이라고 예상했다. 나는 어머니께 소리 내어 편지를 읽어 드렸다. "친애하는 Summers 씨께, Crimson 대학에 당신의 지원서가 접수되었고, 당신은 입학의 모든 조건들을 충족시켰습니다." 나는 활짝 웃으며 "이거야! 나는 합격했어!"라고 생각했다. 하지만 그 이후에 나는 다음 줄을 읽었다. "그러나, 우리는 이미 들어올 신입생의 최대 정원에게 입학을 제안했습니다. 따라서, 당신은 우리의 대기자 명단에 올려졌습니다." 어머니께서는 나를 위로하려고 노력하셨지만, 나는 그녀에게 그럴 필요가 없다고 말했다. 나는 몇몇 학생들이 그 제안을 받아들이지 않을 것이고, 내가 여전히 입학 허가를 받을 가능성이 있다고 확신했다. 어머니는 내가 자랑스럽다고 말했고, 내 반응이 나의 성격에 대해 많은 것을 드러냈다고 말했다.

① 불안하고 우울한
② 긍정적이고 자신감 있는
③ 혼란스러워하고 반발하는
④ 시무룩하고 절망적인

해설

지문 전반에 걸쳐 지원한 대학원에서 편지를 받은 화자는 본인이 확실히 합

격할 후보자라고 생각하고 있었으며, 대기자 명단에 올랐다는 내용에도 여전히 입학 허가를 받을 가능성이 있다고 확신했다고 하고 있으므로, '② 긍정적이고 자신감 있는'이 밑줄 친 'my character'를 가장 잘 표현하는 것이다.

정답 ②

어휘

rip 찢다 shoo-in 확실히 합격할 후보자 prestigious 명망 높은
application 지원서 meet (요구 등을) 충족시키다 qualification (자격) 조건
admission 입학 incoming 들어오는 console 위로하다
get in 입학 허가를 받다 reveal 드러내다 upbeat 긍정적인, 낙관적인
reactive 반발하는, 반응을 보이는 sullen 시무룩한, 뚱한

---

13 생활영어 In that case, take the subway. There's a station by the library. 난이도 하 ●○○

밑줄 친 부분에 들어갈 말로 가장 적절한 것은?

A: I'm worried I'll get stuck in traffic on my way to my interview tomorrow morning.
B: Then take the bus. The bus lanes let them avoid the traffic.
A: It's in Shelbyville. There're no buses to there.
B: _____

① That's not a problem. You can use your bus pass.
② In that case, take the subway. There's a station by the library.
③ It's the most environmentally friendly way to go.
④ I've always preferred to live near my place of work.

해석

A: 나는 내일 아침에 면접 보러 가는 길에 차가 막힐까 봐 걱정이야.
B: 그럼 버스를 타. 버스 전용 차선은 그것들이 교통 체증을 피하게 해줘.
A: 그건 Shelbyville에 있어. 거기까지 가는 버스는 없어.
B: 그렇다면, 지하철을 타. 도서관 옆에 지하철역이 있어.

① 그건 문제 되지 않아. 너는 너의 버스 정기 승차권을 사용할 수 있어.
② 그렇다면, 지하철을 타. 도서관 옆에 지하철역이 있어.
③ 그것은 가장 친환경적으로 가는 방법이야.
④ 나는 언제나 나의 직장 근처에 사는 것을 선호해왔어.

해설

면접 보러 가는 길에 차가 막힐까 봐 걱정된다는 A의 말에 대해 B가 버스를 타라고 말하자, 빈칸 앞에서 다시 A가 It's in Shelbyville. There're no buses to there(그건 Shelbyville에 있어. 거기까지 가는 버스는 없어)이라고 말하고 있으므로, 빈칸에는 '② 그렇다면, 지하철을 타. 도서관 옆에 지하철역이 있어(In that case, take the subway. There's a station by the library)'가 들어가야 자연스럽다.

정답 ②

어휘

get stuck in traffic 차가 막히다 avoid 피하다 bus pass 버스 정기 승차권
prefer 선호하다

이것도 알면 합격!

대중교통을 이용할 때 쓸 수 있는 표현

> Does this bus go to the City Hall?
  이 버스는 시청에 가나요?
> I need to recharge my transportation card.
  저는 제 교통카드를 충전해야 합니다.
> Is this the express train?
  이것은 급행열차입니까?
> Transfer to the red line.
  빨간색 노선으로 환승하세요.

---

14 생활영어 I prefer action movies. 난이도 하 ●○○

두 사람의 대화 중 가장 어색한 것은?

① A: Do you want to come to lunch with me and Sylvia?
  B: I would, but I'm really busy.
② A: Hello. May I speak to Tom Metz?
  B: Certainly. Please hold while I get him.
③ A: Can you tell me where the bathroom is?
  B: Yes, it's at the end of the hallway.
④ A: Have you been to the movies lately?
  B: I prefer action movies.

해석

① A: 나와 Sylvia랑 함께 점심 먹으러 갈래?
  B: 그러고 싶지만, 나는 정말 바빠.
② A: 안녕하세요. Tom Metz와 통화할 수 있을까요?
  B: 물론이죠. 제가 그에게 연결하는 동안 기다려주세요.
③ A: 화장실이 어디인지 말해줄 수 있니?
  B: 응, 그것은 복도의 끝에 있어.
④ A: 너는 최근에 영화관에 간 적이 있니?
  B: 난 액션 영화를 선호해.

해설

④번에서 A는 B에게 최근에 영화관에 간 적이 있는지 묻고 있으므로, 자신의 영화 취향을 이야기하는 B의 대답 '④ I prefer action movies(난 액션 영화를 선호해)'는 어울리지 않는다.

정답 ④

어휘

hold (수화기를 들고) 기다리다 hallway 복도

이것도 알면 합격!

영화관에서 쓸 수 있는 표현

> I'd like two tickets to the 9 o'clock showing.
  9시에 상영하는 것의 표를 두 장 주세요.
> When's the next showing of Harry Porter?
  〈해리포터〉의 다음 상영은 언제인가요?
> Are there any horror movies playing?
  상영 중인 공포 영화가 있나요?

15 문법 동명사　　　난이도 중 ●●○

어법상 옳은 것을 고르시오.

① I will both rest and relaxing while on vacation next week.
② Our family's cat is friendly, but she dislikes being touched by strangers.
③ The guy that you met him at my party is my father.
④ If you started saving early, you would have been wealthy today.

해석

① 나는 다음 주 휴가 중에 쉬기도 하고 긴장도 풀 것이다.
② 우리 가족의 고양이는 다정하지만, 그녀는 낯선 사람들에게 만져지는 것을 싫어한다.
③ 네가 내 파티에서 만났던 그 남자는 나의 아버지이다.
④ 네가 일찍 저축을 시작했었다면, 너는 지금 부유할 텐데.

해설

② **동명사를 목적어로 취하는 동사** 동사 dislike(싫어하다)는 동명사를 목적어로 취하는 동사이므로 dislikes 뒤에 동명사 being이 올바르게 쓰였다.

[오답 분석]

① **상관접속사** '쉬기도 하고 긴장도 풀다'는 상관접속사 'both A and B'(A와 B 둘 다)를 사용하여 나타낼 수 있다. 상관접속사는 짝이 맞는 것끼리 쓰여야 하는데, 접속사 and 앞에 동사원형 rest가 왔으므로 and 뒤에도 동사원형이 와야 한다. 따라서 현재분사 relaxing을 동사원형 relax로 고쳐야 한다.

③ **관계절의 쓰임** 선행사(The guy)를 수식하는 관계절(that you met him)에서 관계대명사 that 뒤에 완전한 절(you met him)이 올 수 없고, 선행사 The guy가 관계절 내에서 동사 met의 목적어 역할을 하므로 that you met him을 that you met으로 고쳐야 한다.

④ **혼합 가정법** 문맥상 '네가 일찍 저축을 시작했었다면, 너는 지금 부유할텐데'라는 의미로 if절에서는 과거 상황의 반대를 표현하고 있지만, 주절에는 현재임을 나타내는 today가 있으므로 혼합 가정법 'If + 주어 + had p.p., 주어 + would + 동사원형' 형태가 와야 한다. 따라서 if절의 과거 시제 started를 과거완료 시제 had started로 고치고, 주절의 would have been을 would be로 고쳐야 한다.

정답 ②

어휘

dislike 싫어하다　stranger 낯선 사람

이것도 알면 합격!

가정법 과거완료 문장에서 if가 생략되었을 때의 도치 형태

> If + 주어 + had p.p., 주어 + would/should/could/might + have p.p.

→ **Had** + 주어 + p.p., 주어 + would/should/could/might + have p.p.
　(만약 ~하다면 -했을 텐네)

16 문법 to 부정사　　　난이도 중 ●●○

어법상 옳은 것을 고르시오.

① The property owner wouldn't agree to sell his home.
② Wendy was accustomed to be given money by her parents.
③ The high cost of repairing home appliances make replacing them a better option.
④ Russel has been asked to oversee the company picnic, isn't he?

해석

① 그 집주인은 그의 집을 파는 것에 동의하지 않을 것이다.
② Wendy는 그녀의 부모님에게 돈을 받는 것에 익숙했다.
③ 가정용 전자기기를 고치는 데에 드는 높은 비용이 그것들을 교체하는 것을 더 나은 선택으로 만든다.
④ Russel은 회사 야유회를 감독해달라는 요청을 받았어, 그렇지 않니?

해설

① **to 부정사를 취하는 동사** 동사 agree(동의하다)는 to 부정사를 목적어로 취하는 동사이므로 to 부정사 to sell이 올바르게 쓰였다.

[오답 분석]

② **동명사 관련 표현** 문맥상 '부모님에게 돈을 받는 것에 익숙했다'라는 의미가 되어야 자연스러운데, '~에 익숙하다'는 동명사 관련 표현 'be accustomed to -ing'로 나타낼 수 있으므로 to be given을 to being given으로 고쳐야 한다.

③ **주어와 동사의 수 일치** 주어 자리에 단수 명사 The high cost가 왔으므로 복수 동사 make를 단수 동사 makes로 고쳐야 한다. 참고로 주어와 동사 사이의 수식어 거품(of ~ appliances)은 동사의 수 결정에 영향을 주지 않는다.

④ **의문문의 어순** 평서문(Russel has been asked ~)에 조동사(has)가 온 긍정문이므로, 부가 의문문에서 be동사의 부정형 isn't를 조동사 have(has)의 부정형 hasn't로 고쳐야 한다. 참고로, 긍정문 뒤에는 부정 부가 의문문을, 부정문 뒤에는 긍정 부가 의문문을 쓴다.

정답 ①

어휘

property owner 집주인　be accustomed to ~에 익숙하다
home appliance 가정용 전자기기　replace 교체하다
oversee 감독하다, 감시하다

이것도 알면 합격!

동명사 관련 표현

> be opposed to -ing -에 반대하다
> be addicted to -ing -에 중독되다
> belong to -ing -에 속하다
> lead to -ing -의 원인이 되다
> be tied to -ing -과 관련되다
> be exposed to -ing -에 노출되다
> admit (to) -ing -을 인정하다

17 독해 논리적 흐름 파악(무관한 문장 삭제) 난이도 하 ●○○

글의 흐름상 가장 어색한 문장은?

Everyone knows that it's important to protect your skin, especially if you're planning a day out in the sun. ① Unfortunately, the best sunscreen on the market with the highest SPF won't do you any good if you skimp. ② Recent studies show that less than 30 percent of people regularly use sunscreen. ③ It takes a minimum of 28 grams—about the size of a shot glass—to cover the entire body sufficiently when wearing a bathing suit. ④ If you are going to be stingy when applying, you might as well not use any lotion at all.

해석

모든 사람들이 피부를 보호하는 것이 중요하다는 것을 알고 있는데, 특히 햇빛 아래에서 하루를 보낼 계획을 하고 있다면 더욱더 그렇다. ① 유감스럽게도, 자외선 차단 지수가 가장 높은 시중의 가장 좋은 선크림도 당신이 지나치게 아낀다면 당신에게 전혀 도움이 되지 않을 것이다. ② 최근의 연구는 30퍼센트 보다 적은 사람들만이 선크림을 주기적으로 이용한다는 것을 보여준다. ③ 그것(선크림)을 수영복을 입을 때 몸 전체에 충분히 바르기 위해서는 최소 28그램이 필요하며, 이는 작은 양주용 유리잔 크기의 정도이다. ④ 바를 때 인색하게 굴 것이라면, 당신은 차라리 어떠한 로션도 아예 바르지 않는 편이 낫다.

해설

지문 첫 문장에서 햇빛으로부터 피부를 보호하는 것이 중요하다고 한 뒤, ①번에서 자외선 차단 지수가 가장 높은 선크림일지라도 그것을 지나치게 아끼면 전혀 도움이 되지 않는다고 이야기하고, ③번에서 선크림을 수영복을 입을 때 몸 전체에 바르기 위해서는 최소 28그램이 필요하다고 설명하고 있다. 이어서 ④번에서는 바를 때 인색하게 굴 것이라면 차라리 어떠한 로션도 아예 바르지 않는 편이 낫다고 설명하고 있으므로 지문의 흐름과 관련이 있다. 그러나 ②번은 선크림을 주기적으로 이용하는 사람들의 비율에 대한 내용으로 선크림을 충분히 발라야 한다고 설명하는 지문 전반의 내용과 관련이 없다.

정답 ②

어휘

skimp 지나치게 아끼다 entire 전체의 sufficiently 충분히
bathing suit 수영복 stingy 인색한, 쩨쩨한 apply 바르다
might as well ~하는 편이 낫다

18 독해 논리적 흐름 파악(문장 삽입) 난이도 중 ●●○

주어진 문장이 들어갈 위치로 가장 적절한 곳은?

Admitting to these flaws of character becomes preferable to conceding a weakness of intellect.

Self-sabotage may seem like contradictory behavior for someone who wants to succeed, but a surprising number of people do this. (①) One of the biggest reasons is that most people do not like believing themselves unintelligent. (②)

For example, if students avoid studying for an exam and then get poor scores, they can justify the results by saying they didn't study. Others might confess to a lack of sleep or being distracted by personal problems. Whatever the reason, students know they would feel worse about failing if they had actually been prepared. (③) By being purposefully unprepared, they can blame their failure on the lack of diligence, discipline, or focus. (④) This protects the ego and makes failure easier to accept.

해석

성격상의 이러한 결함을 인정하는 것은 지적 능력의 결점을 인정하는 것보다 선호된다.

자기 파괴 행위는 성공하기를 원하는 사람에게 모순되는 행동처럼 보일 수 있지만, 놀랄 만한 수의 사람들이 이것을 한다. (①) 가장 큰 이유 중 하나는 대부분의 사람들이 스스로가 영리하지 않다고 믿는 것을 좋아하지 않는다는 것이다. (②) 예를 들어, 학생들이 시험을 위해 공부하는 것을 피하고 형편없는 점수를 받는다면, 그들은 공부를 하지 않았다고 말함으로써 그 결과를 정당화할 수 있다. 또 다른 학생들은 수면의 부족이나 개인적인 문제로 마음이 산란해졌다고 고백할지도 모른다. 그 이유가 무엇이든, 학생들은 그들이 실제로 준비가 되어있었다면 실패에 대해 더 낙담했을 것이라는 것을 안다. (③) 고의로 준비가 되어있지 않음으로써, 그들은 그들의 실패를 근면, 절제력, 또는 집중의 부족 탓으로 돌릴 수 있다. (④) 이것은 자존심을 지키면서 실패를 더 받아들이기 쉽게 만든다.

해설

④번 앞 문장에 그들의 실패를 근면, 절제력, 또는 집중의 부족 탓으로 돌릴 수 있다는 내용이 있고, ④번 뒤 문장에는 이것(This)은 자존심을 지키면서 실패를 더 받아들이기 쉽게 만든다는 내용이 있으므로, ④번에 성격상의 이러한 결함(these flaws of character)을 인정하는 것이 지적 능력의 결점을 인정하는 것보다 더 선호된다는 내용의 주어진 문장이 나와야 지문이 자연스럽게 연결된다.

[오답 분석]
① 앞 문장에 주어진 문장의 성격상의 이러한 결함(these flaws of character)이 언급된 적이 없으므로 ①번에 주어진 문장이 삽입되면 부자연스럽다.
② 앞 문장에 사람들은 스스로가 영리하지 않다고 믿는 것을 좋아하지 않는다는 내용이 있고, ②번 뒤 문장에서 이에 대한 예시를 설명하고 있으므로 ②번에 다른 문장이 삽입되면 문맥상 부자연스럽다.
③ 앞 문장에 그들이 실제로 준비가 되어있었다면 실패에 대해 더 낙담했을 것이라는 내용이 있고, ③번 뒤 문장에 고의로 준비가 되어있지 않음으로써 실패를 근면, 절제력 등의 부족 탓으로 돌릴 수 있다는 이어지는 내용이 있으므로 ③번에 다른 문장이 삽입되면 문맥상 부자연스럽다.

정답 ④

어휘

flaw 결함, 흠 preferable 선호되는 concede 인정하다, 수긍하다
intellect 지적 능력, 지성 sabotage 파괴 행위 contradictory 모순되는
unintelligent 영리하지 않은 justify 정당화하다 confess 고백하다, 자백하다
distracted 마음이 산란한, 주의가 산만해진 purposefully 고의로
blame ~의 탓으로 돌리다 diligence 근면, 성실 discipline 절제력
ego 자존심

19 독해 추론(빈칸 완성 – 단어) 난이도 중 ●●○

밑줄 친 부분에 들어갈 말로 가장 적절한 것을 고르시오.

It is natural that _____ is something we look to others for. This is the reason we resist expressing our true feelings or acting in a way that conveys what we really believe. We fear what others might think of us if we did. This is understandable. Everyone wants to fit in. But if we yearn to always be accepted or liked, we could be setting ourselves up for disappointment. Not everyone will agree with our ideas and actions, and sometimes, we may even be flat-out rejected. If we are rebuffed, we shouldn't take it to mean that there is good reason for our being rejected. The opinions of others should have no effect on our self-worth. Only when we are honest with ourselves and stand firmly for what we believe in can we truly feel that we matter.

① approval
② conformity
③ making money
④ starting hobbies

해석

동의가 우리가 남들에게 바라는 무언가라는 것은 자연스럽다. 이것이 우리가 우리의 본심을 표현하거나 진정으로 믿는 것을 전달하는 방식으로 행동하지 않는 이유이다. 우리는 우리가 그렇게 했을 때 다른 사람들이 우리에 대해 어떻게 생각할지를 두려워한다. 이것은 이해할 수 있는 것이다. 모든 사람들은 자연스럽게 어울리기를 원한다. 하지만 우리가 항상 받아들여지거나 선호되기를 갈망한다면, 우리는 자신을 실망감에 이르게 할 수 있다. 모두가 우리의 생각과 행동에 동의하지는 않을 것이며, 때로는 완전히 거절당할 수도 있다. 만약 우리가 거절당한다면, 우리는 이것을 우리가 거절당할 만한 타당한 이유가 있다는 의미로 받아들여서는 안 된다. 다른 사람들의 의견은 우리의 자존감에 어떤 영향도 미쳐서는 안 된다. 우리가 자신에게 솔직하고 우리가 믿는 것에 단호한 태도를 취할 때만이 우리가 중요하다는 것을 진정으로 느낄 수 있다.

① 동의
② 순응
③ 돈을 버는 것
④ 취미를 시작하는 것

해설

지문 전반에 걸쳐 모든 사람들은 자연스럽게 어울리고 싶어 하지만, 항상 받아들여지고 선호되기를 갈망한다면 우리는 자신을 실망감에 이르게 할 수 있다고 하며, 모두가 우리의 생각과 행동에 동의하지는 않을 테지만, 다른 사람들의 의견이 우리의 자존감에 어떤 영향도 미쳐서는 안 된다고 설명하고 있으므로, 빈칸에는 '① 동의'가 우리가 남들에게 바라는 무언가라는 것은 자연스럽다는 내용이 들어가야 한다.

정답 ①

어휘

convey 전달하다　understandable 이해할 수 있는, 당연한
fit in (자연스럽게 ~와) 어울리다　yearn 갈망하다, 동경하다　flat-out 완전히
reject 거절하다　rebuff 거절하다　self-worth 자존감, 자부심
approval 동의, 인정　conformity 순응, 복종

20 독해 추론(빈칸 완성 – 구) 난이도 상 ●●●

밑줄 친 부분에 들어갈 말로 가장 적절한 것을 고르시오.

Perhaps one of the most peculiar jobs in 19th-century England was the occupation of consuming sins. The work was relatively simple, albeit a bit morbid. Once a person passed on, a professional consumer would arrive and proceed to eat a meal off of the departed's chest. This practice would free the deceased person from _____. It originated from a fairly widespread superstition at the time. It was thought that when someone died, his or her misdeeds and errors could be absorbed by the person who ate a meal off the body. Families paid for the service because they believed it would "cleanse" their deceased loved ones of their transgressions and give them easier access into heaven.

① responsibilities he or she had
② the cares and worries of the day
③ the wrongs committed during life
④ what he or she missed the most

해석

아마도 19세기 영국에서 가장 특이한 직업 중 하나는 죄를 먹는 직업이었을 것이다. 이 일은 약간 소름 끼치기는 하지만, 비교적 간단했다. 한 사람이 임종하고 나면, 전문적인 (죄를) 먹는 사람이 와서 죽은 사람의 가슴에서 식사를 진행했다. 이러한 의식은 고인이 일생 동안 행해진 잘못들로부터 자유로워지도록 했다. 이는 그 당시에 꽤 널리 퍼져 있던 미신으로부터 유래했다. 누군가가 죽으면, 그(고인의) 몸 위에서 식사를 하는 사람에게 고인의 악행과 잘못이 흡수될 것이라고 생각되었다. 가족들은 이 의식이 고인이 된 그들의 사랑하는 사람의 죄를 '씻고' 그들(고인)이 천국으로 더 쉽게 접근하는 것을 허가할 것이라고 믿었기 때문에, 이 의식에 대한 대가를 지불했다.

① 그 또는 그녀가 가졌던 의무들
② 그날의 우려와 걱정
③ 일생 동안 행해진 잘못들
④ 그 또는 그녀가 가장 그리워했던 것

해설

빈칸 앞부분에 영국에는 죄를 먹는 직업이 있었다고 하면서, 이 직업을 가진 사람은 한 사람이 임종하고 나면, 그 사람의 가슴에서 식사를 진행했다는 내용이 있고, 빈칸 뒷부분에는 고인의 몸 위에서 식사를 하는 사람에게 고인의 악행과 잘못이 흡수될 것이라고 생각되었다는 내용이 있으므로, 빈칸에는 이러한 의식은 고인이 '③ 일생 동안 행해진 잘못들'로부터 자유로워지도록 했다는 내용이 들어가야 한다.

[오답 분석]
① 누군가 가졌던 의무들에 대해서는 언급되지 않았다.
② 그날의 우려와 걱정에 대해서는 언급되지 않았다.
④ 누군가가 가장 그리워했던 것은 지문의 내용과 관련이 없다.

정답 ③

어휘

peculiar 특이한, 이상한　sin 죄, 죄악　albeit ~이기는 하지만
morbid 소름 끼치는　pass on 임종하다　departed 죽은
deceased 고인이 된　superstition 미신　misdeed 악행
transgression 죄, 위반

❯ 정답

p. 40

01	② 어휘 – 어휘&표현	11	② 어휘 – 생활영어
02	③ 어휘 – 어휘&표현	12	① 문법 – 동명사
03	④ 어휘 – 어휘&표현	13	② 어휘 – 생활영어
04	② 어휘 – 어휘&표현	14	④ 독해 – 전체내용 파악
05	③ 문법 – 시제	15	② 독해 – 논리적 흐름 파악
06	④ 어휘 – 어휘&표현	16	① 독해 – 추론
07	③ 문법 – 병치·도치·강조 구문&수 일치	17	① 독해 – 전체내용 파악
08	② 문법 – 명사절	18	③ 독해 – 논리적 흐름 파악
09	③ 독해 – 추론	19	④ 독해 – 논리적 흐름 파악
10	③ 독해 – 전체내용 파악	20	② 독해 – 세부내용 파악

❯ 취약영역 분석표

영역	세부 유형	문항 수	소계
어휘	어휘&표현	5	/7
	생활영어	2	
문법	시제	1	/4
	병치·도치·강조 구문&수 일치	1	
	명사절	1	
	동명사	1	
독해	전체내용 파악	3	/9
	세부내용 파악	1	
	추론	2	
	논리적 흐름 파악	3	
총계			**/20**

---

01 어휘 obsolete   난이도 중 ●●○

밑줄 친 부분에 들어갈 말로 가장 적절한 것은?

> Much of the underground infrastructure in the United States is _____, but replacing the pipelines and gas lines with modern versions less prone to rupture would cost trillions.

① flammable   ② obsolete

③ productive   ④ complete

해석

미국 내 지하 공공 기반 시설의 대부분이 노후화되었지만 파이프라인과 가스관을 잘 파열되지 않는 최신식으로 교체하는 것은 수조 (달러)가 들 것이다.

① 가연성의   ② 노후화된

③ 생산적인   ④ 완성된

정답 ②

어휘

underground 지하의 infrastructure 공공 기반 시설 replace 교체하다
modern 최신의, 현대의 prone to ~을 잘하는 rupture 파열
flammable 가연성의 obsolete 노후화된 productive 생산적인
complete 완성된

 **이것도 알면 합격!**

obsolete(노후화된)의 유의어
= outdated, out-of-date, defunct

---

02 어휘 mitigate = allay   난이도 중 ●●○

밑줄 친 부분의 의미와 가장 가까운 것을 고르시오.

> Government subsidies are expected to temporarily mitigate the difficulties of industries that have suffered big losses during the pandemic.

① provoke   ② dissuade

③ allay   ④ challenge

해석

정부 보조금이 전 세계적 유행병 중에 큰 손실을 겪어 온 산업들의 어려움을 일시적으로 완화할 것으로 기대된다.

① 유발하다   ② 만류하다

③ 가라앉히다   ④ 도전하다

정답 ③

어휘

subsidy 보조금 temporarily 일시적으로 mitigate 완화하다
pandemic 전 세계적 유행병 provoke 유발하다, 짜증 나게 하다
dissuade 만류하다 allay 가라앉히다, 누그러뜨리다
challenge 도전하다; 도전

이것도 알면 합격!

mitigate(완화하다)의 유의어
= moderate, assuage, diminish, mollify

---

03 어휘 put-upon = take advantage of   난이도 중 ●●○

밑줄 친 부분의 의미와 가장 가까운 것을 고르시오.

> Kelly often felt <u>put-upon</u> by her colleagues who expected her to fix their errors.

① caught on   ② owed a favor by
③ found out   ④ taken advantage of

해석

Kelly는 종종 그녀가 자신들의 실수를 해결해줄 것이라고 기대하는 그녀의 동료들에게 이용당한다고 느꼈다.

① 인기를 얻은   ② 신세를 진
③ 발견된   ④ 이용당한

정답 ④

어휘

put-upon 이용당하는   colleague 동료   catch on 인기를 얻다
owe a favor 신세를 지다   take advantage of ~을 이용하다

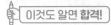 이것도 알면 **합격!**

put-upon(이용당하는)의 유의어
= maltreated, used, victimized, exploited

---

04 어휘 scorn = disrespect   난이도 중 ●●○

밑줄 친 부분의 의미와 가장 가까운 것을 고르시오.

> To be <u>scorned</u> by one's own peers or family is the most hurtful of all experiences.

① regarded   ② disrespected
③ approved   ④ enabled

해석

자신의 동료들이나 가족에게 멸시당하는 것은 모든 경험 중 가장 마음을 아프게 하는 것이다.

① 간주되는   ② 존중받지 못하는
③ 승인되는   ④ 할 수 있게 되는

정답 ②

어휘

scorn 멸시하다; 멸시   peer 동료, 친구   hurtful 마음을 아프게 하는
regard 간주하다   enable 할 수 있게 하다

이것도 알면 **합격!**

scorn(멸시하다)의 유의어
= disdain, disparage, mock, belittle

---

05 문법 시제   난이도 중 ●●○

어법상 옳은 것은?

① The roller coaster ride was truly frightened, and I never want to ride on it again.
② The workers did not dare to questioning their manager's decision.
③ She needs to leave for the airport now as she is catching a flight to Los Angeles at 10 today.
④ How much did you agree with among the numerous ideas presented at the conference?

해석

① 그 롤러코스터 기구는 정말로 무서웠고, 나는 그것을 다시 타는 것을 결코 원하지 않는다.
② 근로자들은 경영자의 결정에 감히 이의를 제기하지 못했다.
③ 그녀는 오늘 10시에 로스앤젤레스행 비행기를 탈 것이기 때문에 지금 공항으로 떠나야 한다.
④ 당신은 그 회의에서 발표된 수많은 아이디어 중에 얼마나 많은 것에 동의했습니까?

해설

③ **현재진행 시제** 미래를 나타내는 시간 표현 at 10 today(오늘 10시에)가 쓰였고, 현재진행 시제를 사용해 미래에 일어나기로 예정된 일이나 곧 일어나려고 하는 일을 표현할 수 있으므로 현재진행 시제 is catching이 올바르게 쓰였다.

[오답 분석]

① **3형식 동사의 수동태** 감정을 나타내는 동사(frighten)의 경우 주어가 감정의 원인이면 능동태를, 감정을 느끼는 주체이면 수동태를 써야 하는데, 문맥상 '그 롤러코스터 기구가 무서웠다'는 의미로 주어(The roller coaster ride)가 감정의 원인이므로 과거분사 frightened를 be동사(was) 뒤에서 능동태를 완성하는 현재분사 frightening으로 고쳐야 한다.
② **조동사 관련 표현** 조동사처럼 쓰이는 표현 dare to(감히 ~하다) 뒤에는 동사원형이 와야 하므로 동명사 questioning을 동사원형 question으로 고쳐야 한다.
④ **주어와 동사의 수 일치** 대명사가 지시하는 명사(ideas)가 가산 복수 명사이므로, 불가산 대명사 much를 가산 복수 대명사 many로 고쳐야 한다.

정답 ③

어휘

ride (놀이) 기구; 타다   truly 정말로, 진정으로   frighten 무섭게 하다
dare to 감히 ~하다   question 이의를 제기하다, 의문을 품다
numerous 수많은   present 발표하다   conference 회의

이것도 알면 **합격!**

조동사처럼 쓰이는 표현

> ought to ~해야 한다	> be going to ~할 것이다
> be able to ~할 수 있다	> had better ~하는 게 좋겠다
> have to ~해야 한다	> used to ~하곤 했다

06 어휘 make a pitch for = advocate for 난이도 상 ●●●

밑줄 친 부분의 의미와 가장 가까운 것은?

Mayor Bronson <u>made a pitch for</u> lowering the sales tax in his annual report on the city's finances. He claimed that a reduction in the tax rate would pay for itself because citizens would spend more and improve the city's economy.

① protested against
② quietly questioned
③ strongly opposed
④ advocated for

해석

Bronson 시장은 시의 재정에 대한 그의 연례 보고에서 판매세를 낮추는 것을 설득하려고 열을 올렸다. 그는 시민들이 더 많은 돈을 써서 시의 경제를 개선할 것이기 때문에 세율 인하는 비용만큼 돈이 절약될 것이라고 주장했다.

① ~에 항의했다
② ~에 조용히 이의를 제기했다
③ ~을 강하게 반대했다
④ ~을 옹호했다

정답 ④

어휘

make a pitch for ~을 설득하려고 열을 올리다 lower 낮추다
sales tax 판매세 annual 연례의 finance 재정 reduction 인하, 감소
tax rate 세율 pay for itself 비용만큼 돈이 절약되다, 본전을 뽑다
citizen 시민 protest 항의하다, 반대하다 oppose 반대하다
advocate 옹호하다, 지지하다

🔖 이것도 알면 **합격!**

make a pitch for(~을 설득하려고 열을 올리다)와 유사한 의미의 표현
= propose, put forward, advance, lay out

07 문법 병치·도치·강조 구문 & 수 일치 난이도 중 ●●○

밑줄 친 부분 중 어법상 옳지 않은 것은?

Robert Ralph Carmichael, a well-known international artist, painted landscapes in Canada and taught art, even ① <u>mentoring</u> young artists who admired him "for his methodical approach and perfectionism." But in the mid-1980s, Carmichael gained even greater fame when he designed the coin ② <u>that</u> came to replace Canada's old one-dollar banknote. Among the several versions made by Carmichael ③ <u>were</u> the 11-sided piece that featured a loon, a North American diving bird. The coin was eventually called the "loonie", with the bird ④ <u>depicted</u> on its back and Queen Elizabeth on the front.

해석

잘 알려진 국제적 예술가인 Robert Ralph Carmichael은 캐나다의 풍경을 그리면서 미술을 가르쳤고, 심지어는 '그의 체계적인 접근법과 완벽주의'로 그를 동경했던 어린 예술가들에게 조언을 주기도 했다. 그러나 1980년대 중반에, 그가 캐나다의 오래된 1달러 지폐를 대체하게 된 동전을 디자인했을 때, Carmichael은 더 큰 명성을 얻었다. Carmichael에 의해 만들어진 여러 버전 중에는 북아메리카의 다이빙하는 새인 아비새를 특징으로 삼는 11면으로 된 동전이 있었다. 이 동전은 뒷면에 그 새(아비새)가, 그리고 앞면에 Elizabeth 여왕이 그려져 있어서, 결국 'loonie'라고 불렸다.

해설

③ 도치 구문: 부사구 도치 2 | 주어와 동사의 수 일치 장소나 위치 등을 나타내는 부사구(Among ~ by Carmichael)가 강조되어 문장 맨 앞에 나오면 주어와 동사가 도치되어 '동사 + 주어(the 11-sided piece)'의 어순이 되어야 하는데 주어 자리에 단수 명사 the 11-sided piece가 왔으므로 복수 동사 were를 단수 동사 was로 고쳐야 한다.

[오답 분석]
① 분사구문의 형태 주절의 주어(Robert Ralph Carmichael)와 분사구문이 'Robert Ralph Carmichael이 조언을 주기도 했다'라는 의미의 능동 관계이므로 현재분사 mentoring이 올바르게 쓰였다.
② 관계대명사 that 선행사 the coin이 사물이고, 관계절 내에서 동사 came의 주어 역할을 하므로 주격 관계대명사 that이 올바르게 쓰였다.
④ 분사구문 관용 표현 '뒷면에 그 새가 그려져 있어서'는 이유를 나타내는 'with + 목적어(the bird) + 분사'의 형태로 나타낼 수 있는데 목적어 the bird와 분사가 '그 새가 (그것의 뒷면에) 그려져 있다'라는 의미의 수동 관계이므로 과거분사 depicted가 올바르게 쓰였다.

정답 ③

어휘

landscape 풍경, 경관 mentor 조언을 주다; 멘토
admire 동경하다, 칭찬하다 methodical 체계적인, 꼼꼼한
perfectionism 완벽주의 fame 명성 replace 대체하다, 대신하다
banknote 지폐 feature 특징으로 삼다 loon 아비새(물새의 일종)
diving bird 다이빙하는 새 depict 그리다, 묘사하다

🔖 이것도 알면 **합격!**

형용사, 분사 보어가 강조되어 문장의 맨 앞에 나올 때, 주어와 동사가 도치되어 '동사 + 주어'의 어순이 된다.

> **Perturbed** was the mayor by accusations of corruption.
　　분사 보어　　동사　　주어
그 시장은 부패 혐의로 인해 당황했다.

08 문법 명사절 　　　　　　난이도 중 ●●○

우리말을 영어로 잘못 옮긴 것은?

① 내가 충분한 돈을 모았었다면, 나는 지금 바하마로 가는 길일 텐데.
→ If I had saved enough money, I would be on my way to the Bahamas now.

② 그 부팀장 자리는 누구든 모든 필요조건들을 충족시키는 사람에게 주어질 것이다.
→ The assistant manager position will be offered to whomever meets all the qualifications.

③ 내 여동생이 일어났었기 때문에, 나는 그녀가 일하러 갈 준비를 하고 있다고 생각했다.
→ Since my sister had awakened, I thought she was getting ready to leave for work.

④ 그는 오늘 아침에 마감일을 놓쳐서 곤경에 빠졌다.
→ He was in hot water for missing the deadline this morning.

해설

② 명사절 접속사 4: 복합관계대명사 주어가 없는 불완전한 절(meets all the qualifications)을 이끌며 동사 meets의 주어 자리에 올 수 있는 것은 주격 복합관계대명사이므로 목적격 복합관계대명사 whomever를 주격 복합관계대명사 whoever로 고쳐야 한다.

[오답 분석]

① 혼합 가정법 '내가 충분한 돈을 모았다면, 나는 지금 바하마로 가는 길일 텐데'는 과거의 상황을 반대로 가정했을 경우 그 결과가 현재에 영향을 미칠 때 쓰는 혼합 가정법을 사용하여 나타낼 수 있다. 혼합 가정법은 'If + 주어 + had p.p., 주어 + would + 동사원형'의 형태로 나타내므로 If I had saved ~, I would be ~가 올바르게 쓰였다.

③ 과거완료 시제 | 수동태로 쓸 수 없는 동사 '여동생이 일어난' 것은 특정 과거 시점(일하러 갈 준비를 하고 있다고 생각한 것)보다 이전에 일어난 일이고, 동사 awaken은 '일어나다'라는 의미로 쓰일 때 목적어를 갖지 않는 자동사이므로 수동태로 쓸 수 없다. 따라서, 과거완료 능동태 had awakened가 올바르게 쓰였다.

④ 시제 일치 특정 과거 시점을 나타내는 시간 표현 'this morning(오늘 아침)'이 왔으므로, 과거 시제 was가 올바르게 쓰였다. 또한, '곤경에 빠졌다'는 숙어 표현 in hot water(곤경에 빠진)를 사용하여 나타낼 수 있으므로 in hot water가 올바르게 쓰였다.

정답 ②

어휘

assistant manager 부팀장, 대리　meet 충족시키다, (기한 등을) 지키다
qualification 필요조건, 자격　awaken 일어나다
in hot water 곤경에 빠진

🏃 이것도 알면 **합격!**

복합관계대명사는 명사절이나 양보의 부사절을 이끌 수 있다.

> You can give the book to **whomever** you like.
　　　　　　　　　　　　　　　명사절
당신은 누구에게든 당신이 좋아하는 사람에게 그 책을 줄 수 있다.

> **Whoever** may come, he will be welcomed.
　　　　양보의 부사절
누가 오든지 간에, 그는 환영받을 것이다.

09 독해 추론(빈칸 완성 – 연결어)　　　난이도 중 ●●○

밑줄 친 (A), (B)에 들어갈 말로 가장 적절한 것은?

Classical conditioning is a learning process that uses associations between something that naturally occurs and an environmental stimulus. It was discovered by Ivan Pavlov, whose experiments conditioned dogs to associate food with a ringing bell. He did this by ringing the bell when food was served, which trained the dogs to salivate when they heard the bell, whether or not food was being served. _____(A)_____, operant conditioning is about associating a voluntary behavior and a usually negative consequence. This can be utilized not just on animals in experiments but also on people in real life. _____(B)_____, a child who is scolded every time he eats candy will learn to associate candy with disapproval. Although it may cause the child to avoid candy so as not to get a scolding, it could also teach the child to hide his weakness for candy by eating candy in secret.

	(A)	(B)
①	In addition	Therefore
②	Consequently	Likewise
③	On the other hand	For instance
④	In other words	Otherwise

해석

고전적 조건화는 자연적으로 일어나는 무언가와 환경적 자극 사이의 연상을 활용하는 학습 과정이다. 이것(고전적 조건화)은 이반 파블로프에 의해 발견되었으며, 그의 실험은 개들로 하여금 음식과 울리는 종을 관련짓도록 하는 조건 반사를 일으키게 했다. 그는 음식이 제공되었을 때 종을 울림으로써 이것(실험)을 수행했는데, 이는 음식이 제공되고 있었는지 여부와 관계없이, 그것들(개들)로 하여금 종소리를 들었을 때 침을 흘리도록 개들을 훈련시켰다. (A) 반면에, 조작적 조건화는 자발적 행동과 대개 부정적인 결과를 연관시키는 것에 대한 것이다. 이것은 실험에서 동물들에만 활용될 수 있는 것이 아니라 현실에서 사람들에게도 활용될 수 있다. (B) 예를 들면, 사탕을 먹을 때마다 야단맞는 한 아이는 사탕과 비난을 연관 짓도록 학습할 것이다. 이것이 아이가 야단맞지 않기 위해 사탕을 피하도록 할 수도 있지만, 사탕을 몰래 먹음으로써 사탕에 대한 자신의 기호를 감추는 것도 가르칠 수 있다.

	(A)	(B)
①	게다가	그러므로
②	결과적으로	마찬가지로
③	반면에	예를 들면
④	달리 말하면	그렇지 않으면

해설

(A) 빈칸 앞부분은 고전적 조건화는 자연적으로 일어나는 것과 환경적 자극 사이의 연상을 활용하는 학습 과정이라는 내용이고, 빈칸 뒷부분은 자발적 행동과 부정적인 결과를 연관시키는 조작적 조건화에 대한 내용이므로, (A)에는 대조를 나타내는 연결어인 On the other hand(반면에)가 들어가야 한다. (B) 빈칸 앞부분은 조작적 조건화가 동물뿐만 아니라 사람에게도 활용될 수 있다는 내용이고, 빈칸이 있는 문장은 사탕을 먹을 때 야단맞는 아이를 조작적 조건화의 예시로 드는 내용이므로, (B)에는 예시를 나타내는 연결어인 For instance(예를 들면)가 들어가야 한다. 따라서 ③번

이 정답이다.

정답 ③

어휘

어휘

classical conditioning 고전적 조건화 **association** 연상, 연관성
environmental 환경의, 환경과 관련된 **stimulus** 자극
experiment 실험 **condition** 조건 반사를 일으키게 하다 **salivate** 침을 흘리다
operant conditioning 조작적 조건화 **voluntary** 자발적인, 자진한
behavior 행동 **utilize** 활용하다 **scold** 야단치다, 꾸짖다
disapproval 비난, 반감 **weakness** 기호, 편애

구문 분석

[5행] He did this / by ringing the bell / when food was served, / which trained the dogs to salivate (생략)

: 이처럼 관계대명사가 콤마(,) 뒤에서 계속적 용법으로 쓰였을 경우, '~하는데' 또는 '~하고'라고 해석한다.

---

10 독해 **전체내용 파악(주제 파악)** 난이도 중 ●●○

다음 글의 주제로 가장 적절한 것은?

Wearable step-counting devices have become popular now that people are more aware of the benefits of walking. One type features an internal mechanism so that when a person walks or runs the vertical movements of the steps taken cause a spring-suspended lever to move. Each time it moves, it opens and closes an electrical circuit, which registers the steps taken. This type is known as a spring-lever device because the spring reacts to movement. Another type uses a transducer, which converts energy from one form to another. A piezoresistive transducer detects mechanical energy in the form of pressure and converts it into electrical energy. When a person walks or runs, patterns of both positive and negative accelerations are recorded, with peaks of acceleration registering as steps. This type of mechanism is known as an accelerometer and is considered more accurate than spring-levered devices.

* piezoresistive transducer: 압전 저항형(압력을 가하면 저항이 변하는) 변환기

① How step-counting devices have grown in popularity
② How people became more health-conscious
③ How wearable step-counting devices work
④ How step-counting devices have technically advanced

해석

사람들이 걷기의 이로움에 대해 더 많이 알게 되었기 때문에 걸음 수를 세어주는 착용형 기기들이 인기를 얻게 되었다. 한 종류는 어떤 내부 기계 장치를 특별히 포함하여 사람이 걷거나 달릴 때 내딛어진 걸음의 수직적인 움직임이 스프링으로 걸려있는 레버를 움직이게 한다. 이것(레버)은 움직일 때마다 전기 회로를 여닫는데, 이것이 내딛어진 걸음을 기록한다. 이 유형은 스프링이 움직임에 반응하기 때문에 스프링 레버 기기로 알려져 있다. 또 다른 종류는 변환기를 사용하는데, 이것(변환기)은 에너지를 한 형태에서 다른 형태로 변환한다. 압전 저항형 변환기는 기계적 에너지를 압력의 형태로 감지하여 그것을 전기 에너지로 변환한다. 사람이 걷거나 달릴 때, 가속도의 최고점을 걸음으로 기록하면서 가속도와 감속도 패턴이 모두 기

록된다. 이러한 종류의 기계 장치는 가속도계라고 알려져 있으며 스프링 레버로 된 기기보다 더 정확하다고 여겨진다.

① 걸음 수를 세어주는 기기들의 인기가 증가해온 방식
② 사람들이 건강을 더 의식하게 된 방식
③ 걸음 수를 세어주는 착용형 기기들이 작동하는 방식
④ 걸음 수를 세어주는 기기들이 기술적으로 발전해온 방식

해설

지문 처음에서 사람들이 걷기의 이로움에 대해 많이 알게 되었기 때문에 걸음 수를 세어주는 착용형 기기들이 인기를 얻게 되었다고 하고, 지문 전반에 걸쳐 스프링 레버로 작동되는 기기와 변환기를 사용하는 기기의 예시를 들며 각각의 기기가 어떻게 작동하는지에 대해 설명하고 있으므로, '③ 걸음 수를 세어주는 착용형 기기들이 작동하는 방식'이 이 글의 주제이다.

[오답 분석]

① 걸음 수를 세어주는 기기들의 인기가 증가했다고는 했으나, 그 방식에 대해서는 언급되지 않았다.
② 사람들이 건강을 더 의식하게 된 방식은 언급되지 않았다.
④ 걸음 수를 세어주는 기기들이 기술적으로 발전해온 방식에 대해서는 언급되지 않았다.

정답 ③

어휘

wearable device 착용형 기기 **feature** 특별히 포함하다
internal 내부의 **mechanism** 기계 장치, 구조 **vertical** 수직적인
suspend 걸다, 매달리다 **lever** 레버, 지렛대 **circuit** 회로
register 기록하다, 기재하다 **transducer** 변환기 **convert** 변환하다
detect 감지하다 **mechanical** 기계적인 **acceleration** 가속도
accelerometer 가속도계 **accurate** 정확한

---

11 생활영어 **Can you come and look at my computer?** 난이도 하 ●○○

밑줄 친 부분에 들어갈 말로 가장 적절한 것은?

A: The printer doesn't seem to be working.

B: I just used it. It seemed fine.

A: That's strange. I keep sending a print request and it keeps getting cancelled.

B: It's possible your computer isn't set up properly.

A: _____?

B: Sure. OK, now I see what the problem is. You're connected to the wrong printer.

A: Oh, I see. Is there any way to fix it?

B: I'll set it up for you now.

① Is there a chance you're wrong
② Can you come and look at my computer
③ When will you send another print request
④ Are you trying to print a color document

A: 프린터가 작동하지 않는 것 같아.

B: 나는 방금 그것(프린터)을 사용했는데. 괜찮아 보였어.

A: 이상하네. 내가 계속해서 인쇄 요청을 보내고 있는데 계속 취소되고 있어.

B: 네 컴퓨터가 제대로 설정되지 않았을 수도 있어.

A: 와서 내 컴퓨터 좀 봐줄 수 있어?

B: 물론이지. 좋아, 이제 문제가 무엇인지 알겠어. 너는 잘못된 프린터에 연결되어 있어.

A: 오, 그렇구나. 그것을 고칠 방법이 있어?

B: 내가 너를 위해서 지금 그것(연결)을 설정해줄게.

① 네가 틀렸을 가능성이 있으니

② 와서 내 컴퓨터 좀 봐줄 수 있어

③ 너는 언제 또 다른 인쇄 요청을 보낼 거야

④ 너는 컬러 문서를 출력하려고 하고 있니

해설

프린터가 작동하지 않는 것 같다는 A의 말에 빈칸 앞에서 B가 컴퓨터가 제대로 설정되지 않았을 수도 있다고 하고, 빈칸 뒤에서 다시 B가 Sure. OK, now I see what the problem is(물론이지. 좋아, 이제 문제가 무엇인지 알겠다)라고 말하고 있으므로, 빈칸에는 '② 와서 내 컴퓨터 좀 봐줄 수 있어 (Can you come and look at my computer)'가 들어가야 자연스럽다.

정답 ②

어휘

cancel 취소하다 set up 설정하다 connect 연결하다
document 문서, 서류

이것도 알면 **합격!**

기계를 수리할 때 쓸 수 있는 표현

> Let's call a professional repairman. 전문 수리공을 부릅시다.
> It's malfunctioning. 이것은 오작동하고 있어요.
> Look for other problems. 다른 문제들을 찾아보세요.
> It's too expensive to fix. 고치는 데 돈이 너무 많이 들어요.

---

12 문법 동명사 난이도 중 ●●○

우리말을 영어로 잘못 옮긴 것은?

① 네가 떠날 때 알람을 켤 것을 반드시 기억해라.

→ Be sure you remember turning on the alarm when you leave.

② 그들의 그 리조트 방문은 나의 방문보다 더 나았다.

→ Their stay at the resort was better than mine.

③ 새로운 선거 규칙이 일부 시민들에게서 투표할 권리를 박탈했다.

→ The new election rules deprived some citizens of the right to vote.

④ 관리자들은 새로운 사고를 하는 직원들을 높이 평가한다.

→ Supervisors appreciate employees who think outside the box.

해설

① **동명사와 to 부정사를 둘 다 목적어로 취하는 동사** 동사 remember는 '~할 것을 기억하다'라는 미래의 의미를 나타낼 때는 to 부정사를 목적어로 취하므로 동명사 turning을 to 부정사 to turn으로 고쳐야 한다.

[오답 분석]

② **비교급 | 병치 구문** '나의 방문보다 더 나았다'는 '형용사의 비교급 + than'의 형태로 나타낼 수 있으므로 better than이 올바르게 쓰였고, 비교 구문에서 비교 대상은 같은 품사나 구조끼리 연결되어야 하는데, than 앞의 명사(Their stay)가 '소유격 + 명사'의 형태이므로 than 뒤에도 '소유격 + 명사'의 역할을 하는 소유대명사 mine이 올바르게 쓰였다.

③ **타동사** 동사 deprive는 전치사 of와 함께 쓰여 'deprive A of B(A에게서 B를 박탈하다)'의 형태로 쓰이므로 deprived some citizens of the right to vote가 올바르게 쓰였다.

④ **관계대명사 | 숙어 표현** 선행사 employees가 사람이고, 관계절 내에서 동사 think의 주어 역할을 하므로 주격 관계대명사 who가 올바르게 쓰였다. 또한, '새로운 사고를 하는'은 숙어 표현 think outside the box(새로운 사고를 하다)를 사용하여 나타낼 수 있으므로 think outside the box가 올바르게 쓰였다.

정답 ①

어휘

stay 방문; 머무르다 election 선거 deprive 박탈하다, 빼앗다
vote 투표하다 supervisor 관리자 appreciate ~을 높이 평가하다
think outside the box 새로운 사고를 하다

이것도 알면 **합격!**

특정 전치사구와 함께 쓰이는 타동사의 종류

rid/rob A of B	A에게서 B를 제거하다
deter/prevent/keep A from B	A를 B로부터 막다
provide/supply/present A with B	A에게 B를 제공하다

---

13 생활영어 I need to head off to work at 8. 난이도 하 ●○○

두 사람의 대화 중 가장 자연스러운 것은?

① A: Do you know what street it's on?

B: Wow, this is the busiest road in the city.

② A: Why are you going to bed so early?

B: I need to head off to work at 8.

③ A: Are you going to go there on foot?

B: Yes, I broke my toe yesterday.

④ A: Have you heard the latest news?

B: That's what I hear too.

해설

① A: 너는 그것이 어떤 거리에 있는지 알아?

B: 와, 여기는 이 도시에서 가장 붐비는 도로야.

② A: 너는 왜 그렇게 일찍 자는 거니?

B: 나는 8시에 회사에 가야 해.

③ A: 너는 그곳에 걸어서 갈 거야?
　B: 응, 나는 어제 발가락이 부러졌어.
④ A: 너 최신 뉴스 들었어?
　B: 나도 그런 말을 들어.

해설

②번에서 A는 B에게 왜 그렇게 일찍 자는지를 묻고 있으므로, 8시에 회사에 가야 한다고 그 이유를 설명하는 B의 대답 '② I need to head off to work at 8(나는 8시에 회사에 가야 해)'은 자연스럽다.

정답 ②

어휘

head 가다, 향하다 on foot 걸어서 latest 최신의, 최근의

이것도 알면 합격!

'가다'라는 의미를 가진 표현

> take off (서둘러) 떠나다, 이륙하다　> set off 출발하다
> shove off 떠나다　　　　　　　> depart for ~을 향해 떠나다
> make tracks (특히 집으로 가기 위해) 떠나다, 출발하다

---

14 독해 전체내용 파악(제목 파악)　난이도 중 ●●○

다음 글의 제목으로 가장 적절한 것은?

The Notre Dame Cathedral, an edifice of great immensity, started out as a small church in the Ile-de-la-Cite in 1345. Since then, the cathedral has symbolized church authority. Its continued existence despite being damaged during the French revolution and by earlier fires attests to the importance of the structure to church officials. Thus, preserving the cathedral was critical. Many structural details and appendages were added to the building, such as the flying buttresses to support the Gothic walls, the gargoyles, and the famous spire. These additions greatly increased the size of the structure and added to its importance. The once humble church is now the largest cathedral in Paris and one of the city's most well-known landmarks.

① The Architectural Patterns of a Gothic Structure
② The Irreplaceable Spire of the Cathedral
③ The Use of Notre Dame as a Famous Landmark
④ Notre Dame's Expansion from Church to Landmark

해석

엄청나게 거대한 건물인 노트르담 대성당은, 1345년에 시테섬의 작은 교회로 시작했다. 그때부터, 그 대성당은 교회의 권위를 상징해왔다. 프랑스 혁명 중에 그리고 그 이전의 화재들로 인해 훼손되었음에도 불구하고 지속적으로 존속하는 것은 교회 당국자들에게 그 건물의 중요성을 증명한다. 그러므로, 그 대성당을 보존하는 것은 대단히 중요했다. 고딕 양식의 벽을 지탱하기 위한 플라잉 버트레스(아치형 버팀벽), 괴물 석상, 그리고 유명한 첨탑과 같은 많은 구조상의 세부 양식들과 부속물들이 그 건물에 추가되었다. 이 추가된 것들이 구조물의 크기를 크게 증가시키면서 그 중요성

을 더했다. 한때 보잘것없었던 그 교회는 오늘날 파리에서 가장 큰 대성당이며 그 도시의 가장 유명한 역사적 건물 중 하나이다.

① 고딕 양식 구조물의 건축 양식
② 대성당의 대체할 수 없는 첨탑
③ 유명한 역사적 건물로서의 노트르담의 용도
④ 노트르담의 교회에서 랜드마크로의 확장

해설

지문 전반에 걸쳐 노트르담 대성당이 처음에는 작은 교회에서 시작했지만, 많은 구조상의 세부 양식들과 부속물들이 추가되었고, 이 추가된 것들로 인해 한때 보잘것없었던 교회가 오늘날에는 파리에서 가장 크고 유명한 역사적 건물 중 하나라고 설명하고 있으므로, '④ 노트르담의 교회에서 랜드마크로의 확장'이 이 글의 제목이다.

[오답 분석]
① 노트르담 대성당이 고딕 양식의 벽을 가지고 있다고 언급되긴 했지만 고딕 양식 구조물의 건축 양식에 대해서는 언급되지 않았다.
② 노트르담 대성당의 건물에 첨탑이 추가되었다고 언급되었으나 대체할 수 없는 첨탑은 언급되지 않았다.
③ 노트르담 대성당이 파리의 가장 유명한 역사적 건물 중 하나라고 언급되었으나 지엽적이고, 그 용도에 대해서는 언급되지 않았다.

정답 ④

어휘

cathedral 대성당 edifice 건물, 조직 immensity 거대(함), 광대(함)
symbolize 상징하다, 나타내다 authority 권위, 권한 continued 지속적인
existence 존속 revolution 혁명 attest 증명하다 preserve 보존하다
critical 대단히 중요한 structural 구조상의, 구조적인 appendage 부속물
flying buttress 플라잉 버트레스(두 벽 사이에 아치형으로 가로지른 지주)
Gothic 고딕 양식의 gargoyles 괴물 석상 spire 첨탑, 끝이 뾰족한 것
humble 보잘것없는, 변변찮은 landmark 역사적 건물, 랜드마크
architectural 건축의, 건축학의 irreplaceable 대체할 수 없는
expansion 확장, 팽창

---

15 독해 논리적 흐름 파악(무관한 문장 삭제)　난이도 중 ●●○

글의 흐름상 가장 어색한 문장은?

The humanities and the sciences, two unrelated disciplines, are often seen as polar opposites. ① Despite their seeming incompatibility, however, it is not incorrect to say that science majors can benefit from the humanities. ② Students interested in this discipline may take courses in history, philosophy, literature, linguistics and so on. ③ Writing skills are a requisite for humanities majors, but it cannot be denied that students of science also need to develop and use these same skills; after all, they write science proposals and reports. ④ Moreover, science researchers benefit from having a human perspective, as the desire for truth is a human desire. Though scientists are stereotyped as individuals in lab coats, they also need to communicate scientific ideas to the public.

해석

두 개의 관련 없는 학문인 인문학과 과학은 흔히 완전히 반대인 것으로 간주된다. ① 하지만, 그것들(인문학과 과학)의 외견상의 상반성에도 불구하고, 과학 전공자들이 인문학에서 이익을 얻을 수 있다고 말하는 것은 틀린 것이 아니다. ② 이 학문(인문학)에 관심을 가지는 학생들은 역사, 철학, 문학, 언어학 등의 강의를 들을 수도 있다. ③ 글을 쓰는 능력은 인문학 전공자들에게 필수이지만, 과학 전공 학생들 또한 이와 같은 능력을 개발하고 사용해야 한다는 것이 부인될 수는 없는데, 결국에는 그들도 과학적 제안서와 보고서를 쓰기 때문이다. ④ 게다가, 진리에 대한 갈망이 인간의 욕구이기 때문에 과학 연구원들은 인간적 견지를 갖는 것으로부터 이익을 얻는다. 비록 과학자들은 실험복을 입는 사람들로 정형화되었지만, 그들은 또한 과학적인 발상을 대중들에게 전달해야 한다.

해설

첫 번째 문장에서 두 개의 관련 없는 학문인 인문학과 과학은 흔히 완전히 반대인 것으로 간주된다고 하고, ①번에서 하지만(however) 과학 전공자들이 인문학에서 이익을 얻을 수 있다고 말하는 것이 틀린 것은 아니라고 한 뒤, ③, ④번에서 과학 전공 학생들도 과학적 제안서와 보고서를 쓰기 때문에 글을 쓰는 능력을 개발해야 하며, 진리에 대한 갈망이 인간의 욕구이기 때문에 과학 연구원들이 인간적 견지를 가짐으로써 이익을 얻는다는 것을 설명하고 있으므로 모두 첫 문장과 관련이 있다. 그러나 ②번은 인문학에 관심을 가지는 학생들이 들을 수 있는 수업의 종류에 관한 내용으로, 지문 전반의 내용과 관련이 없다.

정답 ②

어휘

humanities 인문학   unrelated 관련 없는   discipline 학문, 훈육
a polar opposite 완전히 반대인 것   seeming 외견상의
incompatibility 상반성, 양립할 수 없음   incorrect 틀린, 부정확한
take a course 강의를 듣다   philosophy 철학   literature 문학
linguistics 언어학   requisite 필수의   deny 부인하다   proposal 제안서
perspective 견지, 관점   desire 갈망, 욕구   stereotype 정형화하다
individual 사람, 개인

---

16 독해 추론(빈칸 완성 – 구)   난이도 중 ●●○

밑줄 친 부분에 들어갈 말로 가장 적절한 것은?

Tragedy occurred on April 15, 1912, when the Titanic struck an iceberg and sank into the Atlantic Ocean on its maiden journey from the United Kingdom to New York City. This was one of the worst maritime disasters in history, as it resulted in the deaths of numerous passengers, hundreds of whom were emigrants hoping to begin a new life in America. Out of the 2,224 people who had boarded the ship, only 705 survived. The Titanic had been seen not only as a symbol of liberty but also as an architectural marvel. Restaurants, a swimming pool, a library, and a gymnasium could all be found on the ship. Sadly, these facilities were barely used, and the dreams of the people who were heading to America _____ never came to fruition. By the time a rescue ship arrived, the Titanic had already sunk to the bottom of the sea.

① to live in a free and prosperous country
② to visit relatives and friends
③ to find work on a luxury ocean liner
④ to be first to cross the Atlantic Ocean

해석

1912년 4월 15일에 타이타닉호가 영국에서 뉴욕시로 향하던 최초의 여정 중에 빙산에 부딪혀 대서양에 침몰하면서 비극이 일어났다. 이것은 역사상 최악의 해양 재난 중 하나였는데, 수많은 승객들의 죽음을 야기했기 때문이며, 그들 중 수백 명은 미국에서 새로운 삶을 시작하기를 소망했던 이민자들이었다. 그 선박에 탑승했던 2,224명의 사람들 중에서, 오직 705명만이 살아남았다. 타이타닉호는 자유의 상징뿐만 아니라 건축학의 경이로운 업적으로도 여겨졌었다. 식당, 수영장, 도서관, 그리고 체육관 모두를 선상에서 찾아볼 수 있었다. 애석하게도, 이러한 시설들은 거의 사용되지 않았고, 자유롭고 번영한 나라에서 살기 위해 미국으로 향하고 있던 사람들의 꿈은 결코 결실을 보지 못했다. 구조선이 도착했을 무렵, 타이타닉호는 이미 바다 밑으로 가라앉아 있었다.

① 자유롭고 번영한 나라에서 살기 위해
② 친척들과 친구들을 방문하기 위해
③ 호화로운 원양 여객선에서 일자리를 찾기 위해
④ 대서양을 건너는 첫 번째가 되기 위해

해설

지문 중간에서 타이타닉호의 침몰로 사망한 승객 중 수백 명은 미국에서 새로운 삶을 시작하기를 소망하던 이민자들이었다고 했으므로, 빈칸에는 '① 자유롭고 번영한 나라에서 살기 위해' 미국으로 향하고 있던 사람들의 꿈은 결코 결실을 보지 못했다는 내용이 들어가야 한다.

[오답 분석]

② 친척들과 친구들을 방문하기 위해 미국으로 향한다는 것은 언급되지 않았다.
③ 호화로운 원양 여객선에서 일자리를 찾기 위한 것이라는 내용은 언급되지 않았다.
④ 타이타닉호가 영국에서 뉴욕시로 향하던 최초의 여정 중에 대서양에 침몰했다고 언급되었으나 대서양을 건너는 첫 번째가 되기 위해 미국으로 향한 것은 아니므로 지문의 문맥에 적절하지 않다.

정답 ①

어휘

tragedy 비극   iceberg 빙산   sink 침몰하다   maiden 최초의
journey 여정   maritime 해양의, 해상의   emigrant 이민자, 이주민
board 탑승하다, 승선하다   symbol 상징   liberty 자유
architectural 건축학의   marvel 경이로운 업적   gymnasium 체육관
come to fruition 결실을 보다, 성취되다   rescue 구조   prosperous 번영한
ocean liner 원양 여객선

---

17 독해 전체내용 파악(요지 파악)   난이도 중 ●●○

다음 글의 요지로 가장 적절한 것은?

Studies show that of people aged 75 or older, 1 out of every 3 men and 1 out of every 2 women do not engage in any physical activity. A lack of physical activity is particularly dangerous for the elderly, whose bones weaken with age and who are more prone to falls and serious accidents. Therefore, it is recommended that they experience at least 150 minutes of physical activity per week. This could include simple things such as taking a brisk walk outside, riding a bicycle, or even pushing a lawnmower. Some communities even hold regular dance nights for seniors, which also contribute to their health. By moving and exercising enough, the elderly can spend their years in relative comfort.

① Sufficient moderate exercise is crucial for seniors to maintain their health.
② Seniors are reluctant to exercise as they get older.
③ People over 75 should refrain from doing too much physical activity.
④ Weekly dance events are the best way for seniors to get exercise.

[해석]

연구들은 75세 이상의 사람들 중에서, 남성 3명 중 1명, 여성 2명 중 1명이 어떠한 신체 활동에도 참여하지 않는다는 것을 보여준다. 신체 활동의 부족은 노인들에게 특히 위험한데, 그들의 뼈가 나이가 들면서 약해지고, 넘어지거나 심각한 사고를 당하기 쉽다. 그러므로, 그들은 일주일에 최소 150분의 신체 활동을 경험하는 것이 권장된다. 이것은 바깥에서 빠르게 걷는 것이나, 자전거를 타는 것, 잔디 깎는 기계를 미는 것과 같은 간단한 것들을 포함할 수 있다. 일부 지역 사회에서는 고령자들을 위한 정기적인 댄스의 밤을 열기도 하는데, 이것은 그들의 건강에도 기여한다. 충분히 움직이고 운동함으로써, 노인들은 비교적 편안하게 그들의 세월을 보낼 수 있다.

① 충분하고 적당한 운동은 노인들이 그들의 건강을 유지하는 데 중요하다.
② 노인들은 나이가 들수록 운동을 꺼린다.
③ 75세 이상의 사람들은 너무 많은 신체 활동을 하는 것을 삼가야 한다.
④ 주 1회의 댄스 행사는 노인들이 운동을 할 수 있는 가장 좋은 방법이다.

[해설]

지문 처음에서 75세 이상의 사람들 중 적지 않은 비율이 신체 활동을 전혀 하지 않는다고 하며, 이러한 신체 활동의 부족이 노인들에게 위험하다고 이야기하고 있다. 이어서 지문 중간에서 노인들은 일주일에 최소 150분의 신체 활동을 경험하는 것이 권장되며, 이러한 신체 활동에는 걷거나 자전거 타기 등 간단한 것들이 포함될 수 있다고 하고, 마지막 문장에서 충분히 움직이고 운동함으로써 노인들은 비교적 편안하게 그들의 세월을 보낼 수 있다고 설명하고 있으므로, '① 충분하고 적당한 운동은 노인들이 그들의 건강을 유지하는 데 중요하다'가 이 글의 요지이다.

[오답 분석]
② 연구들이 75세 이상의 사람들 중 적지 않은 비율이 어떠한 신체 활동에도 참여하지 않는다는 것을 보여준다고 했으나 지엽적이다.
③ 노인들이 너무 많은 신체 활동을 하는 것을 삼가야 한다는 것은 언급되지 않았다.
④ 일부 지역 사회에서 고령자들을 위한 정기적인 댄스의 밤을 열기도 한다고 하며 이것이 노인들의 건강에 기여한다고 했으나 지엽적이다.

정답 ①

[어휘]

engage in ~에 참여하다   lack 부족   particularly 특히   the elderly 노인들
weaken 약해지다   prone to ~하기 쉬운   brisk 빠른
lawnmower 잔디 깎는 기계   hold 열다, 개최하다   contribute 기여하다
comfort 편안함   sufficient 충분한   moderate 적당한, 중도의
crucial 중요한, 결정적인   maintain 유지하다   reluctant 꺼리는
refrain 삼가다, 꺼리다

---

18 독해 논리적 흐름 파악(문단 순서 배열)   난이도 중 ●●○

주어진 글 다음에 이어질 글의 순서로 가장 적절한 것은?

Like our grandmothers used to tell us, weather disturbances can cause bodily pain, and there may be a scientific reason behind it.

(A) For instance, when barometric pressure drops, such as right before a thunderstorm, there is less pressure on our bodies, allowing the tissue inside to swell.

(B) As a result, the swollen tissue exerts pressure on our joints, and we feel it in our hips, knees, hands, and shoulders, which swell and cause pain. This is probably why our grandmothers would tell us that a storm was coming—the proof was the pain in their joints.

(C) Although we don't often think about it, the air in Earth's atmosphere presses down on everything below it including our bodies. This is called barometric pressure, and any change in it has an effect on us.

① (A) – (B) – (C)
② (B) – (A) – (C)
③ (C) – (A) – (B)
④ (C) – (B) – (A)

[해석]

할머니들이 우리에게 말하곤 했던 것처럼, 날씨의 저기압은 신체적인 고통을 야기할 수 있고, 그 이면에는 과학적인 이유가 있을지도 모른다.

(C) 우리가 보통 그것에 대해 생각하지 않지만, 지구 대기의 공기는 우리 몸을 포함하여 그것(대기) 아래에 있는 모든 것을 내리누른다. 이것은 기압이라고 불리며, 모든 기압의 변화는 우리에게 영향을 미친다.

(A) 예를 들어, 뇌우 직전과 같이 기압이 떨어지면 우리 몸에 가해지는 압력이 줄어드는데, 이것이 신체 내부의 조직을 부어오르게 한다.

(B) 그 결과, 부어오른 조직이 관절에 압력을 가하고, 우리는 엉덩이, 무릎, 손, 어깨에서 그것(압력)을 느끼는데, 이것이 통증을 부풀리고 유발한다. 이것이 아마도 할머니들이 우리에게 폭풍이 오고 있다고 말하곤 했던 이유일 것이며, 그 증거는 그들(할머니들)의 관절의 통증이었다.

해설

주어진 문장에서 날씨의 저기압은 신체적인 고통을 야기할 수 있고, 그 이면에는 과학적인 이유가 있을지도 모른다고 한 후, (C)에서 지구 대기의 공기는 우리 몸을 포함하여 대기 아래에 있는 모든 것을 내리누르며, 모든 기압의 변화가 우리에게 영향을 미친다고 설명하고 있다. 이어서 (A)에서 예를 들어(For instance), 기압이 떨어지면 우리 몸에 가해지는 압력이 줄어들고 이것은 신체 내부의 조직을 부어오르게 한다고 하고, 뒤이어, (B)에서 그 결과(As a result), 부어오른 조직이 관절에 압력을 가해 통증을 유발한다고 설명하고 있다.

정답 ③

어휘

disturbance (날씨의) 저기압 barometric pressure 기압
thunderstorm 뇌우 tissue 조직 swell 붓다 exert 가하다
joint 관절 proof 증거, 증명 atmosphere 대기 press down 내리누르다

---

19 | 독해 논리적 흐름 파악(문장 삽입) | 난이도 중 ●●○

주어진 문장이 들어갈 위치로 가장 적절한 것은?

> But surveys indicate that they are expected to be the most pivotal where social impact is concerned, and one proof of this is their outspokenness when it comes to social issues.

Generation Z, the individuals born between 1997 and 2012, is considered by sociologists to be the most critical of all the age groups of the past century, including the Silent Generation, the Boomers, Gen X, and the Millennials. (①) They were just children when the iPhone was released and are the most tech savvy of the groups, leading some to conclude that Gen Z is also the most distracted. (②) They are accused of being addicted to the technology that they grew up with, always having a phone in hand and seemingly living for social media. (③) Older generations often dismiss them as frivolous, and caring only about themselves and not other members of society. (④) These young people are more likely to protest injustices in society, including racial, financial, and gender inequalities.

해석

> 그러나 설문조사들은 그들(Z세대)이 사회적 영향과 관련되는 경우 가장 중추적일 것으로 기대된다는 것을 보여주는데, 이것의 한 가지 증거는 사회적 이슈에 관한 그들의 거리낌 없는 태도이다.

1997년에서 2012년 사이에 태어난 사람들인 Z세대는 사회학자들에게 침묵 세대, 베이비 붐 세대, X세대, 그리고 밀레니얼 세대를 포함한 시난 세기의 모든 연령대에서 가장 중요하다고 여겨진다. (①) 그들(Z세대)은 아이폰이 출시되었을 때 단지 어린아이들이었고, 이 (연령대) 그룹에서 가장 기계에 능숙한데, 이것이 일부 사람들로 하여금 Z세대가 가장 산만하기도 하다는 결론을 내리도록 했다. (②) 그들(Z세대)은 자신들과 함께 성장한 기술에 중독되어 있고, 항상 전화기를 손에 들고 있으며, 소셜 미디어를 위해 사는 것처럼 보인다는 이유로 비난을 받는다. (③) 기성세대는 종종 그들(Z세대)을 경박하고 사회의 다른 구성원들을

배려하지 않으며 그들 자신만을 배려한다고 일축한다. (④) 이 젊은이들은 인종, 재정, 성별의 불평등을 포함한 사회 내 부당함에 대해 이의를 제기할 가능성이 더 높다.

해설

④번 앞 문장은 기성세대는 종종 그들(Z세대)을 경박하고 사회의 다른 구성원들은 배려하지 않으며 그들 자신만을 배려한다고 일축한다는 내용이고, ④번 뒤 문장은 이 젊은이들은 사회 내 부당함에 이의를 제기할 가능성이 더 높다는 내용이므로, ④번에 그러나(But) 설문조사들은 사회적 이슈에 관한 그들(Z세대)의 거리낌 없는 태도를 증거로 그들이 사회적 영향과 관련되는 경우 Z세대가 가장 중추적일 것으로 기대된다는 것을 보여준다는 내용의 주어진 문장이 나와야 지문이 자연스럽게 연결된다.

[오답 분석]

① 뒤 문장에서 Z세대는 지난 세기의 모든 연령대 중 가장 기계에 능숙해서 일부 사람들은 Z세대가 가장 산만하다는 결론을 내렸다고 했으므로 ①번에 Z세대가 사회적 영향과 관련된 경우 가장 중추적일 것이라는 내용의 주어진 문장이 삽입되면 문맥상 부자연스럽다.

② 앞 문장에 일부 사람들은 Z세대가 가장 산만하다는 결론을 내렸다는 내용이 있고, 뒤 문장에 Z세대는 기술에 중독되어 있고 항상 전화기를 손에 들고 있다는 것과 같은 이유로 비난을 받는다는 부정적인 내용이 이어지므로 ②번에 다른 문장이 삽입되면 문맥상 부자연스럽다.

③ 앞 문장에 Z세대는 기술에 중독되어 있고 항상 전화기를 손에 들고 있다는 것과 같은 이유로 비난을 받는다는 내용이 있고, 뒤 문장에서 기성세대는 종종 그들을 경박하고 그들 자신만을 배려한다고 일축한다는 부정적인 내용이 이어지므로 ③번에 다른 문장이 삽입되면 문맥상 부자연스럽다.

정답 ④

어휘

indicate 보여주다, 가리키다 pivotal 중추적인, 중심이 되는
outspokenness 거리낌 없는 태도, 솔직함 sociologist 사회학자
Silent Generation 침묵 세대(1920년~1940년)
the Boomers 베이비 붐 세대(1955년~1963년) Gen X X세대(1965년~1976년)
the Millennials 밀레니얼 세대(1980년~2000년) release 출시하다
tech savvy 기계에 능숙한 conclude 결론을 내리다
distracted 산만한, 정신없는 be accused of ~로 비난을 받다
addict 중독되게 하다 dismiss 일축하다, 묵살하다 frivolous 경박한
protest 이의를 제기하다 injustice 부당함 financial 재정의
inequality 불평등

---

20 | 독해 세부내용 파악(내용 불일치 파악) | 난이도 중 ●●○

다음 글의 내용과 일치하지 않는 것은?

Soil is a precious natural resource known to support all living things on Earth. Yet, it is easily depleted, especially by agriculture—the practice of plant cultivation that began only several thousand years ago. In that relatively short period, increases in human populations worldwide boosted the demand for agricultural commodities. Farmers cleared forests and converted grasslands and marshlands to farmlands to plant food crops, such as coffee, soy beans, and wheat. The soil quickly lost its ability to maintain itself and stay healthy. In addition, because the trees and shrubs had been stripped away, the soil easily washed away whenever it rained. In fact, half of the topsoil—the uppermost part of the soil which has the greatest concentration of nutritive elements, is now gone—and what remains is much too degraded to support plant growth and the soil ecosystem.

① The value of soil to living things on earth is that it sustains life.

② Farmers turned farmland into wetlands to plant edible products.

③ The growth in the global population has increased the demand for farm products.

④ The remaining soil is not effective in helping plants grow healthily.

해석

토양은 지구상의 모든 살아있는 것들을 지탱하는 것으로 알려진 귀중한 천연자원이다. 하지만, 그것(토양)은 불과 수천 년 전에 시작된 식물 재배 관행인 농업에 의해 특히 쉽게 고갈된다. 그 비교적 짧은 기간 동안, 전 세계에 걸친 인구의 증가가 농산물의 수요를 증가시켰다. 농부들은 커피, 콩, 밀과 같은 식용 작물을 심기 위해 숲을 개간했고 초원과 습지대를 농지로 바꾸었다. 토양은 그 자체를 보존하고 정상적인 상태를 유지하는 기능을 빠르게 상실했다. 게다가, 나무와 관목이 (토양에서) 제거되었기 때문에 비가 올 때마다 토양은 쉽게 유실되었다. 사실상, 영양을 제공하는 성분들이 가장 많이 집중된 토양의 가장 윗부분인 표토는 현재 절반이 사라졌고, 남아있는 것은 식물의 성장과 토양의 생태계를 지탱하기에는 너무 퇴화되었다.

① 지구상의 생물들에게 토양의 가치는 그것이 삶을 지탱한다는 것이다.

② 농부들은 식용 작물을 심기 위해 농지를 습지로 바꾸었다.

③ 세계 인구의 증가는 농산물에 대한 수요를 증가시켰다.

④ 남아있는 토양은 식물들이 건강하게 자라는 것을 돕는 데 효과적이지 않다.

해설

지문 중간에서 농부들은 식용 작물을 심기 위해 숲을 개간하고 초원과 습지대를 농지로 바꾸었다고 했으므로 '② 농부들은 식용 작물을 심기 위해 농지를 습지로 바꾸었다'는 것은 지문의 내용과 일치하지 않는다.

[오답 분석]

① 첫 번째 문장에서 토양은 지구상의 모든 살아있는 것들을 지탱하는 것으로 알려진 귀중한 천연자원이라고 언급되었다.

③ 세 번째 문장에서 전 세계에 걸친 인구의 증가가 농산물의 수요를 증가시켰다고 언급되었다.

④ 마지막 문장에서 남아있는 토양은 식물의 성장을 지탱하기에 너무 퇴화되었다고 언급되었다.

정답 ②

어휘

precious 귀중한   **deplete** 고갈시키다   **agriculture** 농업
cultivation 재배, 경작   **boost** 증가시키다
agricultural commodities 농산물   **clear** 개간하다, 개척하다
convert 바꾸다, 전환하다   **grassland** 초원   **marshland** 습지대
farmland 농지, 경지   **crop** 작물   **wheat** 밀   **maintain** 보존하다, 유지하다
shrub 관목   **strip away** 제거하다, 벗겨내다   **wash away** 유실되다
topsoil 표토, 토양의 표면   **uppermost** 가장 위의, 가장 중요한
concentration 집중, 농도   **nutritive** 영양을 제공하는   **element** 성분, 요소
degrade 퇴화하다   **sustain** 지탱하다   **wetland** 습지   **edible** 식용의

◉ 정답
p. 48

01	① 어휘 – 어휘&표현	11	④ 어휘 – 어휘&표현
02	③ 어휘 – 어휘&표현	12	① 어휘 – 어휘&표현
03	④ 어휘 – 생활영어	13	① 독해 – 추론
04	③ 어휘 – 생활영어	14	④ 독해 – 추론
05	④ 문법 – 분사	15	③ 독해 – 논리적 흐름 파악
06	② 문법 – 부사절	16	③ 문법 – 능동태·수동태
07	① 독해 – 논리적 흐름 파악	17	② 독해 – 세부내용 파악
08	③ 독해 – 세부내용 파악	18	④ 독해 – 세부내용 파악
09	② 독해 – 전체내용 파악	19	③ 독해 – 추론
10	③ 독해 – 논리적 흐름 파악	20	③ 독해 – 추론

◉ 취약영역 분석표

영역	세부 유형	문항 수	소계
어휘	어휘&표현	4	/6
	생활영어	2	
문법	분사	1	/3
	부사절	1	
	능동태·수동태	1	
독해	전체내용 파악	1	/11
	세부내용 파악	3	
	추론	4	
	논리적 흐름 파악	3	
총계			/20

---

01 어휘 revise = improve
난이도 중 ●●○

밑줄 친 부분의 의미와 가장 가까운 것을 고르시오.

> The magazine's editor proofread the article about the dangers of sleep deprivation and found some unclear parts, which had to be revised.

① improved
② published
③ advanced
④ diversified

해석

그 잡지의 편집장이 수면 부족의 위험성에 관한 기사의 교정을 보았고 몇몇 불확실한 부분들을 발견했는데, 그것들은 수정되어야 했다.

① 개선된
② 출간된
③ 진보한
④ 다각적인

정답 ①

어휘

editor 편집장 proofread 교정을 보다 sleep deprivation 수면 부족
revise 수정하다 improve 개선하다 publish 출간하다
advance 진보시키다 diversify 다각화하다

📑 이것도 알면 합격!

revise(수정하다)의 유의어
= correct, adjust, update, edit, alter, rework

---

02 어휘 menial = lowly
난이도 상 ●●●

밑줄 친 부분의 의미와 가장 가까운 것을 고르시오.

> When Jacob first arrived in the country as an immigrant, he had no choice but to toil away at menial jobs for little pay. Nevertheless, he persevered by saving his money and learning about private business ownership, and he now runs a very promising tech startup.

① practical
② formidable
③ lowly
④ intricate

해석

Jacob이 이민자로서 그 나라에 처음 도착했을 때, 그는 적은 임금으로 하찮은 일자리에서 악착같이 일할 수밖에 없었다. 그럼에도 불구하고, 그는 돈을 저축하고 개인 사업의 소유에 대해 배워가면서 끈기 있게 노력했고, 이제 매우 유망한 기술 신생기업을 운영한다.

① 현실적인
② 어마어마한
③ 하찮은
④ 복잡한

정답 ③

어휘

immigrant 이민자 toil away 악착같이 일하다 menial 하찮은, 천한
persevere 끈기 있게 노력하다 ownership 소유(권) promising 유망한
startup 신생기업 formidable 어마어마한 lowly 하찮은, 초라한
intricate 복잡한

📑 이것도 알면 합격!

menial(하찮은)의 유의어
= humble, unskilled, low-ranking, inferior

03 생활영어 I didn't understand your answer. 난이도 하 ●○○

두 사람의 대화 중 가장 어색한 것은?

① A: Do you know how much a plane ticket to Guam is?
B: I can give you an approximate figure.

② A: I didn't expect the professor to give a pop quiz today.
B: Me neither. It was very surprising.

③ A: My wisdom tooth has been hurting. Should I get it pulled, doctor?
B: We will need to take an X-ray first.

④ A: You didn't answer the phone when I called earlier.
B: I didn't understand your answer.

해석

① A: 괌으로 가는 비행기 표가 얼마인지 아시나요?
B: 대략적인 금액은 알려드릴 수 있습니다.
② A: 저는 교수님이 오늘 쪽지 시험을 낼 거라고 예상하지 못했어요.
B: 저도 그래요. 정말 깜짝 놀랐어요.
③ A: 제 사랑니가 계속 아파왔어요. 이것을 뽑아야 할까요, 의사 선생님?
B: 먼저 엑스레이 촬영을 해야 할 거예요.
④ A: 제가 전에 전화했을 때 당신은 받지 않았어요.
B: 저는 당신의 대답을 이해하지 못했어요.

해설

④번에서 A는 B가 전에 전화를 받지 않았다고 말하고 있으므로 대답을 이해하지 못했다는 B의 대답 '④ I didn't understand your answer(저는 당신의 대답을 이해하지 못했어요)'는 어울리지 않는다.

정답 ④

어휘

approximate 대략적인 pop quiz 쪽지 시험 wisdom tooth 사랑니

이것도 알면 합격!

전화할 때 쓸 수 있는 표현

> Can I speak to ~? ~와 통화할 수 있을까요?
> Can you hold for a minute? 잠시만 기다려주실 수 있나요?
> I'll talk to you later. 제가 나중에 전화할게요.
> I'm calling about ~. ~에 대해 전화하는 거예요.
> Do you have a minute to talk? 잠시 통화하실 수 있나요?

04 생활영어 Is there any easy solution? 난이도 하 ●○○

밑줄 친 부분에 들어갈 말로 가장 적절한 것은?

A: It was difficult to find your house while I was driving.
B: Sorry about that. This neighborhood gets especially dark at night.
A: Yeah, there were too few streetlights.
B: I know. They're obscured by all the trees and foliage.
A: Why doesn't the city cut some of the branches down?
B: They tried it once, but then the trees looked terrible.
A: _____?
B: Not right now. But the city is planning to install more streetlights soon.

① What is the reason the city didn't plant more trees
② Why didn't I see any of the streetlights
③ Is there any easy solution
④ Aren't those lamps already bright enough

해석

A: 운전하면서 너희 집을 찾기 어려웠어.
B: 미안해. 이 근처는 밤에 특히 어두워져.
A: 그래, 가로등이 너무 적더라.
B: 맞아. 그것들(가로등)은 온갖 나무와 나뭇잎으로 가려져 있어.
A: 왜 시에서 나뭇가지의 일부를 잘라내지 않는 거야?
B: 그들이 한 번 시도해보기는 했는데, 그러고 나니까 나무들이 끔찍해 보였어.
A: 쉬운 해결책은 없니?
B: 지금 당장은 없어. 하지만 시에서 조만간 가로등을 더 설치하려고 계획 중이야.

① 시에서 나무들을 더 심지 않은 이유가 뭐니
② 왜 나는 아무 가로등도 못 봤지
③ 쉬운 해결책은 없니
④ 그 전등들은 이미 충분히 밝지 않니

해설

왜 시에서 나뭇가지를 잘라내지 않냐는 A의 말에 B가 그들이(시에서) 한 번 시도해보기는 했지만, 그러고 나니 나무들이 끔찍해 보였다고 대답하고, 빈칸 뒤에서 다시 B가 Not right now. But the city is planning to install more streetlights soon(지금 당장은 없어. 하지만 시에서 조만간 가로등을 더 설치하려고 계획 중이야)이라고 말하고 있으므로, 빈칸에는 '③ 쉬운 해결책은 없니(Is there any easy solution)'가 들어가는 것이 자연스럽다.

정답 ③

어휘

neighborhood 근처, 인근 streetlight 가로등 obscure 가리다, 덮다
foliage 나뭇잎 branch 나뭇가지 install 설치하다

이것도 알면 합격!

해결책을 묻거나 제안할 때 쓸 수 있는 표현

> What do you think about ~? ~에 대해 어떻게 생각하니?
> How should we approach ~? ~에 어떻게 접근해야 할까?
> Why don't you try ~? ~을 시도해보는 것이 어때?
> Let's look for another solution. 다른 해결책을 찾아보자.

05 문법 분사 · 난이도 중 ●●○

밑줄 친 부분 중 어법상 옳지 않은 것은?

Former US President and Nobel Prize recipient Woodrow Wilson was ① as widely admired for his political accomplishments as for his leadership, but during his tenure, his treatment of African Americans ② was deplorable. For example, many universities began to accept black students, only for Wilson ③ to oppose this initiative. He worked to undo many of the social gains made by black Americans by appointing ④ uniting white members to his cabinet and removing black people from all positions of influence within the government.

해석

전 미국 대통령이자 노벨상 수상자인 우드로 윌슨은 그의 지도력만큼이나 정치적인 업적으로 널리 존경받았지만, 그의 재임 기간 동안 아프리카계 미국인들에 대한 그의 처우는 개탄스러웠다. 예를 들어, 많은 대학들이 흑인 학생들을 받아들이기 시작했지만, 윌슨만은 이 계획에 반대했다. 그는 단결된 백인 구성원들을 그의 내각에 임명하고, 정부 내의 모든 영향력 있는 직위에서 흑인들을 해고함으로써 흑인들에 의해 얻어진 많은 사회적 혜택들을 원상태로 돌리기 위해 노력했다.

해설

④ **현재분사 vs. 과거분사** 수식 받는 명사(white members)와 분사가 '백인 구성원들이 단결되다'라는 의미의 수동 관계이므로 현재분사 uniting을 과거분사 united로 고쳐야 한다.

[오답 분석]

① **원급 | 보어 자리** 원급 표현 'as + 형용사/부사의 원급 + as'(~만큼 -한)에서 as ~ as 사이가 형용사 자리인지 부사 자리인지는 as, as를 지우고 구별할 수 있는데, be동사(was)의 보어 자리에는 형용사 역할을 하는 것이 와야 하므로 형용사 admired가 올바르게 쓰였다. 참고로, 부사 widely는 형용사 admired를 수식하기 위해 앞에 올바르게 쓰였다.

② **주어와 동사의 수 일치** 주어 자리에 단수 명사 his treatment가 왔으므로 단수 동사 was가 올바르게 쓰였다. 참고로, 주어와 동사 사이의 수식어 거품(of African Americans)은 동사의 수 결정에 영향을 주지 않는다.

③ **to 부정사의 역할** 문맥상 '이 계획에 반대했다'라는 의미가 되어야 자연스러우므로 부사 only 뒤에 결과를 나타내는 to 부정사 to oppose가 올바르게 쓰였다. 참고로 부사와 to 부정사 사이에 온 for Wilson은 to 부정사의 의미상 주어(Wilson)를 나타내기 위해 쓰였다.

정답 ④

어휘

recipient 수상자, 수령인 tenure 재임 기간 treatment 처우, 대우 deplorable 개탄스러운 initiative 계획 undo 원상대로 돌리다 gain 혜택, 이점 appoint 임명하다 cabinet 내각

🎯 **이것도 알면 합격!**

to 부정사가 결과를 나타낼 때는 to 부정사 앞에 only, never와 같은 부사를 써서 의도되지 않은 결과(only)나 부정(never)의 의미를 나타낼 수 있다.

> I wrapped the vase well, **only to find** it broken when I got home.
  나는 그 꽃병을 잘 포장했으나, 내가 집에 왔을 때 결국 그것이 깨졌음을 알게 되었다.

06 문법 부사절 · 난이도 상 ●●●

어법상 옳은 것은?

① Customers can receive a 50 percent discount by visit the store's website.
② He looked desperately all over the house for fear that his wallet was gone.
③ Skeptics inaccurately believe frozen temperatures are proof that climate change isn't real.
④ We thought Jonathan was forgotten about pursuing the promotion.

해석

① 고객들은 매장 웹사이트를 방문함으로써 50퍼센트 할인을 받을 수 있다.
② 그는 지갑이 없어졌을까봐 두려워서 온 집안을 필사적으로 살펴보았다.
③ 회의론자들은 결빙 온도가 기후 변화가 진짜가 아니라는 증거라고 부정확하게 믿는다.
④ 우리는 Jonathan이 승진을 추구하는 것을 체념했다고 생각했다.

해설

② **부사절 접속사 2: 기타** 문맥상 '지갑이 없어졌을까봐 두려워서'라는 의미가 되어야 자연스러운데, '~할까봐 두려워서'는 부사절 접속사 for fear that을 사용하여 나타낼 수 있으므로 for fear that his wallet was gone이 올바르게 쓰였다.

[오답 분석]

① **전치사 자리** 전치사(by) 뒤에는 명사 역할을 하는 것이 와야 하므로 동사원형 visit을 동명사 visiting으로 고쳐야 한다.

③ **현재분사 vs. 과거분사** 수식 받는 명사(temperatures)와 분사가 '결빙하는 온도'라는 의미의 능동 관계이므로 과거분사 frozen을 현재분사 freezing으로 고쳐야 한다.

④ **능동태·수동태 구별** 문맥상 주어(Jonathan)와 동사가 'Jonathan이 ~하는 것을 체념하다'라는 의미의 능동 관계이므로 수동태 was forgotten을 능동태 forgot으로 고쳐야 한다.

정답 ②

어휘

desperately 필사적으로, 절박하게 skeptic 회의론자
inaccurately 부정확하게, 틀리게 proof 증거 forget 체념하다, 잊다
pursue 추구하다 promotion 승진

🎯 **이것도 알면 합격!**

'for fear that'과 같은 부사절 접속사의 종류

> so/such ~ that 매우 ~해서 -하다	> now (that) ~이니까
> in that ~라는 점에서	> as if/though 마치 ~인 것처럼
> except that ~을 제외하고	> but that ~하지 않으면

07 독해 논리적 흐름 파악(문단 순서 배열) 난이도 상 ●●●

주어진 글 다음에 이어질 글의 순서로 가장 적절한 것은?

Loss-aversion marketing, or FOMO marketing, revolves around manipulating consumers into believing that they will be excluded from an opportunity. It is a powerful and commonly used trick in modern advertising.

(A) To demonstrate that such regret will occur and that the experience is worth participating in, forms of peer pressure are often used. This is why websites will show how many of an item has been sold, for example.

(B) The technique relies on the feeling of "FOMO," or "fear of missing out." The idea is to create an experience that people might later regret not taking part in, and indicate the potential for this regret to customers.

(C) Similar tactics increase the pressure of a potential regret by giving consumers limited time to take advantage of an offer, creating the illusion that customers must act now or miss out, a tactic becoming more effective recently, as social media has increased our aptitude to be susceptible to these maneuvers.

* aptitude: 성향, 습성

① (B) – (A) – (C) ② (B) – (C) – (A)
③ (C) – (A) – (B) ④ (C) – (B) – (A)

해석

'손실 회피' 마케팅, 즉 FOMO 마케팅은 소비자들이 기회에서 배제될 것이라고 믿도록 그들을 조종하는 것을 중심으로 한다. 이것은 강력하며 현대 광고에서 흔히 사용되는 교묘한 수법이다.

(B) 그 수법은 FOMO라는 감정, 즉, '놓치는 것에 대한 두려움'에 의존한다. 그 개념은 사람들이 참여하지 않은 것을 나중에 후회할 수도 있는 경험을 만들어 내고, 고객들에게 그 후회의 가능성을 보여주는 것이다.

(A) 그러한 후회가 발생할 것이며 그래서 그 경험이 참여할 가치가 있다는 것을 보여주기 위해, 동료 집단으로부터 받는 사회적 압력의 형태들이 주로 사용된다. 예를 들어, 이것이 바로 제품이 얼마나 많이 판매되었는지를 웹사이트들이 보여주는 이유이다.

(C) 유사한 전략들은 소비자들에게 할인을 이용할 수 있는 제한된 시간을 줌으로써 잠재적인 후회에 대한 압력을 증가시키고, 고객들이 지금 행동하지 않으면 놓칠 것이라는 착각을 일으키는 것인데, 소셜 미디어가 이러한 교묘한 조치에 영향 받기 쉬운 우리의 성향을 높여오면서, 최근에 효과가 더 좋아지고 있는 전략이다.

해설

주어진 문장에서 FOMO 마케팅은 소비자들이 기회에서 배제될 것이라고 믿도록 그들을 조종하는 교묘한 수법이고 한 뒤, (B)에서 그 수법은 놓치는 것에 대한 두려움을 이용하여 참여하지 않은 것에 대한 후회의 가능성을 보여준다고 부연 설명하고 있다. 이어서 (A)에서 그러한 후회가 발생할 것임을 보여주기 위해 동료 집단에게 받는 사회적 압력의 형태들이 흔히 사용된다고 알려주고, (C)에서 이와 유사한 전략들에 대해 추가적으로 설명하며 이 전략은 최근에 효과가 더 좋아지고 있다고 결론짓고 있다.

정답 ①

어휘

aversion 회피 revolve around ~을 중심으로 하다, 돌아가다
manipulate (교묘하게) 조종하다 exclude 배제하다
trick 교묘한 수법 demonstrate 보여주다 worth ~할 가치가 있는
peer pressure 동료 집단에게 받는 사회적 압력 tactic 전략
offer (가격) 할인 illusion 착각 susceptible 영향 받기 쉬운, 민감한
maneuver 교묘한 조치, 술책

08 독해 세부내용 파악(내용 일치 파악) 난이도 중 ●●○

다음 글의 내용과 일치하는 것은?

Deep within South Africa's Blombos Cave, archaeologists found an image that they believe is the oldest drawing made by human hands ever to be discovered. At an estimated 73,000 years old, it is nearly four times older than the more famous cave paintings of wildlife found in the Lascaux Caves of France. The older image is much simpler than its successor, as it consists only of lines made with an ochre crayon. Even though not a fully finished picture, it is just as important. Experts believe that the arrangement of the lines required thought and indicates cognition in our early ancestors. As such, the drawings are one of the earliest examples of human creativity. In fact, the lines could be an early example of the usage of symbols by early humans. Much like other prehistoric, or preliterate artworks, the lines likely represented some significant meanings that the artist wanted to memorize before written languages appeared.

* ochre: 황토, 황토색

① The last prehistoric human work of art was found in an African cave.

② The Blombos drawing resembled early artwork found in Europe.

③ Thought was required to arrange the drawing, indicating early creativity.

④ Prehistoric artwork only served an aesthetic purpose rather than a functional one.

해석

남아프리카의 블롬보스 동굴 속 깊은 곳에서, 고고학자들은 그들이 지금까지 발견된 사람의 손으로 만들어진 것들 중 가장 오래된 그림이라고 믿는 한 이미지를 발견했다. 약 7만 3천 년 전의 것으로 추정되는 그것은 프랑스의 라스코 동굴에서 발견된 더 유명한 야생동물을 그린 동굴벽화보다 네 배 가까이 오래된 것이다. 이 더 오래된 그림(블롬보스 그림)은 황토 크레용으로 그려진 선들로만 이루어져 있기 때문에 그 뒤를 잇는 것(라스코 그림)보다 훨씬 더 단순하다. 완전히 완성된 그림은 아니지만, 그것(블롬보스 그림)은 그(완전히 완성된 그림)만큼 중요하다. 전문가들은 그 선들의 배열이 생각을 필요로 했으며, 우리의 초기 조상들의 인지력을 나타낸다고 믿는다. 이와 같이, 그 그림들은 인간의 창의성에 대한 가장 초기의 예시들 중 하나이다. 사실, 이 선들은 초기 인류의 기호 사용에 대한 초기 사례일 수도 있다. 다른 선사시대 또는 문자 사용 이전의 예술 작품들과 매우 비슷한 그 선들은 문자 언어가 나타나기 전에 예술가가 기억하기를 원했던 몇몇 중요한 의미들을 표현했을 가능성이 있다.

① 선사시대의 가장 마지막 인간 예술 작품이 아프리카 동굴에서 발견되었다.

② 블롬보스 그림은 유럽에서 발견된 초기 예술작품과 유사했다.

③ 그림을 배열하기 위해서는 생각이 필요했는데, 이는 초기의 창의성을 나타낸다.

④ 선사시대 예술작품은 기능적인 목적보다는 미적 목적에만 기여했다.

해설

③번의 키워드인 Thought(생각)이 그대로 언급된 지문 주변의 내용을 살펴보면 전문가들은 (블롬보스 동굴에서 발견된) 그 선들의 배열이 생각을 필요로 했으며 우리의 초기 조상들의 인지력을 나타낸다고 믿는다고 하고, 그다음 문장에서 이와 같이 그 그림들은 인간의 창의성에 대한 가장 초기의 예시들 중 하나라고 했으므로, '③ 그림을 배열하기 위해서는 생각이 필요했는데, 이는 초기의 창의성을 나타낸다'는 것은 지문의 내용과 일치한다.

[오답 분석]

① 첫 번째 문장에서 남아프리카의 동굴 속에서 고고학자들이 사람의 손으로 만들어진 것들 중 가장 오래된 그림이라고 믿는 한 이미지를 발견했다고 했으므로 지문의 내용과 다르다.

② 세 번째 문장에서 더 오래된 그림(블롬보스 그림)은 그 뒤를 잇는 그림(라스코 그림)보다 훨씬 더 단순하다고 했으므로 지문의 내용과 다르다.

④ 마지막 문장에서 그 선들(황토 크레용으로 만들어진 선)은 문자 언어가 나타나기 전에 중요한 의미들을 표현했을 가능성이 있다고 했으므로 지문의 내용과 다르다.

정답 ③

어휘

cave 동굴 archaeologist 고고학자 estimate 추정하다, 추산하다
successor 뒤를 잇는 것, 후임자 consist 이루어져 있다
arrangement 배열, 마련 indicate 나타내다 cognition 인지력
ancestor 조상 prehistoric 선사시대의 preliterate 문자 사용 이전의; 문맹
represent 표현하다, 대표하다 significant 중요한 resemble 유사하다, 닮다
aesthetic 미적인 functional 기능적인, 실용적인

---

09 독해 전체내용 파악(주제 파악) 난이도 상 ●●●

다음 글의 주제로 가장 적절한 것은?

In 1882, inventor Nikola Tesla was hired to work in one of Thomas Edison's laboratories in New York City. Edison told Tesla he would pay him $50,000 to improve the design of one of his electric motors, but when Tesla completed the task after months of painstaking work, Edison claimed that the offer he had put forth initially had been made merely in jest. Feeling betrayed, Tesla resigned on the spot and soon registered a patent for his own electric motor design. The licensing rights to the device were thereafter purchased by George Westinghouse, a businessman who had already acquired a similar design from Italian inventor Galileo Ferraris. Westinghouse had feared that Tesla's patent would otherwise be snapped up by one of Westinghouse's competitors, so he moved with haste to acquire the rights. Tesla subsequently spent a year as an engineering

consultant for Westinghouse, who at the time was engaged in a fierce battle with Edison over the advantages of alternating and direct current. This consulting position effectively placed Tesla in direct competition with his old nemesis who had once ripped him off.

① An engineer as a businessman

② An inventor and intellectual property

③ Electricity in automobiles

④ Disputes of rights and ownership

해석

1882년에, 발명가인 니콜라 테슬라는 뉴욕시에 있는 토머스 에디슨의 실험실 중 한 곳에서 일하도록 고용되었다. 에디슨은 테슬라에게 그의 전동기 중 하나의 설계를 개선하는 데 5만 달러를 지불하겠다고 말했지만, 테슬라가 수개월간의 공들인 작업 끝에 그 업무를 완료했을 때, 에디슨은 그가 처음에 제안했던 것이 그저 농담이었다고 주장했다. 배신감을 느낀 테슬라는 그 자리에서 사임했고, 곧 자신의 전동기 설계에 대한 특허권을 등록했다. 그 후 그 기기의 인가권은 조지 웨스팅하우스에 의해 매입되었는데, 그는 이미 이탈리아 발명가인 갈릴레오 페라리스로부터 비슷한 설계를 취득한 사업가였다. 웨스팅하우스는 테슬라의 특허권을 웨스팅하우스사의 경쟁자들 중 한 명이 덥석 사버릴까 염려하여, 그 권리(인가권)를 취득하기 위해 급히 서둘러 움직였다. 테슬라는 그 후에 웨스팅하우스의 공학 자문 위원으로 1년을 보냈는데, 그 시기에 그(웨스팅하우스)는 교류와 직류의 이점을 두고 에디슨과 격전을 벌이고 있었다. 이 자문 위원 직책은 실질적으로 테슬라가 이전에 그를 속였던 오래된 강적과 직접적인 경쟁을 하도록 했다.

① 사업가로서의 엔지니어

② 발명가와 지적 재산

③ 자동차의 전기

④ 권리와 소유권에 대한 논쟁

해설

지문 전반에 걸쳐 발명가인 니콜라 테슬라가 에디슨을 위해 작업한 업무에 대한 보수를 받지 못하게 되자 즉시 자신의 설계에 대한 특허권을 등록했고, 그 후 그가 발명한 기기의 인가권이 웨스팅하우스에 의해 매입되었다고 설명하고 있으므로, '② 발명가와 지적 재산'이 이 글의 주제이다.

[오답 분석]

① 테슬라가 엔지니어이기는 했지만, 사업가는 아니었으므로 지문의 내용과 관련이 없다.

③ 자동차의 전기는 지문의 내용과 관련이 없다.

④ 웨스팅하우스가 테슬라 기기에 대한 인가권을 취득했다는 내용은 언급되었지만, 권리와 소유권에 대한 논쟁에 대해서는 언급되지 않았다.

정답 ②

어휘

laboratory 실험실 painstaking 공들인, 근면한 initially 처음에
merely 그저, 한낱 jest 농담 betray 배신하다 resign 사임하다
on the spot 그 자리에서 patent 특허권 license 인가하다
snap up 덥석 사다 with haste 급히 서둘러 subsequently 그 후에
consultant 자문 위원 fierce battle 격전 alternating current 교류
direct current 직류 nemesis 강적 rip off 속이다, 빼앗다
property 재산, 소유물 dispute 논쟁, 분규

10 독해 논리적 흐름 파악(무관한 문장 삭제) 난이도 상 ●●●

글의 흐름상 가장 어색한 문장은?

Accepting welfare during tough times has helped many individuals get back on their feet. Nonetheless, Australia's welfare system has been abused time and again. To prevent misuse, the government has put into effect what it calls "work for the dole." ① It requires those receiving benefits to provide labor to various charities and government agencies—including landscaping, hairdressing, and maintenance—in exchange for money. ② This sends a clear message that it is never acceptable to get something for nothing. ③ The government provides a list of reputable charities for which people may do volunteer work. ④ "Work for the dole" not only prevents the assistance program from being misused but also gives recipients the opportunity to work for their welfare. Those who do not comply with the requirements have their payments cut off.

해석

힘든 시기에 복지 (원조를) 받는 것은 많은 사람들이 다시 자립하는 것에 도움이 되어왔다. 그렇기는 하지만, 호주의 복지 제도는 몇 번이고 악용되어 왔다. 악용을 방지하기 위해, 정부는 '실업 수당을 위한 노동'이라고 불리는 것을 시행했다. ① 그것은 보조금을 받는 사람들이 돈의 대가로 조경, 미용, 그리고 정비를 포함한 여러 자선 단체와 정부 기관에 노동력을 제공하는 것을 요구한다. ② 이것은 무언가를 거저 얻는 것이 결코 용인될 수 없다는 분명한 메시지를 전한다. ③ 정부는 사람들이 봉사 활동을 할 수 있는 평판이 좋은 자선 단체의 목록을 제공한다. ④ '실업 수당을 위한 노동'은 지원 프로그램이 악용되는 것을 방지할 뿐만 아니라 수령인들에게 그들의 복지를 위해 일할 기회를 제공하기도 한다. 요구 조건을 준수하지 않은 사람들은 그들의 지급금이 중단된다.

해설

지문 처음에서 호주의 복지 제도는 몇 번이고 악용되어 왔다고 설명한 뒤, ①, ②, ④번에서 악용을 방지하기 위해 정부가 시행한 '실업 수당을 위한 노동'에 대해 설명하고 있으므로 모두 지문의 흐름과 관련이 있다. 그러나 ③번은 정부가 사람들이 봉사 활동을 할 수 있는 평판이 좋은 자선 단체의 목록을 제공한다는 내용으로 지문 전반의 내용과 관련이 없다.

정답 ③

어휘

welfare 복지 get back on one's feet 다시 자립하다
abuse 악용하다, 오용하다 time and again 몇 번이고, 되풀이해서
misuse 악용, 오용 put into effect 시행하다 dole 실업 수당
benefit 보조금, 수당 charity 자선 단체, 자선 행위 landscaping 조경
maintenance 정비 in exchange for ~의 대가로 for nothing 거저, 공짜로
reputable 평판이 좋은 recipient 수령인 comply with ~을 준수하다
requirement 요구 조건, 필요조건 cut off ~을 중단시키다

구문 분석

[8행] This sends a clear message / that it is never acceptable / to get something / for nothing.

: 이처럼 that이 이끄는 절이 message, fact, news, belief 등의 명사 뒤에 와서 명사와 동격을 이루는 경우, '~한다는' 또는 '~라는'이라고 해석한다.

---

11 어휘 reminiscent of = remindful of 난이도 중 ●●○

밑줄 친 부분의 의미와 가장 가까운 것을 고르시오.

With red tomatoes, white mozzarella cheese, and green basil, the colors of the caprese salad are <u>reminiscent of</u> the Italian flag.

① conscious of
② aligned with
③ recognized by
④ remindful of

해석

빨간 토마토, 하얀 모차렐라 치즈, 그리고 녹색의 바질이 들어간 카프레제 샐러드의 색들은 이탈리아 국기를 연상시킨다.

① ~을 의식하는
② ~와 나란한
③ ~으로 인식된
④ ~을 생각나게 하는

정답 ④

어휘

reminiscent of ~을 연상시키는 flag 기, 깃발 conscious of ~을 의식하는
aligned with ~와 나란한 recognize 인식하다 remindful 생각나게 하는

🖍 **이것도 알면 합격!**

reminiscent of(~을 연상시키는)와 유사한 의미의 표현
= redolent of, suggestive of, evocative of

---

12 어휘 be acquainted with = have knowledge of 난이도 중 ●●○

밑줄 친 부분의 의미와 가장 가까운 것을 고르시오.

Flight attendants are sometimes thought of as servers, but they are actually highly trained professionals who must <u>be acquainted with</u> a variety of safety procedures.

① have knowledge of
② take away from
③ be related to
④ work hard for

해석

승무원들은 때때로 종업원으로 여겨지지만, 실제로 그들은 다양한 안전 절차를 잘 숙지해야 하는 고도로 훈련된 전문가들이다.

① ~을 알다
② ~을 폄하하다
③ ~와 관계가 있다
④ ~을 위해 공을 들이다

정답 ①

어휘

flight attendant 승무원 server 종업원, 웨이터
be acquainted with ~을 숙지하다 procedure 절차
have knowledge of ~을 알다 take away from ~을 폄하하다
be related to ~와 관계가 있다

🖍 **이것도 알면 합격!**

be acquainted with(~을 숙지하다)와 유사한 의미의 표현
= know of, be accustomed to, appreciate

13 독해 추론(빈칸 완성 – 단어) 난이도 중 ●●○

밑줄 친 (A), (B)에 들어갈 말로 가장 적절한 것을 고르시오.

The Baron de Montesquieu believed that an ideal government was one in which power was equally distributed among the officials who created the laws, the rulers who enforced them, and the judges who interpreted them. Montesquieu's idea is included in the _____(A)_____ of many nations nowadays, reflecting his profound influence on legal systems. His objective was to prevent any one individual or group from having too much power. Montesquieu wanted the power to _____(B)_____ between authorities and thought it important to make sure that no one be afraid of anyone else.

	(A)	(B)
①	constitutions	be balanced
②	regulations	generate
③	privileges	aggregate
④	industries	be established

해석

몽테스키외 남작은 이상적인 정부가 법을 만드는 관리들, 그것들을 집행하는 통치자들, 그리고 그것들을 해석하는 판사들 사이에 권력이 균등하게 분배된 정부라고 믿었다. 몽테스키외의 사상은 오늘날 많은 국가의 (A) 헌법에 포함되어 있으며, 이는 법체제에 대한 그의 엄청난 영향력을 반영한다. 그의 목적은 한 개인이나 집단이 너무 많은 권력을 갖는 것을 방지하는 것이었다. 몽테스키외는 권력이 권위자들 사이에서 (B) 균형을 이루기를 원했고, 반드시 누구도 다른 사람을 두려워하지 않도록 하는 것이 중요하다고 생각했다.

	(A)	(B)
①	헌법	균형을 이루다
②	규제	발생시키다
③	특권	모이다
④	산업	제정되다

해설

(A) 빈칸 앞부분에 몽테스키외 남작은 이상적인 정부가 관리들, 통치자들, 그리고 판사들 사이에 권력이 균등하게 분배된 정부라고 믿었다는 내용이 있고, 빈칸이 있는 문장에서 이것이 법체제에 대한 그의 엄청난 영향력을 반영한다고 했으므로, (A)에는 몽테스키외 사상이 오늘날 많은 국가의 '헌법(constitutions)'에 포함되어 있다는 내용이 들어가야 한다. (B) 빈칸 앞 문장에 한 개인이나 집단이 너무 많은 권력을 갖는 것을 방지하는 것이 몽테스키외의 목적이었다는 내용이 있으므로, (B)에는 권력이 권위자들 사이에서 '균형을 이루기를(be balanced)' 원했다는 내용이 들어가야 한다. 따라서 ①번이 정답이다.

정답 ①

어휘

ideal 이상적인 distribute 분배하다 official 관리, 공무원 ruler 통치자, 지배자 enforce 집행하다 interpret 해석하다, 이해하다 profound 엄청난, 깊은 objective 목적, 목표 authority 권위자 constitution 헌법 balance 균형이 잡히게 하다 regulation 규제 privilege 특권 aggregate 모이다

14 독해 추론(빈칸 완성 – 연결어) 난이도 중 ●●○

밑줄 친 (A), (B)에 들어갈 말로 가장 적절한 것을 고르시오.

When it comes to protesting for a cause, university students are some of the most active demonstrators. The combination of a thriving academic environment with a large community makes it easy for groups of students to band together. Through the experience, they develop their own perspectives and interest in social issues. _____(A)_____, these protests do not come without a cost for the students. Because they must occur when they would be most effective, the protests often take place during the daytime, which forces students to make the decision to skip their classes in order to participate in them. _____(B)_____, their academic standing—in addition to inconveniencing teachers who had prepared their lessons—is at risk. In order to support causes in a responsible way, students should only consider getting involved when doing so does not conflict with their studies.

	(A)	(B)
①	Therefore	At last
②	However	Despite this
③	Therefore	Conversely
④	However	As a result

해석

대의를 위해 시위하는 것에 관한 한, 대학생들은 가장 적극적인 시위자들 중 일부이다. 번창하는 학업 환경과 큰 공동체의 결합은 학생 단체들이 함께 뭉치는 것을 쉽게 만든다. 이 경험을 통해, 그들은 사회적 문제들에 대한 그들만의 관점과 관심을 발전시킨다. (A) 그러나, 이러한 시위들은 학생들에게 대가 없이 일어나지 않는다. 그것들은 가장 효과적일 때 일어나야 하기 때문에, 시위는 보통 낮에 일어나는데, 이것은 학생들로 하여금 그것들에 참여하기 위해 그들의 수업을 빼먹기로 결정하게 만든다. (B) 그 결과, 강의를 준비한 교사들에게 불편을 끼칠 뿐만 아니라 그들의 학문적 위치도 위험에 처한다. 책임감 있는 방식으로 대의를 지지하기 위해, 학생들은 그렇게 하는 것이 그들의 학업과 충돌하지 않을 때만 (시위에) 참여하는 것을 고려해야 한다.

	(A)	(B)
①	그러므로	마침내
②	그러나	이것에도 불구하고
③	그러므로	반대로
④	그러나	그 결과

해설

(A) 빈칸 앞 문장은 대학생들이 시위를 통해 사회적 문제들에 대한 그들만의 관점과 관심을 발전시킨다는 긍정적인 내용이고, 빈칸 뒤 문장은 이러한 시위들이 학생들에게 대가 없이 일어나지 않는다는 대조적인 내용이므로, (A)에는 대조를 나타내는 연결어인 However(그러나)가 들어가야 한다. (B) 빈칸 앞 문장은 시위가 보통 낮에 일어나기 때문에 학생들이 시위에 참여하기 위해 수업을 빼먹기로 결정한다는 내용이고, 빈칸 뒤 문장은 강의를 준비한 교사들에게 불편을 끼칠 뿐만 아니라 학생들의 학문적 위치도 위험에 처한다는 결과적인 내용이므로, (B)에는 결과를 나타내는 연결어인 As a result(그 결과)가 들어가야 한다. 따라서 ④번이 정답이다.

정답 ④

어휘

protest 시위하다, 항의하다   cause 대의   demonstrator 시위자
combination 결합   thriving 번창하는, 잘 자라나는
band together 함께 뭉치다, 결속하다   perspective 관점, 시각
academic standing 학문적 위치   inconvenience 불편을 끼치다, 폐를 끼치다
involve 참여시키다, 연루시키다   conflict 충돌하다, 모순되다

---

15   독해 논리적 흐름 파악(문장 삽입)   난이도 중 ●●○

주어진 문장이 들어갈 위치로 가장 적절한 것은?

> The same advice applies in other situations as well, especially with regard to those involving mental health.

> Sometimes putting yourself first is the best thing you can do for others. (①) Only when you are in a good state personally can you give others what they need from you. (②) A good example of this occurs on airplanes when passengers are told that it is best for them to put on their own mask before helping those around them in case of an emergency. (③) If you're worried about yourself or exhausted, it can make it impossible for you to give relationship partners the emotional support that they require. (④) By prioritizing yourself and your needs, you aren't being selfish; you're making it possible for you to be in the best position to interact with others.

해석

> 특히 정신 건강과 관련된 다른 상황에서도 같은 조언이 적용된다.

때로는 자기 자신을 우선시하는 것이 다른 사람들을 위해 할 수 있는 가장 좋은 일이다. (①) 개인적으로 훌륭한 상태에 있을 때만이 다른 사람들에게 그들이 당신으로부터 필요로 하는 것을 줄 수 있다. (②) 이것의 좋은 예는 비행기에서 비상사태 시 주변 사람들을 돕기 전에 자신의 마스크를 쓰는 것이 가장 좋다는 말을 승객들이 들었을 때 비행기에서 발생한다. (③) 만약 당신이 자신에 대해 걱정하거나 지쳐있다면, 연인 관계의 상대에게 그들이 필요로 하는 감정적인 지지를 제공하는 것을 불가능하게 만들 수 있다. (④) 자신과 자신의 요구를 우선시함으로써, 당신은 이기적인 것이 아니라 당신이 다른 사람들과 교류할 수 있는 가장 좋은 위치에 있는 것을 가능하게 하는 것이다.

해설

③번 앞 문장에서 비행기에서의 비상사태와 관련된 예시를 설명하고, ③번 뒤 문장에서 자신에 대해 걱정하거나 지쳐있다면 연인 관계의 상대에게 감정적인 지지를 제공하는 것이 불가능하게 될 수 있다고 설명하고 있으므로, ③번에 특히 정신 건강과 관련된 다른 상황(other situations)에서도 같은 조언이 적용된다는 다른 예시를 설명하는 주어진 문장이 나와야 지문의 흐름이 자연스럽게 연결된다.

[오답 분석]

① 앞 문장에 자신을 우선시하는 것이 다른 사람들을 위해 할 수 있는 가장 좋은 일이라는 내용이 있고, 뒤 문장에 개인적으로 훌륭한 상태에 있을 때만이 다른 사람들에게 필요한 것을 줄 수 있다는 이어지는 내용이 있으므로 ①번에 다른 문장이 삽입되면 문맥상 부자연스럽다.

② 뒤 문장의 이것(this)은 ②번 앞 문장의 개인적으로 훌륭한 상태에 있을 때만이 당신은 다른 사람들에게 그들이 필요한 것을 줄 수 있다는 것을 의미하므로 ②번에 다른 문장이 삽입되면 문맥상 부자연스럽다.

④ 앞 문장에서 자신에 대해 걱정하거나 지쳐있다면 상대에게 감정적인 지지를 제공하지 못할 수도 있다고 하고, ④번 뒤 문장에서 자신과 자신의 요구를 우선시함으로써 다른 사람들과 교류할 수 있는 가장 좋은 위치에 있을 수 있다는 대조적인 내용이 등장하므로 ④번에 주어진 문장이 삽입되면 문맥상 부자연스럽다.

정답 ③

어휘

apply 적용되다, 신청하다   with regard to ~에 관련해서   mental 정신의
exhausted 지친, 기진맥진한   relationship (연인) 관계
prioritize 우선시하다, 우선순위를 매기다   selfish 이기적인
interact 교류하다, 상호작용을 하다

---

16   문법 능동태·수동태   난이도 중 ●●○

우리말을 영어로 잘못 옮긴 것은?

① John의 여동생은 그가 그녀에게 전화할 새 전화기를 사주었다.
  → John's sister bought a new phone for him to call her with.

② 많은 정치인들은 그들이 사안에 대해 틀렸다는 것을 인정하는 데 어려움을 겪는다.
  → Many politicians have difficulty admitting that they were wrong about an issue.

③ 연간 최고 판매자 상은 25년 동안 가장 많은 매출을 올린 부동산 중개인에게 수여되었다.
  → The annual Top Seller award has given to the realtor with the most sales for 25 years.

④ 할머니께서는 내가 아직 빵집에 있다면 바게트를 사 올 것을 요청하셨다.
  → Grandmother asked me to get a baguette as long as I was still at the bakeshop.

해설

③ 능동태·수동태 구별 주어 The ~ award와 동사 give(수여하다)가 '상이 수여되다'라는 의미의 수동 관계이므로 능동태 has given을 수동태 has been given으로 고쳐야 한다.

[오답 분석]

① to 부정사의 역할 | to 부정사의 의미상 주어 '그가 그녀에게 전화할 새 전화기'를 나타내기 위해 형용사처럼 명사(a new phone)를 수식할 수 있는 to 부정사 to call이 올바르게 쓰였고, 문장의 주어(John's sister)와 to 부정사(to call)의 행위의 주체가 달라서 to 부정사의 의미상 주어 for him이 to 앞에 올바르게 쓰였다.

② 동명사 관련 표현 '사안에 대해 틀렸다는 것을 인정하는 데 어려움을 겪다'는 동명사구 관용 표현 have difficulty (in) -ing(~하는 데 어려움

을 겪다)를 사용하여 나타낼 수 있으므로 have difficulty admitting
이 올바르게 쓰였다.

④ **부사절 접속사 1**: 조건 '내가 아직 빵집에 있다면'은 조건을 나타내는
부사절 접속사 as long as(~하면)를 사용하여 나타낼 수 있으므로 as
long as I was still at the bakeshop이 올바르게 쓰였다.

정답 ③

어휘

admit 인정하다 annual 연간의, 매년의 realtor 부동산 중개인

이것도 알면 합격!

동명사구 관용 표현

> end up -ing 결국 ~하다   > keep (on) -ing 계속 ~하다
> feel like -ing ~하고 싶다   > be worth -ing ~할 가치가 있다
> cannot help -ing ~하지 않을 수 없다

---

17 | 독해 세부내용 파악(내용 불일치 파악) | 난이도 상 ●●●

다음 글의 내용과 일치하지 않는 것을 고르시오.

Tuberculosis, abbreviated TB, is a deadly bacterial disease that
affects the respiratory system. It is often characterized by a
persistent cough that lasts for weeks, fever, and general fatigue.
The disease, which affects millions of people each year, can
be spread through the air when an infected person coughs,
sneezes, or speaks. When this occurs, healthy people nearby
may breathe in the bacteria and contract the disease. With the
discovery of antibiotics and other effective medications, TB
was relatively straightforward to treat. But nowadays, a new
form of drug-resistant TB has emerged. This more recent and
deadly strain is the result of late diagnoses by doctors, as well
as patients who do not complete their prescribed course of
treatment. In the latter case, patients may feel that they are
getting better and stop taking their medication. The bacteria
that are most resistant to treatment remain, and they replicate,
getting more resilient over time. In order to prevent potential
future large-scale outbreaks of this easily transmissible
pathogen, it is crucial that all TB patients receive prompt
medical attention and that they take all of their prescribed
medications.

① TB is a sometimes fatal disease caused by an infection of
microorganisms.
② People with TB can infect others around them only through
physical contact.
③ Medicines discovered in the past made it relatively uncomplicated
to treat TB.
④ Not finishing prescriptions and late treatment are causing a more
dangerous form of TB.

해석

TB로 축약되는 폐결핵은 호흡계에 영향을 미치는 치명적인 세균성 질병
이다. 이것은 종종 몇 주간 지속되는 끊임없는 기침, 열, 전신 피로로 특
징지어진다. 매년 수백만 명의 사람들에게 영향을 미치는 이 질병은 감염
된 사람이 기침, 재채기 또는 말을 할 때 공기를 통해 퍼질 수 있다. 이것
이 발생하면, 주변의 건강한 사람들(병에 걸리지 않은 사람들)은 그 박테
리아를 들이마셔서 이 질병에 걸릴 수 있다. 항생물질과 다른 효과적인 약
의 발견으로, 폐결핵은 비교적 치료하기가 쉬웠다. 하지만 오늘날에는 약
물에 내성이 있는 새로운 형태의 TB가 출현했다. 보다 최근의 이 치명적
인 변종은 의사들의 늦은 진단뿐만 아니라 처방받은 치료과정을 완료하
지 않은 환자들에 의한 결과이다. 후자의 경우, 환자들은 그들이 낫고 있
다고 느끼고 약물 복용을 그만둘지도 모른다. 치료 약에 가장 잘 저항하
는 세균이 남아서 자기 복제를 하고, 시간이 지날수록 더욱더 끈질겨진다.
쉽게 전염되는 이 병원균의 미래의 대규모 발병 가능성을 예방하기 위해,
모든 TB 환자들은 신속한 치료를 받고, 그들이 처방받은 약을 모두 복용
하는 것이 매우 중요하다.

① 폐결핵은 미생물의 감염으로 인해 야기되는 때로는 치명적인 질병이다.
② 폐결핵이 있는 사람은 신체적인 접촉을 통해서만 그들 주변의 다른 사
람들을 감염시킬 수 있다.
③ 과거에 발견된 약들은 폐결핵을 치료하는 것을 비교적 단순하게 만들
었다.
④ 처방된 약을 다 먹지 않는 것이나 늦은 치료가 더 위험한 형태의 폐결
핵을 야기하고 있다.

해설

지문 처음에서 폐결핵은 감염된 사람이 기침, 재채기 또는 말을 할 때 공기
를 통해 퍼질 수 있고, 이것이 발생하면 주변의 건강한 사람들(병에 걸리지
않은 사람들)이 그 박테리아를 들이마셔서 이 질병(폐결핵)에 걸릴 수 있다
고 설명하고 있으므로, '② 폐결핵이 있는 사람은 신체적인 접촉을 통해서
만 그들 주변의 다른 사람들을 감염시킬 수 있다'는 것은 지문의 내용과 일
치하지 않는다.

[오답 분석]
① 첫 번째 문장에서 폐결핵은 치명적인 세균성 질병이라고 언급되었다.
③ 다섯 번째 문장에서 항생물질과 다른 효과적인 약의 발견으로 폐결핵
은 비교적 치료하기가 쉬웠다고 언급되었다.
④ 일곱 번째 문장에서 보다 최근의 이 치명적인 변종은 의사들의 늦은
진단과 처방받은 치료과정을 완료하지 않은 환자들에 의한 결과라고
언급되었다.

정답 ②

어휘

tuberculosis 폐결핵 abbreviate 축약하다, 줄여 쓰다 bacterial 세균성의
respiratory 호흡의 persistent 끊임없는 general 전신의 fatigue 피로
infected 감염된 contract (병에) 걸리다 antibiotics 항생물질
medication 약, 약물치료 straightforward 쉬운, 간단한 treat 치료하다
drug-resistant 약물에 내성이 있는 emerge 출현하다, 나타나다
deadly 치명적인 strain 변종 diagnosis 진단 prescribe 처방하다
treatment 치료, 치료 약 resistant to ~에 저항하는
replicate 자기 복제하다 resilient 끈질긴 outbreak (병의) 발병, 발발
transmissible 전염되는, 전달할 수 있는 pathogen 병원균 prompt 신속한
medical attention 치료 microorganism 미생물
prescription 처방된 약, 처방전

18 독해 세부내용 파악(내용 불일치 파악) 난이도 상 ●●●

다음 글의 내용과 일치하지 않는 것을 고르시오.

Narcissism is far more complicated than simply being vain or having an unwarranted sense of entitlement. While these are certainly symptoms, there is reason to believe that narcissism is actually an internal mechanism for people to deal with feelings of shame. Some theorists posit that the projection of strong attitudes by many narcissists is an affectation that masks the fact that their self-esteem is actually the opposite from how it is presented. Not wanting to reveal this inner fragility, they do everything they can to pretend to be strong and completely justified in their actions, even if they blatantly lack empathy or concern for others. Narcissists believe that this will protect them from others getting too close to them and learning their weaknesses, and in many cases, they are right, as their disengaged and uncaring behavior tends to drive people away.

① Vanity and undeserved privilege are only two aspects of narcissism.
② Narcissism is thought to be a coping mechanism for shame.
③ People with low self-esteem may develop narcissism to cover up the condition.
④ Projection attracts people to narcissists and boosts their self-confidence.

해석

자아도취증은 단순히 허영심이 많거나 부당한 권리 의식을 가지고 있는 것보다 훨씬 더 복잡하다. 이런 것들이 확실히 증상이긴 하지만, 자아도취증이 사실 사람들이 수치심을 다루는 내적 기제라고 믿는 데는 이유가 있다. 몇몇 이론가들은 많은 자아도취자들에 의한 강경한 태도의 투영이 그들의 자존감과 그것이 내보여지는 방식이 실제로는 정반대라는 사실을 가리는 가식이라고 단정한다. 이러한 내면의 연약함을 드러내고 싶지 않기 때문에, 그들은 타인에 대한 공감이나 염려가 뻔뻔스럽게 부족하더라도, 강한 척하고 그들의 행동에 있어서 완벽하게 정당화되는 체하기 위해서 할 수 있는 모든 것을 한다. 자아도취자들은 이것이 다른 사람들이 그들과 너무 가까워져 그들의 약함을 알아채는 것을 막아줄 것이라고 믿는데, 많은 경우에 그들의 자유롭고 무신경한 행동이 사람로 하여금 떠나고 싶게 만들기 때문에 그들이 맞다.

① 허영심과 과분한 특권은 자아도취증의 두 가지 측면일 뿐이다.
② 자아도취증은 수치심의 대응 기제로 여겨진다.
③ 자존감이 낮은 사람들은 그 상태를 숨기기 위해 자아도취증을 발달시킬 수도 있다.
④ 투영은 사람들이 자아도취자들에게 이끌리게 하고 그들의 자신감을 북돋아 준다.

해설

④번의 키워드인 projection(투영)이 그대로 언급된 지문 주변의 내용에서, 몇몇 이론가들은 자아도취자들에 의한 강경한 태도의 투영이 그들의 자존감과 그것이 내보여지는 방식이 실제로는 정반대라는 사실을 가리는 가식이라고 했고, 마지막 문장에서 많은 경우에 자아도취자들의 자유롭고 무신경한 행동이 사람들을 떠나고 싶게 만든다고 했으므로, '④ 투영은 사람들이 자아도취자들에게 이끌리게 하고 그들의 자신감을 북돋아 준다'는 것은 지문

의 내용과 일치하지 않는다.

[오답 분석]
① 첫 번째 문장에서 자아도취증은 단순히 허영심이 많거나 부당한 권리 의식을 가지고 있는 것보다 훨씬 더 복잡하다고 언급되었다.
② 두 번째 문장에서 자아도취증은 사람들이 수치심을 다루는 내적 기제라고 언급되었다.
③ 세 번째 문장에서 몇몇 이론가들은 많은 자아도취자들에 의한 강경한 태도가 그들의 자존감과 그것이 내보여지는 방식이 실제로는 정반대라는 사실을 가리는 가식이라고 단정한다고 언급되었다.

정답 ④

어휘

narcissism 자아도취증 complicated 복잡한 vain 허영심이 많은
unwarranted 부당한 entitlement 권리 internal 내적인, 정신적인
mechanism 기제, 메커니즘 shame 수치심 posit 단정하다
projection 투영 affectation 가식, 가장 mask 가리다
self-esteem 자존감 reveal 드러내다 fragility 연약함, 깨지기 쉬움
justify 정당화하다 blatantly 뻔뻔스럽게 empathy 공감
disengaged 자유로운, 떨어져 있는 uncaring 무신경한, 무정한
vanity 허영심, 자만심 undeserved 과분한 cover up 숨기다

19 독해 추론(빈칸 완성 – 절) 난이도 중 ●●○

밑줄 친 부분에 들어갈 말로 가장 적절한 것을 고르시오.

In the 1980s, chemists succeeded in creating the first molecular motors, which convert light or chemical energy into mechanical motion. Since then, _____. For instance, one team of researchers put together several molecular motors and axles to invent a four-wheel-drive "nanocar." This tiny vehicle is immensely sophisticated and elaborate, despite being a thousand times thinner than a single human hair. Scientists foresee an exciting future in which these high-tech devices could be put to work, say, in the human body, performing tasks like searching for and destroying cancer cells. As the complexity of these machines advances, so too will their usefulness.

① harnessing light energy has become a goal
② researchers have focused on powering automobiles
③ scientists have developed machines of increasing intricacy
④ technology has been used to treat diseases

해석

1980년대에, 화학자들은 최초의 분자 모터를 만드는 데 성공했는데, 이것은 빛이나 화학 에너지를 기계적인 움직임으로 전환시킨다. 그 이후, 과학자들은 복잡함이 증가한 기계들을 개발해왔다. 예를 들어, 한 연구진은 사륜구동 '나노 자동차'를 발명하기 위해 여러 개의 분자 모터와 차축을 조립했다. 이 작은 차량은 사람의 머리카락 한 올보다 1,000배 더 얇음에도 불구하고, 대단히 정교하고 정밀하다. 과학자들은 이 최첨단 장치들이 이를테면 인체에서 암세포들을 찾아내서 파괴하는 것과 같은 과업들을 수행하며 일을 하는 데 쓰일지도 모른다는 흥미로운 미래를 예견한다. 이 기계들의 복잡성이 발전하면, 그들의 실용성 또한 그러할 것이다.

① 빛 에너지를 활용하는 것이 목표가 되었다
② 연구원들이 자동차를 동력화하는 것에 초점을 맞춰왔다
③ 과학자들은 복잡함이 증가한 기계들을 개발해왔다
④ 기술은 질병을 치료하는 데 사용되어 왔다

해설

빈칸 뒤 문장에서 한 연구진이 사륜구동 '나노 자동차'를 발명하기 위해 여러 개의 분자 모터와 차축을 조립했다는 예시를 설명하고, 이 차량이 대단히 정교하고 정밀하다고 설명하고 있으므로 빈칸에는 '③ 과학자들은 복잡함이 증가한 기계들을 개발해왔다'는 내용이 들어가야 한다.

[오답 분석]
① 분자 모터가 빛이나 화학 에너지를 기계적인 움직임으로 전환시킨다고는 했지만, 빛 에너지를 활용하는 것이 목표가 되었다는 것은 언급되지 않았다.
② 연구진이 나노 자동차를 발명하기 위해 분자 모터와 차축을 조립했다고는 했지만, 자동차를 동력화하는 것은 언급되지 않았다.
④ 나노 자동차가 인체에서 암세포들을 찾아내서 파괴하는 과업을 수행하게 될 수도 있다고는 했지만, 기술이 질병을 치료하는 데 사용되어 왔다는 것은 언급되지 않았다.

정답 ③

어휘

chemist 화학자 molecular 분자 convert 전환시키다 chemical 화학의
mechanical 기계적인, 역학의 motion 움직임 put together 조립하다
axle 차축 four-wheel-drive 사륜구동 immensely 대단히
sophisticated 정교한, 세련된 harness 활용하다 intricacy 복잡함

---

20 독해 추론(빈칸 완성 – 단어) 난이도 중 ●●○

밑줄 친 부분에 들어갈 말로 가장 적절한 것을 고르시오.

Throughout history, followers of nearly every religion have presented gifts to their gods. Offering something to a divine being is one way that people express thanks, atone for sins, and win the approval of the beings they believe control their fates. While most cultures have made symbolic donations of wine or food to the heavens, certain groups, like the Aztec civilization, went much further. Believing that their deities had given up the life of one of their own for the sake of humanity, the Aztecs felt a great deal of indebtedness. As a result, they decided to _____ their most valuable possessions—animals, crops, art, and even human hearts—in return. While it may have inconvenienced or saddened them to lose items and eliminate the good's practical value, they felt that it was necessary for the continued existence of the world.

① adorn

② respect

③ sacrifice

④ ascribe

해석

역사를 통틀어, 거의 모든 종교의 신도들은 그들의 신에게 선물을 바쳐왔다. 신에게 무엇인가를 바치는 것은 사람들이 감사를 표현하는 방법이고, 죄에 대해 속죄하는 방법이며, 그들의 운명을 통제한다고 믿는 존재의 인정을 얻어내는 하나의 방법이다. 대부분의 문화가 신들에게 와인이나 음식이라는 상징적인 기부를 해왔지만, 아즈텍 문명과 같은 특정 집단들은 훨씬 더 멀리 나아갔다. 그들의 신들이 인류를 위해서 그들 자신의 목숨을 포기했다고 믿었기 때문에, 아스텍 사람들은 큰 은혜를 느꼈다. 그 결과, 그들은 그 보답으로 그들에게 가장 귀중한 소유물인 동물, 농작물, 예술품, 그리고 심지어 인간의 심장까지도 바치기로 결정했다. 물건을 잃고 물품의 실용적 가치를 상실하는 것이 그들을 불편하게 하거나 슬프게 했을 수도 있지만, 그들은 세계의 존속을 위해 그것이 불가피하다고 생각했다.

① 꾸미다
② 존경하다
③ 바치다
④ ~의 탓으로 하다

해설

지문 처음에서 역사를 통틀어 거의 모든 종교의 신도들이 신에게 선물을 바쳐왔다고 설명하고 있고, 빈칸 앞 문장에 신들이 인류를 위해 그들 자신의 목숨을 포기했다고 믿었기 때문에 아스텍 사람들은 신들에게 큰 은혜를 느꼈다는 내용이 있으므로, 빈칸에는 그들이 (신들에게) 그 보답으로 그들에게 가장 귀중한 소유물과 심지어 인간의 심장까지도 '③ 바치기'로 결정했다는 내용이 들어가야 한다.

정답 ③

어휘

follower 신도, 추종자 religion 종교 divine 신의, 신성한 atone 속죄하다
sin 죄, 잘못 approval 인정, 승인 fate 운명 symbolic 상징적인
civilization 문명 deity 신, 신적 존재 for the sake of ~를 위해서
indebtedness 은혜, 신세 possession 소유물 crop 농작물
sadden 슬프게 하다 sacrifice 희생; 바치다 existence 존속, 존재
adorn 꾸미다, 장식하다 ascribe ~의 탓으로 하다, ~에 돌리다

정답

p. 56

01	③ 어휘 – 어휘&표현	11	③ 독해 – 세부내용 파악
02	③ 어휘 – 어휘&표현	12	② 독해 – 논리적 흐름 파악
03	③ 어휘 – 생활영어	13	③ 독해 – 전체내용 파악
04	③ 어휘 – 생활영어	14	② 어휘 – 어휘&표현
05	② 문법 – 전치사&우리말과 영작문의 의미상 불일치	15	① 어휘 – 어휘&표현
06	① 문법 – 우리말과 영작문의 의미상 불일치	16	④ 독해 – 추론
07	② 문법 – 분사	17	② 독해 – 논리적 흐름 파악
08	③ 문법 – 능동태·수동태	18	③ 독해 – 추론
09	③ 독해 – 전체내용 파악	19	② 독해 – 세부내용 파악
10	④ 독해 – 전체내용 파악	20	① 독해 – 논리적 흐름 파악

취약영역 분석표

영역	세부 유형	문항 수	소계
어휘	어휘&표현	4	/6
	생활영어	2	
문법	전치사&우리말과 영작문의 의미상 불일치	1	/4
	우리말과 영작문의 의미상 불일치	1	
	분사	1	
	능동태·수동태	1	
독해	전체내용 파악	3	/10
	세부내용 파악	2	
	추론	2	
	논리적 흐름 파악	3	
총계			/20

---

01 | 어휘 debunk = disprove | 난이도 중 ●●○

밑줄 친 부분의 의미와 가장 가까운 것을 고르시오.

The scientist was able to debunk the widely held belief that the Earth was flat by providing concrete evidence of its spherical shape.

① alleviate
② elaborate
③ disprove
④ counterfeit

해석

과학자들은 지구의 둥근 모양에 대한 구체적인 증거를 제공함으로써 지구가 평평하다는 널리 신봉되는 믿음이 틀렸음을 드러낼 수 있었다.

① 완화하다
② 자세히 설명하다
③ 틀렸음을 입증하다
④ 위조하다

정답 ③

어휘

debunk 틀렸음을 드러내다 widely held belief 널리 신봉되는 믿음
flat 평평한 concrete 구체적인, 사실에 의거한 spherical 둥근, 구형의
alleviate 완화하다 elaborate 자세히 설명하다 disprove 틀렸음을 입증하다
counterfeit 위조하다

이것도 알면 합격!

debunk(틀렸음을 드러내다)의 유의어
= refute, rebut, negate, invalidate, expose

---

02 | 어휘 run counter = be opposed | 난이도 중 ●●○

밑줄 친 부분의 의미와 가장 가까운 것을 고르시오.

The opinions of Tim Starr, the young animal-rights activist, ran counter to the actions some chemical companies were taking.

① were restricted
② were suited
③ were opposed
④ were accustomed

해석

젊은 동물 보호 운동가인 Tim Starr의 의견은 일부 화학 회사들이 취하고 있던 조치들과 어긋났다.

① 국한되었다
② 적합했다
③ 반대되었다
④ 익숙했다

정답 ③

어휘

opinion 의견 activist 운동가 run counter 어긋나다, 위반하다
action 조치 restrict 국한하다, 제한하다 suit 적합하게 하다, 어울리게 하다
oppose 반대하다 accustom 익숙하게 하다, 길들게 하다

이것도 알면 합격!

run counter(어긋나다)와 유사한 의미의 표현
= go against, contradict, be in opposition to, conflict with

03 생활영어 I tend to favor summer more than winter.
난이도 하 ●○○

두 사람의 대화 중 가장 어색한 것은?

① A: I heard you got in a car accident the other day.
B: I was taken by surprise when another car stopped suddenly.

② A: Do you still talk to your friends from high school?
B: We've lost touch over the last few years.

③ A: Could you do me a favor real quick?
B: I tend to favor summer more than winter.

④ A: How are things going with your boyfriend?
B: He tore my heart out and ended things.

해석

① A: 며칠 전에 네가 교통사고를 당했다고 들었어.
B: 다른 차가 갑자기 멈추면서 불시에 덮쳐졌어.

② A: 아직도 고등학교 친구들이랑 이야기해?
B: 우리는 지난 몇 년간 연락이 끊겼어.

③ A: 잠깐 부탁 좀 들어줄 수 있어?
B: 난 겨울보다 여름을 더 좋아하는 경향이 있어.

④ A: 남자친구와는 어떻게 지내고 있어?
B: 그가 내 마음을 아프게 했고 모든 것을 끝냈어.

해설

③번에서 A는 부탁을 들어줄 수 있는지를 묻고 있으므로, 겨울보다 여름을 더 좋아하는 경향이 있다는 B의 대답 '③ I tend to favor summer more than winter(난 겨울보다 여름을 더 좋아하는 경향이 있어)'는 어울리지 않는다.

정답 ③

어휘

take by surprise 불시에 덮치다   lose touch 연락이 끊기다
do a favor 부탁을 들어주다   tend to ~하는 경향이 있다
favor 좋아하다   tear one's heart out 마음을 아프게 하다

 **이것도 알면 합격!**

부탁을 할 때 쓸 수 있는 표현

> Would you mind helping me? 저를 도와주실 수 있나요?
> Could you possibly do this for me?
  저를 위해 이것 좀 해주실 수 있나요?
> Can you give me a hand? 저를 도와주실 수 있나요?
> I need some help. 저는 도움이 조금 필요해요.
> Can I ask you a favor? 부탁을 하나 해도 될까요?

04 생활영어 Who played the lead part? 난이도 하 ●○○

밑줄 친 부분에 들어갈 말로 가장 적절한 것은?

A: Have you seen the movie *Final Arguments*?
B: No, what is it about?
A: It's the story of a man in prison for murder and his struggle to prove his innocence.
B: _____?
A: It's a new actor named Josh Cruz. This was his first role, but he gave one of the best performances I've ever seen.
B: Sounds great! I'll check it out.

① Who directed the movie
② Who told you about it
③ Who played the lead part
④ Who do you think did it

해석

A: 〈Final Arguments〉라는 영화 봤어?
B: 아니, 무슨 내용인데?
A: 살인죄로 교도소에 수감된 한 남자와 무죄를 증명하기 위한 그의 투쟁에 관한 이야기야.
B: 누가 주연을 맡았니?
A: Josh Cruz라는 이름의 신인 배우야. 이것이 그의 첫 번째 배역이었는데, 그는 내가 본 것 중 가장 최고의 연기를 보여주었어.
B: 괜찮을 것 같다! 나도 한번 볼게.

① 누가 그 영화를 감독했니
② 누가 너에게 그것에 대해 말해주었니
③ 누가 주연을 맡았니
④ 누가 그랬을 거라고 생각하니

해설

〈Final Arguments〉가 무슨 내용인지를 묻는 B의 질문에 A가 대답하고, 빈칸 뒤에서 다시 A가 It's a new actor named Josh Cruz. This was his first role, but he gave one of the best performances I've ever seen(Josh Cruz라는 이름의 신인 배우야. 이것이 그의 첫 번째 배역이었는데, 그는 내가 본 것 중 가장 최고의 연기를 보여주었어)이라고 말하고 있으므로, 빈칸에는 '③ 누가 주연을 맡았니(Who played the lead part)'가 들어가야 자연스럽다.

정답 ③

어휘

murder 살인죄   struggle 투쟁, 분투   innocence 무죄, 무결함
role 배역, 역할   direct 감독하다, 연출하다   lead 주연 (배우)

이것도 알면 합격!

영화에 관해 이야기할 때 쓸 수 있는 표현

> The movie is number one at the box office.
  그 영화는 박스오피스 1위야.
> The sequel will come out next year. 속편은 내년에 나올 거야.
> The movie is showing in IMAX format.
  그 영화는 아이맥스 형식으로 상영되고 있어.

05 문법 전치사&우리말과 영작문의 의미상 불일치 난이도 중 ●●○

우리말을 영어로 잘못 옮긴 것을 고르시오.

① 내가 너에게 사주려고 했던 그 선물들은 가게에서 매진되었다.
→ The presents I was intending to buy you were sold out in stores.

② 그 팀원들은 회의 후에 간단히 자기소개를 했다.
→ The team members briefly introduced themselves prior to the meeting.

③ 그 11살 소년이 하버드에 합격했을 때 대대적으로 보도되었다.
→ The 11-year-old boy made headlines when he got accepted to Harvard.

④ 학생들은 숙제를 하는 것이 그들이 배우는 것을 돕는다는 것을 이해한다.
→ Students understand that doing homework helps them learn.

해설

② **기타 전치사 | 우리말과 영작문의 의미상 불일치** '회의 후에'는 전치사 following(~ 후에)을 사용하여 following the meeting으로 나타낼 수 있으므로 prior to(~ 전에)를 following으로 고쳐야 한다. 참고로, prior to the meeting은 '회의 전에'를 의미한다.

[오답 분석]

① **주어와 동사의 수 일치** 주어 자리에 복수 명사 The presents가 왔으므로 복수 동사 were가 올바르게 쓰였다. 주어와 동사 사이의 수식어 거품(I ~ you)은 동사의 수 결정에 영향을 주지 않는다. 참고로, 해당 문장은 선행사 The presents 뒤에 관계절(I ~ you)을 이끄는 목적격 관계대명사 which 또는 that이 생략된 형태이다.

③ **수량 표현** '수사 + 하이픈(-) + 단위 표현'(11-year-old)이 명사(boy)를 수식하는 형용사로 쓰이는 경우, 단위 표현은 반드시 단수형이 되어야 하므로 11-year-old가 올바르게 쓰였다.

④ **what vs. that** 완전한 절(doing ~ learn)을 이끌면서 동사 understand의 목적어 자리에 올 수 있는 명사절 접속사 that이 올바르게 쓰였다.

정답 ②

어휘

intend to ~하려고 하다 briefly 간단히
make headlines 대대적으로 보도되다

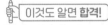 **이것도 알면 합격!**

시점이나 기간을 나타내는 전치사의 종류

> from ~부터	> following ~ 후에, ~에 잇따라
> in advance of ~보다 앞에	> throughout ~ 동안 내내
> around ~쯤에	

06 문법 우리말과 영작문의 의미상 불일치 난이도 상 ●●●

우리말을 영어로 잘못 옮긴 것을 고르시오.

① 과거의 관광객을 위한 천국은 폭력으로 넘쳐나게 되었으며, 다른 어느 곳보다 더 많은 자본 범죄가 발생하고 있다.
→ The former tourist paradise has become overrun with violence, with more crimes per capita than anywhere else.

② 그 여자는 관리자에게 항의했고, 그녀의 남편 역시 그랬다.
→ The woman complained to the manager, and so did her husband.

③ 내가 문을 열었을 때 본 것은 믿을 수 없을 정도로 놀라웠다.
→ What I saw when I opened the door was incredibly surprising.

④ 지난주 이후로 내내 나뭇잎들이 나무들에서 떨어지고 있다.
→ The leaves have been falling off the trees ever since last week.

해설

① **우리말과 영작문의 의미상 불일치** '자본 범죄'는 형용사 capital(자본의)을 써서 나타낼 수 있으므로 crimes per capita를 capital crimes로 고쳐야 한다. 참고로, 전치사 per는 '~당'이라는 의미로 crimes per capita는 '1인당 범죄'라는 의미가 된다.

[오답 분석]

② **도치 구문: 기타 도치** 부사 so가 '~ 역시 그렇다'라는 의미로 쓰여 절 앞에 오면 주어와 조동사가 도치되어 'so + 조동사(did) + 주어(her husband)'의 어순이 되어야 하므로 so did her husband가 올바르게 쓰였다.

③ **명사절 접속사 3: 의문사 | 주어와 동사의 수 일치** 목적어가 없는 불완전한 절(I saw)을 이끌면서 문장의 주어 자리에 올 수 있는 명사절 접속사 What이 올바르게 쓰였고, 명사절 주어는 단수 취급하므로 단수 동사 was가 올바르게 쓰였다.

④ **시제 일치** 현재완료 시제와 함께 자주 쓰이는 시간 표현 'since + 과거 시간 표현(since last week)'이 왔고, '지난주 이후로 내내 나무들에서 떨어지고 있다'는 과거에서 시작된 일이 현재에도 계속되고 있는 것을 표현하고 있으므로, 현재완료진행 시제 have been falling off가 올바르게 쓰였다.

정답 ①

어휘

former 과거의 tourist 관광객을 위한; 관광객 overrun 넘치다, 만연하다
violence 폭력 crime 범죄 per capita 1인당 complain 항의하다
incredibly 믿을 수 없을 정도로 fall off 떨어지다

이것도 알면 합격!

부정문에 대해 '~ 역시 그렇다'라는 의미를 나타낼 때는 so가 아닌 neither/nor가 쓰인다.

> I don't plan to go to the conference and **neither** does my colleague.
나는 그 회의에 갈 계획이 없고 내 동료 역시 그렇다.

07 문법 분사 | 난이도 중 ●●○

밑줄 친 부분 중 어법상 옳지 않은 것을 고르시오.

The invention of the internal combustion engine was one of the most significant developments of the industrial era. The transition from steam-powered or wood-burning engines to ① something combustible revolutionized the rate of production. These devices used small chambers to house explosions, ② powered pistons that turned a drive shaft. These engines were cheaper and more powerful than predecessors, and unlike human workforces, they didn't tire, which gave manufacturers a motor ③ to rely upon consistently. While we may decry these machines today for their environmental impact, they remain ④ of value as we develop the modern world.

해석

내연기관의 발명은 산업 시대의 가장 중요한 발전 중 하나였다. 증기 기관이나 목재 연소 엔진에서 가연성을 가진 무언가로의 전환은 생산 속도에 혁신을 일으켰다. 이 장치들은 폭발을 수용하기 위해 작은 체임버들을 사용했고, 구동축을 회전시키는 피스톤에 동력을 공급했다. 이 엔진들은 이전의 것들보다 더 저렴하고 강력했으며, 인력과 달리 지치지 않는데, 이것이 제조업체들에 지속적으로 의존할 수 있는 모터를 제공했다. 오늘날 우리가 그것들의 환경적인 영향을 이유로 이 기계들을 비난할 수 있지만, 그것들은 우리가 현대 세계를 발달시키고 있는 한 여전히 가치가 있다.

해설

② **분사구문의 형태** 문맥상 주절의 주어 These devices와 분사구문이 '이 장치들이 동력을 공급했다'라는 의미의 능동 관계이므로 과거분사 powered를 현재분사 powering으로 고쳐야 한다.

[오답 분석]

① **형용사 자리** 문맥상 '가연성을 가진 무언가'라는 의미가 되어야 자연스러우므로 명사 something을 뒤에서 수식할 수 있는 형용사 combustible(가연성을 가진)이 올바르게 쓰였다.

③ **to 부정사의 역할** '의존할 수 있는 모터'라는 의미를 표현하기 위해 형용사처럼 명사(motor)를 수식하는 to 부정사 to rely upon이 올바르게 쓰였다.

④ **보어 자리** 동사 remain은 주격 보어를 취하는 동사인데, 보어 자리에는 명사나 형용사 역할을 하는 것이 올 수 있으므로 형용사 역할을 하는 'of + 추상명사(value)'의 of value가 올바르게 쓰였다.

정답 ②

어휘

internal combustion engine 내연기관 transition 전환, 변화
combustible 가연성을 가진 revolutionize 혁신을 일으키다
chamber 체임버(재료를 가열할 때 사용하기니 임의의 온도에서 특수하게 사용하는 기구)
house 수용하다 drive shaft 구동축 predecessor 이전의 것 tire 지치다
manufacturer 제조업체 decry 비난하다, 매도하다

자주 쓰이는 'of + 추상명사' 표현

> of importance(= important) 중요한
> of beauty(= beautiful) 아름다운
> of notice(= noticeable) 눈에 띄는
> of eloquence(= eloquent) 말 잘하는
> of wit(= witty) 재치 있는

08 문법 능동태·수동태 | 난이도 중 ●●○

밑줄 친 부분 중 어법상 옳지 않은 것을 고르시오.

The monomyth, or hero's journey, was formalized by Joseph Campbell in 1949. While researchers had compared mythologies and mapped patterns across them before, Campbell ① helped to codify these patterns. He ② tried to identify a specific way that the heroes' paths led them, which he argued was present across all myths and nearly all stories. In the hero's journey, the hero ③ calls upon by another party, such as a villagers he or she must save. The hero, ④ who is often reluctant to undergo the journey, is eventually spurred to action. The hero then encounters preparation, defeat, and an eventual victorious return, among other steps along the way.

해석

영웅의 여정이라고도 불리는 단일신화는 1949년에 조지프 캠벨에 의해 형식이 갖추어졌다. 이전의 연구원들이 신화들을 비교하고 그것들을 둘러싼 패턴들을 발견했던 반면, 캠벨은 이 패턴들을 체계적으로 정리하는 것에 기여했다. 그는 영웅들의 길이 그들을 이끌었던 특정한 방식을 확인하려고 노력했고, 그것은 그가 모든 신화와 거의 모든 전설에 존재한다고 주장한 것이었다. 영웅의 여정에서, 영웅은 자신이 구해야만 하는 마을 사람들과 같은 다른 단체의 부탁을 받는다. 종종 그 여정을 겪는 것을 꺼리는 영웅은 결국 행동에 박차를 가하게 된다. 그리고 나서 영웅은 그 길의 다른 단계들을 사이에서 준비, 패배, 그리고 최후의 승리를 거둔 귀환을 마주한다.

해설

③ **능동태·수동태 구별 | 동사구의 수동태** 동사구 calls upon 뒤에 목적어가 없고, 주어(the hero)와 동사가 '영웅이 부탁받는다'라는 의미의 수동 관계이므로 능동태 calls upon을 수동태 is called upon으로 고쳐야 한다. 참고로 '자동사 + 전치사' 형태의 동사구가 수동태가 되어 목적어(the hero)가 주어가 된 경우, 목적어 뒤에 쓰인 전치사 upon이 수동태 동사 뒤에 그대로 남는다.

[오답 분석]

① **원형 부정사를 목적격 보어로 취하는 동사** 동사 help는 3형식 동사로 쓰일 때 to 부정사와 원형 부정사를 모두 목적어로 취할 수 있으므로 to 부정사를 목적어로 취한 helped to codify가 올바르게 쓰였다.

② **동명사와 to 부정사를 둘 다 목적어로 취하는 동사** 동사 try는 동명사나 to 부정사를 모두 목적어로 취할 수 있는 동사인데, '~하려고 노력하다'는 'try + to 부정사'를 사용하여 나타낼 수 있으므로 tried to identify가 올바르게 쓰였다.

④ 관계대명사 | 주격 관계절의 수 일치 주어(The hero)와 동사(is) 사이에 관계절(who ~ journey)이 삽입된 구조이다. 선행사(The hero)가 사람이고, 관계절 내 동사 is의 주어 역할을 하므로 주격 관계대명사 who가 올바르게 쓰였고, 주격 관계절의 동사는 선행사에 수 일치시켜야 하는데 선행사가 단수 명사이므로 단수 동사 is가 올바르게 쓰였다.

정답 ③

어휘

formalize 형식을 갖추다 compare 비교하다 mythology 신화
map (배치·구조 등에 대한 정보를) 발견하다 codify 체계적으로 정리하다
call upon 부탁하다, 요구하다 reluctant 꺼리는, 주저하는
eventually 결국, 결과적으로 spur 박차를 가하게 하다, 원동력이 되다
encounter 마주하다, 만나다 preparation 준비 defeat 패배
eventual 최후의, 궁극적인 victorious 승리를 거둔

이것도 알면 합격!

선행사가 사람일 때, 주격 관계대명사 who 대신 that을 사용할 수 있다. 단, which는 사물을 가리키는 관계대명사이므로, 선행사가 사람일 경우 사용할 수 없다.

> I have a friend (**who**, **that**) knows how to play the piano.
　　　　　　선행사(사람)   주격 관계대명사
나는 피아노를 연주할 줄 아는 친구가 있다.

09　독해　전체내용 파악(제목 파악)　난이도 중 ●●○

다음 글의 제목으로 가장 적절한 것은?

Despite electric cars getting better and more affordable with each passing year, they have not yet been widely accepted by the public because of one significant issue: they have to be recharged frequently. Their limited battery power has prevented many from opting to buy the eco-friendly rides, but that may soon change. The UK government announced that it will begin testing under-the-road wireless charging. The vehicles will be able to "fill up" as they drive over motorways, taking the hassle out of having to stop and recharge every few hundred kilometers. Officials have taken their cue from a South Korean city, which has actually been implementing such a practice with specialized buses for two years now. They hope to be able to follow suit on a wider scale in their country to help push electric automobiles into the mainstream.

① How to Make Reasonably Priced Cars
② What Has Caused Electric Cars' Popularity
③ Resolving a Problem With Electric Vehicles
④ Designing Innovative Electric Vehicles

해석

해가 갈수록 전기 자동차가 더 좋아지고 더 저렴해지고 있음에도 불구하고, 그것들은 한 가지 중요한 문제 때문에 아직 대중에게 널리 받아들여지지 않는데, 그 문제는 그것들이 자주 재충전되어야 한다는 점이다. 그것들의 제한된 배터리 용량은 많은 사람들이 그 친환경적인 자동차를 사기로 선택하는 것을 막아 왔지만, 그것은 머지않아 바뀔지도 모른다. 영국 정부는 도로 내부를 통한 무선 충전 실험을 시작할 것이라고 발표했다. 자동차들은 고속도로 위에서 달리는 동안 '가득 찰' 수 있게 될 것이며, 이것은 몇백 킬로미터마다 멈춰서 재충전해야 하는 귀찮은 상황을 없애줄 것이다. 관계자들은 한국의 한 도시에서 단서를 얻었는데, 이곳에서는 지금까지 2년 동안 특수화된 버스로 그러한 기능(무선충전)을 실제로 시행해오고 있다. 그들(영국 정부)은 전기 자동차들이 주류로 진출하는 것을 돕기 위해 그들의 나라에서 더 큰 규모로 전례를 따를 수 있기를 바란다.

① 어떻게 합리적인 가격의 자동차를 만드는가
② 어떤 것이 전기 자동차에 인기를 안겨주었는가
③ 전기 자동차의 문제 해결하기
④ 혁신적인 전기 자동차 설계하기

해설

지문 처음에서 전기 자동차들은 자주 재충전되어야 한다는 점 때문에 아직 대중화되지 않았다고 언급하고, 지문 중간에서 영국 정부가 이러한 충전 문제를 해결하기 위해 도로 내부를 통한 무선 충전 실험을 시작할 것이라고 발표했는데, 자동차들은 고속도로 위에서 달리는 동안 충전될 수 있을 것이라고 설명하고 있으므로, '③ 전기 자동차의 문제 해결하기'가 이 글의 제목이다.

　[오답 분석]
　① 어떻게 합리적인 가격의 자동차를 만드는지에 대해서는 언급되지 않았다.
　② 무엇이 전기 자동차에 인기를 안겨주었는지에 대해서는 언급되지 않았다.
　④ 혁신적인 전기 자동차를 설계하는 것에 대해서는 언급되지 않았다.

정답 ③

어휘

affordable (가격이) 저렴한, 알맞은 significant 중요한 recharge 재충전하다
frequently 자주 opt 선택하다 ride 자동차, 탈 것 announce 발표하다
wireless 무선의 charging 충전 fill up 가득 차다 motorway 고속도로
hassle 귀찮은 상황 cue 단서 implement 시행하다 specialized 특수화된
follow suit 전례를 따르다 mainstream 주류 resolve 해결하다
innovative 혁신적인

10 독해 전체내용 파악(요지 파악)   난이도 중 ●●○

다음 글의 요지로 가장 적절한 것은?

Perhaps you would like to adopt healthy habits but find that maintaining new behaviors past the preliminary stage is a challenge. Part of the reason for this is that many of us attempt too much all at once and end up getting overwhelmed and giving up. For instance, if we decide to take up running, but can't finish a marathon immediately, we quit. Instead of doing it this way, you should set a goal and take small steps that gradually lead to it. With each minor accomplishment, you'll feel more inspired to keep it up and continue pushing yourself further and further. Before you know it, those smaller actions will snowball and give you the impetus to keep moving toward your goal. When momentum builds up like this, there can be no stopping you from accomplishing anything you want.

① Make progress through large sporadic steps.
② Ask for progress reports from others.
③ Use your leisure time to make progress.
④ Consistently make any progress you can.

해석

아마도 당신은 건강한 습관을 들이고 싶지만 준비 단계를 지나 새로운 행동들을 유지하는 것이 어려운 일이라는 것을 알게 될 것이다. 이것의 부분적인 이유는 우리 중 많은 이들이 한꺼번에 너무 많은 것을 시도하다가 결국 압도당해 포기하게 되기 때문이다. 예를 들어, 우리가 달리기를 시작하기로 결정했지만, 당장에 마라톤을 완주할 수 없다면, 우리는 그만둔다. 이런 식으로 하는 대신에, 목표를 세우고 그것으로 서서히 이끌어 가는 작은 단계들을 밟아야 한다. 각각의 작은 성취와 함께, 당신은 그것(성취)을 유지하도록 더욱 영감을 받고 계속해서 자신을 점점 더 밀어붙일 것이다. 당신이 알기 전에, 이 작은 행동들은 눈덩이처럼 커질 것이고 당신이 목표에 계속해서 가까워지도록 자극을 줄 것이다. 이렇게 추진력이 점점 커지면 당신이 원하는 무언가를 달성하지 못하도록 막을 수 있는 것은 없다.

① 산발적인 대규모 단계들을 통해 진전을 이루어라.
② 다른 사람에게 진행 상황 보고를 요청해라.
③ 진전을 이루기 위해 여가 시간을 이용하라.
④ 당신이 할 수 있는 어떤 진전이든 지속적으로 만들어라.

해설

지문 처음에서 준비 단계를 지나 새로운 행동들을 유지하는 것이 어려운 일이라는 것을 알게 될 것이라고 하고, 지문 중간에서 우리가 한꺼번에 많은 것을 시도하려는 방식 대신에 목표를 세우고 그것으로 서서히 이끄는 작은 단계들을 밟으면 각각의 작은 성취와 함께 그 성취를 유지하도록 더욱 영감을 받을 것이라고 했으므로, '④ 당신이 할 수 있는 어떤 진전이든 지속적으로 만들어라'가 이 글의 요지이다.

[오답 분석]

① 네 번째 문장에 목표로 서서히 이끌어가는 작은 단계들을 밟아야 한다고 언급되었으므로, 산발적인 대규모 단계들을 통해 진전을 이루라는 것은 지문의 내용과 다르다.
② 다른 사람에게 진행 상황 보고를 요청하라는 내용은 언급되지 않았다.
③ 진전을 이루기 위해 여가 시간을 이용하라는 내용은 언급되지 않았다.

정답 ④

어휘

adopt (습관을) 들이다, 채택하다   preliminary 준비의, 시초의
impetus 자극, 추진력   move toward ~에 가까워지다
momentum 추진력, 가속도   sporadic 산발적인, 때때로 일어나는

11 독해 세부내용 파악(내용 불일치 파악)   난이도 하 ●○○

다음 글의 내용과 일치하지 않는 것은?

Deadvlei, or dead marsh, is a region in Namibia that features leafless trees in white clay soil. These trees are in fact dead, their exteriors having been blackened by the scorching sun. What may come as a surprise is that these trees are believed to have died 600 to 700 years earlier and appear to be alive only because they are still standing. The trees are unable to decompose because of the dry climate. Scientists who have examined the soil and rocks in the area are aware that the seeds of these trees were long ago deposited in the region due to a flood, which also transported the clay soil. However, a drought that came after the flood hardened the soil and almost all of the flora and fauna died en masse as a result.

① 햇볕은 Deadvlei의 나무들에 상당한 영향을 미쳤다.
② 죽은 습지의 나무들은 이미 오래전에 죽어있었다.
③ 오래전의 홍수가 진흙 토양을 Deadvlei 지역에 가두었다.
④ Deadvlei 지역의 백색 진흙 토양은 원래 단단하지 않았다.

해석

죽은 습지라고도 불리는 Deadvlei는 백색 진흙 토양에 있는 잎이 없는 나무들을 (가진 것을) 특징으로 하는 나미비아의 지역이다. 이 나무들은 사실 죽어있는데, 그것들의 외관은 몹시 뜨거운 햇볕에 의해 검게 그을렸다. 놀라움으로 다가올지도 모르는 것은 이 나무들이 600년에서 700년 전에 죽은 것으로 여겨지는데도, 단지 그것들이 여전히 서 있다는 이유로 살아 있는 것처럼 보인다는 것이다. 그 나무들은 건조한 기후로 인해 부패할 수 없다. 그 지역에서 흙과 돌을 조사해온 과학자들은 이 나무들의 씨앗이 오래전 홍수로 인해 이 지역에 침전되었음을 알고 있는데, 이것은 또한 진흙 토양을 옮기기도 했다. 그러나, 홍수 뒤에 찾아온 가뭄은 토양을 굳게 했고 그 결과 거의 모든 동식물이 집단으로 죽었다.

해설

지문 마지막에서 나무들의 씨앗이 오래전 홍수로 인해 침전되었고, 이것은 진흙 토양을 옮기기도 했다고 했으므로, '③ 오래전의 홍수가 진흙 토양을 Deadvlei 지역에 가두었다'는 것은 지문의 내용과 일치하지 않는다.

[오답 분석]

① 두 번째 문장에 나무들의 외관이 몹시 뜨거운 햇볕에 의해 검게 그을렸다고 언급되었다.
② 세 번째 문장에 나무들이 600년에서 700년 전에 죽은 것으로 여겨진다고 언급되었다.
④ 마지막 문장에 홍수 뒤에 찾아온 가뭄이 토양을 굳게 했다고 언급되었다.

정답 ③

어휘

marsh 습지 feature ~을 특징으로 하다 clay 진흙, 점토 exterior 외관
scorching 몹시 뜨거운 decompose 부패하다, 썩다 examine 조사하다
deposit (서서히) 침전시키다 transport 옮기다 drought 가뭄
harden 굳게 하다, 경화시키다 flora and fauna 동식물
en masse 집단으로

어휘

ripple 파문, 잔물결 notable 유명한, 눈에 띄는 abandon 폐지하다
gold standard 금본위제(화폐단위의 가치와 금의 일정량의 가치가 등가관계를 유지
하는 본위제도) agreement 협정 measure 측정하다 currency 화폐, 통화
stability 안정성 volatility 변동성 unilaterally 일방적으로
pull out of ~에서 발을 빼다, ~에서 철수하다
fiat currency 명목화폐(실질적 가치와 관계없이 표시된 가격으로 통용되는 화폐)
intrinsic value 내재가치 immediate 즉각적인 devalue 가치를 떨어뜨리다
far-reaching 광범위한, 지대한 영향을 가져올 trace back 거슬러 올라가다

12 독해 논리적 흐름 파악(무관한 문장 삭제) 난이도 상 ●●●

밑줄 친 부분 중 글의 흐름상 가장 어색한 것은?

The economic decisions of a society can cause ripples across countries throughout the world. One notable example of this is the United States' decision to abandon the gold standard in 1971. ① In 1944, the US, Canada, Australia, Japan, and Europe had created an agreement to use gold as the basis for measuring the worth of currency. ② The gold standard creates long-term stability, but has extreme volatility across shorter time periods. ③ But in 1971, the US unilaterally pulled out of the agreement, turning the dollar into a fiat currency, which lacks any intrinsic value. ④ This had the immediate result in devaluing the dollar somewhat, which affected currencies that were based on the value of the dollar. But it had more far-reaching effects as well, affecting oil prices worldwide and leading to an energy crisis, all of which can be traced back to a single country's economic decision.

해석

한 사회의 경제적 결정은 전 세계에 걸쳐 여러 국가에 파문을 일으킬 수 있다. 이것의 한 가지 유명한 사례는 1971년에 금본위제를 폐지하기로 한 미국의 결정이다. ① 1944년에, 미국, 캐나다, 호주, 일본, 그리고 유럽은 금을 화폐 가치를 측정하는 기준으로 사용하기로 협정을 맺었다. ② 금본위제는 장기적인 안정성을 창출하지만, 보다 단기간에 걸쳐서는 극심한 변동성을 가진다. ③ 그러나 1971년에, 미국은 일방적으로 협정에서 발을 빼며, 달러를 명목화폐로 바꾸었는데, 이것에는 어떠한 내재가치도 없다. ④ 이것은 달러 가치를 다소 떨어뜨리는 즉각적인 결과를 가졌고, 이는 달러 가치를 중심으로 한 통화들에 영향을 미쳤다. 그러나 그것은 전 세계의 유가에 영향을 미쳐 에너지 위기를 일으키면서 더욱 광범위한 영향도 미쳤는데, 이 모든 것은 한 나라의 경제 결정으로 거슬러 올라갈 수 있다.

해설

지문 처음에서 한 사회의 경제적 결정이 전 세계에 걸쳐 여러 국가에 파문을 일으킬 수 있다고 하고 유명한 사례로 미국의 예시를 소개한 뒤, ①번에서 미국과 다른 국가들이 금을 화폐 가치 측정 기준으로 사용하기로 협정을 맺었다고 하고, ③번에서 그러나 1971년에 미국이 일방적으로 협정에서 발을 빼며 달러를 명목화폐로 바꾸었다고 하면서 ④번에서 이것(달러를 명목화폐로 바꾼 일)이 달러 가치를 중심으로 한 통화들에 영향을 미쳤다고 말하고 있으므로 모두 지문의 흐름과 관련이 있다. 그러나 ②번은 금본위제가 장기적 안정성을 창출하나 단기간에 걸쳐서는 극심한 변동성을 가진다는 내용으로, 한 사회의 결정이 다른 나라에도 영향을 미친다는 지문의 전반적인 내용과 관련이 없다.

정답 ②

13 독해 전체내용 파악(주제 파악) 난이도 중 ●●○

다음 글의 주제로 가장 적절한 것은?

When he was younger, he took a shot at something that he never thought he would do. A friend of his who had moved overseas to set up a business asked him to join her. She told him that she needed someone to help with the day-to-day operations. At first he was hesitant, as he did not feel at ease with the idea of uprooting his life and going to a place where he couldn't even speak the language. But then he gave it some thought. What was the worst that could happen? If he didn't like it, he could always go home and find a new job and a new apartment, which would be difficult only at the start. On the other hand, living overseas could turn out to be the experience of a lifetime. Besides, when would he ever get such a chance again? After weighing the pros and cons, he decided to go for it. There was a bit of culture shock early on, but he eventually settled in and never looked back. He loved the new job and living abroad. He's even picked up the language!

① The expenses of traveling to new countries

② The risks of accepting new employment opportunities

③ The pursuit of trying new things

④ The need to acquire a new business partner

해석

그가 더 어렸을 때, 그는 그가 할 것이라고 전혀 생각해본 적이 없었던 것을 해보았다. 사업을 시작하기 위해 해외로 이주한 그의 친구가 그에게 그녀와 함께해 달라고 요청했다. 그녀는 그에게 일상적인 운영을 도와줄 누군가가 필요하다고 말했다. 처음에, 그는 그의 일상에서 떠나 말조차 하지 못하는 곳으로 간다는 생각에 마음이 편치 않아서 망설였다. 그러나 한편으로 그는 그것(외국으로 가는 것)에 대해 어느 정도 고려해보았다. 일어날 수 있는 최악의 상황이 무엇일까? 만약 그가 그것이 마음에 들지 않는다면, 그는 언제든 고향에 가서 새 직장과 새 아파트를 찾을 수 있을 것이고, 이것은 처음에만 힘들 것이었다. 반면, 외국에서 사는 것은 평생의 경험이 될 수도 있었다. 게다가, 그가 언제 다시 이런 기회를 얻을 수 있을까? 그는 장단점을 저울질해 본 후, 그것(외국으로 가는 것)을 해보기로 결정했다. 초기에 약간의 문화 충격이 있었지만, 그는 결국 정착했고 절대 뒤돌아보지 않았다. 그는 새로운 일자리와 외국에서 사는 것을 좋아했다. 그는 심지어 언어도 익히게 되었다!

① 새로운 나라들을 여행하는 것의 경비
② 새로운 고용 기회를 받아들이는 것의 위험성
③ 새로운 것을 시도하는 것의 추구
④ 새로운 비즈니스 파트너를 얻어야 할 필요성

해설

지문 전반에 걸쳐 사업을 위해 해외로 이주한 친구가 함께해 달라고 요청하자 그는 그의 일상에서 떠나 말조차 하지 못하는 곳으로 간다는 생각에 망설였으나 장단점을 저울질해 본 후 평생의 경험이 될 수도 있다고 판단하여 외국으로 가보기로 결정했다고 이야기하고 있고, 지문 마지막에서 그는 결국 정착했고 새로운 일자리와 외국에서 사는 것을 좋아했다고 하고 있으므로, '③ 새로운 것을 시도하는 것의 추구'가 이 글의 주제이다.

[오답 분석]
① 새로운 나라들을 여행하는 것의 경비에 대해서는 언급되지 않았다.
② 새로운 고용 기회를 받아들이는 것의 위험성에 대해서는 언급되지 않았다.
④ 그의 친구가 사업을 함께해 달라고 요청했다고는 했으나 지엽적이며, 새로운 비즈니스 파트너를 얻어야 할 필요성에 대해서는 언급되지 않았다.

정답 ③

어휘

take a shot 해보다   overseas 해외로   set up ~을 시작하다
day-to-day 일상의, 그날그날 살아가는   operation 운영, 경영
hesitant 망설이는, 주저하는   uproot (오래 살던 곳에서) 떠나다, 송두리째 없애다
turn out 되다, ~인 것으로 드러나다   weigh 저울질하다, 무게를 재다
pros and cons 장단점   settle in 정착하다   expense 경비

---

14 어휘 complementary = supplemental   난이도 하 ●○○

밑줄 친 부분의 의미와 가장 가까운 것을 고르시오.

The mortgage company offers complementary services, such as homeowners' insurance and tax status reporting, which make purchasing a home much easier for buyers.

① pertinent
② supplemental
③ interchangeable
④ competitive

해석

그 대출 회사는 주택 소유자의 보험과 세금 현황 보고와 같은 보완적인 서비스들을 제공하는데, 이것들은 구매자들에게 주택 구매를 훨씬 더 쉽게 만든다.

① 적절한
② 보충의
③ 교환할 수 있는
④ 경쟁력 있는

정답 ②

어휘

mortgage 대출, 융자   offer 제공하다
complementary 보완적인, 보충되는   homeowner 주택 소유자
insurance 보험   tax 세금   purchase 구매하다, 구입하다
pertinent 적절한   supplemental 보충의   interchangeable 교환할 수 있는
competitive 경쟁력 있는

---

15 어휘 consume = put away   난이도 상 ●●●

밑줄 친 부분의 의미와 가장 가까운 것을 고르시오.

Although she weighed only 50 kilograms, the competitive eater consumed more hot dogs than competitors twice her size.

① put away
② put out
③ put up
④ put forward

해석

그녀는 고작 50킬로그램밖에 나가지 않지만, 이 경쟁심 강한 먹기 선수는 그녀보다 두 배 정도 큰 경쟁자들보다 더 많은 핫도그를 먹었다.

① 먹어 치웠다
② 내쫓았다
③ 내놓다
④ 제안했다

정답 ①

어휘

weigh (몸무게가) 나가다   consume 먹다, 소비하다   competitor 경쟁자
put away 먹어 치우다, 마셔 버리다   put out 내쫓다, 해고하다
put up (아이디어 등을) 내놓다, 제시하다   put forward 제안했다

---

16 독해 추론(빈칸 완성 – 연결어)   난이도 중 ●●○

밑줄 친 (A), (B)에 들어갈 말로 가장 적절한 것은?

Many countries feature a two-party system in which each struggles for control of the government. When one party is elected to power, it is common for supporters of the other to spark a social movement in reaction. ＿＿(A)＿＿, this gains momentum over time and affects the next election. The trend is known as the backlash effect. After an election, supporters of the losing candidate feel powerless and seek political action. Since they have little legal or legislative authority, they latch onto social campaigns in defiance of the values espoused by the party in power. Their protest may take the form of marches, petitions, fundraising, and more. ＿＿(B)＿＿ they are in the minority position, those who represent the backlash have a profound effect on the cultural narratives of a nation and ultimately can influence official policy through their outspoken voices and persuasive arguments.

	(A)	(B)
①	In contrast	However
②	For instance	Since
③	Therefore	Otherwise
④	Consequently	Even though

[해석]

많은 국가들은 각각의 정당이 정부의 통제권을 위해 겨루는 양당제를 특징으로 한다. 한 정당이 선출되어 권력을 잡으면, 다른 정당의 지지자들이 반발하여 사회 운동을 유발하는 것은 흔하다. (A) 그 결과로서, 이것은 시간이 지날수록 탄력을 얻어 다음 선거에 영향을 미친다. 이 경향은 반발 효과로 알려져 있다. 선거 후, 패배한 후보자의 지지자들은 무력감을 느껴서 정치적인 행위를 추구한다. 그들에게 법적인 또는 입법의 권한이 거의 없기 때문에, 그들은 집권당에 의해 옹호되는 가치관에 반항하는 사회 운동에 혹한다. 그들의 저항은 행진, 탄원, 모금 그리고 그 이상의 형태를 띨 수 있다. 소수의 입장에 있음 (B) 에도 불구하고, 반발을 표시하는 사람들은 국가의 문화적 서사에 엄청난 영향을 미치며 그들의 솔직한 발언과 설득력 있는 주장을 통해 궁극적으로 공식적인 정책에 영향을 줄 수 있다.

	(A)	(B)
①	그에 반해서	하지만
②	예를 들어	~이므로
③	그러므로	그렇지 않으면
④	그 결과로서	~에도 불구하고

[해설]

(A) 빈칸 앞 문장은 한 정당이 선출되어 권력을 잡으면 다른 정당의 지지자들이 반발하여 사회 운동을 유발하는 것이 흔하다는 내용이고, 빈칸 뒤 문장은 이것(사회 운동)은 시간이 지날수록 탄력을 얻어 다음 선거에 영향을 미친다는 결과적인 내용이므로, (A)에는 결과를 나타내는 연결어인 Consequently(그 결과로서)가 들어가야 한다. (B) 빈칸을 포함하는 문장은 반발을 표시하는 사람들이 소수의 입장에 있고, 그들은 국가의 문화적 서사에 엄청난 영향을 미치고 궁극적으로 공식적인 정책에 영향을 준다는 대조적인 내용이므로, (B)에는 대조를 나타내는 연결어인 Even though (~에도 불구하고)가 들어가야 한다. 따라서 ④번이 정답이다.

정답 ④

[어휘]

feature 특징으로 하다, 특별히 포함하다 struggle 겨루다, 싸우다
elect 선출하다 spark 유발하다, 촉발시키다 momentum 탄력, 여세
backlash 반발, 저항 candidate 후보자 powerless 무력한, 힘없는
legislative 입법의 authority 권한
latch onto (강한 관심을 갖고) 혹하다, 들러붙다 campaign (사회) 운동
defiance 반항, 저항 espouse 옹호하다, 지지하다
the party in power 집권당 protest 저항 march 행진, 행군
petition 탄원, 청원 fundraising 모금, 자금 조달
represent 표시하다, 나타내다 narrative 서사, 이야기
outspoken 솔직한, 거리낌 없이 말하는 voice 발언, 표현
persuasive 설득력 있는

---

17 독해 논리적 흐름 파악(문장 삽입) 난이도 중 ●●○

주어진 문장이 들어갈 위치로 가장 적절한 것은?

This demonstrated the crows remembering the face of and holding grudges against the researcher who had harmed them.

A study shows that crows are remarkable at remembering human faces. Whereas people might vaguely recall seeing someone's face, crows are unerring in identifying faces they have seen before. In the experiment, one researcher wore a "dangerous" mask, and another wore a "neutral" mask. The former captured several crows, tagged them, and even sprayed them with water, while the latter did nothing. (①) Several days later, the two walked around wearing the masks, and the tagged crows proceeded to dive-bomb and scold the researcher with the dangerous mask. (②) Weeks and even months later, crows that hadn't been tagged began assaulting the researcher. (③) This indicated that the tagged crows were communicating with other crows, who then expressed their own displeasure with the researcher. (④) Interestingly, when the researcher wasn't wearing the mask, he wasn't attacked.

[해석]

이것은 까마귀들이 그것들에게 해를 끼친 연구원의 얼굴을 기억하고, 그 연구원에 대한 악의를 품고 있다는 것을 입증했다.

한 연구는 까마귀들이 사람의 얼굴을 기억하는 데 뛰어나다는 것을 보여준다. 사람들은 누군가의 얼굴을 본 것을 어렴풋이 기억해 낼지도 모르는 반면, 까마귀들은 이전에 보았던 얼굴을 알아보는 데 있어 항상 정확하다. 그 실험에서 한 연구원은 '무시무시한' 가면을 썼고, 다른 연구원은 '감정을 드러내지 않는' 가면을 썼다. 전자가 몇 마리의 까마귀들을 포획하여 꼬리표를 달고, 심지어 그들에게 물을 뿌리기도 했던 반면, 후자는 아무것도 하지 않았다. (①) 며칠 뒤, 그 두 사람이 가면을 쓰고 주변을 돌아다니자, 꼬리표가 달린 까마귀들은 계속 무시무시한 가면을 쓴 연구원을 급강하하여 공격하고 꾸짖었다. (②) 몇 주 그리고 심지어 몇 달 후에는, 꼬리표가 달리지 않았던 까마귀들이 그 연구원을 공격하기 시작했다. (③) 이는 꼬리표가 달린 까마귀들이 다른 까마귀들과 의사소통을 하고 있었음을 나타냈는데, 그것들(다른 까마귀들)은 그다음에 그 연구원에 대한 그것들의 불쾌감을 표현했다. (④) 흥미롭게도, 그 연구원이 가면을 쓰고 있지 않았을 때는 공격을 받지 않았다.

[해설]

②번 앞 문장에서 꼬리표가 달린 까마귀들이 그것들을 괴롭혔던 무시무시한 가면을 쓴 연구원을 공격했다고 했으므로, ②번에 이것은 까마귀들이 그것들에게 해를 끼친 연구원의 얼굴을 기억하고, 그 연구원에 대한 악의를 품고 있다는 것을 입증했다는 내용의 주어진 문장이 나와야 지문이 자연스럽게 연결된다.

[오답 분석]

① 앞 문장에는 연구원들이 두 개의 다른 가면을 쓰고 그중 한 연구원이 까마귀를 불쾌하게 하는 실험을 했다는 내용이 있고, ①번 뒤 문장에는 며칠 뒤에 그 두 사람이 주변을 돌아다니자, 꼬리표가 달린 까마귀들이 그것들을 괴롭혔던 무시무시한 가면을 쓴 연구원을 공격했다고 하며 앞 문장과 연결되는 내용이 있으므로 ①번에 다른 문장이 삽입되면 문맥상 부자연스럽다.

③ 앞 문장에 꼬리표가 달리지 않았던 까마귀들이 그 연구원(자신들을 불쾌하게 한 연구원)을 공격했다는 내용이 있고, ③번 뒤 문장에 이것은 꼬리표가 달린 까마귀들이 다른 까마귀들과 의사소통을 하고 있었다는 것을 나타냈다고 하며 앞 문장과 연결되는 내용이 있으므로 ③번에 다른 문장이 삽입되면 문맥상 부자연스럽다.

④ 앞 문장에 해가 가해지지 않은 까마귀도 연구원에 대한 자신들의 불쾌감을 표현했다는 내용이 있으므로 ④번에 이것은 까마귀들이 그것들에게 해를 끼친 연구원에 대한 악의를 품고 있다는 것을 입증했다는 내용의 주어진 문장이 삽입되면 문맥상 부자연스럽다.

정답 ②

어휘

demonstrate 입증하다   crow 까마귀   hold grudges 악의를 품다
remarkable 뛰어난, 놀라운   vaguely 어렴풋이   recall 기억해 내다, 상기하다
unerring 항상 정확한, 틀림없는   neutral 감정을 드러내지 않는
capture 포획하다   tag 꼬리표를 달다   proceed to 계속 ~을 하다

구문 분석

[3행] A study shows / that crows are remarkable / at remembering human faces.
: 이처럼 that이 이끄는 절(crows ~ faces)이 목적어인 경우, '~하는 것을' 또는 '~하다고'라고 해석한다.

---

18 독해 추론(빈칸 완성 – 절)   난이도 상 ●●●

밑줄 친 부분에 들어갈 말로 가장 적절한 것은?

Those who follow the philosophy of solipsism question what we can really understand about the world around us. _____.
Everything outside of our own consciousness, including the external world and other people, cannot be guaranteed to exist. These things may simply be manifestations of the mind and can be wrong in the view of solipsists. This is because our perception of things outside of ourselves may be inaccurate. For instance, if a spoon is placed in a glass of water, it will appear that the spoon is bent when we look at it. However, the spoon is not actually bent and our sense of sight has played a trick on our mind. For solipsists, this demonstrates the problem inherent with trying to understand the outside world. If our senses cannot be trusted to prove reality, then how can we truly say that we know anything outside of ourselves?

* solipsism: 유아론(자신만이 존재하고, 타인이나 그 밖의 다른 존재는 자신의 의식 속에 있다고 하는 생각)

① Generally, our existence cannot be proven to solipsists
② To understand this philosophy, we must connect with the people around us
③ According to them, the only thing one can really know is one's own mind
④ In reality, the physical senses are the key to comprehending the external world

해석

유아론 철학을 따르는 사람들은 우리 주변의 세계에 대해 우리가 진정으로 무엇을 이해할 수 있는지에 대해 의문을 품는다. 그들(유아론 철학을 따르는 사람들)에 따르면, 진정으로 알 수 있는 유일한 것은 자신의 마음뿐이다. 외부 세계와 타인을 포함하여 우리 자신의 의식 밖의 모든 것들은 존재한다고 보장될 수 없다. 이러한 것들(의식 밖의 모든 것)은 단순히 마음의 표현일 수도 있고 유아론자들의 관점에서는 틀린 것일 수 있다. 이는 우리 외부의 사물에 대한 우리의 인식이 부정확할지도 모르기 때문이다. 예를 들어, 만약 숟가락이 물컵 안에 놓이면, 우리가 그것을 볼 때 숟가락이 구부러진 것처럼 보일 것이다. 하지만, 실제로 숟가락은 구부러지지 않았고 우리의 시각은 우리의 마음을 속였다. 유아론자들에게, 이것은 외부 세계를 이해하려고 노력하는 것에 내재하는 문제를 입증한다. 만약 우리의 감각이 현실을 증명하고 있다는 것이 신뢰될 수 없다면, 어떻게 우리가 우리 자신 밖의 어떤 것을 안다고 진정으로 말할 수 있을까?

① 일반적으로, 우리의 존재는 유아론자들에게 증명될 수 없다.
② 이 철학을 이해하기 위해서, 우리는 주변 사람들과 연결되어야 한다.
③ 그들에 따르면, 진정으로 알 수 있는 유일한 것은 자신의 마음뿐이다.
④ 실제로, 물리적 감각은 외부 세계를 이해하는 열쇠이다.

해설

빈칸 뒤에서 우리 자신의 의식 밖의 모든 것들은 존재한다고 보장될 수 없는데, 이는 우리 외부의 사물에 대한 우리의 인식이 부정확할 수도 있기 때문이라고 설명하고 있으므로, 빈칸에는 '③ 그들에 따르면, 진정으로 알 수 있는 유일한 것은 자신의 마음뿐이다'라는 내용이 들어가야 한다.

[오답 분석]

① 우리 자신의 의식 밖의 모든 것들은 존재한다고 보장될 수 없다고 했으므로, 우리의 존재가 유아론자들에게 증명될 수 없다는 것은 지문의 문맥에 적절하지 않다.
② 이 철학을 이해하기 위해 우리가 주변 사람들과 연결되어야 한다는 것은 언급되지 않았다.
④ 물리적 감각이 외부 세계를 이해하는 열쇠라는 것은 지문의 내용과 관련이 없다.

정답 ③

어휘

philosophy 철학   question 의문을 품다   consciousness 의식
external 외부의   guarantee 보장하다   manifestation 표현, 표명
perception 인식   inaccurate 부정확한   bend 구부러지다
play a trick on ~를 속이다   inherent 내재하는   existence 존재
physical sense 물리적 감각   comprehend 이해하다

19 독해 세부내용 파악(내용 불일치 파악) 난이도 중 ●●○

다음 글의 내용과 일치하지 않는 것은?

The United States Drug Enforcement Administration has recently authorized new controls on prescription painkillers in order to curb the growing rate of addiction across the nation. It is estimated that as many as seven million Americans regularly abuse painkillers, which can easily result in death through accidental overdose. For far too long, physicians have been irresponsibly prescribing the strongest of medications for minor surgeries and dental procedures, a practice that has made pills widely available and therefore easy to abuse. Under the new rules, only patients deemed to be in severe pain will receive these drugs. Furthermore, patients will never be prescribed more than a three-month supply at once and will have to undergo a medical examination before being prescribed more. These measures should help limit the misuse and extensive distribution of pain-killing pills. However, to truly stop the trend of addiction, more needs to be done to limit the ability of pharmaceutical companies to pressure doctors to prescribe these drugs when they're not needed.

① Doctors have been negligent in their prescription of powerful painkillers.
② Prescription pills are abused primarily by patients who are suffering severe pain.
③ No more than three months' worth of medication can be prescribed without a visit to the doctor.
④ Pharmaceutical companies are trying to motivate doctors to prescribe more painkillers.

해석

미국 마약 단속국은 전국적으로 증가하고 있는 중독률을 억제하기 위해 최근에 처방 진통제에 대한 새로운 규제를 승인했다. 7백만 명에 달하는 미국인들이 정기적으로 진통제를 남용하고 있는 것으로 추정되는데, 이는 우발적인 과다 복용을 통한 사망을 쉽게 야기할 수 있다. 너무 오랫동안, 의사들은 경미한 수술과 치과 치료에 가장 강력한 약물을 무책임하게 처방해왔는데, 이 관행은 약물을 널리 이용할 수 있게 하여 남용하기 쉽게 만들어 왔다. 새로운 규정하에서는, 심각한 고통을 느끼고 있다고 여겨지는 환자들만이 이러한 약물을 받을 것이다. 게다가, 환자들은 결코 한 번에 석 달 치 이상의 공급량을 처방받지 못할 것이며, 더 처방받기 전에는 건강 진단을 받아야 할 것이다. 이러한 조치들은 진통제의 오용과 광범위한 유통을 제한하는 데 도움이 될 것이다. 하지만, 중독의 추세를 진정으로 멈추기 위해서는, 이러한 약물이 필요하지 않을 때 의사들로 하여금 그것들을 처방하도록 압박하는 제약회사들의 능력을 제한하기 위해 더 많은 것들이 행해져야 한다.

① 의사들은 강력한 진통제의 처방에 대해 부주의했다.
② 처방 약물은 주로 심각한 고통에 시달리는 환자들에 의해 남용된다.
③ 의사의 진찰 없이 석 달 치 이상의 약물은 처방될 수 없다.
④ 제약회사들은 의사들이 더 많은 진통제를 처방하도록 유도하려고 시도하고 있다.

해설

지문 처음에 7백만 명에 달하는 미국인들이 정기적으로 진통제를 남용하고 있는 것으로 추정되며, 강력한 약물이 경미한 수술과 치과 치료를 받는 환자들에게 무책임하게 처방되어 왔다는 내용이 있으므로, '② 처방 약물은 주로 심각한 고통에 시달리는 환자들에 의해 남용된다'는 것은 지문의 내용과 일치하지 않는다.

[오답 분석]

① 세 번째 문장에 의사들은 너무 오랫동안 경미한 수술과 치과 치료에 가장 강력한 약물을 무책임하게 처방해왔다고 언급되었다.
③ 네 번째 문장에 환자들은 새로운 규정하에서 한 번에 석 달 치 이상의 공급량을 처방받지 못할 것이며, 더 처방받기 전에는 건강 진단을 받아야 할 것이라고 언급되었다.
④ 마지막 문장에 제약회사들은 진통제가 필요하지 않을 때 의사들로 하여금 진통제를 처방하도록 압박한다고 언급되었다.

정답 ②

어휘

Drug Enforcement Administration 마약 단속국
authorize 승인하다, 인가하다   control 규제   prescription 처방
painkiller 진통제   curb 억제하다   addiction 중독   estimate 추정하다
abuse 남용하다   accidental 우발적인, 사고로 인한   overdose 과다 복용
physician 의사   irresponsibly 무책임하게   medication 약물
minor 경미한   dental 치과의   practice 관행   deem 여기다
severe 심각한, 극심한   undergo 받다, 겪다
medical examination 건강 진단   misuse 오용   extensive 광범위한
distribution 유통, 분배   pharmaceutical 제약의, 약학의
negligent 부주의한   primarily 주로

20 독해 논리적 흐름 파악(문단 순서 배열) 난이도 중 ●●○

주어진 문장 다음에 이어질 글의 순서로 가장 적절한 것은?

The scientific method is based on the principle of methodological naturalism.

(A) This describes an approach to the world that is concerned with natural causes and phenomena. This is not to suggest there are not any other types of causes, such as supernatural causes, and scientists are not required to accept or reject such ideas one way or another.

(B) However, for the purpose of utilizing the scientific method, scientists merely accept a methodological naturalist approach, because they think only that which is natural can be subjected to testing and experimentation.

(C) For that same reason, theories and explanations tend to exclude supernatural causes because they are inapplicable to the scientific method. Even though naturalist explanations may best account for what we experience in the world, supernatural causes are also important factors we have to work with.

① (A) – (B) – (C)
② (A) – (C) – (B)
③ (B) – (A) – (C)
④ (B) – (C) – (A)

해석

> 과학적 방법은 방법론적 자연주의의 원리에 기초한다.

(A) 이것(방법론적 자연주의의 원리)은 자연적 원인과 현상과 관련된 세계에 대한 접근법을 설명한다. 이것이 초자연적인 원인과 같은 다른 종류의 어떤 원인도 없다는 것을 암시하는 것은 아니며, 과학자들은 그러한 생각들을 어떤 식으로든 받아들이거나 거부할 필요가 없다.

(B) 그러나, 과학적 방법의 활용을 위해, 과학자들은 그저 방법론적 자연주의자의 접근법만을 받아들이는데, 이는 그들이 오직 자연적인 것만이 시험과 실험의 대상이 될 수 있다고 생각하기 때문이다.

(C) 같은 이유로, 이론과 설명에서는 초자연적 원인이 과학적 방법에 적용할 수 없기 때문에 그것을 배제하는 경향이 있다. 자연주의적인 설명이 우리가 세계에서 경험하는 것을 가장 잘 설명해 줄 수 있을지라도, 초자연적 원인 또한 우리가 연구 대상으로 삼아야 하는 중요한 요소들이다.

해설

주어진 문장에서 과학적 방법은 방법론적 자연주의의 원리에 기초한다고 말한 뒤, (A)에서 이것(This)은 자연적 원인과 현상과 관련된 세계에 대한 접근법을 설명하지만, 이것이 초자연적인 원인과 같은 다른 종류의 원인이 없다는 것을 암시하는 것은 아니며, 과학자들은 그러한 생각들을 받아들이거나 거부할 필요는 없다고 설명하고 있다. 이어서 (B)에서 그러나 (However) 과학자들은 그저 방법론적 자연주의자의 접근법만을 받아들이며, 이는 그들이 오직 자연적인 것만이 시험과 실험의 대상이 될 수 있다고 생각하기 때문이라고 하고, (C)에서 같은 이유로(For that same reason) 초자연적 원인은 과학적 방법에 적용되지 않기 때문에 이론과 설명에서 배제되는 경향이 있지만, 이 또한 우리가 연구 대상으로 삼아야 하는 중요한 요소들이라고 설명하고 있다.

정답 ①

어휘

principle 원리   methodological naturalism 방법론적 자연주의(자연 현상을 자연적 사건으로 설명하는 주의)   approach 접근법
be concerned with ～에 관련된, ～에 관심 있는
phenomenon 현상(복수형 phenomena)   supernatural 초자연적인
reject 거부하다   utilize 활용하다   merely 그저, 단지
be subjected to ～의 대상이 되다, ～을 당하다   experimentation 실험
explanation 설명   exclude 배제하다   inapplicable 적용할 수 없는
account for ～을 설명하다

정답 p. 64

정답

01	③ 어휘 – 어휘&표현	11	④ 어휘 – 생활영어
02	③ 어휘 – 어휘&표현	12	③ 어휘 – 생활영어
03	③ 어휘 – 어휘&표현	13	③ 독해 – 추론
04	① 어휘 – 어휘&표현	14	④ 독해 – 전체내용 파악
05	④ 문법 – 어순	15	③ 독해 – 논리적 흐름 파악
06	② 문법 – 조동사	16	④ 독해 – 논리적 흐름 파악
07	③ 문법 – 동명사	17	③ 독해 – 논리적 흐름 파악
08	④ 독해 – 전체내용 파악	18	③ 독해 – 세부내용 파악
09	① 독해 – 전체내용 파악	19	① 독해 – 추론
10	④ 독해 – 세부내용 파악	20	② 독해 – 추론

취약영역 분석표

영역	세부 유형	문항 수	소계
어휘	어휘&표현	4	/6
	생활영어	2	
문법	어순	1	/3
	조동사	1	
	동명사	1	
독해	전체내용 파악	3	/11
	세부내용 파악	2	
	추론	3	
	논리적 흐름 파악	3	
총계			**/20**

---

01 어휘 authentic = sincere 난이도 하 ●○○

밑줄 친 부분의 의미와 가장 가까운 것을 고르시오.

> The practical way she deals with the country's problems and her authentic interest in the people have endeared her to voters.

① durable ② novel
③ sincere ④ vigorous

해석

그녀가 나라의 문제를 처리하는 실용적인 방식과 국민에 대한 그녀의 진정한 관심은 그녀가 유권자들의 사랑을 받게 해왔다.

① 내구성이 있는 ② 참신한
③ 진실된 ④ 격렬한

정답 ③

어휘

practical 실용적인, 현실적인 authentic 진정한, 진짜의
endear 사랑을 받게 하다 durable 내구성이 있는 novel 참신한
sincere 진실된 vigorous 격렬한

 이것도 알면 **합격!**

authentic(진정한)의 유의어
= genuine, honest, credible

---

02 어휘 inaudible = indistinct 난이도 하 ●○○

밑줄 친 부분의 의미와 가장 가까운 것을 고르시오.

> The quality of the sound system in the old auditorium was so poor that even when the volume was turned up, the voices on stage were nearly inaudible.

① reticent ② unfamiliar
③ indistinct ④ subtle

해석

그 오래된 강당에 있는 음향 장치의 질이 너무 좋지 않아서, 심지어 볼륨이 높여졌을 때도 무대 위의 음성이 거의 들리지 않았다.

① 과묵한 ② 익숙하지 않은
③ 불명료한 ④ 미묘한

정답 ③

어휘

auditorium 강당 inaudible 들리지 않는 reticent 과묵한
unfamiliar 익숙하지 않은 indistinct (소리 따위가) 불명료한 subtle 미묘한

 이것도 알면 **합격!**

inaudible(들리지 않는)의 유의어
= imperceptible, mumbled, hushed, unclear, indiscernible

---

03 어휘 inch by inch = gradually 난이도 하 ●○○

밑줄 친 부분의 의미와 가장 가까운 것을 고르시오.

> As the sun sank inch by inch below the horizon, the ship's captain raced to reach the dock before nightfall.

① overtly ② abruptly
③ gradually ④ immediately

해석

해가 지평선 아래로 서서히 지자, 그 배의 선장은 해 질 녘 전에 부두에 도착하기 위해 질주했다.

① 명백히 ② 갑자기
③ 서서히 ④ 즉시

정답 ③

어휘

sink (해, 달 등이) 지다, 보이지 않게 되다 inch by inch 서서히, 조금씩
horizon 지평선 race 질주하다 dock 부두 nightfall 해 질 녘
overtly 명백히 abruptly 갑자기 gradually 서서히 immediately 즉시

이것도 알면 **합격!**

inch by inch(서서히)의 유의어
= progressively, slowly, steadily

---

04 어휘 take stock of = appraise 난이도 중 ●●○

밑줄 친 부분의 의미와 가장 가까운 것을 고르시오.

After the hurricane swept through the town, the disaster relief agency showed up to take stock of the extent of the damage.

① appraise ② deduce
③ convene ④ submit

해석

허리케인이 그 마을을 휩쓸고 지나간 후에, 재난 구조 기관이 피해의 규모를 조사하기 위해 나타났다.

① 살피다 ② 추론하다
③ 소집하다 ④ 제출하다

정답 ①

어휘

sweep through ~을 휩쓸고 지나가다 disaster relief agency 재난 구조 기관
take stock of ~을 조사하다 extent 규모, 정도 appraise 살피다
deduce 추론하다 convene 소집하다 submit 제출하다

이것도 알면 **합격!**

take stock of(~을 조사하다)의 유의어
= assess, evaluate, review, examine, analyze

---

05 문법 어순 난이도 중 ●●○

어법상 옳은 것은?

① The waiting line for the adventure film is longer than those for the romance movie.
② People expect the fame live in homes that are large and luxurious.
③ He'll call you when he will be arriving at the airport tomorrow morning.
④ Surviving an economic crisis is closely connected with how well a company adjusts to change.

해석

① 모험 영화의 대기열은 로맨스 영화의 대기열보다 더 길다.
② 사람들은 유명한 사람들이 크고 호화로운 집에서 살 것이라고 기대한다.

③ 그는 내일 아침에 공항에 도착하면 너에게 전화할 것이다.
④ 경제 위기에서 살아남는 것은 기업이 변화에 얼마나 잘 적응하는지와 밀접하게 연결되어 있다.

해설

④ **의문문의 어순** 전치사 with의 목적어 자리에 명사 역할을 하는 간접 의문문(how ~ change)이 왔고, 의문문이 다른 문장 안에 포함된 간접 의문문은 '의문사(how well) + 주어(a company) + 동사(adjusts)'의 어순으로 쓰여야 하므로 how well a company adjusts가 올바르게 쓰였다.

[오답 분석]

① **지시대명사** 대명사가 지시하는 명사가 단수 명사 The waiting line(대기열)이므로 복수 지시대명사 those를 단수 지시대명사 that으로 고쳐야 한다.
② **정관사 the** 문맥상 '유명한 사람들이 크고 호화로운 집에서 산다'라는 의미가 되어야 자연스럽고, '유명한 사람들'은 'the + 형용사'(~한 사람들)를 사용하여 나타낼 수 있으므로 명사 fame(명성)을 형용사 famous(유명한)로 고쳐야 한다.
③ **현재 시제** 시간을 나타내는 부사절(when ~ tomorrow morning)에서는 미래를 나타내기 위해 미래 시제 대신 현재 시제를 사용하므로 미래진행 시제 will be arriving을 현재 시제 arrives 또는 현재진행 시제 is arriving으로 고쳐야 한다.

정답 ④

어휘

waiting line 대기열 fame 명성 luxurious 호화로운 crisis 위기
connect 연결하다 adjust 적응하다

이것도 알면 **합격!**

명사절에서는 when이 쓰였더라도 미래시제를 그대로 사용한다.

> Can you tell me **when** the movie will start?
영화가 언제 시작하는지 알려주실 수 있나요?

---

06 문법 조동사 난이도 중 ●●○

우리말을 영어로 가장 잘 옮긴 것은?

① CEO의 딸이 그 회사를 인수하도록 지명되었다.
→ The daughter of the CEO has named to take over the company.
② 경비 담당 부서는 그 건물의 모든 방문자들이 사진이 부착된 신분증을 제시하도록 요구한다.
→ Security requires that all visitors to the building present a photo ID.
③ 그 소설은 초현대적인 기술을 가진 사회를 묘사했다.
→ The novel is depicted by a society with futuristic technology.
④ 그는 단추들이 떨어져서 셔츠를 갈아입었다.
→ He changed his shirt because the buttons fall off.

해설

② **조동사 should의 생략** 주절에 요구를 나타내는 동사 require가 오면 종속절에는 '(should +) 동사원형'이 와야 하므로 동사원형 present가 올바르게 쓰였다.

[오답 분석]

① 능동태·수동태 구별 주어(The daughter)와 동사가 '딸이 지명되다'라는 의미의 수동 관계이므로 능동태 has named를 수동태 has been named로 고쳐야 한다.

③ 능동태·수동태 구별 주어(The novel)와 동사가 '그 소설이 묘사하다'라는 의미의 능동 관계이므로 수동태 is depicted by를 능동태 depicts로 고쳐야 한다.

④ 시제 일치 주절의 시제가 과거(changed)이므로 종속절에는 과거나 과거완료 시제가 쓰여야 한다. 따라서 현재 시제 fall을 과거 시제 fell 또는 had fallen으로 고쳐야 한다.

정답 ②

어휘

name 지명하다　take over 인수하다　present 제시하다, 제출하다
depict 묘사하다　futuristic 초현대적인　fall off (~에서) 떨어지다

이것도 알면 합격!

종속절에 '(should +) 동사원형'이 오며 제안·의무·요청·주장 등을 나타내는 동사

> command 명령하다　　　> ask 요청하다
> suggest 제안하다　　　> demand 요구하다
> insist 주장하다　　　> recommend 추천하다

07　문법 동명사　　　난이도 중 ●●○

우리말을 영어로 잘못 옮긴 것은?

① 그들은 너무 화가 나서 그 문제를 평화로운 방식으로 처리할 수 없었다.
→ They were too angry to handle the problem in a peaceful way.

② 그 동물은 그 자신을 환경에 맞추거나 다른 장소로 이동할 것이다.
→ The animal will either adjust itself to its surroundings or move to another area.

③ 판사의 판결이 그 죄수가 감옥에서 석방되는 것을 막았다.
→ The judge's decision prevented the prisoner from releasing from prison.

④ 지원자를 오직 학력만으로 채용하는 것은 근시안적이다.
→ It is shortsighted to employ an applicant only for his educational background.

해설

③ 동명사의 형태 동명사(releasing)의 의미상 주어인 the prisoner와 동명사가 '그 죄수가 석방되다'라는 의미의 수동 관계이므로 동명사의 능동형 releasing을 동명사의 수동형 being released로 고쳐야 한다.

[오답 분석]

① to 부정사 관련 표현 '너무 화가 나서 평화로운 방식으로 처리할 수 없었다'는 to 부정사 관련 표현 'too ~ to'(너무 ~해서 - 할 수 없다)를 사용하여 나타낼 수 있으므로 too angry to handle이 올바르게 쓰였다.

② 재귀대명사 동사 adjust의 목적어 itself가 지칭하는 대상이 주어 The animal과 동일하므로, 동사 adjust의 목적어 자리에 재귀대명사 itself가 올바르게 쓰였다.

---

④ 가짜 주어 구문 to 부정사구(to employ ~ background)와 같이 긴 주어가 오면 진짜 주어인 to 부정사구를 문장 맨 뒤로 보내고 가짜 주어 it이 주어 자리에 대신해서 쓰이므로 진짜 주어 자리에 to 부정사구를 이끄는 to 부정사 to employ가 올바르게 쓰였다.

정답 ③

어휘

surrounding 환경　prisoner 죄수　release 석방하다
shortsighted 근시안적인　employ 채용하다

이것도 알면 합격!

'too ~ to'(너무 ~해서 -할 수 없다)와 같은 다양한 to 부정사 관용 표현

> have no choice but to ~할 수밖에 없다
> enough to ~하기에 충분히 -하다
> It takes ~ to -하는 데 ~이 걸리다
> can't afford to ~할 여유가 없다

08　독해 전체내용 파악(요지 파악)　　　난이도 중 ●●○

다음 글의 요지로 가장 적절한 것은?

Half a century ago, if a person wanted to remotely contact someone immediately, their only option was placing a phone call to a home or office number. If the receiver happened to be out, the call would go unanswered and it would be up to the caller to attempt to make contact again. Today, however, the burden of responsibility for making contact falls on the receiver. With phone calls, e-mails, text messages, and more, there are numerous ways to initiate instant communication, and few excuses to avoid contact. Consequently, this has created stress for those who frequently engage in communication with others, professionally or otherwise, leading to moral quandaries. When is it acceptable not to respond? How long is it appropriate to wait before responding? Sadly, there are no clear rules regarding appropriate etiquette, and this has led to instances of misinterpretation. Someone whose preference it is to halt communication after work hours may come across to others as unreachable or aloof. Conversely, someone who responds to e-mails and texts too quickly and eagerly may appear desperate for attention or emotionally needy. While this is not a simple problem, we must seek ways to cope with the development of remote communications.

① You are obligated to respond to communications as promptly as you are able.

② You must establish boundaries for everyone you communicate with.

③ You should prioritize making phone calls over sending e-mails and texts.

④ You have to find ways about how and when you respond to today's instant communication.

해석

반세기 전에는, 만약 어떤 사람이 누군가와 즉시 원격으로 연락하기를 원했다면, 그들의 유일한 선택지는 집이나 사무실 번호로 전화를 거는 것이었다. 만약 수신자가 어쩌다 외출했다면, 전화는 응답이 없을 것이고 다시 연락을 시도하는 것은 발신자에게 달려 있곤 했다. 그러나, 오늘날, 연락하는 것에 대한 책임의 부담은 수신자에게 있다. 전화, 이메일, 문자 메시지 등과 함께, 즉각적인 의사소통을 시작할 수 있는 수많은 방법들이 있으며, 연락을 피할 수 있는 핑계는 거의 없다. 결과적으로, 이것은, 직업적으로 혹은 그 외의 일로, 다른 사람들과의 소통에 자주 참여하는 사람들에게 스트레스를 유발하여 도덕적인 곤경을 야기했다. 언제 응답하지 않는 것이 용인되는가? 답변하기 전에 얼마나 기다리는 것이 적절한가? 안타깝게도, 적절한 에티켓에 관한 명확한 규칙은 없고, 이는 오해의 사례들로 이어졌다. 퇴근 후 의사소통을 중단하는 것을 선호하는 사람은 다른 사람들에게 연락이 닿을 수 없다거나 냉담하다는 인상을 줄 수도 있다. 반대로, 이메일과 문자에 너무 빨리 그리고 열심히 응답하는 사람은 관심을 간절히 원하거나 정서적으로 어려운 것처럼 보일 수도 있다. 이것(도덕적인 곤경)이 단순한 문제는 아니지만, 우리는 원격 의사소통의 발전에 대처하기 위한 방법들을 모색해야 한다.

① 당신은 가능한 한 신속하게 의사소통에 응답해야 할 의무가 있다.
② 당신은 소통하는 모든 사람과의 경계를 정해야 한다.
③ 당신은 이메일과 문자를 보내는 것보다 전화를 거는 것을 우선시해야 한다.
④ 당신은 오늘날의 즉각적인 의사소통에 어떻게, 언제 반응하는지에 대한 방법들을 찾아야 한다.

해설

지문 전반에 걸쳐 오늘날 즉각적인 의사소통을 시작할 수 있는 수많은 방법들이 있어서 다른 사람들과의 소통에 자주 참여하는 사람들에게 언제 응답하지 않아도 되는지, 답변하기 전에 얼마나 기다리는 것이 적절한지 등의 도덕적인 곤경을 야기했다고 하고, 이런 곤경이 단순한 문제는 아니지만 원격 의사소통의 발전에 대처하기 위한 방법들을 모색해야 한다고 했으므로, '④ 당신은 오늘날의 즉각적인 의사소통에 어떻게, 언제 반응하는지에 대한 방법들을 찾아야 한다'가 이 글의 요지이다.

[오답 분석]

① 가능한 한 신속하게 의사소통에 응답해야 할 의무가 있다는 내용은 언급되지 않았다.
② 소통하는 모든 사람과의 경계를 정해야 한다는 내용은 언급되지 않았다.
③ 이메일과 문자를 보내는 것보다 전화를 거는 것을 우선시해야 한다는 내용은 언급되지 않았다.

정답 ④

어휘

remotely 원격으로 place a call 전화를 걸다 receiver 수신자
unanswered 응답이 없는 burden 부담, 짐 initiate 시작하다
instant 즉각적인 excuse 핑계, 구실 engage in 참여하다
quandary 곤경, 진퇴양난 acceptable 용인되는, 받아들일 수 있는
appropriate 적절한 misinterpretation 오해, 잘못된 해석
preference 선호 aloof 냉담한 eagerly 열심히, 열렬하게
desperate for ~을 간절히 원하는 needy 어려운
cope with ~에 대처하다 obligate 의무를 지우다, 강요하다
promptly 신속하게, 즉시 boundary 경계 prioritize 우선시하다

---

09 독해 전체내용 파악(제목 파악) 난이도 중 ●●○

다음 글의 제목으로 가장 적절한 것은?

Before Covid-19 became a pandemic, the problems of 2019, which included humanitarian crises, major changes in weather patterns, and economic inequality, were already catastrophic and threatened the mental well-being of many. But the coronavirus only worsened these issues, making mental health a priority. Economic and political refugees housed in tents, as well as the very poor in urban areas, were finding it impossible to comply with social-distancing requirements put in place to prevent the spread of the coronavirus. Furthermore, job loss due to lockdown rules had resulted in low-income families falling even further into poverty. An infrastructure that was underequipped to handle such a widespread crisis had left healthcare and unemployment systems at their breaking point. These conditions made life unbearable, increasing the incidence of mental health problems. If the impact of Covid-19 had increased the anxiety of the middle-income class, then how much greater were the mental pressures of people living on the streets or in tents? Mental-health experts spoke of widespread, even worldwide, psychological trauma. We didn't know what the future would bring, but all indications pointed to the coronavirus causing more deaths and aggravating the economic downturn. It's no wonder that people were pessimistic.

① Why Did Pandemic Affect Mental Health?
② How Do Inequalities Influence Our Future?
③ How Have Economic and Political Refugees Affected Other Countries?
④ What Changes Have Occurred Because of the Economic Reconstruction?

해석

코로나 19가 전 세계적인 유행병이 되기 전에, 인도주의적인 위기, 기후 패턴의 주요 변화, 그리고 경제적인 불균형을 포함했던 2019년도의 문제들은 이미 비극적이었고 많은 사람들의 정신 건강을 위협했다. 그러나 코로나바이러스가 이러한 문제들을 악화시키기만 하면서, 정신 건강을 우선순위로 만들었다. 도시 지역의 빈민뿐 아니라, 텐트에 수용된 경제적 및 정치적 난민들은 코로나바이러스의 확산을 방지하기 위해 마련된 사회적 거리두기의 요건들을 따르는 것이 불가능하다는 것을 알게 되었다. 게다가, 봉쇄 명령으로 인한 실직은 저소득 가정이 더욱 빈곤에 빠지게 하는 결과를 낳았다. 이러한 광범위한 위기를 처리할 수 있는 장비가 불충분했던 공공 기반 시설은 의료 및 실업 제도가 한계점에 이르게 했다. 이러한 상황들이 삶을 견딜 수 없게 만들었고, 정신 건강 문제의 발병률을 증가시켰다. 코로나 19의 영향이 중산층의 불안감을 증가시켰다면, 거리나 텐트에서 사는 사람들의 정신적 압박감은 얼마나 더 컸을 것인가? 정신 건강 전문가들은 세계적으로도 널리 퍼져 있는 심리적 외상에 대해 말했다. 우리는 미래가 무엇을 가져올지 몰랐지만, 모든 징후는 코로나바이러스가 더 많은 죽음을 야기하고 경기 침체를 악화시킬 것이라고 암시했다. 사람들이 비관적이었던 것은 당연하다.

① 전 세계적인 유행병이 왜 정신 건강에 영향을 미쳤는가?
② 불평등이 우리의 미래에 어떻게 영향을 미치는가?
③ 경제적 및 정치적 난민들이 다른 나라들에 어떻게 영향을 미쳐왔는가?
④ 경기 재건으로 인해 어떤 변화들이 일어났는가?

해설

지문 전반에 걸쳐 코로나 19로 인한 비극적 상황들이 정신 건강 문제의 발병률을 증가시켰고, 정신 건강 전문가들도 세계적으로 널리 퍼져 있는 심리적 외상에 대해 말했다고 했으므로, '① 전 세계적인 유행병이 왜 정신 건강에 영향을 미쳤는가?'가 이 글의 제목이다.

[오답 분석]
② 불평등이 우리의 미래에 어떻게 영향을 미치는지는 언급되지 않았다.
③ 경제적 및 정치적 난민들이 다른 나라들에 어떻게 영향을 미쳐왔는지는 언급되지 않았다.
④ 경기 재건으로 인해 어떤 변화들이 일어났는지는 언급되지 않았다.

정답 ①

어휘

pandemic 전 세계적인 유행병 humanitarian 인도주의적인
inequality 불균형, 불공평 catastrophic 비극적인, 파멸의
refugee 난민 house 수용하다 comply with ~을 따르다
lockdown 봉쇄, 제재 poverty 빈곤, 가난 infrastructure 공공 기반 시설
underequipped 장비가 불충분한 unemployment 실업
breaking point 한계점 unbearable 견딜 수 없는 incidence 발병률, 발생률
psychological 심리적인, 정신적인 indication 징후, 조짐
aggravate 악화시키다 downturn 침체, 하락 pessimistic 비관적인
reconstruction 재건, 복원

---

10 독해 세부내용 파악(내용 불일치 파악) 난이도 중 ●●○

다음 글의 내용과 일치하지 않는 것은?

Recently, a Supreme Court case regarding a convicted murderer of Native American descent resulted in the restoration of land rights in Oklahoma to several Native American tribes. After an Oklahoman jury found Patrick Murphy guilty of murder, Murphy filed an appeal. He claimed that an Oklahoman court could not convict him because the land belonged to the Muskogee Nation, to which he belonged, and his case should be tried in a federal court instead of a state court. His case was reviewed, and an appeals court determined that the transfer of Muskogee land ownership to the United States had never officially occurred, despite the state of Oklahoma claiming jurisdiction of this territory. The case was sent to the Supreme Court, where it was settled that the land still belonged to the Muskogee Nation. Moreover, the court concluded that all similar transfers of jurisdiction from other Native American reservations were invalid, thus returning land rights to the Cherokee, Choctaw, Chickasaw, and Seminole Nations. This landmark case was a small but significant step in restoring sovereignty and dignity to Native American peoples.

① Patrick Murphy disputed the ruling he received in an Oklahoman court.
② Murphy claimed that his case should not be heard in state court.
③ An appeals court discovered the lack of resolution in an historical land transfer.
④ The Supreme Court distributed the Muskogee territory to the four tribes.

해석

최근에, 유죄 선고를 받은 원주민 출신의 살인범에 관한 대법원의 판례는 오클라호마의 토지권을 몇몇 원주민 부족들에게 반환하는 결과를 낳았다. 오클라호마주의 배심원단이 Patrick Murphy에게 살인으로 유죄 판결을 내린 후에, Murphy는 항소를 제기했다. 그는 그 지역(살인을 저지른 지역)이 그가 속한 Muskogee 부족의 소유이기 때문에 오클라호마주 법원이 그에게 유죄를 선고할 수 없고, 그의 소송은 주 법원이 아닌 연방 법원에서 재판되어야 한다고 주장했다. 그의 소송은 재검토되었고, 항소 법원은 오클라호마주가 이 영토(Muskogee 지역)의 사법권을 주장함에도 불구하고 미국으로의 Muskogee 지역 소유권 이동이 결코 공식적으로 발생하지 않았음을 밝혔다. 이 소송은 대법원으로 보내졌고, 거기서 그 지역은 여전히 Muskogee 부족의 것이라고 확정되었다. 게다가, 그 법원(대법원)은 다른 아메리카 원주민 보호구역에서의 이와 유사한 모든 사법권 이동이 무효하다고 결론지었고, 그렇기 때문에 Cherokee, Choctaw, Chickasaw, 그리고 Seminole 부족에게 토지권을 되돌려주었다. 이 획기적인 사건은 원주민들에게 통치권과 존엄성을 되찾게 하는 데 있어서 사소하지만 아주 중요한 단계였다.

① Patrick Murphy는 오클라호마주 법원에서 그가 받은 판결에 이의를 제기했다.
② Murphy는 그의 소송이 주 법원에서 공판 되어서는 안 된다고 주장했다.
③ 항소 법원은 역사적 토지 이동에 대한 해결이 결여된 것을 발견했다.
④ 대법원은 Muskogee 영토를 네 부족에게 분배했다.

해설

여섯 번째 문장에서 법원은 Muskogee 지역처럼 다른 아메리카 원주민 보호구역에서의 사법권 이동이 무효하다고 결론지었고, 그렇기 때문에 네 부족에게 (원래 그들의 소유였던) 토지권을 되돌려주었다고 했으므로, '④ 대법원은 Muskogee 영토를 네 부족에게 분배했다'는 것은 지문의 내용과 일치하지 않는다.

[오답 분석]
① 두 번째 문장에 Murphy는 살인으로 유죄 판결을 받은 후에 항소를 제기했다고 언급되었다.
② 세 번째 문장에 Murphy는 그의 소송이 주 법원이 아닌 연방 법원에서 재판되어야 한다고 주장했다고 언급되었다.
③ 네 번째 문장에 항소 법원은 미국으로의 Muskogee 지역 소유권 이동이 공식적으로 발생하지 않았음을 밝혔다고 언급되었다.

정답 ④

어휘

convicted 유죄 선고를 받은 murderer 살인범 descent 출신, 혈통
restoration 반환 tribe 부족, 종족 find guilty of ~에게 유죄 판결을 내리다
file an appeal 항소를 제기하다 try 재판하다 federal 연방의
determine 밝히다, 알아내다 transfer 이동; 옮기다 ownership 소유권
officially 공식적으로 jurisdiction 사법권 territory 영토
settle ~을 확정하다, 결정하다 reservation 보호구역 invalid 무효한
sovereignty 통치권 dignity 존엄성 dispute 이의를 제기하다
ruling 판결, 결정 hear 공판을 하다, 심문하다 resolution 해결

11 생활영어 Don't knock it until you've tried it. 난이도 하 ●○○

두 사람의 대화 중 가장 어색한 것은?

① A: Does your leg still hurt?
   B: It's a little sore when I walk.
② A: Where is my departure gate?
   B: To the left after the security check.
③ A: What was I supposed to do today?
   B: Pick up ingredients for dinner.
④ A: Someone's knocking at the door.
   B: Don't knock it until you've tried it.

해석

① A: 다리가 아직도 아프니?
   B: 걸을 때 약간 아파.
② A: 제 탑승구가 어디예요?
   B: 보안 검색대를 지나서 왼쪽으로요.
③ A: 내가 오늘 무엇을 하기로 했었지?
   B: 저녁을 위해 재료들을 사 와.
④ A: 누군가가 문을 두드리고 있어.
   B: 시도해보지도 않고 비판하지 마.

해설

④번에서 A는 누군가가 문을 두드리고 있다고 말하고 있으므로, 시도해 보지도 않고 비판하지 말라는 B의 대답 '④ Don't knock it until you've tried it(시도해보지도 않고 비판하지 마)'은 어울리지 않는다.

정답 ④

어휘

sore 아픈   departure gate 탑승구   ingredient 재료
knock 두드리다, 비판하다

 이것도 알면 **합격!**

'knock'을 포함한 다양한 표현

> knock it off 그만두다   > knock on wood 행운을 빌다
> knock oneself out 전력을 다하다   > knock down 넘어뜨리다
> knock on 추진하다

12 생활영어 How do the prices of those compare? 난이도 하 ●○○

밑줄 친 부분에 들어갈 말로 가장 적절한 것은?

A: Hello, this is Autumn Springs Restaurant. Thank you for calling. What can I help you with today?
B: Hi, I'd like to make a reservation for a party of 15 people for this coming Saturday at 6 p.m.
A: Sure, I'll put you down. Would you prefer to order your dishes individually or try the set menu?
B: _____?

A: If ordered separately, an appetizer, main course, and dessert would be a little more expensive.
B: In that case, the set menu sounds good.
A: Great. We'll see you this Saturday evening, then.
B: Thank you for letting me know. See you.

① Do you have a separate table for our group
② What time does your establishment open
③ How do the prices of those compare
④ Can you tell me the calorie count per dish

해석

A: 안녕하세요, Autumn Springs 레스토랑입니다. 전화주셔서 감사합니다. 무엇을 도와드릴까요?
B: 안녕하세요, 저는 이번 주 토요일 오후 6시에 15명 단체 예약을 하고 싶어요.
A: 물론이죠, 예약해 두겠습니다. 음식을 개별적으로 주문하시겠어요, 아니면 세트 메뉴를 드셔보시겠어요?
B: 그것들의 가격은 어떻게 비교되나요?
A: 따로 주문하시는 경우, 에피타이저, 메인 메뉴, 그리고 디저트가 조금 더 비쌉니다.
B: 그렇다면, 세트 메뉴가 좋겠네요.
A: 네. 그럼 토요일 저녁에 뵙겠습니다.
B: 알려주셔서 감사해요. 나중에 봬요.

① 저희 단체를 위한 따로 떨어진 테이블이 있나요
② 시설이 몇 시에 문을 여나요
③ 그것들의 가격은 어떻게 비교되나요
④ 음식마다 칼로리를 알려주실 수 있나요

해설

음식을 개별적으로 주문할지 세트 메뉴로 주문할지에 대해 묻는 A의 질문에 대해 B가 질문하고, 빈칸 뒤에서 A가 따로 주문할 경우 에피타이저, 메인 메뉴, 그리고 디저트가 더 비싸다고 말하고 있으므로, 빈칸에는 '③ 그것들의 가격은 어떻게 비교되나요(How do the prices of those compare)' 가 들어가야 자연스럽다.

정답 ③

어휘

reservation 예약   dish 음식   individually 개별적으로, 따로
separately 따로   establishment 시설, 기관

이것도 알면 **합격!**

가격을 묻거나 흥정할 때 쓸 수 있는 표현

> What's the final price? 최종 가격이 얼마인가요?
> Can you do better than that?
  그것보다 더 잘할 수(값을 깎을 수) 있나요?
> Let's make a deal. 거래합시다.
> Do you offer any discounts? 할인해 주시나요?

13 독해 추론(빈칸 완성 – 연결어) 난이도 중 ●●○

밑줄 친 (A), (B)에 들어갈 말로 가장 적절한 것은?

Supporters of the direct method of language learning believe that a second language can be learned in the same way a first language was acquired. Some educators found memorizing the grammar of a language to be ineffective, and after observing how young children grasp a language, they concluded that the direct method, which uses only the second language, was superior. Teachers found that students could deduce the grammar rules by first using the language itself. The method taught students to think in the language rather than to use their mother tongue to translate meaning into the second language. _____(A)_____, critics of the direct method point to its drawbacks, one being that the teacher has to have near-native proficiency in the language. However, scholars such as Lambert Sauveur and Maximilian Berlitz used methods they had devised for direct learning and successfully used the method in commercial language schools. _____(B)_____, critics consider that direct method techniques inevitably take longer for the meaning of a word or idea to be understood and instilled.

	(A)	(B)
①	Nevertheless	Overall
②	Therefore	In addition
③	Nevertheless	Even so
④	Therefore	Likewise

해석

언어 학습의 직접식 교수법에 대한 지지자들은 제2외국어가 모국어가 습득되는 방식과 같은 방식으로 학습될 수 있다고 생각한다. 몇몇 교육학자들은 언어의 문법을 암기하는 것은 비효과적이라는 것을 발견했고, 어린 아이들이 어떻게 언어를 습득하는지를 관찰한 후, 제2외국어만을 사용하는 직접식 교수법이 더 우수하다고 결론지었다. 선생님들은 학생들이 일단 그 언어 자체를 사용해봄으로써 문법 규칙을 추론할 수 있다는 것을 알게 되었다. 그 교수법은 학생들이 의미를 제2외국어로 번역하기 위해 모국어를 사용하기보다는 그 언어(제2외국어)로 생각하도록 학생들을 가르쳤다. (A) 그럼에도 불구하고, 직접식 교수법의 비평가들은 그것의 결점을 지적하는데, 하나는 선생님이 그 언어에 있어서 원어민에 가까운 능숙함을 갖춰야 한다는 것이다. 그렇지만, Lambert Sauveur와 Maximilian Berlitz 같은 학자들은 직접식 학습을 위해 그들이 고안했던 방법들을 사용했고, 상업적 언어 학교에서 그 방법을 성공적으로 사용했다. (B) 그렇기는 하지만, 비평가들은 직접식 교수법의 기술은 단어나 개념의 뜻이 이해되고 주입되는 것이 불가피하게 더 오래 걸린다고 생각한다.

	(A)	(B)
①	그럼에도 불구하고	종합적으로
②	그러므로	게다가
③	그럼에도 불구하고	그렇기는 하지만
④	그러므로	마찬가지로

해설

(A) 빈칸 앞부분은 직접식 교수법을 지지하는 사람들이 생각하는 직접식 교수법의 장점에 대한 내용이고, 빈칸 뒤 문장은 비평가들이 지적하는 직접식 교수법의 결점에 대한 내용이므로, (A)에는 대조를 나타내는 연결어

인 Nevertheless(그럼에도 불구하고)가 들어가야 한다. (B) 빈칸 앞 문장은 직접식 학습을 위한 방법들이 고안되어 성공적으로 사용된 사례를 설명하고 있고, 빈칸 뒤 문장은 단어나 개념의 뜻이 이해되고 주입되는 것이 더 오래 걸린다는 직접식 교수법의 단점에 대한 내용이므로, (B)에는 대조를 나타내는 연결어인 Even so(그렇기는 하지만)가 들어가야 한다. 따라서 ③번이 정답이다.

정답 ③

어휘

direct method 직접식 교수법 memorize 암기하다 ineffective 비효과적인
observe 관찰하다 grasp 습득하다, 붙잡다 conclude 결론짓다
superior 우수한 deduce 추론하다 translate 번역하다 drawback 결점
proficiency 능숙 scholar 학자 devise 고안하다, 만들다
commercial 상업적인 inevitably 불가피하게 instill 주입하다

14 독해 전체내용 파악(주제 파악) 난이도 중 ●●○

다음 글의 주제로 가장 적절한 것은?

Our changing world has made the workplace environment more complex and demanding. As a result, workers often find themselves struggling with excessive workloads, communication problems, and troublesome relationships. Sometimes, employees try to find their own way of coping. Workplace counselors agree that there are certain skills that can make it easier—staying resilient when disappointed or frustrated, managing stress as it comes, analyzing situations in an objective manner, and being able to get along with workmates. All of these skills, however, take time to develop, so workers should start now as the skills can be useful over the long term.

① Courses to help employees cope
② The biggest problems at the office today
③ Making an appointment to see a counselor
④ The need for skills to thrive in the workplace

해석

우리의 변화하는 세계는 업무 환경을 더 복잡하고 까다롭게 만들어왔다. 그 결과, 근로자들은 종종 그들 자신이 과도한 업무량, 의사소통 문제, 골치 아픈 인간관계로 어려움을 겪고 있는 것을 발견한다. 때때로, 직원들은 그들만의 대처 방법을 찾으려고 노력한다. 직장 상담가들은 실망하거나 좌절했을 때 회복력 있는 상태를 유지하는 법, 스트레스를 받을 때 관리하는 법, 객관적인 태도로 상황을 분석하는 법, 그리고 동료들과 어울릴 수 있는 법과 같은, 이것(어려움에 대처하는 것)을 더 쉽게 만들 수 있는 특정 기술들이 있다는 것에 동의한다. 그러나 이 모든 기술들은 발전하는 데 시간이 걸리므로 근로자들은 지금 시작해야 하는데, 그 이유는 그 기술들이 장기적으로 유용할 수 있기 때문이다.

① 직원들이 대처하는 것을 돕기 위한 강좌들
② 오늘날 직장에서의 가장 큰 문제들
③ 상담가를 만나기 위해 약속을 잡는 것
④ 직장에서 성공하기 위한 기술들의 필요성

해설

지문 전반에 걸쳐 복잡하고 까다로워진 업무 환경에 따라 직원들이 겪고 있는 어려움에 대처하는 기술의 종류와 그 필요성에 대해 설명하고 있으므로 '④ 직장에서 성공하기 위한 기술들의 필요성'이 이 글의 주제이다.

[오답 분석]

① 직원들이 대처하는 것을 돕기 위한 강좌들에 대해서는 언급되지 않았다.

② 오늘날 직장에서의 가장 큰 문제들에 대해서는 언급되지 않았다.

③ 상담가를 만나기 위해 약속을 잡는 것에 대해서는 언급되지 않았다.

정답 ④

어휘

complex 복잡한 demanding 까다로운, 요구가 많은
struggling 어려움을 겪는 excessive 과도한 workload 업무량
troublesome 골치 아픈 cope 대처하다 counselor 상담가
resilient 회복력 있는, 탄력성을 가진 frustrated 좌절한 analyze 분석하다
objective 객관적인 get along with 어울리다 thrive 성공하다, 번영하다

---

15 독해 논리적 흐름 파악(문단 순서 배열) 난이도 중 ●●○

주어진 글 다음에 이어질 글의 순서로 가장 적절한 것은?

In the aftermath of the September 11 terrorist attacks, rescue workers rushed to the scene to help. But these brave men were not the only heroes. They were joined by ordinary people who had been quietly going about their day.

(A) He immediately jumped in his car and drove to the site with the images still on his mind. When he got there, he realized that he was not the only Good Samaritan who decided to show up.

(B) Hundreds were already doing whatever they could by the time he got there. The volunteers spent the next few weeks clearing the debris and searching for survivors.

(C) One man had just walked into the office like any other morning when he heard what had happened. He watched in horror as news reports showed the buildings collapsing. He decided he couldn't just stand by.

① (A) – (B) – (C)　　　　② (B) – (A) – (C)
③ (C) – (A) – (B)　　　　④ (C) – (B) – (A)

해석

9·11 테러 공격의 여파로, 구조대원들이 돕기 위해 현장으로 급속히 움직였다. 그러나 이 용감한 사람들만이 영웅은 아니었다. 계속 조용히 그들의 하루를 보내고 있던 평범한 사람들이 그들(구조대원들)에 합류했다.

(C) 한 남자가 무슨 일이 일어났는지 들었을 때, 그는 여느 날 아침처럼 사무실에 막 들어갔었다. 그는 뉴스 보도들이 무너지는 건물들을 보여주었을 때 공포에 질린 채 지켜보았다. 그는 그냥 가만히 있을 수 없다고 결심했다.

(A) 그는 여전히 그의 마음속에 남아있는 그 모습들과 함께 즉시 차에 올

라타서 현장으로 향했다. 그곳에 도착했을 때, 그는 자신이 (그 현장에) 오기로 결심한 유일한 착한 사마리아인이 아니라는 것을 깨달았다.

(B) 그가 그곳에 도착했을 때는 이미 수백 명이 그들이 할 수 있는 모든 일을 하고 있었다. 그 자원봉사자들은 이후 몇 주 동안 잔해를 치우고 생존자를 찾는 데 시간을 보냈다.

해설

주어진 글에서 9·11 테러 공격 때 평범한 사람들이 구조대원들에 합류했다고 하고, (C)에서 한 남자(One man)가 뉴스에서 무너지는 건물들을 보고 가만히 있을 수 없다고 결심했다고 한 뒤, (A)에서 그(한 남자)가 그곳(현장)에 도착했을 때 그가 유일한 착한 사마리아인이 아니라는 것을 깨달았다고 한 후, (B)에서 그가 그곳(현장)에 도착했을 때 이미 수백 명의 자원봉사자들이 그들이 할 수 있는 모든 일을 하고 있었다고 이야기하고 있다.

정답 ③

어휘

aftermath 여파 rescue worker 구조대원 rush 급속히 움직이다
ordinary 평범한, 일반적인 go about 계속 ~을 하다
immediately 즉시, 바로 site 현장
Good Samaritan 착한 사마리아인(곤경에 처한 사람에게 위로와 도움을 주는 사람)
show up 오다, 나타나다 volunteer 자원봉사자 debris 잔해
collapse 무너지다, 붕괴하다 stand by 가만히 있다, 대기하다

---

16 독해 논리적 흐름 파악(무관한 문장 삭제) 난이도 중 ●●○

다음 글의 흐름상 가장 어색한 문장은?

When a break occurs in the skin, a complex process meant to heal the wound is triggered. The wound begins bleeding, and almost immediately after, the body acts to stem further blood loss by sending platelets to the affected area. This causes the blood cells to clump together and clot. ① Meanwhile, a protein called fibrin forms a protective net to hold the clot in place. ② Once the wound is closed, the blood vessels reopen slightly, a step that brings nutrients and oxygen to the wound in order to heal it. ③ At the same time, while white blood cells flood the area to clean the wound and attack bacteria, red blood cells start building new tissue, which appears some days later as a tender, reddish scar that eventually becomes dull in color. ④ If the wound does not stop bleeding, the person should seek immediate medical attention. The scar tissue soon becomes as strong as the surrounding skin, and though it is less noticeable, it is still a reminder that the person sustained an injury.

* platelet: 혈소판 * fibrin: 섬유소

해석

피부에서 균열이 일어날 때, 그 상처를 치료하려는 복잡한 과정이 일어난다. 상처에서 피가 나기 시작하고, 거의 직후에, 몸은 환부에 혈소판을 보냄으로써 추가적인 혈액 손실을 막기 위해 행동한다. 이것(혈소판의 이동)은 혈액 세포가 함께 엉겨 붙어 응고하게 한다. ① 그동안, 섬유소라고 불리는 단백질이 응고된 혈액을 제자리에 잡아두기 위해 보호막을 형성한다. ② 일단 상처가 닫히면, 혈관들이 조금씩 다시 열리는데, 이것은 상처를 치료하기 위해 그것(상처)에 영양분과 산소를 가져다주는 단계이다.

---

③ 동시에, 상처를 깨끗하게 하고 박테리아를 공격하기 위해 백혈구가 그 지역(환부)에 가득 차는 동안, 적혈구는 새로운 조직을 만들어내기 시작하는데, 이것은 며칠 후에 결국 색이 흐려지는 부드럽고 붉은 상처로 나타난다. ④ 만약 상처에서 피가 멈추지 않는다면, 그 사람은 즉각적인 치료를 청해야 한다. 상처 조직은 곧 주변 피부만큼 단단해지고, 그것은 눈에 덜 띄게 되지만, 여전히 그 사람이 상처를 입었다는 것을 상기시키는 것이다.

해설

첫 번째 문장에서 피부에 균열이 일어나면 그 상처를 치료하려는 복잡한 과정이 일어난다고 언급하고 있고, ①, ②, ③번에서 각각 섬유소가 응고된 혈액을 잡아두기 위해 보호막을 형성하고, 상처가 닫힌 후 혈관이 다시 열리며 동시에 백혈구와 적혈구가 작용하면서 상처가 아무는 과정을 설명하는 연결되는 내용이 나온다. 그러나 ④번은 피가 멈추지 않으면 즉각적인 치료를 청해야 한다는 내용으로, 상처 치유 과정에 대해 설명하는 지문 전반의 내용과 관련이 없다.

정답 ④

어휘

break 균열: 깨지다 wound 상처 trigger 일으키다, 유발하다 stem 막다
affected area 환부 clump 엉겨 붙다 clot 응고하다; 응고된 혈액
protein 단백질 protective net 보호막 in place 제자리에
blood vessel 혈관 nutrient 영양분 flood ~에 가득 차다 tissue 조직
tender 부드러운, 연한 reddish 붉은 dull 흐릿한, 칙칙한
medical attention 치료 scar 상처, 흉터 noticeable 눈에 띄는
reminder 상기시키는 것 sustain (피해, 상처 등을) 입다

---

17 독해 논리적 흐름 파악(문장 삽입) 난이도 상 ●●●

주어진 문장이 들어갈 위치로 가장 적절한 것은?

> Subsequently, Elisha Otis demonstrated an elevator brake that he had invented, by having his son cut the rope while Otis was standing on a platform on the third floor.

> Many think Elisha Otis invented the elevator, but the elevator industry began in the 1840s when Harry Waterman invented the equipment for lifting platforms. (①) However, buildings at the time were never more than two or three floors high because riding an elevator was very dangerous. (②) The ropes of an elevator could snap, causing it to plummet to the ground, and a fall from the second or third floor could guarantee a broken leg, a broken neck, or even death. (③) Everyone gasped, thinking that the inventor would fall to his death, but the platform remained suspended. (④) With this revolutionary invention, buildings began to get taller, and soon, the skyscraper emerged as a 20th century reality.

해석

이후에, Elisha Otis는 그가 3층의 승강기 위에 서 있는 동안 그의 아들에게 줄을 끊게 함으로써 자신이 발명했던 엘리베이터 제동장치를 증명했다.

많은 사람들이 Elisha Otis가 엘리베이터를 발명했다고 생각하지만, 엘리베이터 산업은 Harry Waterman이 승강기를 들어 올리는 장치를 발명

했던 1840년대에 시작했다. (①) 그러나, 엘리베이터를 타는 것이 매우 위험했기 때문에 당시의 건물들은 절대 2층이나 3층 이상의 높이가 아니었다. (②) 엘리베이터의 줄은 툭 끊어질 수 있었으며, 이것이 그것(엘리베이터)을 땅으로 곤두박질치게 하였는데, 2층이나 3층에서의 추락은 확실히 다리의 골절과 목의 골절, 혹은 심지어 사망까지 하게 할 수 있었다. (③) 모든 사람들은 그 발명가(Otis)가 추락하여 죽을지도 모른다는 생각에 숨이 막혔지만, 승강기는 그대로 매달린 채 있었다. (④) 이 혁명적인 발명품으로 인해, 건물들은 높아지기 시작했고, 곧 고층 건물들이 20세기에 현실로 나타났다.

해설

③번 뒤 문장에 모든 사람들은 그 발명가(the inventor)가 추락하여 죽을지도 모른다고 걱정했지만 그 승강기는 그대로 매달려 있었다고 했으므로, ③번에 Elisha Otis가 3층의 승강기 위에 서 있는 동안 그의 아들에게 줄을 끊게 함으로써 자신이 발명했던 엘리베이터 제동장치를 증명했다는 내용의 주어진 문장이 나와야 지문이 자연스럽게 연결된다.

[오답 분석]

① 앞 문장에서 엘리베이터 산업은 1840년대에 시작했다고 하고, 뒤 문장에 그러나(However) 엘리베이터를 타는 것이 매우 위험했기 때문에 당시의 건물들은 높이가 낮았다고 하며 앞 문장과 연결되는 내용이 있으므로 ①번에 다른 문장이 삽입되면 문맥상 부자연스럽다.
② 앞 문장에서 (1840년대에) 엘리베이터를 타는 것은 매우 위험했다고 하고, 뒤 문장에 엘리베이터의 줄이 툭 끊어져서 추락할 수 있었다고 하며 앞 문장과 연결되는 내용이 있으므로 ②번에 다른 문장이 삽입되면 문맥상 부자연스럽다.
④ 앞 문장의 그 발명가(the inventor)는 주어진 문장의 Elisha Otis를 지칭하므로 ④번에 주어진 문장이 삽입되면 부자연스럽다.

정답 ③

어휘

subsequently 이후에 demonstrate 증명하다 brake 제동장치
platform 승강기 equipment 장치 snap 툭 끊어지다
plummet 곤두박질치다 guarantee 확실히 하다, 보장하다
gasp 숨이 막히다 suspend 매달다, 걸다 revolutionary 혁명적인
skyscraper 고층 건물

---

18 독해 세부내용 파악(내용 불일치 파악) 난이도 중 ●●○

다음 글의 내용과 일치하지 않는 것은?

> Thomas Edison is hailed as the father of the Electric Age, but he has been given too much credit over the years. While it is true that he was the first to bring the light bulb and the phonograph into people's homes, neither invention was his idea. A number of other inventors had made earlier versions of both; Edison simply improved upon their designs and successfully marketed them. There is also the opinion that Edison was the greatest inventor of his time because he managed to accumulate more than 2,000 patents during his career. However, not only did Edison employ a veritable legion of assistants to do much of the work for him, but he also purchased the rights to some inventions from their original creators.

① 에디슨은 전구와 같은 발명품을 대중에게 처음으로 선보였다.

② 에디슨은 백열전구와 축음기의 초기 형태를 만들었다.

③ 에디슨은 일을 할 때 적은 인원을 유지하며, 자신이 그 일을 하는 것을 선호했다.

④ 에디슨은 다른 발명가들과 창작자들에게서 그의 발명품 일부에 대한 권리를 샀다.

해석

토머스 에디슨이 전기 시대의 아버지로 일컬어지지만, 그는 수년간 지나치게 많은 공로를 인정받아왔다. 그가 사람들의 집에 백열전구와 축음기를 가져다준 최초의 사람이었던 것은 사실이지만, 어느 발명품도 그의 아이디어는 아니었다. 수많은 다른 발명가들이 두 가지(백열전구와 축음기)의 초기 형태를 만들었고, 에디슨은 단순히 그것들의 디자인을 개선하여 성공적으로 시장에 내놓았다. 또한 에디슨이 그의 경력 동안 2,000개 이상의 특허권을 축적해냈기 때문에 그 당시의 가장 위대한 발명가였다는 의견이 있다. 하지만, 에디슨은 그를 위해 많은 일을 할 정말 많은 조수들을 고용했을 뿐만 아니라, 원래의 창작자들로부터 몇몇 발명품에 대한 권리를 매입하기도 했다.

해설

마지막 문장에서 에디슨은 그를 위해 많은 일을 할 정말 많은 조수들을 고용했을 뿐만 아니라 원래의 창작자들로부터 몇몇 발명품에 대한 권리를 매입하기도 했다고 했으므로, '③ 에디슨은 일을 할 때 적은 인원을 유지하며, 자신이 그 일을 하는 것을 선호했다'는 것은 지문의 내용과 일치하지 않는다.

[오답 분석]

① 두 번째 문장에 에디슨은 사람들의 집에 백열전구와 축음기를 가져다준 최초의 사람이었다고 언급되었다.

② 세 번째 문장에 수많은 다른 발명가들이 백열전구와 축음기의 초기 형태를 만들었다고 언급되었다.

④ 마지막 문장에 에디슨은 원래의 창작자들로부터 몇몇 발명품에 대한 권리를 매입하기도 했다고 언급되었다.

정답 ③

어휘

hail 일컫다, 묘사하다   give credit 공로를 인정하다   light bulb 백열전구
phonograph 축음기   invention 발명품   market (상품 등을) 시장에 내놓다
manage 해내다   accumulate 축적하다, 모으다   patent 특허권
employ 고용하다   veritable 정말의, 진실한   legion 많은

---

19 독해 추론(빈칸 완성 – 단어)   난이도 상 ●●●

밑줄 친 (A), (B)에 들어갈 말로 가장 적절한 것은?

It is the presence of oxygen in earth's oceans that allows for sea life to flourish, but there was a long period in the earth's history when the oxygen content of oceans was extremely low. Roughly 2.4 billion years ago, the oceans experienced the Great Oxygenation Event, during which the ocean water underwent a rapid rise in oxygen levels and multi-cellular life forms began to develop. However, this gave way to what geochemists have amusingly named the Boring Billion. During the span of 1.8 and 0.8 billion years ago, the earth entered a period of profound stagnation. Continental drift halted, the climate _____ (A) _____,

and little biological evolution occurred. In this period, bacteria in the oceans produced sulfur instead of oxygen, making oceanic composition less _____ (B) _____ to life. Oxygenation did not resume until the end of the Boring Billion, which would lead into the Cambrian Explosion during which all types of plant and animal life would come into being.

	(A)	(B)
①	stabilized	hospitable
②	transformed	unnecessary
③	stabilized	diverse
④	transformed	elemental

해석

해양 생물을 번성하게 하는 것은 바로 지구 바다 내 산소의 존재이지만, 지구 역사에서 바다의 산소 함유량이 극도로 낮았던 오랜 기간이 있었다. 대략 24억 년 전에, 바다는 「대산소 발생 사건」을 경험했는데, 그 사건 동안 바닷물은 산소 수치의 급격한 상승을 겪었고, 다세포 생물 형태가 발달하기 시작했다. 그러나, 이것(대산소 발생 사건)은 지구 화학자들이 재미나게 명명했던 「불모의 10억 년」으로 바뀌었다. 18억 년 전에서 8억 년 전까지의 기간 동안, 지구는 깊은 정체 기간에 접어들었다. 대륙의 이동이 멈추었고, 기후는 (A) 고정되었으며, 생물학적 진화는 거의 일어나지 않았다. 이 기간에, 바다의 박테리아는 산소 대신 유황을 생산했고, 바다의 구성물을 생물에게 덜 (B) 알맞게 만들었다. 산소화는 「불모의 10억 년」의 마지막까지 재개되지 않았고, 이는 모든 종류의 식물과 동물이 태어난 「캄브리아기 대폭발」로 이어졌다.

	(A)	(B)
①	고정되었다	알맞은
②	변형되었다	불필요한
③	고정되었다	다양한
④	변형되었다	기본적인

해설

(A) 빈칸 앞 문장에서 지구는 깊은 정체 기간에 접어들었다고 했으며, 빈칸이 포함된 문장에서 대륙의 이동이 멈추었고 생물학적 진화는 거의 일어나지 않았다고 했으므로, (A)에는 기후가 '고정되었다(stabilized)'는 내용이 들어가야 한다. (B) 빈칸이 포함된 문장에서 바다의 박테리아는 (해양 생물을 번성하게 하는) 산소 대신 유황을 생산했다는 내용이 있으므로, (B)에는 박테리아가 바다의 구성물을 생물에게 덜 '알맞게(hospitable)' 만들었다는 내용이 들어가야 한다. 따라서 ①번이 정답이다.

정답 ①

어휘

presence 존재   flourish 번성하다, 번창하다
Great Oxygenation Event 대산소 발생 사건(산소 분자가 급격하게 증가한 사건)
multi-cellular 다세포의   give way to ~로 바뀌다
geochemist 지구 화학자   stagnation 정체   continental 대륙의
drift 이동   halt 멈추다   evolution 진화   sulfur 유황   composition 구성물
resume 재개되다   stabilize 고정되다
hospitable (기후나 환경이) 알맞은, 쾌적한   elemental 기본적인

구문 분석

[1행] It is the presence of oxygen / in earth's oceans / that allows for sea life / to flourish, ~
: 이처럼 It – that 강조 구문이 It과 that 사이에 있는 내용을 강조하는 경우, '~한 것은 바로 ~이다'라고 해석한다.

20 독해 추론(빈칸 완성 – 구) 난이도 상 ●●●

밑줄 친 부분에 들어갈 말로 가장 적절한 것은?

It has long been accepted as true that a species is a group of genetically like individuals that can freely and successfully breed within their group. While there are many cases of members of two different species breeding and producing offspring, these offspring are known to be infertile and cannot reproduce. A common example of this is the mule, the offspring of a horse and a donkey. The horse has 64 chromosomes and the donkey has 62, and the mule inherits half a pair of each, resulting in 63 chromosomes. The reason it cannot reproduce is that its 63 chromosomes cannot be evenly halved. And yet, confounding biologists, there are very rare but confirmed cases of mules reproducing. There was this surprising _____ in 2007, when a mule gave birth to a foal that biologists genetically confirmed to be the offspring of the mule. The mule was found to have exactly 63 chromosomes, making her ability to pass on half her genetic material a lingering mystery.

* chromosome: 염색체

① occasion of negligible value

② event of extreme unlikelihood

③ outcome of great probability

④ claim of dubious authenticity

해석

종은 무리 내에서 자유롭고 성공적으로 번식할 수 있는 유전적으로 유사한 개체의 집단이라는 것이 오랫동안 사실로 받아들여져 왔다. 두 개의 다른 종의 구성원이 번식하고 자손을 생산하는 경우가 많기는 하지만, 이러한 자손들은 생식능력이 없어 번식할 수 없다고 알려져 있다. 이것의 한 가지 흔한 예시는 노새인데, 이것은 말과 당나귀의 새끼이다. 말은 64개의 염색체를 갖고 있고 당나귀는 62개를 갖고 있으며, 노새는 각각의 반 쌍을 물려받아 결과적으로 63개의 염색체를 갖는다. 그것(노새)이 번식할 수 없는 이유는 그것의 63개의 염색체가 균등하게 절반으로 나누어질 수 없기 때문이다. 그럼에도 불구하고, 생물학자들을 당황하게 만드는 매우 드물지만 확인된 노새의 번식 사례가 있다. 이 놀라운 <u>극히 사실일 것 같지 않은 사건</u>이 2007년에 있었는데, 이때 한 노새가 생물학자들이 유전적으로 노새의 새끼임을 확인한 망아지를 낳았다. 그 노새는 정확히 63개의 염색체를 가진 것으로 밝혀졌고, 이것은 자신의 유전적 물질의 절반을 넘겨준 그녀(암컷 노새)의 능력을 오래 남아있는 수수께끼가 되게 했다.

① 무시할 만한 가치의 일

② 극히 사실일 것 같지 않은 사건

③ 매우 개연성 있는 결과

④ 의심쩍은 신빙성을 지닌 주장

해설

빈칸 앞부분에서 노새는 63개의 염색체를 가지고 있으며 이 염색체가 균등하게 절반으로 나누어질 수 없기 때문에 번식할 수 없다고 하고, 빈칸 뒤에서 2007년에 한 노새가 유전적으로 노새의 새끼임이 확인된 망아지를 낳았다고 했으므로, 빈칸에는 '② 극히 사실일 것 같지 않은 사건'이 2007년에 있었다는 내용이 들어가야 한다.

[오답 분석]

① 노새가 새끼를 낳는 것은 매우 드물지만 확인된 사례가 있다고 했으므로, 이를 무시할 만한 가치의 일이라고 하는 것은 지문의 문맥에 적절하지 않다.

③ 노새의 63개의 염색체가 균등하게 절반으로 나누어질 수 없어서 번식할 수 없다고 했으므로, 이를 매우 개연성 있는 결과라고 하는 것은 지문의 문맥에 적절하지 않다.

④ 한 노새가 생물학자들이 유전적으로 노새의 새끼임을 확인한 망아지를 낳았다고 했으므로, 이를 의심쩍은 신빙성을 지닌 주장이라고 하는 것은 지문의 문맥에 적절하지 않다.

정답 ②

어휘

species 종 genetically 유전적으로 breed 번식하다
offspring 자손, 새끼 infertile 생식능력이 없는 reproduce 번식하다
mule 노새 inherit 물려받다 evenly 균등하게 halve 절반으로 나누다
confound 당황하게 만들다 confirm 확인하다 foal (당나귀나 노새의) 망아지
lingering 오래 남아있는 occasion 일, 경우 negligible 무시할 만한
unlikelihood 사실일 것 같지 않음 probability 개연성
dubious 의심쩍은, 수상쩍은 authenticity 신빙성, 진짜임

▶ 정답
p. 72

01	④ 어휘 – 어휘&표현	11	② 어휘 – 생활영어
02	① 어휘 – 어휘&표현	12	④ 독해 – 전체내용 파악
03	④ 문법 – 관계절	13	② 독해 – 논리적 흐름 파악
04	④ 문법 – 분사	14	① 어휘 – 생활영어
05	④ 어휘 – 어휘&표현	15	④ 독해 – 추론
06	③ 어휘 – 어휘&표현	16	③ 독해 – 전체내용 파악
07	② 문법 – 가정법	17	② 독해 – 추론
08	① 문법 – 시제&to 부정사	18	④ 독해 – 세부내용 파악
09	② 독해 – 논리적 흐름 파악	19	③ 독해 – 논리적 흐름 파악
10	① 독해 – 전체내용 파악	20	④ 독해 – 추론

▶ 취약영역 분석표

영역	세부 유형	문항 수	소계
어휘	어휘&표현	4	/6
	생활영어	2	
문법	관계절	1	/4
	분사	1	
	가정법	1	
	시제&to 부정사	1	
독해	전체내용 파악	3	/10
	세부내용 파악	1	
	추론	3	
	논리적 흐름 파악	3	
총계			/20

---

01 어휘 ruthless = cruel
난이도 중 ●●○

밑줄 친 부분의 의미와 가장 가까운 것을 고르시오.

Many popular teen novels portray a ruthless, futuristic world that may be too gloomy for younger readers.

① profound
② flawless
③ submissive
④ cruel

해석

많은 인기 있는 십 대 소설들은 어린 독자들에게 너무 절망적일 수도 있는 냉혹한 미래 사회를 묘사한다.

① 심오한
② 흠이 없는
③ 순종적인
④ 잔혹한

정답 ④

어휘

portray 묘사하다, 표현하다 ruthless 냉혹한, 무자비한
futuristic 미래의, 시대를 앞서는 gloomy 절망적인, 암울한
profound 심오한, 깊은 flawless 흠이 없는, 완벽한
submissive 순종적인, 고분고분한 cruel 잔혹한, 무정한

🖋 이것도 알면 합격!

ruthless(냉혹한)의 유의어
= brutal, merciless, pitiless, barbarous

---

02 어휘 explore every avenue = check all available options
난이도 중 ●●○

밑줄 친 부분의 의미와 가장 가까운 것을 고르시오.

The owners must explore every avenue to avoid having to close the restaurant for good.

① check all available options
② check all arrangements
③ organize marketing strategies
④ organize every procedure

해석

주인들은 영원히 식당을 폐업해야 하는 것을 피하기 위해 모든 방법을 강구해야 한다.

① 이용 가능한 모든 선택권들을 확인하다
② 모든 배치를 확인하다
③ 마케팅 전략을 준비하다
④ 모든 절차를 준비하다

정답 ①

어휘

explore every avenue 모든 방법을 강구하다 for good 영원히
available 이용 가능한 arrangement 배치, 정렬
organize 준비하다, 조직하다 strategy 전략, 계획 procedure 절차, 과정

🖋 이것도 알면 합격!

explore every avenue(모든 방법을 강구하다)와 유사한 의미의 표현
= seek every opportunity, explore all means, take advantage of all opportunities

03 문법 관계절   난이도 중 ●●○

밑줄 친 부분 중 어법상 옳지 않은 것은?

> The town of Stony Village has a road ① named Main Street, which runs right through it. It has served as the main thoroughfare connecting Stony Village to the next nearest town ② for the 30 years since it was built. However, major traffic congestion has given road planners cause ③ to consider building an alternative route between towns. A separate route ④ what reaches the same destination would reduce traffic on Main Street.

[해석]

Stony 마을에는 Main가라고 이름 지어진 길이 있는데, 그 길은 그것 (Stony 마을)을 정확히 관통한다. 그것(Main가)은 지어졌을 때부터 30년 동안 가장 가까운 옆 마을과 Stony 마을을 연결하는 주요 도로로 쓰여왔다. 그러나, 심각한 교통 체증은 도로 계획 설계자들에게 마을들 사이에 대안이 되는 길을 짓는 것을 고려할 이유를 주었다. 같은 목적지에 닿는 별개의 노선은 Main가의 교통량을 감소시킬 것이다.

[해설]

④ 관계절 자리와 쓰임 명사(A separate route)를 수식하기 위해 형용사 역할을 하는 관계절이 와야 하는데, 선행사(A separate route)가 사물이고 관계절 내에서 동사 reaches의 주어 역할을 하므로, 명사절 접속사 what을 주격 관계대명사 that 또는 which로 고쳐야 한다.

[오답 분석]

① 현재분사 vs. 과거분사 수식받는 명사(a road)와 분사가 'Main가라고 이름 지어지다'라는 의미의 수동 관계이므로 과거분사 named가 올바르게 쓰였다.

② 전치사 2: 기간 숫자를 포함한 시간 표현(the 30 years) 앞에 와서 '얼마나 오래 지속되는가'를 나타내는 전치사 for(~ 동안)가 올바르게 쓰였다.

③ to 부정사의 역할 '고려할 이유'라는 의미를 표현하기 위해 형용사처럼 명사(cause)를 수식할 수 있는 to 부정사 to consider가 올바르게 쓰였다.

정답 ④

[어휘]

run through 관통하다   thoroughfare 주요[간선] 도로
congestion (교통) 체증   alternative 대안이 되는   route 노선, 길
destination 목적지, 도착지

🎓 이것도 알면 합격!

감정을 나타내는 분사가 수식 또는 보충 설명하는 대상이 감정을 일으키는 주체인 경우 현재분사를 쓰고, 감정을 느끼는 대상인 경우 과거분사를 쓴다.

> Our teacher tells **interesting** stories to keep us engaged during class.
  우리 선생님은 수업 중에 우리가 계속 몰입할 수 있도록 흥미로운 이야기를 들려준다.
> The **scared** cat ran away when it heard a loud noise.
  겁에 질린 고양이는 큰 소리를 들었을 때 도망갔다.

04 문법 분사   난이도 중 ●●○

우리말을 영어로 잘못 옮긴 것은?

① 내가 TV를 켰을 때 테니스 경기는 이미 끝나있었다.
  → The tennis match had already ended when I turned on the TV.
② 그녀는 아직 젊었을 때 건강한 식습관을 형성했었어야 했다.
  → She ought to have formed the habit of healthy eating while still young.
③ 그 바이러스를 막기 위한 많은 방법들이 성공적인 것으로 판명되어 왔다.
  → A number of methods for stopping the virus have proved to be successful.
④ 방에서 보기엔 너무 어두웠기 때문에, 나는 나의 휴대전화를 빛으로 사용했다.
  → Being too dark to see in the room, I used my phone as a light.

[해설]

④ 분사구문의 의미상 주어 주절의 주어(I)와 분사구문의 주어가 달라 분사구문의 의미상 주어가 필요한 경우 명사 주어를 분사구문 앞에 써야 하는데, 분사구문(Being too dark)의 주어가 명암을 나타내는 비인칭 주어 it으로 주절의 주어(I)와 일치하지 않으므로 Being too dark를 It being too dark로 고쳐야 한다.

[오답 분석]

① 과거완료 시제 '테니스 경기가 이미 끝난' 것은 '내가 TV를 켠' 특정 과거 시점보다 이전에 일어난 일이므로 과거완료 시제 had already ended가 올바르게 쓰였다.

② 조동사 관련 표현 '건강한 식습관을 형성했었어야 했다'는 조동사 관련 표현 ought to have p.p.(~했었어야 했다)를 사용하여 나타낼 수 있으므로 ought to have formed가 올바르게 쓰였다.

③ 수량 표현의 수 일치 주어 자리에 복수 취급하는 수량 표현 'a number of + 복수 명사'(A number of methods)가 왔으므로 복수 동사 have가 올바르게 쓰였다. 참고로 주어와 동사 사이의 수식어 거품 (for stopping the virus)은 동사의 수 결정에 영향을 주지 않는다.

정답 ④

[어휘]

method 방법   prove 판명되다, 드러나다

🎓 이것도 알면 합격!

단수/복수 취급하는 수량 표현

단수 취급하는 수량 표현	복수 취급하는 수량 표현
> one/each (+ 명사)	> several/both (+ of the) + 복수 명사
> every/neither of (+ 명사)	> a number of/a couple of/ a range of/a variety of + 복수 명사

05 어휘 unwavering = steadfast 난이도 중 ●●○

밑줄 친 부분의 의미와 가장 가까운 것은?

A recent survey shows that the mayor's plan to build a community center enjoys <u>unwavering</u> support among the city's residents.

① obsessive   ② dismissive

③ inadequate   ④ steadfast

해석

최근의 설문 조사는 주민센터를 세우려는 시장의 계획이 그 도시 주민들 사이에서 변함없는 지지를 누리고 있음을 보여준다.

① 강박적인   ② 무시하는

③ 불충분한   ④ 변함없는

정답 ④

어휘

mayor 시장   unwavering 변함없는, 확고한   resident 주민
obsessive 강박적인   dismissive 무시하는   inadequate 불충분한
steadfast 변함없는

이것도 알면 합격!

unwavering(변함없는)의 유의어
= consistent, persistent, sustained, unshakable

06 어휘 zero in on 난이도 중 ●●○

밑줄 친 부분에 들어갈 말로 가장 적절한 것은?

The computer technicians are running tests so they can _____ what the cause of the malfunction is.

① take issue with   ② catch up with

③ zero in on   ④ make hay of

해석

컴퓨터 기술자들은 그들이 오작동의 원인인 것에 <u>초점을 맞출</u> 수 있도록 테스트를 하고 있다.

① ~을 문제 삼다   ② ~을 따라잡다

③ ~에 초점을 맞추다   ④ ~을 뒤죽박죽으로 만들다

정답 ③

어휘

technician 기술자   malfunction 오작동   take issue with ~을 문제 삼다
catch up with ~을 따라잡다   zero in on ~에 초점을 맞추다
make hay of ~을 뒤죽박죽으로 만들다

이것도 알면 합격!

zero in on(~에 초점을 맞추다)과 유사한 의미의 표현
= take aim at, focus on, direct aim at, narrow down, target

07 문법 가정법 난이도 중 ●●○

어법상 옳은 것은?

① The drawbridge lets through boats that is too tall to pass other bridges.
② Had it not been for the massive sale, the store would have gone out of business.
③ She approached to the empty building with fear.
④ The more you wear your sneakers, the dirtiest they become.

해석

① 그 도개교는 너무 높아서 다른 다리를 지날 수 없는 배들을 통과시킨다.
② 만약 그 대규모 세일이 없었다면, 그 상점은 폐업했을 것이다.
③ 그녀는 두려워하며 그 비어있는 건물에 다가갔다.
④ 네가 운동화를 신을수록, 그것들은 더 더러워진다.

해설

② 가정법 도치 if절에서 if가 생략된 가정법 과거완료 구문 Had it not been for(~가 아니었다면)가 왔으므로, 주절에도 가정법 과거완료를 만드는 '주어(the store) + would + have p.p.(have gone)'의 형태인 the store would have gone이 올바르게 쓰였다.

[오답 분석]

① 주격 관계절의 수 일치 주격 관계절(that ~ other bridges) 내의 동사는 선행사(boats)에 수 일치시켜야 하는데, 선행사가 복수 명사이므로 단수 동사 is를 복수 동사 are로 고쳐야 한다.

③ 타동사 동사 approach는 '~에 다가가다'라는 의미로 쓰일 때 전치사 없이 목적어(the empty building)를 바로 취하는 타동사이므로 approached to the empty building을 approached the empty building으로 고쳐야 한다.

④ 비교급 문맥상 '네가 운동화를 신을수록, 그것들은 더 더러워진다'라는 의미가 되어야 자연스러운데, '더 ~할수록 더 -하다'는 비교급 표현 'The + 비교급(more) + 주어(you) + 동사(wear) ~, the + 비교급 + 주어(they) + 동사(become) -'의 형태로 나타낼 수 있으므로 최상급 표현 dirtiest를 비교급 표현 dirtier로 고쳐야 한다.

정답 ②

어휘

drawbridge 도개교(들어 올릴 수 있는 다리)
let through ~을 통과시키다, (잘못을) 눈감아 주다   massive 대규모의, 거대한
go out of business 폐업하다   approach ~에 다가가다   fear 두려움
sneakers 운동화

이것도 알면 합격!

자동사로 착각하기 쉬운 타동사

> discuss ~에 대해 토론하다	> explain ~에 대해 설명하다
> address ~에게 연설하다	> resemble ~와 닮다
> join ~와/에 합류하다	> accompany ~와 함께하다
> attend ~에 참석하다	> affect ~에 영향을 미치다

08 문법 시제 & to 부정사 난이도 중 ●●○

우리말을 영어로 옳게 옮긴 것은?

① 그녀는 돈을 마련하기 위해 작년에 그녀의 차를 팔았다.
   → She sold her car last year to raise money.

② 많은 사람들은 자율주행차량에 매혹되었다.
   → Many people became fascinating with self-driving vehicles.

③ 그 시장은 올해 경제를 강화하는 데 전념한다.
   → The mayor is committed to strengthen the economy this year.

④ 아이들은 그들이 가진 것으로 만족해야 했다.
   → The children had to make it do with what they had with them.

해설

① **시제 일치 | to 부정사의 역할** 과거 시제와 함께 자주 쓰이는 시간 표현 'last + 시간 표현'(last year)이 왔으므로, 과거 시제 동사 sold가 올바르게 쓰였다. 또한, '돈을 마련하기 위해'라는 의미를 표현하기 위해 부사처럼 목적을 나타내는 to 부정사구 to raise money가 올바르게 쓰였다.

[오답 분석]

② **현재분사 vs. 과거분사** 감정을 나타내는 동사(fascinate)의 경우 주어가 감정의 원인이면 현재분사를, 감정을 느끼는 주체이면 과거분사를 써야 하는데, 주어(Many people)가 '매혹된' 감정을 느끼는 주체이므로 현재분사 fascinating을 과거분사 fascinated로 고쳐야 한다.

③ **동명사 관련 표현** '경제를 강화하는 데 전념한다'는 동명사구 관용 표현 'be committed to -ing'(~에 전념하다)로 나타낼 수 있으므로 동사원형 strengthen을 동명사 strengthening으로 고쳐야 한다.

④ **숙어 표현** 동사 make가 5형식 동사로 쓰일 때 'make + 목적어 + 동사원형'의 형태를 취하지만, 해당 문장에서 make는 문맥상 make do with(~으로 만족하다)라는 숙어 표현으로 쓰여야 자연스러우므로 make it do with를 make do with로 고쳐야 한다.

정답 ①

어휘

fascinate 매혹하다 self-driving 자율주행의 vehicle 차량 mayor 시장
be committed to ~에 전념하다 strengthen 강화하다
make do with ~으로 만족하다, 견디다

 이것도 알면 합격!

> **'make'를 포함한 숙어 표현**
>
> > make a fuss over 법석을 떨다
> > make peace with ~와 화해하다
> > make it big 크게 성공하다

09 독해 논리적 흐름 파악(무관한 문장 삭제) 난이도 상 ●●●

다음 글의 흐름상 가장 어색한 문장은?

The stock market crash known as Black Friday occurred on November 26, 1929, and kicked off the Great Depression—the largest economic collapse in U.S. history. ① Within a week of the initial stock market crash, the stock market lost one third of its value from its high at the end of the 1920s. ② The "roaring twenties" had been one of the most profitable in history, with Wall Street markets gaining rapidly after World War I. ③ The destabilization of the economy caused a massive number of bank and business failures across the country, leaving millions of people unemployed and in poverty. ④ At the lowest point, the stock market lost 89 percent of its value and the country's overall economy shrank by more than 50 percent.

해석

블랙 프라이데이로 알려진 주식시장의 붕괴는 1929년 11월 26일에 일어났고 대공황을 촉발시켰는데, 이는 미국 역사상 가장 큰 경제 붕괴였다. ① 최초의 주식시장 붕괴로부터 일주일 만에, 주식시장은 1920년대 말의 최고 수준에서 그것의 가치 중 3분의 1을 잃었다. ② '광란의 20년대'는 1차 세계대전 이후 월스트리트 시장이 빠르게 성장하면서 역사상 가장 수익성이 좋았던 시기들 중 하나였다. ③ 경제의 불안정은 전국적으로 엄청난 수의 은행과 사업 실패를 야기했고, 수백만 명의 사람들을 실직하게 하고 가난하게 만들었다. ④ 최저점에서, 주식시장은 그 가치의 89퍼센트를 잃었고, 그 국가(미국)의 전체 경제는 50퍼센트 이상 줄어들었다.

해설

첫 문장에서 미국 역사상 가장 큰 경제 붕괴였던 대공황을 일으킨 블랙 프라이데이에 대해 언급한 뒤, ①번에서 최초의 주식시장 붕괴로부터 일주일 만에 주식시장이 그것의 가치 중 3분의 1을 잃었다고 설명하고, ③번에서 경제의 불안정이 전국적으로 은행과 사업 실패를 야기하고 수백만 명의 사람들을 실직하게 만들었다고 언급하고 있다. 이어서 ④번에서 주식시장은 가치를 거의 잃었고 국가 경제가 50퍼센트 이상 줄어들었다고 설명하고 있으므로 모두 지문의 흐름과 관련이 있다. 그러나 ②번은 월스트리트 시장의 빠른 성장으로 인해 야기된 '광란의 20년대'에 대한 내용으로, 1920년대 미국의 주식시장 붕괴에 대한 지문 전반의 내용과 관련이 없다.

정답 ②

어휘

stock market 주식시장 crash 붕괴, 폭락 kick off 촉발시키다, 시작하다
Great Depression (미국에서 비롯한) 대공황 collapse 붕괴 initial 최초의
roaring twenties 광란의 20년대(사람들이 활기와 자신감에 넘치던 1920~29년 사이의 시기) profitable 수익성이 좋은 rapidly 빠르게, 급속히
destabilization 불안정 massive 엄청난 failure 실패
unemployed 실직한 poverty 가난 shrink 줄어들다

10 독해 전체내용 파악(요지 파악)   난이도 중 ●●○

다음 글의 요지로 가장 적절한 것은?

Albert Camus, a 20th-century French philosopher, is famous for developing the philosophy known as absurdism. He posited that life had no meaning; thus, trying to find the meaning of our existence was pointless. In spite of this seemingly depressing view on life, Camus himself believed this perspective to be the most honest and optimistic. While he did regard existence as meaningless, he stated that we needed to embrace the absurdity instead of despair over it. Only then could humans be free to revolt against the futility and put real effort and passion into their lives. We could create happiness on our own terms—individuals could define for themselves the significance of their lives rather than looking outward for it. For Camus, making one's life meaningful, passionate, and happy would always be a relative experience. And it could only occur after one has accepted that nothing matters in the first place.

① An acceptance of absurdity leads to individual meaning.
② There is no point to doing or believing in anything.
③ Knowing that life is absurd is what makes us depressed.
④ It is possible for humans to obtain happiness by reaching outward.

해석

20세기 프랑스 철학가인 알베르 카뮈는 부조리주의로 알려진 철학을 발달시킨 것으로 유명하다. 그는 삶에 아무런 의미가 없고, 그러므로 우리 존재의 의미를 찾으려고 애쓰는 것은 무의미하다고 단정했다. 이 우울해 보이는 삶에 대한 관점에도 불구하고, 카뮈 그 자신은 이 관점이 가장 정직하고 낙관적인 것이라고 믿었다. 그가 존재를 무의미한 것으로 여기기는 했지만, 그는 우리가 부조리에 절망하기보다는 그것을 받아들여야 한다고 말했다. 그때서야 인간들은 자유롭게 무가치에 반감을 품고 그들의 삶에 진정한 노력과 열정을 쏟을 수 있다. 우리는 우리 방식으로 행복을 창조할 수 있고, 사람들은 그들 삶의 의미를 외부에서 찾기보다 스스로 정의할 수 있다. 카뮈에게 한 사람의 삶을 의미 있고, 정열적이며, 또 행복하게 만드는 것은 항상 상대적인 경험이었을 것이다. 그리고 그것은 우선 개인이 어느 것도 중요하지 않다는 것을 받아들인 후에만 발생할 수 있었다.

① 부조리의 수용은 개인의 의미로 이어진다.
② 무엇을 하거나 믿는 것은 의미가 없다.
③ 삶이 부조리하다는 것을 아는 것은 우리를 우울하게 하는 것이다.
④ 인간들은 외부에 손을 뻗음으로써 행복을 얻는 것이 가능하다.

해설

지문 중간에서 카뮈는 우리가 부조리에 절망하기보다는 그것을 받아들여야 하고, 그런 후에야 사람들은 삶의 의미를 외부에서 찾기보다 스스로 정의할 수 있다고 말하고 있으므로, '① 부조리의 수용은 개인의 의미로 이어진다'가 이 글의 요지이다.

[오답 분석]
② 무엇을 하거나 믿는 것이 의미가 없다는 것은 언급되지 않았다.
③ 세 번째 문장에서 부조리주의적 관점이 가장 정직하고 낙관적인 것이라고 설명하고 있으므로 삶의 부조리함을 아는 것이 우리를 우울하게 한다는 것은 지문의 내용과 다르다.

④ 여섯 번째 문장에서 사람들은 삶의 의미를 외부에서 찾기보다 스스로 정의할 수 있다고 설명하고 있으므로 인간들이 외부에 손을 뻗음으로써 행복을 얻는 것이 가능하다는 것은 지문의 내용과 다르다.

정답 ①

어휘

absurdism 부조리주의   posit 단정하다   existence 존재
pointless 무의미한   depressing 우울한   perspective 관점, 시각
optimistic 낙관적인   embrace 받아들이다   absurdity 부조리
despair 절망하다   revolt 반감을 품다   futility 무가치, 공허

11 생활영어 You may have to buy a second pair.   난이도 중 ●●○

밑줄 친 부분에 들어갈 말로 가장 적절한 것은?

A: Have you seen a receipt lying around? I can't find it anywhere.
B: No, I don't remember seeing one. What was it for?
A: I was going to return a pair of pants. They fit well, but I wanted a different color.
B: _____.
A: I guess that's not such a bad thing.

① You owe me for the cost of the pants
② You may have to buy a second pair
③ That color goes well with my outfit
④ That store doesn't accept returns anymore

해석

A: 아무렇게나 놓여 있는 영수증을 본 적 있어? 나는 어디에서도 그걸 찾을 수가 없어.
B: 아니, 본 기억이 없어. 그게 무엇을 위한 거였는데?
A: 나는 바지 하나를 반품할 예정이었어. 그것은 잘 맞지만, 나는 다른 색을 원했거든.
B: 너는 두 번째 바지를 사야 할 수도 있겠는데.
A: 내 생각엔 그것이 그리 나쁘진 않은 것 같아.

① 너는 나에게 그 바지의 값을 빚지고 있어
② 너는 두 번째 바지를 사야 할 수도 있겠는데
③ 그 색깔은 내 옷과 잘 어울려
④ 그 상점은 반품을 더 이상 받지 않아

해설

아무렇게나 놓여 있는 영수증을 본 적 있냐는 A의 말에 B가 본 기억이 없다고 답하면서 그 영수증이 무엇을 위한 것이었는지를 묻고, A는 바지를 반품할 예정이었다고 대답하고 있다. 이어서 빈칸 뒤에서 A가 I guess that's not such a bad thing(내 생각엔 그것이 그리 나쁘진 않은 것 같아)이라고 말하고 있으므로, 빈칸에는 '② 너는 두 번째 바지를 사야 할 수도 있겠는데 (You may have to buy a second pair)'가 들어가야 자연스럽다.

정답 ②

어휘

receipt 영수증 lie around 아무렇게나 놓여 있다 fit (크기가) 맞다
owe 빚지고 있다 outfit 옷, 복장

이것도 알면 **합격!**

교환이나 환불을 요청할 때 쓸 수 있는 표현

> I was wondering if I could exchange this.
  제가 이것을 교환할 수 있을지 궁금합니다.
> Do you have this in a different size? 이것이 다른 사이즈로 있나요?
> I would like to return it and get my money back.
  저는 그것을 반품하고 돈을 돌려받고 싶어요.

---

12 독해 전체내용 파악(글의 감상) 난이도 중 ●●○

다음 글에 나타난 화자의 심경으로 가장 적절한 것은?

The day that mystery writer Gavin Hale's devotees have been anticipating has finally arrived. After a wait of more than half a decade, his most recent thriller, *Down to the Bones*, was released in bookstores nationwide this morning. It's no secret that his last book received overwhelmingly negative reviews from critics like myself. So, it was with no small amount of wariness that we approached his newest offering. But now the verdict is in, and I've got to say, who knew Hale had such a masterpiece left in him? The wooden prose and flat characters that made his previous work a chore to read are nowhere to be found in *Down to the Bones*. Let's hope that this marks a turning point in Hale's career and that he builds on the achievement he's made with this latest novel.

① disappointed and annoyed
② ambivalent and satisfied
③ confused and frustrated
④ impressed and relieved

해석

추리소설 작가 Gavin Hale의 열성적인 애호가들이 고대해 왔던 날이 마침내 왔다. 5년이 넘는 기다림 끝에, 그의 가장 최신 스릴러물인 『Down to the Bones』가 오늘 아침 서점에 전국적으로 출시되었다. 그의 지난 저서가 나와 같은 비평가들로부터 압도적으로 부정적인 비평들을 받았다는 것은 비밀이 아니다. 따라서 우리는 그가 최근에 내놓은 것에 적지 않은 경계심을 가지고 접근했다. 그러나 이제는 판단이 섰고, 나는 이러한 명작이 그(Hale)의 안에 남아있었다는 것을 누가 알았겠느냐고 말해야겠다. 그의 이전 작품을 읽는 것을 따분한 일로 만든 그의 부자연스러운 산문체와 무미건조한 등장인물들은 『Down to the Bones』의 어디에서도 찾아볼 수 없다. 이것이 Hale의 경력의 전환점을 나타내기를, 그리고 그가 이 최신 소설로 이룬 성공을 발판으로 삼기를 기대해 보자.

① 실망스럽고 짜증 난
② 불안정하고 만족한
③ 혼란스럽고 좌절한
④ 감명받고 안도한

해설

지문 전반에 걸쳐 화자가 추리소설 작가인 Gavin Hale의 최신 스릴러물이 출시된 것에 대해 이야기하면서 그의 지난 저서가 압도적으로 부정적인 비평들을 받았기 때문에 신간에 대해 경계심을 가지고 접근했지만 결과적으로는 그 최신 스릴러물이 명작이라는 평을 내리고 있으므로, '④ 감명받고 안도한'이 글에 나타난 화자의 심경으로 적절하다.

정답 ④

어휘

devotee 열성적인 애호가 anticipate 고대하다 release 출시하다; 출시
overwhelmingly 압도적으로 critic 비평가 wariness 경계심
approach 접근하다 offering 내놓은 것 verdict 판단, 평결
masterpiece 명작 wooden 부자연스러운 prose 산문체 flat 무미건조한
chore 따분한 일, 하기 싫은 일 build on ~을 발판으로 삼다, ~을 의지하다
achievement 성공, 업적 ambivalent 불안정한, 상반되는 감정을 가진
frustrated 좌절한

---

13 독해 논리적 흐름 파악(문단 순서 배열) 난이도 중 ●●○

주어진 문장 다음에 이어질 글의 순서로 가장 적절한 것은?

The Internet of Things (IoT) is having a wide-ranging impact, changing a number of unexpected industries.

(A) This ability to adjust in response to the needs of the crops ensures a greater success rate for crops, with fewer resources used.

(B) For example, the IoT is now being widely used in agriculture. Most notably, devices are being used to monitor soil temperature and content.

(C) By providing this detailed information, such agrotechnology allows farmers to better assess the ever-changing needs of their crops and respond accordingly.

* agrotechnology: 농업 기술

① (B) – (A) – (C)
② (B) – (C) – (A)
③ (C) – (A) – (B)
④ (C) – (B) – (A)

해석

사물 인터넷(IoT)은 폭넓은 영향을 미치고 있으며, 뜻밖의 많은 산업들을 변화시키고 있다.

(B) 예를 들면, 사물 인터넷은 현재 농업에서 폭넓게 사용되고 있다. 무엇보다도 특히, 기계들은 토양의 온도와 내용물을 추적 관찰하는 데 사용되고 있다.

(C) 이러한 자세한 정보를 제공함으로써, 그러한 농업 기술은 농부들로 하여금 늘 변화하는 작물의 필요를 가늠하고, 그에 맞춰 반응할 수 있게 한다.

(A) 작물의 필요에 대한 반응에 적응하는 이 능력은 더 적은 자원이 사용되면서 작물의 더 높은 성공률을 보장한다.

해설

주어진 문장에서 사물 인터넷이 뜻밖의 많은 산업들을 변화시키고 있다고 언급한 뒤, (B)에서 예를 들면(For example) 사물 인터넷은 농업에서 토양에 대한 자세한 정보를 얻는 데 사용되고 있다고 설명하고 있다. 이어서 (C)에서 농업 기술이 이러한 자세한 정보(this detailed information)를 제공함으로써, 농부들이 늘 변화하는 작물의 필요를 가늠하고 그에 맞춰 반응할 수 있게 한다고 이야기하고, (A)에서 작물의 필요에 대한 반응에 적응하는 이 능력(This ability)은 작물의 높은 성공률을 보장한다고 설명하고 있다.

정답 ②

어휘

Internet of Things 사물 인터넷(사물을 인터넷으로 연결하여 정보를 주고받는 기술) wide-ranging 폭넓은, 광범한 unexpected 뜻밖의 adjust 적응하다 needs 필요 crop 작물 ensure 보장하다 agriculture 농업 notably 특히, 현저히 monitor 추적 관찰하다 content 내용물 assess 가늠하다 ever-changing 늘 변화하는 accordingly 그에 맞춰

여동생과 나는 정반대야(Same here. My sister and I are complete opposites)'가 들어가야 자연스럽다.

정답 ①

어휘

move 이사하다 adjust 적응하다 confident 자신감이 있는 adapt 적응하다

이것도 알면 합격!

이사할 때 쓸 수 있는 표현

> I've rented a moving truck for this weekend.
> 나는 이번 주말을 위해 이삿짐 트럭을 빌렸어.
> He's just moved in to a new house.
> 그는 새로운 집에 막 이사 왔어.
> We've contacted a few landlords.
> 우리는 몇 명의 집주인과 연락했어.
> Does this apartment allow pets?
> 이 아파트는 애완동물을 허용하나요?

---

14 생활영어 Same here. My sister and I are complete opposites. 난이도 하 ●○○

밑줄 친 부분에 들어갈 말로 가장 적절한 것을 고르시오.

A: I heard your sister is moving to China! How is she going to adjust to living there?
B: She's confident, so she'll adapt quickly.
A: I can't imagine living like that. I like to stay in one place.
B: _____.

① Same here. My sister and I are complete opposites
② I know. It's time I moved somewhere new
③ You're going to have a wonderful time in China
④ I wish I were as confident as you about this

해석

A: 네 여동생이 중국으로 이사한다고 들었어! 그녀는 그곳에서 사는 것에 어떻게 적응할까?
B: 그녀는 자신감이 있어서, 빠르게 적응할 거야.
A: 그렇게 사는 것은 상상할 수가 없어. 나는 한곳에 머무르는 것을 좋아하거든.
B: 나도 마찬가지야. 내 여동생과 나는 정반대야.

① 나도 마찬가지야. 내 여동생과 나는 정반대야
② 나도 알아. 지금은 내가 어딘가 새로운 곳으로 이사해야 할 때야
③ 너는 중국에서 멋진 시간을 보낼 거야
④ 나는 내가 이것에 대해 너만큼 자신감이 있었으면 좋겠어

해설

B의 여동생이 중국에서 어떻게 적응할지를 묻는 A의 질문에 대해 B가 자신의 여동생은 자신감이 있어서 빠르게 적응할 것이라고 대답하자, 빈칸 앞에서 다시 A가 I can't imagine living like that. I like to stay in one place(그렇게 사는 것은 상상할 수가 없어. 나는 한곳에 머무르는 것을 좋아하거든)라고 이야기하고 있으므로, 빈칸에는 '① 나도 마찬가지야. 내

---

15 독해 추론(빈칸 완성 - 절) 난이도 상 ●●●

밑줄 친 부분에 들어갈 말로 가장 적절한 것을 고르시오.

In today's competitive business world, workers often feel pressure to show their abilities and willingness to work hard to their supervisors. As a result, they sometimes work long hours and neglect their personal lives in order to get ahead professionally. But they need to remember one thing: _____. While having a successful career can give one a sense of pride, failing to make personal connections in one's personal life can lead to feelings of loneliness and make work successes feel hollow, as there is no one to share them with. Moreover, loneliness and mental stress can cause feelings of burnout and desperation, and this is bad for one's psyche as well as hold one back career-wise. In light of this, it is crucial for workers to recognize that working on their personal relationships is an important part of career success.

① two heads are better than one
② the enemy of my enemy is my friend
③ haste makes waste
④ no man is an island

해석

오늘날의 경쟁적인 비즈니스 세계에서, 근로자들은 종종 그들의 능력과 열심히 일하려는 의지를 그들의 관리자에게 보여줘야 한다는 압박감을 느낀다. 결과적으로, 그들은 때때로 직업적으로 출세하기 위해 오랜 시간 일하고 그들의 개인적인 삶을 소홀히 한다. 하지만 그들은 한 가지를 기억해야 한다: 아무도 혼자인 사람은 없다. 성공적인 경력을 쌓는 것은 자부심을 줄 수 있지만, 개인 생활에서 인맥을 만들지 못하는 것은 외로움으로 이어지고 일에서의 성공을 공허하게 느끼도록 할 수 있는데, 이는 그것들(일에서의 성공)을 공유할 사람이 없기 때문이다. 더욱이, 외로움과 정신적 스

트레스는 극도의 피로감과 절망감을 유발할 수 있는데, 이것은 직업적으로 한 사람의 발전을 저해할 수 있을 뿐만 아니라 정신에도 좋지 않다. 이러한 점을 고려하여, 근로자들은 개인적인 관계를 위해 노력하는 것이 직업적인 성공의 중요한 부분이라는 것을 인식하는 것이 중요하다.

① 백지장도 맞들면 낫다
② 나의 적의 적은 나의 친구이다
③ 서두르면 일을 그르친다
④ 아무도 혼자인 사람은 없다

해설

빈칸 뒤 문장에서 인맥을 만들지 못하는 것은 일에서의 성공을 공유할 사람이 없어 외로움으로 이어질 수 있다고 하고, 이어서 근로자들은 개인적인 관계를 위해 노력하는 것이 직업적인 성공의 중요한 부분이라는 것을 인식하는 것이 중요하다고 했으므로, 빈칸에는 '④ 아무도 혼자인 사람은 없다'는 내용이 들어가야 한다.

[오답 분석]
① 백지장도 맞들면 낫다는 것은 지문의 내용과 관련이 없다.
② 나의 적의 적은 나의 친구라는 것은 지문의 내용과 관련이 없다.
③ 서두르면 일을 그르친다는 것은 지문의 내용과 관련이 없다.

정답 ④

어휘

competitive 경쟁적인   willingness 의지   supervisor 관리자, 감독자
neglect 소홀히 하다, 방치하다   get ahead 출세하다, 앞서 나가다
loneliness 외로움, 고독   hollow 공허한, 속이 빈   burnout 극도의 피로
desperation 절망, 자포자기   psyche 정신   hold back (발전을) 저해하다
career-wise 직업적으로   recognize 인식하다

---

16 독해 전체내용 파악(제목 파악) 난이도 상 ●●●

다음 글의 제목으로 가장 적절한 것은?

Professional scientists tend to have an advanced degree in their field of study, lending them authority and credibility, but they are by no means the only ones capable of scientific study. Citizen science describes the efforts of individuals or groups, usually without a scientific background or funding for their research, to engage in laborious study and record-keeping in a particular field. Those who participate are volunteers and vary in level of expertise. While this engagement may be motivated primarily by a love of the subject matter, efforts deemed significant enough to be considered citizen science often turn out to be useful to the professional scientific community. A famous example involved a teacher and bird watcher, Wells Woodbridge Cooke, who began recording the arrival dates of migratory birds in his area of the Mississippi Valley in 1881. From that humble beginning, thousands joined Cooke in recording migrations where they lived. Though the project lagged after several decades, the US Geological Survey saw the enormous value of that database, and in 2009, launched the North American Bird Phenology Program. Since then, over 400,000 records have been validated and are now

available to the public and the scientific community. Some scientists are now using the data to understand how climate change is affecting bird migration and changing populations of bird species in North America.

① Join a Citizen Science Program
② Bird Watching as a Hobby
③ How Do Citizens Help Advance Scientific Knowledge?
④ Migratory Birds: Changing Patterns Around the World

해석

전문적인 과학자들은 그들의 연구 분야에서 석사 학위를 가지고 있는 경향이 있으며, 이것은 그들에게 권위와 신뢰성을 부여하지만, 그들은 결코 과학 연구를 할 수 있는 유일한 사람들이 아니다. 시민 과학은 보통 과학적 배경이나 연구를 위한 자금 없이, 특정 분야에서 어려운 연구와 기록 유지에 참여하려는 개인이나 집단의 노력을 말한다. 참여하는 사람들은 자원봉사자이고 전문지식의 수준이 각기 다르다. 이런 참여는 주로 주제에 대한 애정에 의해 유발될 수 있지만, 시민 과학으로 간주될 만큼 충분히 중요하게 여겨지는 노력은 종종 전문적인 과학계에 유용한 것으로 판명된다. 유명한 예로는 교사이자 조류 관찰자인 Wells Woodbridge Cooke이 있는데, 그는 1881년에 그의 지역인 미시시피 계곡의 철새 도착 날짜를 기록하기 시작했다. 그 작은 시작부터, 수천 명의 사람들이 그들이 살고 있는 곳의 (철새) 이주를 기록하는 데 Cooke과 함께했다. 프로젝트는 수십 년 후에 시들해지기는 했지만, 미국 지질 조사국은 그 데이터베이스의 엄청난 가치를 보고 2009년에 북미 조류 현상학 프로그램을 시작했다. 그 이후로, 400,000개 이상의 기록들이 검증되었고 현재 그것을 대중과 과학계가 이용할 수 있다. 일부 과학자들은 현재 기후 변화가 어떻게 조류 이동과 북미 조류 종의 변화하는 개체 수에 영향을 미치고 있는지 이해하기 위해 그 자료를 사용하고 있다.

① 시민 과학 프로그램에 참여하라
② 취미로서의 조류 관찰
③ 시민들은 과학 지식의 진보를 어떻게 돕는가?
④ 철새: 전 세계적으로 변화하는 패턴

해설

지문 처음에서 전문적인 과학자들은 과학 연구를 할 수 있는 유일한 사람들이 아니라고 한 후, 시민 과학에 대해 소개하고 있다. 이어서 시민 과학은 전문적인 과학계에 유용한 것으로 판명된다고 하며 이에 대한 예시로 조류 관찰자 Wells Woodbridge Cooke이 진행한 연구를 언급하고 있으므로, '③ 시민들은 과학 지식의 진보를 어떻게 돕는가?'가 이 글의 제목이다.

[오답 분석]
① 시민 과학은 과학적 배경이나 연구 자금 없이 연구 및 기록 유지에 참여하려는 사람들의 노력을 말한다고 언급되기는 했지만, 시민 과학 프로그램에 참여하라는 내용은 언급되지 않았다.
② 취미로서의 조류 관찰에 대해서는 언급되지 않았다.
④ 시민 과학이 과학계에 유용했던 예시로 철새 관련 연구가 언급되기는 했지만, 전 세계적으로 변화하는 철새의 패턴은 언급되지 않았다.

정답 ③

어휘

an advanced degree 석사 학위   credibility 신뢰성
funding 자금, 재정 지원   laborious 어려운   expertise 전문지식
deem 여기다   migratory bird 철새   humble 작은, 초라한
migration 이주   lag 시들해지다, 뒤떨어지다   validate 검증하다

17 독해 추론(빈칸 완성 – 연결어) 난이도 중 ●●○

밑줄 친 (A), (B)에 들어갈 말로 가장 적절한 것은?

One of the most pressing issues facing humanity today is water scarcity. People living in many areas are suffering from a lack of clean, potable water. ___(A)___, this does not mean that there isn't enough water on the planet for everyone. Earth actually has more than enough fresh water for the number of people currently living on it. The problem is that several factors prevent people in some locations from accessing the life-giving liquid. While location and climate are both major contributors to the lack of adequate, appropriately managed water supplies, manmade issues compound the problem and make it even more widespread. For instance, poor infrastructure makes it impossible for people in some rural areas and developing nations to easily get clean water. Often their water supplies are contaminated by dangerous chemicals or human waste. To make matters worse, wars and political conflicts displace populations and interrupt their ability to get clean water. As a result of these issues, today, an estimated two billion people worldwide are forced to rely on contaminated water supplies. Using this water often causes life-threatening health conditions like cholera, typhoid, and dysentery. ___(B)___, according to the World Health Organization (WHO), more than 3.5 million people die each year due to water-related issues.

	(A)	(B)
①	However	Likewise
②	However	Indeed
③	Therefore	Besides
④	Therefore	Meanwhile

[해석]

오늘날 인류가 직면하고 있는 가장 시급한 문제 중 하나는 물 부족이다. 많은 지역에 사는 사람들이 깨끗하고 마실 수 있는 물의 부족으로 고통받고 있다. (A) 그러나, 이것이 지구상의 모든 사람들을 위한 충분한 물이 없다는 것을 의미하지는 않는다. 지구에는 실제로 현재 살고 있는 사람들의 수에 충분하고도 남는 담수가 있다. 문제는 몇몇 요인들이 일부 지역에 사는 사람들이 생명을 주는 그 액체에 접근하는 것을 막는다는 것이다. 위치와 기후 모두 충분하고 적절하게 관리되는 급수시설의 부족에 대한 주요 원인이지만, 인간이 만든 문제는 그 문제를 악화시키고 훨씬 더 널리 퍼지게 만든다. 예를 들어, 열악한 사회 기반 시설은 일부 시골 지역과 개발도상국의 사람들이 깨끗한 물을 쉽게 얻을 수 없게 한다. 종종 그들의 급수시설은 위험한 화학물질과 인간의 쓰레기에 의해 오염된다. 설상가상으로, 전쟁과 정치적 갈등이 사람들을 쫓아내서 그들이 깨끗한 물을 얻을 수 있는 것을 방해한다. 이러한 문제의 결과로, 오늘날 전 세계 약 20억 명으로 추정되는 사람들이 오염된 급수시설에 의존해야 한다. 이 물을 사용하는 것은 종종 콜레라, 장티푸스, 이질 같은 생명을 위협하는 건강 상태를 야기한다. (B) 실제로, 세계보건기구(WHO)에 따르면, 매년 350만 명 이상의 사람들이 물과 관련된 문제로 사망한다.

	(A)	(B)
①	그러나	이와 같이
②	그러나	실제로
③	따라서	게다가
④	따라서	한편

[해설]

(A) 빈칸 앞 문장은 많은 지역에 사는 사람들이 깨끗하고 마실 수 있는 물의 부족으로 고통받고 있다는 내용이고, 빈칸 뒤 문장은 이것이 지구상의 모든 사람들을 위한 충분한 물이 없다는 것을 의미하지는 않는다는 반대되는 내용이므로, (A)에는 대조를 나타내는 연결어인 However(그러나)가 들어가야 한다. (B) 빈칸 앞 부분은 전 세계 약 20억 명의 사람들이 오염된 급수시설에 의존해야 하며, 이 물을 사용하는 것은 생명을 위협하는 건강 상태를 야기한다는 내용이고, 빈칸 뒤 문장은 매년 350만 명 이상의 사람들이 물과 관련된 문제로 사망한다는 내용으로 앞 문장의 내용을 강조하는 내용이므로, (B)에는 강조를 나타내는 연결어인 Indeed(실제로)가 들어가야 한다. 따라서 ②번이 정답이다.

정답 ②

[어휘]

pressing 시급한 **humanity** 인류, 인간 **scarcity** 부족, 결핍
potable 마실 수 있는 **water supply** 급수시설, 상수도
compound 악화시키다 **infrastructure** 사회 기반 시설
contaminate 오염시키다 **displace** 쫓아내다
life-threatening 생명을 위협하는 **cholera** 콜레라 **typhoid** 장티푸스
dysentery 이질

18 독해 세부내용 파악(내용 불일치 파악) 난이도 중 ●●○

다음 글의 내용과 일치하지 않는 것은?

The custom of foot binding was once practiced by nearly every woman in China. It involved breaking the toes, folding them underneath, and binding the whole foot in bandages in order to mold tiny feet. This unusual procedure began in AD 970 with Emperor Li Yu. He became captivated with a dancer who had wrapped her feet in strips of cloth, making them look small and delicate. Hearing of his admiration for this look, other women began adorning their feet similarly. Binding feet not only became a popular trend but it soon turned de rigueur for marrying into the upper classes as well; the smaller the feet, the better the chances a girl had at a life of comfort and pleasure. To ensure they would be desirable to wealthy men, women did their best to stop their feet from ever growing at all.

* foot binding: 전족

① The method of binding feet altered the foot's shape.
② Emperor Li Yu was attracted to a dancer's small, delicate feet.
③ Women began wrapping their feet to produce a look that the emperor admired.
④ Chinese women lengthened their feet to tempt rich men.

해석

전족 풍습은 한때 거의 모든 중국 여성들에 의해 행해졌다. 그것은 작은 발을 만들기 위해 발가락을 부러뜨려 아래로 접어 넣고, 발 전체를 붕대로 동여매는 것을 포함했다. 이 특이한 방법은 서기 970년에 리 위 황제로 인해 시작되었다. 그(황제)는 가느다란 천 조각으로 그녀(무희)의 발을 감싸서 그것들을 작고 우아하게 보이도록 만든 한 무희에게 매혹되었다. 이 모습에 대한 그의 감탄을 듣게 된 다른 여성들도 그들의 발을 비슷하게 꾸미기 시작했다. 발을 동여매는 것은 인기 있는 유행이 되었을 뿐만 아니라 곧 상류층으로 시집을 가기 위해 필요한 것이 되기도 했다. 발이 더 작을수록, 여자아이가 편안하고 즐거운 삶을 살 확률이 더 높았다. 부유한 남성에게 반드시 호감이 가도록 하기 위해, 여성들은 자신의 발이 자라는 것을 막으려고 최선을 다했다.

① 발을 동여매는 방법이 발의 모양을 바꾸었다.
② 리 위 황제는 한 무희의 작고 우아한 발 모양에 매혹되었다.
③ 여성들은 황제가 감탄했던 모습을 만들어 내기 위해 그들의 발을 감싸기 시작했다.
④ 중국 여성들은 부유한 남자들을 유혹하기 위해 그들의 발을 늘였다.

해설

지문 마지막에서 여성들은 부유한 남성에게 반드시 호감이 가도록 하기 위해 자신의 발이 자라는 것을 막으려고 했다고 했으므로, '④ 중국 여성들은 부유한 남자들을 유혹하기 위해 그들의 발을 늘였다'는 것은 지문의 내용과 일치하지 않는다.

[오답 분석]
① 두 번째 문장에 전족은 작은 발을 만들기 위해 발가락을 부러뜨려 아래로 접어 넣고 발 전체를 붕대로 동여매는 것을 포함했다고 언급되었다.
② 네 번째 문장에 리 위 황제는 한 무희의 작고 우아한 발 모양에 매혹되었다고 언급되었다.
③ 다섯 번째 문장에 황제의 감탄을 듣게 된 다른 여성들도 그들의 발을 비슷하게 꾸미기 시작했다고 언급되었다.

정답 ④

어휘

underneath ~ 아래로 bandage 붕대 mold 만들다
procedure 방법, 절차 emperor 황제 captivate 매혹하다, 마음을 사로잡다
strip (천·판자의) 가느다란 조각 delicate 우아한, 섬세한
admiration 감탄, 찬양 adorn 꾸미다, 장식하다
de rigueur (사회 관습상) 필요한 comfort 편안함
desirable 호감이 가는, 매력적인 alter 바꾸다, 고치다
admire 감탄하다, 동경하다 lengthen 늘이다 tempt 유혹하다, 부추기다

구문 분석

[8행] Binding feet / not only became a popular trend / but it soon turned de rigueur for marrying / into the upper classes as well (생략)
: 이처럼 not only A but (also) B 구문의 A에는 기본이 되는 내용, B에는 첨가하는 내용이 나오며, 'A뿐만 아니라 B도'라고 해석한다.

19 독해 논리적 흐름 파악(문장 삽입)   난이도 상 ●●●

주어진 문장이 들어갈 위치로 가장 적절한 것은?

Moreover, the loud noise their armored trucks made could be heard from kilometers away.

In late November 1939 during World War II, the Soviets attempted to invade Finland with machine guns, two thousand tanks, and an army four times larger than the Finns'. (①) The Soviet Union clearly possessed the manpower and artillery for what should have been an easy takeover. In fact, they assumed it would be so easy that they planned to have taken over the neighboring country in time for Stalin's birthday, which was occurring in only three weeks. (②) But it was not to be—the Soviets hadn't counted on how inaccessible the small country really was. There were few roads leading into the nation and none were large enough to properly accommodate their massive machinery. (③) Since driving was nearly impossible and they could not quietly move through the countryside, the invaders had no choice but to abandon the vehicles and trudge through deep snow while carrying their equipment, leaving them half-frozen and exhausted. Adding fuel to the fire, Finland's soldiers skied in and out of their camps every night to wreck all of their food supplies. (④) In the end, the mighty adversary gave up trying to deal with the tough terrain, as well as the crafty Finns, and simply retreated.

해석

게다가, 그들의 장갑한 트럭이 만들어내는 큰 소음은 수 킬로미터 밖에서도 들을 수 있었다.

제2차 세계대전 중인 1939년 11월 말에, 소련은 기관총, 탱크 2,000대, 그리고 핀란드군보다 네 배 더 많은 군대를 이끌고 핀란드를 침략하려고 시도했다. (①) 소련은 수월한 장악이 되었어야 했던 것을 위한 인력과 대포를 분명히 보유하고 있었다. 사실, 그들은 그것이 너무 쉬울 것이라고 가정해서 고작 3주 뒤에 있을 스탈린의 생일에 맞춰 그 인접한 나라를 장악하려는 계획을 세웠다. (②) 하지만 소련은 그 작은 나라가 실제로 얼마나 접근하기 어려운지를 고려하지 않았기 때문에 그렇게 되지 않았다. 그 나라로 이어지는 길은 거의 없었고, 그들의 거대한 기계를 적절히 수용할 만큼 충분히 큰길도 없었다. (③) 운전하는 것이 거의 불가능했고, 그들이 시골 지역 사이를 조용히 움직일 수도 없었기 때문에, 그 침략군들은 운송 수단을 버리고 그들의 장비를 들고 깊이 쌓인 눈을 헤치며 터덜터덜 걸을 수밖에 없었고, 이것이 그들을 반 동상 상태가 되고 지치게 했다. 엎친 데 덮친 격으로, 핀란드 군인들은 그들(소련군)의 모든 식량 보급품을 파괴하기 위해 매일 밤 그들의 막사에 스키를 타고 들락거렸다. (④) 결국, 그 강력한 적(소련군)은 술책이 뛰어난 핀란드인뿐만 아니라 거친 지형을 상대하려는 것을 포기하고 그저 후퇴할 뿐이었다.

해설

③번 뒤 문장에서 운전하는 것이 거의 불가능했고, 시골 지역 사이를 조용히 움직일 수도 없었다고 했으므로, ③번에 그들(소련군)의 장갑한 트럭이 만들어내는 큰 소음에 대해 설명하는 주어진 문장이 나와야 지문이 자연스럽게 연결된다.

[오답 분석]

① 앞 문장에서 소련군이 핀란드를 침략하려고 시도했다고 설명하고, 뒤 문장에서 소련은 이를 위한 인력과 대포를 보유하고 있었다고 하며 앞 문장과 연결되는 내용이 있으므로 ①번에 다른 문장이 삽입되면 문맥상 부자연스럽다.

② 앞 문장에서 소련군이 핀란드를 장악하는 것이 너무 쉬울 것이라고 가정했다고 언급하고, 뒤 문장에서 그 나라(핀란드)의 접근성 때문에 사실상 그렇지 않았다고 하며 앞 문장과 연결되는 내용이 있으므로 ②번에 다른 문장이 삽입되면 문맥상 부자연스럽다.

④ 앞 문장에서 핀란드 군인들이 스키를 이용해 소련군의 식량 보급품을 파괴했다고 언급하고, 뒤 문장에서 결국 소련군은 침략을 포기했다고 하며 앞 문장과 이어지는 내용이 나오므로 ④번에 다른 문장이 삽입되면 문맥상 부자연스럽다.

정답 ③

어휘

armored 장갑한 invade 침략하다, 침입하다
machine gun 기관총 manpower 인력 artillery 대포
takeover 장악, 탈취 count 고려하다, 생각하다
inaccessible 접근하기 어려운 accommodate 수용하다
trudge 터덜터덜 걷다 exhausted 지친 wreck 파괴하다 mighty 강력한
adversary 적, 상대방 terrain 지형 crafty 술책이 뛰어난, 교활한
retreat 후퇴하다

---

20 독해 추론(빈칸 완성 - 구) 난이도 상 ●●●

밑줄 친 부분에 들어갈 말로 가장 적절한 것은?

The domestication of an animal species can take generations and involves the development of certain traits as a result of the domesticator's influence. When these traits develop, the animal can become a reliable source of food or service. However, biologists have wondered whether it's possible for domesticated animals to become wild again. They also want to know whether such a change would manifest genetic differences. Fortunately, they now have a chance to investigate. The feral chickens of Kauai are unique in that they were once domesticated, but after being released into the wild many generations ago, they have become feral and now freely live in the jungles. This occurred because circumstances on the island, such as the lack of predators, made it possible for them to thrive in the wild. Interestingly, the behavior of these birds is very different from that of their domesticated counterparts. In fact, many of the previously dormant traits inherited from their long-lost wild ancestors have reemerged, including having an egg-laying season and being more attentive parents. This situation has allowed researchers to determine whether adapting to the wild might _____.

① affect the source of food on the island of Kauai

② reduce the availability of animals for service

③ result in a conflict between wild and tame species

④ allow domestic species to return to their ancestral ways

해석

한 동물 종의 가축화는 몇 세대가 걸릴 수 있으며 길들이는 사람의 영향의 결과로서 특정한 한 특성의 발달을 수반한다. 이러한 특성이 발달하면, 동물은 식량이나 노역의 믿을 만한 원천이 될 수 있다. 그러나, 생물학자들은 가축화된 동물들이 다시 야생화되는 것이 가능한지를 궁금하게 여겨왔다. 그들은 또한 그러한 변화가 유전적 차이들을 나타내는지 알고 싶어 한다. 다행히, 그들은 이제 연구할 기회가 생겼다. 카우아이의 야생 닭은 한때 가축화되었으나, 수 세대 이전에 야생으로 풀려난 후, 길들지 않게 되어 이제는 정글에서 자유롭게 산다는 점에서 특별하다. 이는 포식자의 결여와 같은 그 섬의 환경이 그것들(야생 닭)이 야생에서 번성하는 것을 가능하게 했기 때문에 발생했다. 흥미롭게도, 이 조류의 행동은 가축화된 다른 한쪽의 행동과는 매우 다르다. 사실상, 그것들의 오랫동안 보지 못한 야생 조상으로부터 물려받은, 이전에는 잠복 중이던 특성 중 많은 것들이 다시 나타났고, 이는 산란기를 가지는 것과 더 배려하는 부모가 되는 것을 포함했다. 이 상황은 연구원들이 야생에 적응하는 것이 <u>사람에게 길든 종을 그들 조상의 방식으로 돌아가게 했는지</u>를 알아낼 수 있게 했다.

① 카우아이섬에 있는 식량의 원천에 영향을 주다
② 노역을 위한 동물의 이용 가능성을 감소시키다
③ 야생종과 길든 종 간의 갈등을 야기하다
④ 사람에게 길든 종을 그들 조상의 방식으로 돌아가게 하다

해설

지문 중간에 생물학자들은 가축화된 동물들이 다시 야생화될 수 있는지를 궁금하게 여겨왔는데, 한때 가축화되었으나 야생으로 풀려나 야생에서 번성한 카우아이의 야생 닭을 통해 이것을 연구했다는 내용이 있으므로, 빈칸에는 이 상황은 연구원들이 야생에 적응하는 것이 '④ 사람에게 길든 종을 그들 조상의 방식으로 돌아가게 했'는지를 알아낼 수 있게 했다는 내용이 들어가야 한다.

[오답 분석]

① 카우아이섬에 있는 식량의 원천에 영향을 준다는 것은 글의 내용과 관련이 없다.

② 노역을 위한 동물의 이용 가능성을 감소시킨다는 것은 글의 내용과 관련이 없다.

③ 야생종과 길든 종 간의 갈등을 야기한다는 것은 언급되지 않았다.

정답 ④

어휘

domestication 가축화 trait 특성 domesticator 길들이는 사람
influence 영향; 영향을 주다 reliable 믿을 만한 biologist 생물학자
manifest 나타내다, 드러내 보이다 genetic 유전적인
investigate 연구하다, 조사하다 feral 야생의, 길들지 않은
circumstance 환경 predator 포식자 thrive 번성하다, 잘 자라다
previously 이전에 dormant 잠복 중인, 잠자는 inherit 물려받다
long-lost 오랫동안 보지 못한 ancestor 조상, 선조
reemerge 다시 나타나다, 재출현하다 egg-laying 산란 attentive 배려하는
availability 이용 가능성 tame 길든 domestic 사람에게 길든, 가정의
ancestral 조상의

▶ 정답

p. 80

01	③ 어휘 – 생활영어	11	④ 독해 – 논리적 흐름 파악
02	② 독해 – 추론	12	① 독해 – 전체내용 파악
03	④ 독해 – 전체내용 파악	13	① 독해 – 세부내용 파악
04	③ 문법 – 능동태·수동태	14	① 어휘 – 어휘&표현
05	① 어휘 – 어휘&표현	15	③ 어휘 – 어휘&표현
06	③ 어휘 – 어휘&표현	16	④ 독해 – 논리적 흐름 파악
07	④ 독해 – 논리적 흐름 파악	17	④ 독해 – 세부내용 파악
08	④ 어휘 – 생활영어	18	① 독해 – 추론
09	② 독해 – 세부내용 파악	19	② 독해 – 논리적 흐름 파악
10	② 문법 – 주어·동사/목적어·보어/수식어&분사	20	④ 문법 – 비교 구문

▶ 취약영역 분석표

영역	세부 유형	문항 수	소계
어휘	어휘&표현	4	/6
	생활영어	2	
문법	능동태·수동태	1	/3
	주어·동사/목적어·보어/수식어&분사	1	
	비교 구문	1	
독해	전체내용 파악	2	/11
	세부내용 파악	3	
	추론	2	
	논리적 흐름 파악	4	
총계			**/20**

---

01 생활영어 I'll have to sit this one out. 난이도 중 ●●●

밑줄 친 부분에 들어갈 말로 가장 적절한 것을 고르시오.

A: Are you going on the fundraising cruise around the bay this Sunday?

B: No, I didn't know about it. What's the cause?

A: The hospital is raising money for cancer research.

B: Sounds fun and worthwhile. Where can I sign up?

A: I think tickets have sold out already, unfortunately.

B: _____. Maybe I can join in on the next one.

① It's time to call it a night

② That reason doesn't hold water

③ I'll have to sit this one out

④ I was caught napping

해석

A: 이번 주 일요일에 만 주위를 도는 모금 유람선에 탈 거야?

B: 아니, 난 그것에 대해 몰랐어. (모금의) 목적이 뭐야?

A: 병원에서 암 연구를 위한 기금을 모으고 있어.

B: 재미있고 보람 있겠다. 어디에서 신청할 수 있어?

A: 유감스럽게도 내 생각엔 표가 이미 매진된 것 같아.

B: 이번에는 빠져야겠네. 어쩌면 다음번에 참가할 수 있겠지.

① 이제 끝낼 시간이야

② 그 이유는 타당하지 않아

③ 이번에는 빠져야겠네

④ 나는 방심한 틈을 이용당했어

해설

어디에서 신청할 수 있는지 묻는 B의 질문에 A가 표가 이미 매진된 것 같다고 답하고, 빈칸 뒤에서 다시 B가 Maybe I can join in on the next one (어쩌면 다음번에 참가할 수 있겠지)이라고 말하고 있으므로, 빈칸에는 '③ 이번에는 빠져야겠네(I'll have to sit this one out)'가 들어가야 자연스럽다.

정답 ③

어휘

fundraising 모금 cruise 유람선 bay (바다·호수의) 만 raise 모으다
worthwhile 보람 있는 sign up 신청하다, 등록하다 call it a night 끝내다
hold water 타당하다 sit something out (활동에서) 빠지다
be caught napping 방심한 틈을 이용당하다

🎯 이것도 알면 합격!

거절을 나타낼 때 쓸 수 있는 표현

> I don't think it'll work out with this one.
  나는 이것이 잘 될 것 같지 않아.

> I'm going to have to pass. 그냥 넘어가야겠다.

> I'm sorry, it's not for me. 죄송하지만, 저는 됐습니다.

---

02 독해 추론(빈칸 완성 – 구) 난이도 중 ●●●

밑줄 친 부분에 들어갈 말로 가장 적절한 것을 고르시오.

People used to meet their marriage partners through mutual friends or simply by chance. Nowadays, though, technology—in the form of online dating sites and apps—has created an environment where we have access to a much larger pool. Our search through thousands of potential mates from all over the world is that much easier. While this has allowed us to cast a wider net more easily, the chances of a successful relationship remain the same. No matter how you find your partner, you

will have to be _____
because hard work and continued effort are still necessary in order to maintain a lasting relationship.

① less entangled than you were with your exes
② more committed to the relationship than lucky
③ less interested than you appear to be
④ more fascinating than your potential partner is

해석

사람들은 서로의 친구를 통해 혹은 그야말로 우연히 그들의 결혼 상대를 만나곤 했다. 하지만, 오늘날에는 온라인 데이트 사이트와 앱의 형태로 된 기술이 우리가 훨씬 더 큰 풀에 접근할 수 있는 환경을 만들었다. 전 세계에서 온 수천 명의 잠재적인 배우자들을 조사하는 것이 훨씬 더 쉽다. 이것은 우리가 더 넓은 그물을 더 쉽게 던질 수 있게 해주었지만, 성공적인 관계의 가능성은 여전히 같다. 당신이 어떻게 당신의 파트너를 찾든 간에, 당신은 운이 좋기보다는 그 관계에 더 헌신적이어야 할 것인데, 이는 영속적인 관계를 유지하기 위해서는 여전히 노고와 지속적인 노력이 필요하기 때문이다.

① 예전 데이트 상대들보다 덜 얽힌
② 운이 좋기보다는 그 관계에 더 헌신적인
③ 보이는 것보다 관심이 적은
④ 당신의 잠재적인 파트너보다 더 매력적인

해설

지문 전반에 걸쳐 기술이 사람들로 하여금 잠재적인 배우자들을 더 쉽게 조사할 수 있게 해주었지만, 성공적인 관계의 가능성은 여전히 같다고 하고, 빈칸 뒤에 영속적인 관계를 유지하기 위해서는 여전히 노고와 지속적인 노력이 필요하다는 내용이 있으므로, 빈칸에는 당신은 '② 운이 좋기보다는 그 관계에 더 헌신적'이어야 한다는 내용이 들어가야 한다.

[오답 분석]
① 예전 데이트 상대들보다 덜 얽혀야 한다는 것은 글의 내용과 관련이 없다.
③ 보이는 것보다 관심이 적어야 한다는 것은 언급되지 않았다.
④ 당신의 잠재적인 파트너보다 더 매력적이어야 한다는 것은 언급되지 않았다.

정답 ②

어휘

mutual 서로의 by chance 우연히 access 접근하다
potential 잠재적인, 가능성 있는 cast 던지다 continued 지속적인
lasting 영속적인 entangled 얽힌 committed 헌신적인
fascinating 매력적인, 대단히 흥미로운

---

03 독해 전체내용 파악(제목 파악) 난이도 중 ●●○

다음 글의 제목으로 가장 적절한 것은?

Sherry was an ambitious new employee who wanted to prove herself. She was assigned her first solo project and excitedly got to work. When her boss asked if she could do another assignment, Sherry accepted it without hesitation,

feeling proud. Over the course of a month, she burned the midnight oil trying to get both tasks done. By the time she turned them in, she was worn out. Not only that, both projects turned out poorly and Sherry lost the confidence of her manager. While Sherry's experience may seem like the fault of her manager, Sherry needed to be more assertive, letting her boss know exactly what was and was not realistic for her. Knowing her own limitations and abilities would have enabled her to say "no," limiting the burden upon her.

① Common Characteristics of Hard Workers
② First Impressions: The Importance of Presenting a Good Image
③ Some Advantages of Learning to Multitask
④ Take on as Much as You Can Handle

해석

Sherry는 능력이 있음을 증명하고 싶어 하던 야망 있는 신입사원이었다. 그녀는 첫 단독 프로젝트를 맡게 되었고 들떠서 일을 시작했다. 그녀의 상사가 그녀에게 또 다른 임무를 할 수 있는지 물었을 때, Sherry는 자부심을 느끼며 주저 없이 그것을 받아들였다. 한 달 동안, 그녀는 두 가지 일을 모두 하려고 애쓰며 밤늦게까지 일했다. 그녀가 그것들을 제출했을 때쯤, 그녀는 매우 지쳐 있었다. 그뿐만 아니라, 두 프로젝트 모두 결국은 형편없게 되었고 Sherry는 관리자의 신뢰를 잃었다. Sherry의 경험이 그녀의 관리자의 잘못처럼 보일 수도 있지만, 그녀의 상사가 그녀에게 무엇이 현실성 있고 무엇이 그렇지 않은지 정확하게 알도록, Sherry는 더 자기주장이 강했어야 했다. 그녀 자신의 한계와 능력을 아는 것은 그녀가 "아니요"라고 말하게 했을 것이며, 그녀의 부담에 한계를 두었을 것이다.

① 열심히 일하는 사람들의 공통적인 특징
② 첫인상: 좋은 인상을 주는 것의 중요성
③ 동시에 여러 가지 일을 하는 것을 배우는 것의 몇 가지 이점
④ 당신이 처리할 수 있는 만큼만 맡아라

해설

지문 전체에 걸쳐 신입사원 Sherry가 처음으로 단독 프로젝트를 맡게 되었을 때 상사로부터 또 다른 업무도 받아 두 가지 일을 모두 끝내기 위해 열심히 일했지만, 결과적으로 두 프로젝트 모두 형편없게 되었으며 관리자의 신뢰도 잃게 되었다는 일화를 통해 자신의 한계와 능력을 알아야 한다는 것을 설명하고 있으므로, '④ 당신이 처리할 수 있는 만큼만 맡아라'가 이 글의 제목이다.

[오답 분석]
① 열심히 일하는 사람들의 공통적인 특징에 대해서는 언급되지 않았다.
② 좋은 인상을 주는 것의 중요성은 지문의 내용과 관련이 없다.
③ 마지막 문장에서 자신의 한계와 능력을 알고 거절하는 것은 부담에 한계를 두었을 것이라고 설명하고 있으므로 동시에 여러 가지 일을 하는 것을 배우는 것의 몇 가지 이점은 지문의 내용과 다르다.

정답 ④

어휘

ambitious 야망 있는 assign 맡기다 assignment 임무, 할당
hesitation 주저, 망설임 burn the midnight oil 밤늦게까지 일하다
turn in 제출하다 worn out 매우 지친, 녹초가 된 turn out 결국 ~으로 되다
confidence 신뢰, 확신 assertive 자기주장이 강한, 독단적인
realistic 현실성 있는 limitation 한계, 제한 burden 부담, 짐
impression 인상 multitask 동시에 여러 가지 일을 하다
take on (일 등을) 맡다 handle 처리하다

04 문법 능동태·수동태   난이도 중 ●●○

밑줄 친 부분 중 어법상 옳지 않은 것은?

On rare occasions, the materials discharged from underwater volcanic activity make it to the surface, ① resulting in the creation of new landforms. While most of the islands created this way are only temporary, it is not unheard of for some ② to stay around for several centuries. A classic example is Surtsey Island. ③ It is first appeared off the southern coast of Iceland in 1963 and since then, it has become populated with various living things. This small island ④ gives a rough idea of how permanent landmasses evolve from volcanic refuse to complex ecosystems.

해석

드물게, 수중 화산 활동으로부터 방출된 물질들은 수면에 도달하여 새로운 지형의 창조를 낳는다. 이런 식으로 만들어진 대부분의 섬들은 단지 일시적일 뿐이지만, 몇몇 섬들이 몇 세기 동안 그대로 있는 것은 전례가 없는 일이 아니다. 대표적인 예가 슈르체이섬이다. 그것은 1963년에 아이슬란드의 남쪽 해안에서 처음 나타났고, 그 이후로 그곳에서 다양한 생물들이 살게 되었다. 이 작은 섬은 영구적인 대륙이 화산의 찌꺼기에서 복잡한 생태계로 어떻게 변하는지에 대해 대략 보여준다.

해설

③ **수동태로 쓸 수 없는 동사** 동사 appear는 '나타나다'라는 의미로 쓰이는 자동사이므로 수동태로 쓸 수 없다. 따라서 수동태 It is first appeared off를 It first appears off로 고쳐야 한다.

[오답 분석]

① **분사구문의 형태** 분사 뒤에 목적어(the creation)가 있고, 주절의 주어 the materials와 분사구문이 '물질들이 ~를 낳는다'라는 의미의 능동 관계이므로, 현재분사 resulting in이 올바르게 쓰였다.

② **가짜 주어 구문** to 부정사구(to stay ~ centuries)와 같이 긴 주어가 오면 진짜 주어인 to 부정사를 맨 뒤로 보내고 가주어 it이 주어 자리에 대신해서 쓰이므로, 진짜 주어 자리에 to 부정사구를 이끄는 to 부정사 to stay가 올바르게 쓰였다.

④ **숙어 표현** 문맥상 '어떻게 변하는지에 대해 대략 보여준다'라는 의미가 되어야 자연스러우므로 숙어 표현 give a rough idea of(~에 대해 대략 보여주다)를 이용한 gives a rough idea of가 올바르게 쓰였다.

정답 ③

어휘

on rare occasions 드물게   discharge 방출하다, 해방하다
underwater 수중의   volcanic 화산의   landform 지형
temporary 일시적인   stay around 그대로 있다, 떠나지 않다
classic 대표적인, 전형적인   populate 살다, 거주하다   permanent 영구적인
landmass 대륙   evolve 변하다   refuse 찌꺼기, 쓰레기

📝 이것도 알면 합격!

'give'가 포함된 숙어 표현

> give it a try 한번 해보다	> give in ~에 항복하다
> give away 기부하다	> give off 풍기다, 내다

05 어휘 agitated = nervous   난이도 중 ●●○

밑줄 친 부분의 의미와 가장 가까운 것은?

I could tell from her agitated expression that she had forgotten the speech she had prepared.

① nervous   ② fickle
③ insolent   ④ composed

해석

나는 그녀의 불안해하는 표정에서 그녀가 준비했던 연설을 잊어버렸다는 것을 알 수 있었다.

① 불안해하는   ② 변덕스러운
③ 버릇없는   ④ 침착한

정답 ①

어휘

tell 알다   agitated 불안해하는   fickle 변덕스러운   insolent 버릇없는
composed 침착한, 차분한

📝 이것도 알면 합격!

agitated(불안해하는)의 유의어
= upset, anxious, distressed, flustered, unsettled

06 어휘 concerned about   난이도 하 ●○○

밑줄 친 부분에 들어갈 말로 가장 적절한 것은?

A lot of parents are _____ letting their kids go to school. Many of them fret about their children's education.

① indifferent to   ② identified with
③ concerned about   ④ out of their league with

해석

많은 부모들이 아이들을 학교에 보내는 것을 걱정하고 있다. 그들 중 많은 이들은 자녀들의 교육에 대해 초조해한다.

① ~에 무관심한   ② ~와 동일시되는
③ ~을 걱정하는   ④ ~에 있어 그들의 수준을 벗어나는

정답 ③

어휘

fret 초조해하다   indifferent 무관심한   identify with ~와 동일시하다
out of one's league ~의 수준을 벗어나는

📝 이것도 알면 합격!

concerned about(~을 걱정하는)과 유사한 의미의 표현
= worried about, alarmed about, ill at ease about

07 독해 논리적 흐름 파악(무관한 문장 삭제) 난이도 중 ●●○

다음 글의 흐름상 가장 어색한 문장은?

A great number of people come down with food poisoning each year, and one of the most common culprits is milk. This staple in most homes can sour quickly, yet many continue to drink it past its expiration date, believing that a few extra days won't cause harm. ① Scientists at Peking University hope to put an end to that belief, though. ② Using nanotechnology, they've created tags that can be added to the packaging and are designed to gradually change from red to green in reaction to the rate at which the dairy product is losing freshness. ③ When they start to change color, it is a clear indication that the quality of the liquid is no longer at its best. ④ It's especially important to remember that infants and young children are sensitive to the bacteria in expired milk. A green tag is a definite sign that the product is no longer safe for consumption.

해석

매년 많은 사람들이 식중독에 걸리는데, 가장 흔한 원인 중 하나는 우유이다. 대부분의 가정에 있는 이 기본 식료품은 빨리 상할 수 있는데도, 많은 사람들은 유통 기한이 지난 것을 계속해서 마시면서, 며칠 더 지난 것이 해를 끼치지 않을 것이라고 생각한다. ① 하지만 베이징대학교의 과학자들은 그 생각의 종지부를 찍기를 바란다. ② 나노 기술을 사용하여, 그들은 포장에 덧붙일 수 있고 유제품이 신선함을 잃어가는 속도에 반응해서 빨간색에서 초록색으로 점차 변하도록 고안된 꼬리표를 만들어냈다. ③ 그것들이 변색하기 시작하면, 그것은 그 액체의 품질이 더 이상 최상이 아니라는 분명한 표시이다. ④ 특히 아기들과 어린아이들은 기한이 지난 우유에 있는 박테리아에 민감하다는 것을 기억하는 것이 중요하다. 초록색 꼬리표는 그 제품이 섭취하기에 더 이상 안전하지 않다는 확실한 표시이다.

해설

지문 처음에서 식중독의 가장 흔한 원인 중 하나는 우유인데, 사람들은 유통 기한이 며칠 더 지난 것이 해를 끼치지 않을 것이라고 생각하면서 계속해서 마신다고 언급하고, ①번에서 과학자들은 그 생각의 종지부를 찍기를 바란다고 했다. 이어서 ②, ③번에서 유제품이 신선도를 잃어가는 속도에 반응해서 변색이 일어나 섭취하기에 안전하지 않다는 분명한 표시를 하는 꼬리표를 개발했다고 설명하고 있으므로 모두 지문의 흐름과 관련이 있다. 그러나 ④번은 아기들과 어린아이들이 기한이 지난 우유의 박테리아에 민감하다는 것을 기억하는 것이 중요하다는 내용으로, 지문 전반의 내용과 관련이 없다.

정답 ④

어휘

come down with (병에) 걸리다 food poisoning 식중독
culprit (문제의) 원인, 범인 staple 기본 식료품 sour 상하다
expiration date 유통 기한 put an end to ~의 종지부를 찍다
packaging 포장, 포장재 in reaction to ~에 반응해서 dairy 유제품의
indication 표시, 암시 infant 아기, 유아 expired 기한이 지난
definite 확실한, 분명한 consumption 섭취, 소비

08 생활영어 put one's feet up 난이도 중 ●●○

밑줄 친 부분에 들어갈 말로 가장 적절한 것은?

A: Jeff, can you feed my cat this weekend?
B: Sure. Are you going away?
A: Yes, I'm going to a spa.
B: That sounds like fun.
A: Hopefully. I need some time away.
B: You deserve it. You've been working hard lately.
A: Thanks. I can't wait to _____.

① hit the hay
② check the time
③ let the cat out of the bag
④ put my feet up

해석

A: Jeff, 이번 주말에 내 고양이 밥 좀 먹여 줄 수 있어?
B: 물론이지. 너 어디 가는 거니?
A: 응, 난 온천에 갈 거야.
B: 그거 재미있겠다.
A: 그러길 바라. 나는 떠나있을 시간이 좀 필요해.
B: 넌 그것을 누릴 자격이 있어. 요즘 열심히 일했잖아.
A: 고마워. 빨리 편히 쉬었으면 좋겠다.

① 잠자리에 들다
② 시간을 확인하다
③ 무심코 비밀을 누설하다
④ 편히 쉬다

해설

떠나있을 시간이 좀 필요하다는 A에게 B가 You deserve it. You've been working hard lately(넌 그것을 누릴 자격이 있어. 요즘 열심히 일했잖아)라고 말하고 있으므로, 빈칸에는 '④ 편히 쉬다(put my feet up)'가 들어가야 자연스럽다.

정답 ④

어휘

deserve ~을 누릴 자격이 있다 hit the hay 잠자리에 들다
let the cat out of the bag 무심코 비밀을 누설하다
put one's feet up 편히 쉬다

✏️ 이것도 알면 합격!

put one's feet up(편히 쉬다)과 유사한 의미의 표현
= take a break, get some rest, kick back, take it easy

09 독해 세부내용 파악(내용 일치 파악) 난이도 중 ●●○

다음 글의 내용과 일치하는 것은?

Funeral customs differ greatly from culture to culture. In Jewish tradition, the deceased is not left alone until the burial. A shomer, or watchman, stays with the body continuously as mourners come to pay respects. In Vietnam, it is traditional for mourners to leave money at graves so that the deceased can buy whatever he or she needs in the afterlife. Customs in Thailand dictate that "spirit houses" be built. These are small huts where food and drink are placed periodically for the departed ones. There are also more bizarre funeral rituals that have been practiced throughout history. For example, in 18th-century India, many Hindu widows performed suttee, an act in which the widow voluntarily lies next to her deceased husband and is set on fire so that she can travel with him to the afterlife.

* shomer: 히브리어로 '경비 요원'

① The deceased are left alone until the funeral according to Jewish custom.

② Money for the dead is left at Vietnamese graves by mourners.

③ The Thai people keep their departed in small huts called spirit houses.

④ Eighteenth-century Hindu widows considered it an honor to perform suttee.

해석

장례 관습은 문화마다 크게 다르다. 유대인의 전통에서, 고인은 매장식까지 홀로 남겨지지 않는다. shomer, 즉 경비원이 문상객들이 경의를 표하러 오는 동안 시신의 곁에 계속 머문다. 베트남에서는, 고인이 사후 세계에서 필요한 것들을 무엇이든 살 수 있도록 문상객들이 무덤에 돈을 놓는 것이 전통이다. 태국의 관습은 '정령의 집'이 지어지도록 지시한다. 이것은 고인을 위한 음식과 음료가 주기적으로 놓이는 작은 오두막이다. 역사에 걸쳐 행해진 더 기이한 장례 의식들도 있다. 예를 들어, 18세기 인도에서는, 많은 힌두교 과부들이 순사(殉死)를 행했는데, 이것은 과부가 자발적으로 그녀의 죽은 남편 옆에 누워, 남편과 함께 사후 세계로 갈 수 있도록 불이 붙여지는 행위이다.

① 유대인의 관습에 따르면 고인은 장례식까지 홀로 남겨진다.

② 베트남의 무덤에는 문상객들에 의해 죽은 자를 위한 돈이 남겨진다.

③ 태국 사람들은 정령의 집이라고 불리는 작은 오두막에 고인을 모신다.

④ 18세기 힌두교 과부들은 순사를 행하는 것을 영광스러운 일로 여겼다.

해설

지문 중간에서 베트남에서는 고인이 사후 세계에서 필요한 것들을 무엇이든 살 수 있도록 문상객들이 무덤에 돈을 놓는 것이 전통이라고 했으므로, '② 베트남의 무덤에는 문상객들에 의해 죽은 자를 위한 돈이 남겨진다'가 지문의 내용과 일치한다.

[오답 분석]

① 두 번째 문장과 세 번째 문장에서 유대인 전통에서는 고인이 매장식까지 혼자 남겨지지 않고, 경비원인 shomer가 시신의 곁에 계속 머문다고 언급했으므로 지문의 내용과 다르다.

③ 다섯 번째 문장과 여섯 번째 문장에서 태국의 관습은 '정령의 집'이 지어지도록 지시하고, 이것은 고인을 위한 음식과 음료가 주기적으로 놓이는 작은 오두막이라고 언급했으므로 지문의 내용과 다르다.

④ 마지막 문장에서 18세기 인도에서는 많은 힌두교 과부들이 순사를 행했다고는 했지만, 그들이 순사를 행하는 것을 영광스러운 일로 여겼는지는 알 수 없다.

정답 ②

어휘

funeral 장례의; 장례식   Jewish 유대인의   the deceased 고인
burial 매장식, 장례식   watchman 경비원   continuously 계속, 끊임없이
mourner 문상객   pay respects 경의를 표하다   grave 무덤, 묘
afterlife 사후 세계   dictate 지시하다, 강요하다   hut 오두막, 막사
periodically 주기적으로   the departed 고인   bizarre 기이한, 별난
ritual 의식   widow 과부   suttee (아내의) 순사(殉死; 살아있는 아내가 죽은 남편의 시신과 함께 화장되는 풍습)   voluntarily 자발적으로

---

10   문법 주어·동사/목적어·보어/수식어 & 분사 난이도 중 ●●○

밑줄 친 부분 중 어법상 옳지 않은 것은?

Everyone believes that mice love cheese. In fact, ① mice that enjoy cheese have been depicted in stories, cartoons, movies, and even paintings. But, mice actually don't like cheese at all. So how did the idea become ② rooting in popular culture? It began in Europe during the 1500s when there was no refrigeration. Vegetables and bread were purchased and consumed daily. Because meat spoils easily, people usually stocked it in secure storage places that the mice could not reach, in order to ③ have it stay fresh. Cheese, on the other hand, was a completely different story. It had to be warm in order for it to ripen properly, which required ④ keeping it stored on racks at room temperature. Since it was out in the open, mice had easy access to the cheese.

해석

모든 사람들은 쥐가 치즈를 좋아한다고 생각한다. 실제로, 치즈를 좋아하는 쥐들은 이야기, 만화, 영화 그리고 심지어 그림에도 묘사되어 왔다. 하지만 쥐는 사실 치즈를 전혀 좋아하지 않는다. 그렇다면 어떻게 이런 생각이 대중문화에 뿌리내려지게 되었을까? 그것은 냉장이 없었던 1500년대의 유럽에서 시작되었다. 채소와 빵은 매일 구입되고 소비되었다. 고기는 쉽게 상하기 때문에, 사람들은 그것을 신선하게 유지하게 하기 위해서 보통 쥐가 닿을 수 없는 안전한 보관 장소에 두었다. 반면, 치즈는 전혀 다른 경우였다. 그것(치즈)이 제대로 숙성하기 위해서는 따뜻해야 했는데, 이는 그것이 계속 상온의 선반 위에 보관되는 것을 필요로 했다. 그것이 밖에 있었기 때문에, 쥐는 치즈에 쉽게 접근할 수 있었다.

해설

② 보어 자리 | 현재분사 vs. 과거분사 동사 become은 주격 보어를 취하는 동사이므로 보어 자리에 형용사 역할을 하는 분사가 와야 하고, 분사가 주격 보어일 때 주어(the idea)와 보어가 수동 관계이면 과거분사가 와야 하는데, 문맥상 '생각이 뿌리내려지다'라는 의미의 수동 관계이므로 현재분사 rooting in을 과거분사 rooted in으로 고쳐야 한다.

[오답 분석]

① 관계대명사 that | 주격 관계절의 수 일치 선행사(mice)가 사물이고 관계절 내에서 동사 enjoy의 주어 역할을 하므로 사물을 가리키는 주격 관계대명사 that이 올바르게 쓰였다. 또한 관계절의 동사는 선행사에 수 일치시켜야 하는데 선행사(mice)가 복수 명사이므로 복수 동사 enjoy가 올바르게 쓰였다.

③ 5형식 동사 사역동사 have는 동사원형을 목적격 보어로 취하는 5형

식 동사이므로 목적격 보어 자리에 동사원형 stay가 올바르게 쓰였다.
④ **동명사를 목적어로 취하는 동사 | 5형식 동사** 동사 require는 동명사
를 목적어로 취할 수 있으므로 동명사 keeping이 올바르게 쓰였다.
또한 '~이 계속 −하게 하다'라는 의미의 동사 keep은 목적어와 목적
격 보어가 수동 관계일 때 목적격 보어로 과거분사를 취하는 5형식 동
사인데, 목적어 it과 목적격 보어가 '그것(치즈)이 보관되다'라는 의미
의 수동 관계이므로 과거분사 stored가 올바르게 쓰였다.

정답 ②

[어휘]

depict 묘사하다, 서술하다 **root** 뿌리내리다 **refrigeration** 냉장
purchase 구입하다 **consume** 소비하다, 먹다 **spoil** 상하다
stock 두다, 저장하다 **secure** 안전한, 확실한 **storage** 보관, 저장
ripen 숙성하다, 익다 **properly** 제대로, 적절히 **rack** 선반, 받침대
room temperature 상온 **access** 접근

이것도 알면 합격!

동사원형을 목적격 보어로 취하는 5형식 동사

사역동사	> **have** ~이 −하게 시키다
	> **let** ~이 −하도록 허락하다
	> **make** ~이 −하게 만들다
지각동사	> **see/watch** ~이 −하는 것을 보다
	> **notice** ~이 −하는 것을 알아채다
	> **hear** ~이 −하는 소리를 듣다
	> **feel** ~이 −하는 것을 느끼다

11 독해 논리적 흐름 파악(문맥상 부적절한 어휘) 난이도 하 ●○○

밑줄 친 부분 중 글의 흐름상 가장 어색한 것은?

When we are frightened by something, we might scream.
But what is it about that piercing sound that startles people
and makes them feel ① unsettled? According to a recent
study, screams and other shrill sounds have the quality of
"roughness," which means that the shift in volume in a scream
is so ② high as to sound unpleasantly shrill. While normal
speech is modulated between 4 and 5 Hertz, screams have a
roughness of 30 to 150 Hertz. This acoustic range triggers
activity in parts of the brain that are used to process fear and
our ③ perception of threats. The authors of the study note
that sounds of higher roughness values are ④ unthreatening
to people. Thus, unleashing one good scream when we are
startled alerts everyone around us and conveys that there is an
immediate danger at hand.

[해석]

우리가 무언가에 겁을 먹을 때, 우리는 비명을 지를지도 모른다. 하지만 사
람들을 깜짝 놀라게 하고 ① 불안하게 만드는 그 날카로운 소리는 무엇일
까? 최근의 연구에 따르면, 비명과 다른 날카로운 소리들은 '거칠기'의 성
질을 가지고 있는데, 이것은 비명 속의 음량 변화가 불쾌하게 날카로운 소
리로 들릴 정도로 ② 높다는 것을 의미한다. 일상적인 담화는 4와 5헤르

츠 사이에서 조절되는 반면, 비명은 30에서 150헤르츠의 거칠기를 가지
고 있다. 이 음향 범위는 공포와 위협에 대한 우리의 ③ 인식을 처리하는
데 사용되는 뇌의 일부분에서의 활동을 유발한다. 이 연구의 저자들은 더
높은 거칠기 값을 가진 소리는 사람들에게 ④ 위협이 되지 않는다고 지적
한다. 그러므로, 우리가 깜짝 놀랐을 때 한 번의 적절한 비명을 지르는 것
은 우리 주변의 모든 사람들에게 경각심을 주고, 가까이에 당면한 위험이
있다는 것을 전달한다.

[해설]

지문 전반에 걸쳐 일상적인 담화와는 달리 비명은 30에서 150헤르츠의 높
은 거칠기를 가지고 있는데, 이 음향 범위는 공포와 위협에 대한 우리의 인
식을 처리하는 데 사용되는 뇌의 일부분에서의 활동을 유발한다고 했으므
로, 연구의 저자들이 더 높은 거칠기 값을 가진 소리는 사람들에게 '④ 위협
이 되지 않는(unthreatening)'다고 지적한다는 것은 문맥상 적절하지 않
다. 주어진 unthreatening을 대신할 수 있는 어휘는 '위협적인'이라는 의
미의 threatening이 있다.

정답 ④

[어휘]

frightened 겁을 먹은 **piercing** 날카로운 **startle** 깜짝 놀라게 하다
unsettled 불안한, 긴장한 **shrill** 날카로운 **roughness** 거칠기 **shift** 변화
speech 담화, 연설 **modulate** 조절하다 **acoustic** 음향의, 청각의
range 범위, 폭 **trigger** 유발하다 **perception** 인식, 지각 **author** 저자
unleash (비명을) 지르다, 해방하다 **convey** 전달하다, 운반하다
immediate 당면한, 즉각적인 **at hand** 가까이에

12 독해 전체내용 파악(주제 파악) 난이도 중 ●●○

다음 글의 주제로 가장 적절한 것은?

In 1540, King Henry VIII of England married his fourth
wife, Anne of Cleves, for political purposes. Henry had
wanted to marry Anne based on a portrait of her but found her
unattractive when they met in person. However, backing out of
the union would have caused an international incident, so the
wedding took place. Much to Henry's relief, Anne willingly
agreed to an annulment only six months later. To thank her
for her cooperation, Henry provided her with a distinguished
title, vast amounts of property, and an ample annual income.
Essentially, by simply opting out of the union, Anne was able to
avoid the notoriously unpleasant ends met by some of Henry's
former wives and to live out the rest of her life as one of the
most privileged and respected women in England. Further, she
and the king stayed on harmonious terms.

① What happened to the king's fourth wife?
② How did King Henry choose his wives?
③ Why did King Henry and Anne marry?
④ How many times did the king marry?

[해석]

1540년에, 영국의 왕 헨리 8세는 그의 네 번째 아내인 클레브의 앤과 정치적 목적으로 결혼했다. 헨리는 그녀의 초상화를 근거로 앤과 결혼하기를 원했지만, 그들이 직접 만났을 때 그녀가 매력적이지 않다는 것을 알게 되었다. 하지만, 결혼을 취소하는 것이 국제적인 분쟁을 야기했을 것이기 때문에, 그 결혼은 이루어졌다. 헨리에게는 다행스럽게도, 앤은 여섯 달 만에 결혼 무효 선언에 기꺼이 동의했다. 그녀의 협조에 감사를 나타내기 위해, 헨리는 그녀에게 위엄 있는 칭호, 막대한 양의 재산, 그리고 충분한 연 소득을 제공했다. 근본적으로, 단순히 결혼에서 빠져나옴으로써, 앤은 헨리의 이전 아내들 몇몇이 맞았던 악명 높게 불쾌한 결말을 피하면서 끝까지 그녀의 남은 일생을 영국에서 가장 특권 있고 존경받는 여성 중 한 명으로 살 수 있었다. 더 나아가, 그녀와 왕은 계속 사이좋은 관계로 지냈다.

① 왕의 네 번째 부인에게 무슨 일이 일어났는가?

② 헨리 왕은 부인들을 어떻게 선택했는가?

③ 헨리 왕과 앤은 왜 결혼했는가?

④ 왕은 몇 번 결혼했는가?

[해설]

지문 전반에 걸쳐 헨리 8세는 네 번째 아내인 앤과의 결혼을 취소하고 싶어 했고, 앤은 결혼 무효 선언에 기꺼이 동의함으로써 헨리 8세의 이전 아내들 몇몇이 맞았던 불쾌한 결말을 피하면서 남은 일생을 특권 있고 존경받는 여성으로 살 수 있었다고 설명하고 있으므로, '① 왕의 네 번째 부인에게 무슨 일이 일어났는가?'가 이 글의 주제이다.

[오답 분석]

② 네 번째 아내 이외의 다른 부인들을 어떻게 선택했는지에 대해서는 언급되지 않았다.

③ 헨리 왕과 앤이 정치적 목적으로 결혼했다고 언급되었지만 지엽적이다.

④ 왕이 몇 번 결혼했는지에 대해서는 언급되지 않았다.

정답 ①

[어휘]

portrait 초상화, 인물 사진 unattractive 매력적이지 않은, 아름답지 않은
back out of ~을 취소하다 union 결혼 incident 분쟁, 사건
take place 이루어지다 relief 다행, 안도 willingly 기꺼이, 쾌히
annulment (결혼의) 무효 선언 cooperation 협조 distinguished 위엄 있는
property 재산 ample 충분한 annual income 연 소득
opt out of ~에서 빠져나오다 notoriously 악명 높게
live out 끝까지 ~하게 살다 privileged 특권 있는
harmonious 사이가 좋은, 조화로운 terms 관계, 사이

---

13 독해 세부내용 파악(내용 불일치 파악) 난이도 중 ●●○

다음 글의 내용과 일치하지 않는 것은?

How we stand in line today is something that was actually invented by Walt Disney. Prior to the 1960s, waiting in a line meant standing in a queue that extended in a linear fashion. Not only did this take up a lot of room and make it difficult for organizers, but it posed a particularly big problem at Disney's amusement parks, where much of the waiting for rides had to be done outdoors, whether or not it was raining. Disney began hearing complaints from his customers, so the company

decided to implement switchback lines. Unlike traditional straight lines, switchback lines fold in on themselves, which allows for more people to be condensed into a smaller area, such as inside a tent. Another advantage of this type of line is that people assume the line is shorter than it actually is because it is squeezed into a smaller space. Thus, the simple change revolutionized queuing and is now how we line up in places like banks and airports.

① 지그재그 줄서기는 1960년대 이전부터 놀이공원에서 유명했다.

② 지그재그 줄서기가 시행되기 이전에 놀이공원 방문객들은 비가 오는 날씨에도 바깥에서 기다렸다.

③ 고객들의 의견이 지그재그 줄서기 도입에 결정적인 역할을 했다.

④ 지그재그 줄서기는 직선 줄서기보다 줄이 더 짧아 보이게 한다.

[해석]

오늘날 우리가 줄을 서는 방식은 사실 월트 디즈니에 의해 발명되었던 것이다. 1960년대 이전에, 줄을 서서 기다리는 것은 직선 방식으로 뻗은 줄에 서 있는 것을 의미했다. 이것은 많은 공간을 차지하고 주최자들을 곤란하게 했을 뿐만 아니라, 비가 오든 말든 놀이 기구를 위한 대기가 대부분 야외에서 행해져야 했던 디즈니의 놀이공원에서는 특히 큰 문제를 야기했다. 디즈니는 고객들로부터 불만을 듣기 시작했고, 그래서 그 회사는 지그재그 줄서기를 시행하기로 결정했다. 구식의 직선 줄서기와는 다르게, 지그재그 줄서기는 그것들(줄)이 포개지며, 이것은 더 많은 사람들이 천막 안과 같은 더 작은 공간에 모일 수 있게 한다. 이러한 줄 유형의 또 다른 장점은 줄이 더 작은 공간에 밀어 넣어져 있기 때문에 사람들은 그것이 실제보다 더 짧다고 추측한다는 것이다. 따라서 이 간단한 변화가 줄서기에 혁명을 일으켰고, 이것은 지금 우리가 은행이나 공항 같은 장소에서 줄을 서는 방식이다.

[해설]

지문 처음에서 1960년대 이전에 줄을 서서 기다리는 것은 직선 방식으로 뻗은 줄에 서 있는 것을 의미했다고 했으므로, '① 지그재그 줄서기는 1960년대 이전부터 놀이공원에서 유명했다'는 것은 지문의 내용과 일치하지 않는다.

[오답 분석]

② 세 번째 문장에서 지그재그 줄서기 이전에, 디즈니의 놀이공원에서는 비가 오든 말든 놀이 기구를 위한 대기가 대부분 야외에서 행해져야 했다고 언급되었다.

③ 네 번째 문장에서 디즈니는 고객들로부터 불만을 듣기 시작했고, 그래서 그 회사는 지그재그 줄서기를 시행하기로 결정했다고 언급되었다.

④ 여섯 번째 문장에서 이러한 줄 유형의 또 다른 장점은 줄이 더 작은 공간에 밀어 넣어져 있기 때문에 사람들은 그것이 실제보다 더 짧다고 추측한다고 언급되었다.

정답 ①

[어휘]

queue 줄 extended 뻗은, 늘어난 linear 직선의 fashion 방식
take up 차지하다 organizer 주최자 pose 야기하다, 일으키다
complaint 불만, 불평 implement 시행하다 condense 모으다, 압축하다
assume 추측하다, 생각하다 squeeze 밀어 넣다, 짜다
revolutionize ~에 혁명을 일으키다 line up 줄을 서다

14 어휘 indication = sign 난이도 하 ●○○

밑줄 친 부분의 의미와 가장 가까운 것을 고르시오.

Many were concerned that terrible things would happen after the strange astronomical events, viewing them as <u>indications</u> of coming disasters.

① signs
② aspects
③ judgments
④ arrivals

해석

많은 사람들은 그 이상한 천문학적 사건들 이후에 끔찍한 일들이 일어날 것을 걱정했고, 그것들을 다가올 재앙의 <u>조짐</u>으로 보았다.
① 조짐
② 양상
③ 추정
④ 도입

정답 ①

어휘

astronomical 천문학적인 indication 조짐, 징조 aspect 양상, 국면
judgment 추정 arrival 도입, 도착

🚩 이것도 알면 **합격!**

indication(조짐)의 유의어
= portent, omen, harbinger, signal, augury, manifestation

15 어휘 on the up and up = in an honest way 난이도 중 ●●○

밑줄 친 부분의 의미와 가장 가까운 것을 고르시오.

The low prices of the computers in the ad made it appear to be a scam, but Gary determined that it was <u>on the up and up</u>.

① to find a new way
② from the other way
③ in an honest way
④ along the way

해석

광고 속 컴퓨터들의 저렴한 가격은 그것(광고)을 사기인 것처럼 보이게 했지만, Gary는 그것이 <u>정직했다고</u> 판단했다.
① 새로운 길을 찾는
② 다른 길로부터
③ 정직한 방법으로
④ 그 과정에서

정답 ③

어휘

scam 사기 determine 판단하다, 알아내다
on the up and up 정직한, 합법적인, 승승장구하는

🚩 이것도 알면 **합격!**

on the up and up(정직한)과 유사한 의미의 표현
= honest, trustworthy, on the level

16 독해 논리적 흐름 파악(문장 삽입) 난이도 중 ●●○

주어진 문장이 들어갈 위치로 가장 적절한 것은?

While some people are against using this technique because of its bad effects, proponents counter these criticisms by giving evidence of its positive impact and practical uses.

Fracking, a high-pressure water drilling technique to extract oil and natural gas from shale rock deep underground, is caught up in controversy. (①) Some activists and scientists have rallied against it, highlighting environmental and health concerns. (②) They point out that toxic pollutants such as methane are released into the air. (③) There are also around 750 identified chemicals used in the process, 29 of which are known carcinogens and many of which end up in nearby groundwater supplies, threatening the health of local residents. (④) For example, fracking allows for electricity generation at half of the carbon dioxide emission levels of coal. It also has a third of the carbon footprint of mines, which equates to greater natural habitat conservation.

해석

몇몇 사람들은 그것의 부작용 때문에 이 기술을 사용하는 것을 반대하는 반면, 지지자들은 그것의 긍정적인 영향과 실용적인 사용에 대한 증거를 제시함으로써 이러한 비판에 반박한다.

지하 깊은 곳의 이판암으로부터 석유와 천연가스를 추출하기 위한 고압수 시추 기법인 수압 파쇄법이 논란에 휘말렸다. (①) 일부 운동가들과 과학자들은 환경 및 건강에 대한 우려를 강조하며 그것에 반대하여 단결해 왔다. (②) 그들은 메탄과 같은 유독성 오염 물질이 대기 중으로 방출된다고 지적한다. (③) 또한 그 과정에서 사용되는 약 750가지의 확인된 화학 물질이 있으며, 그중 29가지는 발암 물질로 알려져 있고, 그중 다수는 인근의 지하수 공급원으로 들어가 지역 주민들의 건강을 위협한다. (④) 예를 들어, 수압 파쇄법은 석탄의 이산화탄소 배출 수준의 절반으로 전기 발생을 가능하게 한다. 그것은 또한 광산의 탄소 배출량의 3분의 1을 가지고 있는데, 이것은 더 많은 자연 서식지의 보호에 해당한다.

해설

④번 앞 문장은 수압 파쇄법의 과정에서 사용된 화학 물질 중 몇몇이 인근의 지하수 공급원으로 들어가 지역 주민들의 건강을 위협한다고 하는 부정적인 영향에 대한 내용이고, ④번 뒤 문장은 수압 파쇄법은 석탄의 이산화탄소 배출 수준의 절반으로 전기 생산을 할 수 있게 한다는 긍정적인 영향에 대한 내용이므로, ④번에 수압 파쇄법의 지지자들은 그것의 긍정적인 영향과 실용적인 사용에 대한 증거를 제시함으로써 비판에 반박한다는 내용의 주어진 문장이 나와야 지문이 자연스럽게 연결된다.

[오답 분석]
① 앞 문장은 수압 파쇄법이 논란에 휘말렸다는 내용이고, 뒤 문장은 일부 운동가들과 과학자들이 환경 및 건강에 대한 우려를 강조하며 그 기술에 반대했다고 하며 앞 문장과 연결되는 내용이 있으므로 ①번에 다른 문장이 삽입되면 문맥상 부자연스럽다.
② 뒤 문장의 그들(They)은 앞 문장의 일부 운동가들과 과학자들(Some activists and scientists)을 의미하므로 ②번에 다른 문장이 삽입되면 문맥상 부자연스럽다.

③ 앞 문장은 메탄과 같은 유독성 오염 물질이 대기 중으로 방출된다는 내용이고 ③번 뒤 문장은 또한(also) 그 과정에서 사용되는 화학 물질 몇몇이 지역 주민들의 건강을 위협한다고 하며 앞 문장과 연결되는 내용이 있으므로 ③번에 다른 문장이 삽입되면 문맥상 부자연스럽다.

정답 ④

어휘

proponent 지지자　counter 반박하다　criticism 비판
fracking 수압 파쇄법　drilling 시추, 지하 탐사　extract 추출하다
shale rock 이판암(얇은 층으로 되어 있어 잘 벗겨지는 퇴적암)
controversy 논란, 논쟁　activist 운동가, 활동가　rally 단결하다, 집결하다
carcinogen 발암 물질　generation 발생　emission 배출　coal 석탄
carbon footprint 탄소 배출량　equate to ~에 해당하다, 필적하다

구문 분석

[14행] It also has / a third of the carbon footprint / of mines, / which equates to greater natural habitat conservation.
: 이처럼 '콤마 + which'가 이끄는 절이 문장을 꾸며주는 경우, which는 앞에 나온 문장 전체를 의미한다는 것에 유의하며 '이것은'이라고 해석한다.

---

17 독해 세부내용 파악(내용 불일치 파악)　난이도 상 ●●●

다음 글의 내용과 일치하지 않는 것은?

A survey of North Americans reveal why smartphone owners are not taking advantage of voice recognition interfaces contrary to what developers had anticipated. Just over 60 percent of respondents noted that the system, which allows people to use speech to make commands, takes too much time to learn. Despite the availability of free online tutorials, they feel it's much simpler and faster to use their fingers to perform these actions. Another complaint repeated in the surveys was the failure of the system to accurately interpret local dialects and non-English names. Given that around 78 percent of the global population's mother tongues are non-mainstream languages, this technical flaw needs to be resolved if voice recognition systems are to succeed in the marketplace. In addition, makers of speech processing technologies need to account for the meaning of a natural utterance. Human beings catch the exact meaning even when a sentence is not complete or when only certain words are used. Thus, if a user says "Asiana Airlines flight 701," the system should recognize that real-time flight information is needed and be able to display it within seconds.

* interfaces: (컴퓨터의 각 장치 사이의) 정보 전달 장치

① Participants say that typing out texts is easier than using voice recognition.
② The technology is not efficient at recognizing local language variants.
③ Present technologies are unable to capture meanings of natural speech.
④ The majority of respondents complain about inaccurate interpretations.

해석

북미에서의 설문 조사는 스마트폰 소유자들이 개발자들이 예상했던 것과는 달리 음성 인식 정보 전달 장치를 이용하고 있지 않은 이유를 드러낸다. 응답자 중 60퍼센트를 조금 넘는 사람들은 명령하기 위해 말을 사용하도록 하는 그 시스템이 배우는 데 너무 많은 시간이 걸린다고 언급했다. 무료 온라인 설명서를 이용할 수 있음에도 불구하고, 그들은 이러한 행동들을 하기 위해 그들의 손가락을 사용하는 것이 훨씬 더 간단하고 더 빠르다고 생각한다. 그 설문 조사에서 반복된 또 다른 불만은 그 시스템이 지방 사투리와 영어가 아닌 이름들을 정확하게 이해하지 못하는 것이었다. 전 세계 인구 중 약 78퍼센트의 모국어가 비주류 언어라는 것을 고려하면, 음성 인식 시스템이 시장에서 성공하려면 이러한 기술적 결함이 해결되어야 한다. 게다가, 언어 처리 기술을 만드는 사람들은 자연스러운 말의 의미를 처리해야 한다. 인간은 문장이 완전하지 않거나 특정 단어들만 사용되더라도 정확한 의미를 파악한다. 그러므로, 만약에 사용자가 '아시아나 항공 701편'이라고 말하면, 그 시스템은 실시간 항공편 정보가 필요하다는 것을 인식하고 몇 초 이내로 그것을 보여줄 수 있어야 한다.

① 참가자들은 음성 인식을 사용하는 것보다 문자를 입력하는 것이 더 쉽다고 말한다.
② 그 기술은 지방 언어 변형을 인식하는 데 효율적이지 않다.
③ 현재의 기술은 자연스러운 말의 의미를 포착할 수 없다.
④ 응답자 대부분은 부정확한 이해에 대해서 불평한다.

해설

지문 중간에서 정보 전달 장치가 지방 사투리와 영어가 아닌 이름을 정확하게 이해하지 못한다는 것에 대한 불만이 반복되었다고는 했지만, 응답자 대부분이 불평하는지는 알 수 없으므로, '④ 응답자 대부분은 부정확한 이해에 대해서 불평한다'는 것은 지문의 내용과 일치하지 않는다.

[오답 분석]

① 세 번째 문장에서 응답자들은 손가락을 사용하는 것이 훨씬 더 간단하고 더 빠르다고 생각한다고 언급되었다.
② 네 번째 문장에서 설문 조사에서 반복된 또 다른 불만은 음성 인식 정보 전달 장치가 지방 사투리와 영어가 아닌 이름을 정확하게 이해하지 못하는 것이라고 언급되었다.
③ 여섯 번째 문장에서 음성 처리 기술을 만드는 사람들은 자연스러운 말의 의미를 처리해야 한다고 언급되었다.

정답 ④

어휘

take advantage of ~을 이용하다　recognition 인식　anticipate 예상하다
respondent 응답자　command 명령　availability 이용할 수 있음
tutorial 설명서, 사용 지침서　accurately 정확하게　interpret 이해하다
dialect 사투리　mother tongue 모국어　non-mainstream 비주류의
flaw 결함　resolve 해결하다　marketplace 시장　process 처리하다
account for ~을 처리하다　utterance 말, 표현　recognize 인식하다, 알다
real-time 실시간의　variant 변형, 변종　capture 포착하다, 담다
majority 대부분　inaccurate 부정확한, 확실하지 않은
interpretation 이해, 해석

18 독해 추론(빈칸 완성 - 구) 난이도 중 ●●○

밑줄 친 부분에 들어갈 말로 가장 적절한 것은?

When we were young, accumulating possessions was important. Having many books, clothes, and accessories and so on seemed to confirm our status in life and made us feel powerful. But as we got older, some of us became tired of the build-up of clutter and began seeking something emotionally fulfilling, something that provided _____. We came to appreciate the friends and family who were still with us, who stuck by us through the years. And we in turn remained with them, because they would always give us comfort and uplift us, and vice versa. It became imperative to find out who we really valued in life and to surround ourselves with them, placing less value on the things that don't provide lasting satisfaction.

① much more enduring contentment
② a higher cost and greater appeal
③ the organization of our possessions
④ a source of envy for others

해석

우리가 어렸을 때, 재산을 축적하는 것은 중요했다. 많은 책, 옷, 액세서리 등을 갖는 것은 인생에서 우리의 지위를 확정해주는 것 같았고 우리가 힘이 있다고 느끼게 했다. 하지만 나이가 들면서, 우리 중 몇몇은 잡동사니의 축적에 지치게 되었고 정서적으로 성취감을 주는 것, 즉 훨씬 더 지속적인 만족감을 제공하는 것을 추구하기 시작했다. 우리는 수년간 우리를 떠나지 않고 여전히 우리와 함께하는 친구들과 가족에게 감사하게 되었다. 그리고 이번에는 우리가 그들과 함께 남아 있는데, 왜냐하면 그들은 우리에게 항상 위로와 희망을 주곤 했고, 그 반대의 경우도 마찬가지였기 때문이다. 지속적인 만족감을 제공하지 않는 것들에 더 적은 가치를 두면서, 우리가 인생에서 진정으로 가치 있게 여기는 사람이 누구인지 찾아내어 그들로 우리 자신을 둘러싸는 것이 중요해졌다.

① 훨씬 더 지속적인 만족감
② 더 높은 가격과 더 큰 매력
③ 우리 소유물의 구성
④ 다른 사람들이 부러워하게 하는 원인

해설

빈칸 앞부분에서 우리는 나이가 들면서 잡동사니의 축적에 지치게 되었고 정서적으로 성취감을 주는 것을 추구하기 시작했다고 하고, 지문 마지막에서 우리는 지속적인 만족감을 제공하지 않는 것들에 더 적은 가치를 둔다고 했으므로, 빈칸에는 우리 중 몇몇은 '① 훨씬 더 지속적인 만족감'을 제공하는 것을 추구하기 시작했다는 내용이 들어가야 한다.

[오답 분석]
② 더 높은 가격과 더 큰 매력을 제공하는 것을 추구한다는 것은 지문의 내용과 반대이다.
③ 우리 소유물의 구성에 대해서는 언급되지 않았다.
④ 다른 사람들이 부러워하게 하는 원인은 언급되지 않았다.

정답 ①

어휘

accumulate 축적하다, 모으다   possession 재산, 소유물
confirm 확정해주다   status (사회적) 지위, 신분   build-up 축적
clutter 잡동사니, 어수선함   fulfilling 성취감을 주는   appreciate 감사하다
stick by (특히 곤경에 처해서도) ~를 떠나지 않다   comfort 위로, 안락
uplift 희망, 행복감   vice versa 반대의 경우도 마찬가지
imperative 중요한, 긴요한   value 가치 있게 여기다; 가치
lasting 지속적인, 영구적인   satisfaction 만족감
enduring 지속적인, 오래가는   contentment 만족감, 자족
appeal 매력, 호소   organization 구성, 조직   source 원인, 근원
envy 부러움, 질투

19 독해 논리적 흐름 파악(문단 순서 배열) 난이도 중 ●●○

주어진 문장 다음에 이어질 글의 순서로 가장 적절한 것은?

The national sporting goods chain store Finish Line announced a brand-new mobile application yesterday. It will allow consumers to browse items and get alerts for sales on their devices.

(A) Others agree with his statement. Despite the 50-plus year history of the establishment, little has changed—its inventory, purchasing options, advertising, and more remain the same.

(B) However, analysts don't believe the new feature will do much. "If they want to stay competitive with Goldsmith," says industry expert Bart Flynn, "they've got to start thinking about the big picture. The app is a Band-Aid."

(C) Without a complete overhaul, the loyalty of regular customers isn't expected to hold out much longer.

① (A) – (B) – (C)
② (B) – (A) – (C)
③ (B) – (C) – (A)
④ (C) – (A) – (B)

해석

전국적인 스포츠용품 체인점인 'Finish Line'은 어제 아주 새로운 모바일 애플리케이션을 발표했다. 그것은 소비자들이 그들의 기기에서 상품들을 살펴보고 할인 판매에 대한 알림을 받을 수 있게 할 것이다.

(B) 하지만, 분석가들은 그 새로운 기능이 크게 효과가 있을 것이라고 생각하지 않는다. 업계 전문가 Bart Flynn은 "만약 그들이 'Goldsmith'와 계속 경쟁하고 싶다면, 그들은 큰 그림을 생각하기 시작해야 합니다. 그 애플리케이션은 미봉책입니다."라고 말한다.

(A) 다른 사람들도 그의 주장에 동의한다. 50년이 넘는 설립 역사에도 불구하고, 바뀐 것은 거의 없다. 그것의 물품 목록, 구매 조건, 광고, 그리고 더 많은 것들이 여전히 그대로이다.

(C) 완벽한 정비 없이는 단골 고객들의 충성심이 더 오래 지속될 것이라고 기대되지 않는다.

해설

주어진 문장에서 전국적인 스포츠용품 체인점인 'Finish Line'이 새로운 기능을 가진 모바일 애플리케이션을 발표했다고 하고, (B)에서 하지만 (However), 분석가들은 그 새로운 기능이 크게 효과가 있을 것이라고 생각하지 않는다고 설명하면서 그 애플리케이션이 미봉책이라고 말한 Bart Flynn의 의견을 제시한다. 이어서 (A)에서 다른 사람들도 그의 주장에 동의하며, 50년이 넘는 설립 역사에도 바뀐 것이 없다고 설명하고, (C)에서 완벽한 정비 없이는 단골 고객들의 충성심이 오래 지속될 것이라고 기대되지 않는다고 이야기하고 있다.

정답 ②

어휘

announce 발표하다, 알리다 brand-new 아주 새로운 browse 살펴보다
statement 주장, 진술 establishment 설립, 기관 inventory 물품 목록
analyst 분석가 feature 기능, 특징 competitive 경쟁하는
Band-Aid 미봉책, 임시 수단 overhaul 정비, 점검 loyalty 충성(심)

---

20 | 문법 비교 구문　　　　　　　　　난이도 중 ●●○

우리말을 영어로 잘못 옮긴 것은?

① 그 의사는 환자 정보의 기밀성을 위반한 죄로 기소되었다.
　→ The doctor was accused of breaching the confidentiality of the patients' information.

② 베네수엘라의 물가 상승률은 세계의 다른 어떤 나라의 상승률보다 더 높다.
　→ Inflation in Venezuela is higher than that of any other country in the world.

③ 공복으로 약을 먹는 것은 그것이 치료하는 것보다 더 많은 문제를 일으킨다.
　→ Taking medicine on an empty stomach creates more problems than it cures.

④ 이 수집가의 물품은 포장지가 벗겨졌다면, 상자 안에 보관되어 있을 때만큼 가치 있지 않다.
　→ This collector's item is not as more valuable as left in its case, if unwrapped.

해설

④ 원급 '상자 안에 보관되어 있을 때만큼 가치 있지 않다'는 두 대상의 동등함을 나타내는 원급 관련 표현 'not as + 형용사의 원급 + as'(~만큼 –하지 않은)를 사용하여 나타낼 수 있으므로 비교급 more valuable을 원급 valuable로 고쳐야 한다.

[오답 분석]

① **전치사 자리** 전치사(of) 뒤에는 명사 역할을 하는 것이 와야 하므로 전치사 of 뒤에 동명사 breaching이 올바르게 쓰였다.

② **비교급 형태로 최상급 의미를 만드는 표현 | 지시대명사** '세계의 다른 어떤 나라의 상승률보다 더 높다'는 비교급 형태로 최상급 의미를 만드는 표현 '비교급(higher) + than any other + 단수 명사(country)' (다른 어떤 –보다 더 ~한)의 형태를 사용하여 나타내므로, higher than that of any other country가 올바르게 쓰였다. 또한, 지시대명사가 가리키는 명사 Inflation이 단수이므로 단수 지시대명사 that이 올바르게 쓰였다.

③ **주어와 동사의 수 일치** 동명사구 주어(Taking medicine)는 단수 취급하므로 단수 동사 creates가 올바르게 쓰였다. 참고로 주어와 동사 사이 수식어 거품(on an empty stomach)은 동사의 수 결정에 영향을 주지 않는다.

정답 ④

어휘

accuse of ~의 죄로 기소하다 breach 위반하다, 침해하다
confidentiality 기밀성 inflation 물가 상승률 collector 수집가
valuable 가치 있는 unwrap (포장지 등을) 벗기다, 뜯다

이것도 알면 합격!

비교급 형태로 최상급 의미를 만드는 표현

> no other 단수 명사/nothing + 동사 + 비교급 + than
　다른 어떤 –도 ~보다 더 ~하지 않다
> 비교급 + than any other + 단수 명사
　다른 어떤 –보다 더 ~한
> have + never/hardly/rarely + p.p. + 비교급
　더 ~해 본 적이 없다

정답
p. 88

01	② 어휘 – 어휘&표현	11	④ 어휘 – 생활영어
02	③ 어휘 – 어휘&표현	12	④ 문법 – 동명사
03	② 어휘 – 어휘&표현	13	② 어휘 – 생활영어
04	① 어휘 – 어휘&표현	14	④ 독해 – 전체내용 파악
05	① 문법 – 시제&명사와 관사	15	④ 독해 – 논리적 흐름 파악
06	① 어휘 – 어휘&표현	16	③ 독해 – 추론
07	① 문법 – 병치·도치·강조 구문&수 일치	17	① 독해 – 전체내용 파악
08	② 문법 – 명사절	18	③ 독해 – 논리적 흐름 파악
09	② 독해 – 추론	19	③ 독해 – 논리적 흐름 파악
10	③ 독해 – 전체내용 파악	20	④ 독해 – 세부내용 파악

취약영역 분석표

영역	세부 유형	문항 수	소계
어휘	어휘&표현	5	/7
	생활영어	2	
문법	시제&명사와 관사	1	/4
	병치·도치·강조 구문&수 일치	1	
	명사절	1	
	동명사	1	
독해	전체내용 파악	3	/9
	세부내용 파악	1	
	추론	2	
	논리적 흐름 파악	3	
총계			/20

---

01 어휘 hygienic · 난이도 하 ●○○

밑줄 친 부분에 들어갈 말로 가장 적절한 것은?

Taking a shower before bed is a recommended _____ practice so that you don't sleep with the dirt that has collected on your skin.

① infectious
② hygienic
③ impure
④ exhausted

해석

피부에 쌓인 먼지가 있는 상태로 잠을 자지 않도록 자기 전에 샤워하는 것은 권장되는 위생적인 습관이다.

① 전염성의
② 위생적인
③ 불순한
④ 탈진한

정답 ②

어휘

recommended 권장되는 practice 습관 infectious 전염성의
hygienic 위생적인 impure 불순한 exhausted 탈진한, 다 써버린

 이것도 알면 합격!

hygienic(위생적인)의 유의어
= sanitary, clean, healthy

---

02 어휘 complement = enhance · 난이도 하 ●○○

밑줄 친 부분의 의미와 가장 가까운 것을 고르시오.

Our company has created technologies that complement our workflow, enabling us to serve our customers more effectively.

① comfort
② diminish
③ enhance
④ inspect

해석

우리 회사는 작업의 흐름을 보완하는 기술을 만들어 우리가 더 효과적으로 우리의 고객들을 응대할 수 있게 했다.

① 위로하다
② 줄이다
③ 향상시키다
④ 점검하다

정답 ③

어휘

complement 보완하다 workflow 작업의 흐름 enable ~할 수 있게 하다
serve a customer 고객을 응대하다 comfort 위로하다 diminish 줄이다
enhance 향상시키다 inspect 점검하다, 검사하다

이것도 알면 합격!

complement(보완하다)의 유의어
= augment, improve, reinforce

---

03 어휘 live with = put up with · 난이도 하 ●○○

밑줄 친 부분의 의미와 가장 가까운 것을 고르시오.

Though the apartment for rent had some issues, I decided I could live with them.

① look over
② put up with
③ make use of
④ pave the way for

해석

임대 아파트에 몇 가지 문제가 있었지만, 나는 내가 그것들을 감수할 수 있다고 결론지었다.

① ~을 대충 살펴보다
② ~을 참고 견디다
③ ~을 이용하다
④ ~을 위해 준비하다

정답 ②

어휘

live with ~을 감수하다   look over ~을 대충 살펴보다
put up with ~을 참고 견디다   make use of ~을 이용하다
pave the way for ~을 위해 준비하다

 **이것도 알면 합격!**

live with(~을 감수하다)의 유의어
= abide, endure, tolerate, handle

---

04 | 어휘 solicit = requisition | 난이도 상 ●●●

밑줄 친 부분의 의미와 가장 가까운 것을 고르시오.

> The council solicited the help of an accountant to assist them in determining the size of the budget.

① requisitioned   ② installed
③ proposed   ④ eschewed

해석

의회는 예산의 규모를 확정하는 데 있어서 그들을 원조할 한 회계사의 도움을 요청했다.

① 요청했다   ② 임용했다
③ 제안했다   ④ 피했다

정답 ①

어휘

council 의회   solicit 요청하다   accountant 회계사
determine 확정하다, 결정하다   requisition 요청하다
install 임용하다, 설치하다   eschew 피하다, 삼가다

이것도 알면 합격!

solicit(요청하다)과 유사한 의미의 표현
= press for, plead for, entreat

---

05 | 문법 시제 & 명사와 관사 | 난이도 중 ●●○

어법상 옳은 것은?

① He will sometimes drink water when he is thirsty.
② The TV show was bored, so the kids decided to change the channel.
③ The issue with carbon dioxide is how many of it gets trapped in earth's atmosphere.
④ We had better checking the weather before we make weekend plans.

해석

① 그는 목이 마를 때 가끔 물을 마실 것이다.
② 그 TV 프로그램이 지루해서 아이들은 채널을 바꾸기로 결정했다.

---

③ 이산화탄소의 문제는 지구 대기에 얼마나 많은 그것이 갇히느냐 하는 것이다.
④ 우리는 주말 계획을 세우기 전에 날씨를 확인하는 게 좋을 것이다.

해설

① **현재 시제 | 불가산 명사** 시간을 나타내는 부사절(when ~ thirsty)에서는 미래에 일어나기로 예정된 일이나 곧 일어나려고 하는 일을 나타내기 위해 현재시제를 사용하므로 현재시제 is thirsty가 올바르게 쓰였다. 또한, 명사 water는 '물'이라는 의미로 쓰일 때 앞에 부정관사(a/an)를 쓰거나 복수형으로 쓸 수 없는 불가산 명사이므로 water가 올바르게 쓰였다.

[오답 분석]

② **3형식 동사의 수동태** 감정을 나타내는 동사(bore)의 경우 주어가 감정의 원인이면 능동태를, 감정을 느끼는 주체이면 수동태를 써야 하는데, 문맥상 '그 TV 프로그램이 지루하다'라는 의미로 주어(The TV show)가 감정의 원인이므로 과거분사 bored를 be동사(was) 뒤에서 능동태를 완성하는 현재분사 boring으로 고쳐야 한다.

③ **대명사 수 일치** 대명사 many가 지시하는 명사(carbon dioxide)가 불가산 명사이므로 가산 복수 대명사 many를 불가산 대명사 much로 고쳐야 한다.

④ **조동사 관련 표현** 조동사처럼 쓰이는 표현 had better(~하는 게 좋을 것이다) 뒤에는 동사원형이 와야 하므로 동명사 checking을 동사원형 check으로 고쳐야 한다.

정답 ①

어휘

carbon dioxide 이산화탄소   trap 가두다   atmosphere (지구의) 대기, 공기

이것도 알면 합격!

혼동하기 쉬운 가산 명사와 불가산 명사

가산 명사	a price 가격	a noise 소음
	a workplace 일터	an excuse 변명
	an outcome 결과	measures 수단, 대책
불가산 명사	advice 조언	furniture 가구
	population 인구	news 뉴스
	luggage 수하물, 짐	politics 정치학

---

06 | 어휘 look back on = reflect upon | 난이도 하 ●○○

밑줄 친 부분의 의미와 가장 가까운 것은?

> Although Miles looked back on high school fondly, it had been a difficult period for him. He had been rather insecure and worried about the future, and he regretted the missed opportunities his reluctance had cost him.

① reflected upon
② meddled in
③ suddenly sensed
④ profoundly lamented

해석

비록 Miles가 애틋하게 고등학교 시절을 뒤돌아보기는 했지만, 그것은 그에게 힘든 시기였었다. 그는 상당히 불안정했고 미래에 대해 걱정했었으며, 그는 그의 주저함이 잃게 만든 놓친 기회들을 아쉬워했다.

① ~을 뒤돌아보다
② ~에 간섭했다
③ 갑자기 깨달았다
④ 깊이 슬퍼했다

정답 ①

어휘

look back on ~을 뒤돌아보다 fondly 애틋하게 reluctance 주저함
reflect upon ~을 뒤돌아보다 meddle in ~에 간섭하다
sense 깨닫다, 느끼다 profoundly 깊이, 극심하게 lament 슬퍼하다, 한탄하다

이것도 알면 합격!

look back on(~을 뒤돌아보다)과 유사한 의미의 표현
= reminisce about, cast one's mind back to, remember, recollect

---

07 | 문법 병치·도치·강조 구문 & 수 일치 난이도 중 ●●○

밑줄 친 부분 중 어법상 옳지 않은 것은?

Among the most surprising things that occurred during World War II ① was the numerous earthquakes in the Hokkaido region of Japan that resulted in the formation of a 400-meter mountain. Since this was a time ② that was filled with strife, few in Japan were aware of this development. One observer was a postman who had a clear view of the mountain from his house. He kept a daily log of the growth of the mountain, with the changes ③ marked on a diagram. After the seismic activity died down, tourists began visiting the mountain and leaving their garbage. The postman decided he would buy the mountain, ④ stating, "I must preserve the condition of the mountain for further research."

해석

제2차 세계대전 중에 일어났던 가장 놀라운 일들 중 하나는, 400미터 높이의 산의 형성을 낳은 일본 홋카이도 지역의 수많은 지진들이었다. 이 시기는 분쟁으로 가득 찼던 시기였기 때문에, 일본에서 이 발생(산의 형성)에 대해 알아차렸던 사람은 거의 없었다. 한 명의 목격자는 그의 집에서 그 산이 뚜렷하게 보이는 우편 집배원이었다. 그는 산의 발달에 대한 일지를 작성했고, 변화들은 도표에 표기되었다. 지진 활동이 사그라들자, 관광객들은 산을 방문하여 쓰레기를 버리기 시작했다. 그 우편 집배원은 산을 사기로 결정했고, "저는 추후 연구를 위해서 산의 상태를 보존해야만 합니다"라고 말했다.

해설

① 도치 구문: 부사구 도치 2 | 주어와 동사의 수 일치 부사구(Among ~ World War II)가 강조되어 문장 맨 앞에 나오면 주어와 동사가 도치되어 '동사 + 주어(the numerous earthquakes)'의 어순이 되는데, 주

어 자리에 복수 명사 earthquakes가 왔으므로 단수 동사 was를 복수 동사 were로 고쳐야 한다.

[오답 분석]
② 관계대명사 that 선행사(a time)가 사물이고, 관계절 내에서 동사 was의 주어 역할을 하므로 주격 관계대명사 that이 올바르게 쓰였다.
③ 분사구문의 관용 표현 동시에 일어나는 상황은 'with + 명사 + 분사'의 형태로 나타낼 수 있는데 명사(the changes)와 분사가 '변화들이 표기되다'라는 의미의 수동 관계이므로 과거분사 marked가 올바르게 쓰였다.
④ 분사구문의 형태 주절의 주어(The postman)와 분사구문이 '우편 집배원이 말했다'라는 의미의 능동 관계이므로 현재분사 stating이 올바르게 쓰였다.

정답 ①

어휘

numerous 수많은 formation 형성 strife 분쟁, 불화
observer 목격자, 관찰자 daily log 일지 diagram 도표 seismic 지진의
die down 사그라들다 preserve 보존하다

이것도 알면 합격!

형용사, 분사 보어가 강조되어 문장의 맨 앞에 나올 때, 주어와 동사가 도치되어 '동사 + 주어'의 어순이 된다.

> Tall were our chances of winning the game.
　보어　동사　　　　　　주어
게임에서 우리가 이길 가능성이 높았다.

---

08 | 문법 명사절 난이도 중 ●●○

우리말을 영어로 잘못 옮긴 것은?

① 내가 만약 작년에 체육관 회원권을 갱신했었더라면, 지금 더 건강할 텐데.
→ If I had renewed my gym membership last year, I would be in better shape now.
② 누구든 사전에 도움을 요청하는 사람들에게는 그것이 제공될 것이다.
→ Assistance will be provided to whomever requests it in advance.
③ 콘서트가 끝나서, 모두 공연장을 떠났다.
→ Since the concert had ended, everyone left the arena.
④ 그녀는 오늘 아침에 그녀의 휴대폰을 잃어버렸는데, 설상가상으로, 그녀의 모든 사진이 거기에 있었다.
→ She lost her phone this morning, and worse still, all of her photos were on it.

해설

② 명사절 접속사 4: 복합관계대명사 복합관계대명사의 격은 복합관계대명사가 이끄는 명사절 내에서 그것의 역할에 따라 결정되는데, 주어가 없는 불완전한 절(requests it in advance)을 이끌며 동사 requests의 주어 자리에 올 수 있는 것은 주격 복합관계대명사이므로 목적격 복합관계대명사 whomever를 주격 복합관계대명사 whoever로 고쳐야 한다.

[오답 분석]

① **혼합 가정법** '내가 만약 작년에 체육관 회원권을 갱신했었더라면, 지금 더 건강할 텐데'는 과거의 상황을 반대로 가정했을 경우 그 결과가 현재에 영향을 미칠 때 쓰는 혼합 가정법을 사용하여 나타낼 수 있다. 혼합 가정법은 'If + 주어 + had p.p., 주어 + would + 동사원형'의 형태로 나타내므로 If I had renewed ~, I would be in better shape now가 올바르게 쓰였다.

③ **과거완료 시제 | 수동태로 쓸 수 없는 동사** '콘서트가 끝난' 것은 특정 과거 시점(모두 공연장을 떠난 시점)보다 이전에 일어난 일이고, 동사 end는 '끝나다'라는 의미를 가질 때 목적어를 갖지 않는 자동사이므로 수동태로 쓰일 수 없다. 따라서, 과거완료 능동태 had ended가 올바르게 쓰였다.

④ **시제 일치** 과거를 나타내는 시간 표현 this morning(오늘 아침)이 왔으므로, 과거 시제 lost, were이 올바르게 쓰였다. 또한, '설상가상으로'라는 의미의 숙어 표현 worse still도 올바르게 쓰였다.

정답 ②

어휘

renew 갱신하다, 연장하다 in good shape 건강한
worse still 설상가상으로

이것도 알면 합격!

혼합가정법의 주절에는 주로 '현재'임을 나타내는 단서가 함께 온다.

> If she **had started** her own business years ago, she **might be** a successful entrepreneur today.
그녀가 몇 년 전에 사업을 시작했다면, 그녀는 오늘날 성공적인 기업가일 텐데.

09 독해 추론(빈칸 완성 – 연결어) 난이도 중 ●●○

밑줄 친 (A), (B)에 들어갈 말로 가장 적절한 것은?

Empathy requires a bit of work from the person experiencing it. That person must be invested in the struggles of another. They must observe and listen to those struggles, and try their best to understand them. They must imagine how those struggles would make them feel, such that the pain and hardship is shared among the two people. While the empathizer can never truly know what it was like, they try to take some of the burden off the struggler.   (A)   , projection attempts to transplant a burden from the projector to another. There are many possible reasons for projection, but ultimately the projector does not take responsibility for their own feelings.   (B)   , they talk as if another person is experiencing their feelings, and that those feelings are worthy of criticism. They are effectively criticizing themselves while simultaneously refusing to admit this.

	(A)	(B)
①	Similarly	First of all
②	In contrast	Instead
③	Moreover	Consequently
④	Despite this	However

해석

공감은 그것을 경험하는 사람으로부터 약간의 노력을 요구한다. 그 사람은 다른 사람의 힘든 일에 투입되어야 한다. 그들은 그러한 힘든 일들을 관찰하고 들어야 하며, 그것들을 이해하기 위해 최선을 다해야 한다. 그들은 그러한 힘든 일들이 그들에게 어떤 느낌을 느끼게 할지를 상상해서 두 사람 사이에 고통과 어려움이 공유되도록 해야 한다. 공감하는 사람은 그것이 어떤 것인지 결코 정확하게 알 수 없지만, 그들은 그 분투하는 사람들에게서 약간의 짐을 덜어주려고 노력한다. (A) 그에 반해서, 투영은 그 짐을 투영하는 사람으로부터 다른 사람에게 옮기려고 시도한다. 투영에는 많은 가능한 이유들이 있지만, 궁극적으로 투영하는 사람은 그들 자신의 감정을 책임지지 않는다. (B) 대신에, 그들은 마치 다른 사람이 그들의 감정을 느끼고 있는 것처럼 이야기하면서 그런 감정들이 비판받아 마땅하다고 이야기한다. 그들은 효과적으로 그들 자신을 비판하는 동시에 이것을 인정하는 것을 거부한다.

	(A)	(B)
①	유사하게	우선
②	그에 반해서	대신에
③	게다가	결과적으로
④	이것에도 불구하고	그러나

해설

(A) 빈칸 앞 문장은 공감하는 사람은 분투하는 사람들에게서 짐을 덜어주려고 노력한다는 내용이고 빈칸 뒤 문장은 투영은 다른 사람에게 감정의 짐을 옮기려고 시도한다는 내용이므로, (A)에는 대조를 나타내는 연결어 In contrast(그에 반해서)가 들어가야 한다. (B) 빈칸 앞 문장은 투영하는 사람은 그들의 감정을 책임지지 않는다는 내용이고 빈칸 뒤 문장은 그들(투영하는 사람)은 마치 다른 사람이 그들의 감정을 느끼고 있는 것처럼 이야기한다는 내용이므로, (B)에는 대조를 나타내는 연결어인 Instead(대신에)가 들어가야 한다. 따라서 ②번이 정답이다.

정답 ②

어휘

empathy 공감 invest 투입하다, 투자하다 struggle 힘든 일, 분투
observe 관찰하다 truly 정확하게 projection 투영
transplant 옮기다, 이식하다 ultimately 궁극적으로
responsibility 책임, 의무 criticize 비판하다 simultaneously 동시에
admit 인정하다

10 독해 전체내용 파악(주제 파악)   난이도 중 ●●○

다음 글의 주제로 가장 적절한 것은?

Electronic devices with Internet functionality generally have two ways of connecting. The most common method is with an Ethernet cable. Ethernet was standardized in 1980, becoming widely adopted due to its use of unshielded twisted-pairs—a type of copper cabling used in telephone wiring and local area networks (LANs)—which was already available in many buildings at the time. Because Ethernet cables physically link one device to another, they provide the fastest available speeds of data transfer. Also, their physical nature means there is little chance of a disruption to service, unless a wire is severed somewhere or an entire grid loses power. The other common option is Wi-Fi, which provides wireless connectivity. Devices with Wi-Fi compatibility can connect to the Internet wherever a Wi-Fi signal is available. Wi-Fi sends data across radio waves on a variety of bandwidths, each broken up into smaller channels. These signals can be greatly interrupted by physical obstructions, limiting the risk of interference from other devices.

① How Wi-Fi has become ubiquitous
② How more people use the Internet
③ How devices connect to the Internet
④ How Internet speeds have increased

해석

인터넷 기능이 있는 전자제품은 일반적으로 두 가지 연결 방식을 가지고 있다. 가장 흔한 방법은 이더넷 케이블을 사용하는 것이다. 이더넷은 1980년에 표준화되었고, 전화선과 근거리 통신망(LAN)에 사용되는 구리 케이블의 한 종류인 비차폐 트위스트 페어(보호되지 않은 쌍선 케이블)의 사용으로 널리 도입되었는데, 이것은 이미 그 당시 많은 건물들에서 사용 가능했다. 이더넷 케이블은 물리적으로 한 장치를 다른 것과 연결하기 때문에, 그것은 이용 가능한 가장 빠른 데이터 전송 속도를 제공한다. 또한, 그것의 물리적인 특성은 선이 어딘가에서 끊어지거나 전체 배전망의 전력을 차단하지 않는 한, 서비스의 중단 확률이 거의 없다는 것을 의미한다. 또 다른 흔한 선택지는 와이파이인데, 이것은 무선 연결을 제공한다. 와이파이 호환성을 갖춘 장치들은 와이파이 신호가 유효한 곳이면 어디에서든 인터넷에 연결할 수 있다. 와이파이는 다양한 대역폭에서 전파를 통해 데이터를 보내는데, 각각(각 대역폭)은 더 작은 주파수대로 쪼개어진다. 이러한 신호들은 물리적인 장애물로 인해 크게 방해받을 수 있고, 이것이 다른 기기들로부터의 전파 방해 위험성을 제한한다.

① 와이파이가 편재하게 된 방법
② 더 많은 사람들이 인터넷을 사용하는 방법
③ 장치가 인터넷에 연결되는 방식
④ 인터넷 속도가 증가해온 방법

해설

지문 전반에 걸쳐 장치를 인터넷에 연결하기 위한 방식인 이더넷 케이블과 와이파이 연결에 대해서 설명하고 있으므로, '③ 장치가 인터넷에 연결되는 방식'이 이 글의 주제이다.

[오답 분석]
① 와이파이가 편재하게 된 방법은 언급되지 않았다.
② 더 많은 사람들이 인터넷을 사용하는 방법은 언급되지 않았다.
④ 인터넷 속도가 증가해온 방법은 언급되지 않았다.

정답 ③

어휘

functionality 기능   standardize 표준화하다
unshielded twisted-pairs 비차폐 트위스트 페어   copper 구리
physically 물리적으로   transfer 전송   disruption 중단   sever 끊다, 자르다
connectivity 연결(성)   compatibility 호환성   radio wave 전파
bandwidth (주파수의) 대역폭   channel 주파수대
interrupt 방해하다, 가로막다   obstruction 장애물, 차단
interference 전파 방해, 혼선   ubiquitous 편재하는, 아주 흔한

11 생활영어 Can we hire a dedicated secretary?   난이도 하 ●○○

밑줄 친 부분에 들어갈 말로 가장 적절한 것은?

A: I've been getting so many calls these days.
B: Me too. It's like I can't go 15 minutes without the phone ringing.
A: At least we're getting a lot of business.
B: Yes, but it's harder to get through our individual workloads.
A: _____?
B: That would certainly help with the calls.
A: Let's ask the boss if we can afford additional staff.
B: That's a good idea. I'll get on it.

① Do you need to work overtime
② Isn't there a number you can reach
③ When did the last call come in
④ Can we hire a dedicated secretary

해석

A: 요즘 너무 많은 전화를 받고 있어.
B: 나도 그래. 전화가 울리지 않는 상태로 15분을 넘기지 못하는 것 같아.
A: 적어도 우리는 많은 실적을 얻고 있어.
B: 그렇지, 하지만 우리의 개별적인 업무량을 끝내기가 더 어려워졌어.
A: 우리가 전담 비서를 고용해도 될까?
B: 그건 확실히 전화 업무에는 도움이 될 거야.
A: 우리가 추가 직원을 뽑을 여유가 있는지 상사에게 물어보자.
B: 좋은 생각이야. 내가 할게.

① 너는 초과 근무를 해야 하니
② 네가 연락할 수 있는 번호가 없을까
③ 마지막 전화가 온 게 언제야
④ 우리가 전담 비서를 고용해도 될까

해설

빈칸 앞에서 B가 너무 많은 전화로 인해 개별적인 업무량을 끝내기가 더 어려워졌다고 했고, 빈칸 뒤에서 다시 B가 That would certainly help with the calls(그건 확실히 전화 업무에는 도움이 될 거야)라고 말하고 있으므로, 빈칸에는 '④ 우리가 전담 비서를 고용해도 될까(Can we hire a dedicated secretary)'가 들어가야 자연스럽다.

정답 ④

어휘

get through ~을 끝내다, 하다   individual 개별적인   workload 업무량
afford ~할 여유가 있다   reach 연락하다   dedicated 전담의, 전용의

이것도 알면 합격!

사무실에서 전화할 때 쓸 수 있는 표현

> May I know who's calling, please?
전화 주신 분이 누구신지 여쭤봐도 될까요?

> Hold the line please. I'll put you through in a moment.
끊지 말고 기다려주세요. 금방 연결해 드릴게요.

> Could you let me know when she'll be in the office?
그녀가 언제 사무실에 올지 저에게 알려주시겠어요?

---

12 | 문법 동명사 | 난이도 중 ●●○

우리말을 영어로 잘못 옮긴 것은?

① 빠듯한 마감 기한을 가진 관리자들은 어려운 고비를 넘겨야 한다.
  → Managers that have tight deadlines need to weather the storm.

② 그녀의 직장까지의 통근 거리는 나의 통근 거리보다 더 멀다.
  → Her commute to work is longer than mine.

③ 일기예보가 주민들에게 다가오는 토네이도를 알렸다.
  → The weather report notified residents of an upcoming tornado.

④ John은 발진이 생긴 후 그 새로운 비누를 사용하는 것을 멈췄다.
  → John stopped to use the new soap after he developed a rash.

해설

④ 동명사와 to 부정사 둘 다 목적어로 취하는 동사 동사 stop은 동명사나 to 부정사를 모두 목적어로 취할 수 있는 동사인데, '~하는 것을 멈추다' 라는 의미를 나타낼 때는 동명사를 목적어로 취하므로 to 부정사 to use 를 동명사 using으로 고쳐야 한다.

[오답 분석]

① 관계대명사 that | 숙어 표현 선행사(Managers)가 사람이고, 관계절 내에서 동사 have의 주어 역할을 하므로 주격 관계대명사 that이 올바르게 쓰였다. 또한 '어려운 고비를 넘겨야 한다'를 나타내기 위해 숙어 표현 weather the storm(어려운 고비를 넘기다)이 올바르게 쓰였다.

② 비교급 | 병치 구문 '나의 통근 거리보다 더 멀다'는 비교급 표현 '형용사의 비교급 + than'의 형태로 나타낼 수 있으므로 longer than이 올바르게 쓰였다. 또한, 비교 구문에서 비교 대상은 같은 품사나 구조끼리 연결되어야 하는데, than 앞의 명사(Her commute)가 '소유격 + 명사'의 형태이므로 than 뒤에도 '소유격 + 명사'의 역할을 하는 소유대명사 mine이 올바르게 쓰였다.

---

③ 타동사 동사 notify는 전치사 of와 함께 쓰여 'notify A of B(A에게 B를 알리다)'의 형태로 쓰이므로 notified residents of an upcoming tornado가 올바르게 쓰였다.

정답 ④

어휘

tight 빠듯한   weather the storm 어려운 고비를 넘기다   commute 통근 거리
notify 알리다   resident 주민   upcoming 다가오는   rash 발진

이것도 알면 합격!

특정 전치사(to/with/of)와 자주 함께 쓰이는 동사

to	• add A to B B에 A를 더하다 • attribute A to B A를 B의 결과로 보다 • equate A to B A와 B를 동일시하다
with	• provide A with B A에게 B를 공급하다 • substitute A with B A를 B로 대체하다 • associate A with B A를 B에 관련시키다
of	• accuse A of B A를 B로 고발하다 • dispose of ~을 처분하다 • require A of B A에게 B를 요구하다

---

13 | 생활영어 I'll pull over somewhere soon. | 난이도 중 ●●○

두 사람의 대화 중 가장 자연스러운 것은?

① A: Have you seen my sneakers?
  B: The heel on my shoe broke off.

② A: Can we take a break from driving?
  B: I'll pull over somewhere soon.

③ A: Is that a new hat you're wearing?
  B: Not off the top of my head.

④ A: Could you turn the fan on?
  B: We can take turns.

해석

① A: 너 내 운동화 본 적 있어?
  B: 내 신발의 굽이 부러졌어.

② A: 우리 운전을 잠깐 쉬어도 될까?
  B: 곧 어딘가에 차를 댈게.

③ A: 네가 쓰고 있는 게 새 모자니?
  B: 당장은 머리에 떠오르지 않아.

④ A: 선풍기 좀 틀어줄 수 있니?
  B: 우리는 교대로 할 수 있어.

해설

②번에서 A가 B에게 운전을 잠깐 쉬어도 될지 묻고 있으므로, (쉬기 위해) 어딘가에 차를 댄다는 B의 대답 '② I'll pull over somewhere soon(곧 어딘가에 차를 댈게)'은 자연스럽다.

정답 ②

어휘

sneakers 운동화 heel 굽 pull over (차를) 대다
off the top of one's head 당장 머리에 떠오르는 대로 fan 선풍기
take turns 교대로 하다

이것도 알면 합격!

운전할 때 쓸 수 있는 표현

> Follow the speed limit. 제한속도를 따라주세요.
> Turn left at the next corner. 다음 모퉁이에서 좌회전하세요.
> Look out for pedestrians. 보행자를 조심하세요.

---

14 독해 전체내용 파악(제목 파악) 난이도 중 ●●○

다음 글의 제목으로 가장 적절한 것은?

The Colossus of Rhodes was the tallest statue of the ancient world. Erected in 280 BC and measuring around 33 meters high, it depicted Helios, the patron god of the Rhodians, but it stood for only 54 years. An earthquake in the region caused the figure to break at the knees and fall to the ground. Locals were warned against rebuilding or repairing the statue, as an oracle claimed it would anger Helios. Nevertheless, the statue was such an impressive sight even while prone that it remained a popular tourist attraction for the next 800 years. It wasn't until the siege of Rhodes by Arab forces in 653 that the statue was finally melted down and sold.

① How Was the Colossus of Rhodes Erected?
② Helios: The Patron Deity of the Rhodians
③ The Largest Structures of the Ancient World
④ A Statue's Popularity Despite Disaster

해석

로도스의 거상은 고대의 가장 높은 조각상이었다. 기원전 280년에 세워졌고, 높이가 대략 33미터인 그것은 로도스인들의 수호신인 헬리오스를 묘사한 것이었지만, 고작 54년 동안만 서 있었다. 그 지역의 지진이 원인이 되어 그 조각상은 무릎이 부서져 땅에 넘어졌다. 지역 주민들은 그 조각상을 다시 세우거나 수리하지 말라는 경고를 받았는데, 한 예언자가 그것(조각상을 다시 세우거나 수리하는 것)이 헬리오스를 화나게 할 것이라고 주장했기 때문이었다. 그럼에도 불구하고, 그 조각상은 엎어져 있는 상태에서도 꽤 인상적인 광경이어서 그것은 그 후 800년 동안 계속 인기 있는 관광 명소로 남았다. 그 조각상은 653년에 아랍 군대에 의한 로도스섬 포위 작전이 일어나고 나서야 비로소 녹여져 팔리게 되었다.

① 로도스의 거상은 어떻게 세워졌는가?
② 헬리오스: 로도스인들의 수호신
③ 고대의 가장 큰 구조물들
④ 재난에도 불구한 한 조각상의 인기

해설

지문 중간에서 지진으로 인해 로도스의 거상이 부서져 땅에 넘어졌음에도 불구하고 그 조각상은 800년 동안 인기 있는 관광 명소였다고 설명하고 있

으므로, '④ 재난에도 불구한 한 조각상의 인기'가 이 글의 제목이다.

[오답 분석]

① 로도스의 거상이 어떻게 세워졌는지는 지문에서 언급되지 않았다.
② 로도스인들의 수호신인 헬리오스에 대한 내용은 로도스의 거상을 묘사하기 위한 것으로 지엽적이다.
③ 로도스의 거상 외에 다른 고대의 가장 큰 구조물들은 지문에서 언급되지 않았다.

정답 ④

어휘

statue 조각상 erect 세우다 depict 묘사하다 patron god 수호신
local 지역 주민 oracle 예언자 prone 엎어져 있는
tourist attraction 관광 명소 siege 포위 작전 deity 신, 하느님

---

15 독해 논리적 흐름 파악(무관한 문장 삭제) 난이도 중 ●●○

글의 흐름상 가장 어색한 문장은?

There is much overlap between the fields of psychology and psychiatry with one major deviation: those who practice psychiatry are licensed medical doctors. ① As such, psychiatrists are capable of writing prescriptions for patients in addition to providing therapy. ② The therapy used by psychologists tends to draw from the same disciplines that psychiatrists use. ③ However, since psychologists cannot prescribe medicine, therapy is the primary means with which they help their patients. ④ Students experiencing mental distress are encouraged to visit a school psychologist for help. If a patient is suffering from a serious condition that therapy alone cannot address, it is common for a psychologist to refer the patient to a qualified psychiatrist.

해석

심리학과 정신 의학 분야 사이에는 많은 공통부분과 함께 한 가지 주요한 편차가 있는데, 정신 의학을 업으로 하는 사람들이 면허를 받은 의사라는 점이다. ① 그렇기 때문에 정신과 의사는 심리 치료를 제공하는 것뿐만 아니라 환자에게 처방전을 작성해 줄 수도 있다. ② 심리학자에 의해 사용되는 심리 치료는 정신과 의사가 활용하는 동일한 학문 분야에서 도출되는 경향이 있다. ③ 그러나 심리학자들은 약을 처방할 수 없기 때문에, 심리 치료가 그들이 환자를 돕는 주된 수단이다. ④ 정신적 고통을 경험하는 학생들은 도움을 위해 학교의 심리학자를 찾아가도록 장려된다. 만약 환자가 심리 치료만으로 다뤄질 수 없는 심각한 질병으로 고통받고 있다면, 심리학자가 자격이 있는 정신과 의사에게 환자를 위탁하는 것이 일반적이다.

해설

첫 문장에서 심리학과 정신 의학 분야에는 한 가지 주요한 편차가 있다고 이야기한 뒤, ①, ②, ③번에서 이에 따른 심리학자와 정신과 의사의 차이점을 설명하고 있으므로 모두 첫 문장과 관련이 있다. 그러나 ④번은 정신적 고통을 경험하는 학생들은 학교의 심리학자를 찾아가도록 장려된다는 내용으로 첫 문장의 내용과 관련이 없다.

정답 ④

어휘

psychiatry 정신 의학　deviation 편차, 벗어남
practice (의술 등을) 업으로 하다　licensed 면허[자격]를 받은
psychiatrist 정신과 의사　prescription 처방전　discipline 학문 분야, 훈련
mental distress 정신적 고통　condition 질병　refer 위탁하다, 맡기다

16　독해 추론(빈칸 완성 – 구)　난이도 중 ●●○

밑줄 친 부분에 들어갈 말로 가장 적절한 것은?

The course of life for most people will follow a similar trajectory: we enjoy childhood, go to school, get jobs, and establish a measure of professional stability. Despite such commonalities, the details of how these events are experienced are _____, such that nobody else will experience them in the same way. For example, school will be different things for different people: an opportunity to socialize for some, access to knowledge and new abilities for others, or a mixture of both. Similarly, professional careers take different sorts of paths. Some people might make a lot of money but hate their work, while others might find creative fulfillment despite meager pay.

① of great importance in business
② largely standardized and uniform
③ far more individualistic and distinctive
④ filled with challenges and hardships

해석

거의 모든 사람들의 삶의 과정은 비슷한 궤도를 따를 것이다: 우리는 어린 시절을 즐기고, 학교에 다니다가, 직업을 얻으며, 직업적인 안정에 대한 대책을 수립한다. 이와 같은 공통점에도 불구하고, 이 사건들이 어떻게 경험되는지에 대한 세부 사항들은 훨씬 더 개인주의적이고 독특해서, 어느 누구도 그것들(사건들)을 같은 방식으로 경험하지는 않을 것이다. 예를 들면, 학교는 다양한 사람들에게 서로 다른 것일 것인데, 어떤 사람들에게는 사람들과 어울리기 위한 기회이고, 다른 사람들에게는 지식과 새로운 능력에 대한 접근이며, 혹은 둘의 혼합일 수도 있다. 비슷하게, 직업상의 경력들은 서로 다른 종류의 방향을 택한다. 어떤 사람들은 돈을 많이 벌면서도 그들의 일을 싫어할 수 있지만, 다른 사람들은 변변찮은 봉급에도 불구하고 창의적인 성취를 발견할 수도 있다.

① 사업에 있어 매우 중요해서
② 대체로 평준화되어 있고 획일적이어서
③ 훨씬 더 개인주의적이고 독특해서
④ 도전과 고난으로 가득 차 있어서

해설

빈칸 뒷부분에서 어느 누구도 삶의 사건들을 같은 방식으로 경험하지는 않을 것이라고 이야기하며, 예시로 학교는 어떤 사람들에게는 사람들과 어울리기 위한 기회이고, 다른 사람들에게는 지식에 대한 접근일 수 있으며, 혹은 둘의 혼합일 수도 있다고 언급하고 있으므로, 빈칸에는 사건들이 어떻게 경험되는지에 대한 세부 사항들은 '③ 훨씬 더 개인주의적이고 독특해서' 어느 누구도 그것들을 같은 방식으로 경험하지는 않을 것이라는 내용이 들어가야 한다.

[오답 분석]

① 사업에 있어 매우 중요하다는 것은 글의 내용과 관련이 없다.
② 대체로 평준화되어 있고 획일적이라는 것은 지문의 내용과 반대이다.
④ 도전과 고난으로 가득 차 있다는 것은 글의 내용과 관련이 없다.

정답 ③

어휘

trajectory 궤도, 궤적　measure 대책　professional 직업적인
stability 안정, 안정성　commonality 공통점　socialize (사람들과) 어울리다
access 접근, 입장　fulfillment 성취, 실현　meager 변변찮은, 불충분한
standardized 평준화된　individualistic 개인주의적인　distinctive 독특한

17　독해 전체내용 파악(요지 파악)　난이도 중 ●●○

다음 글의 요지로 가장 적절한 것은?

Families a few centuries ago tended to be much larger than those today, but many today are unclear why this was so. In the case of farmers, it is understood that more children meant more people to help with the farm work, but this doesn't account for large families of non-farmers. To understand the importance of large families to these families, in more urban areas, one must realize that it was in the best interests of parents for at least one of their children to survive in order to care for them later in life and having more children increased those chances. The reason for their large family size is deceptively simple: life expectancy in times past was far lower than it is today. Only about half of children born at the time were expected to reach adulthood.

① Having more children ensured a greater rate of survival.
② Larger families offset the need for manual farm labor.
③ Households were larger because they took in elderly family members.
④ Diseases were more severe in societies of the past.

해석

몇 세기 이전의 가족들은 오늘날의 가족들보다 훨씬 더 큰 경향이 있었지만, 오늘날의 많은 사람들은 이것(이전의 가족들이 더 컸다는 것)이 왜 그랬는지에 대해 잘 모른다. 농부들의 경우에는, 더 많은 아이들이 농장 일을 도울 더 많은 사람을 의미했다고 이해되지만, 이것이 농부가 아닌 대가족들을 설명하지는 못한다. 더 많은 도시 지역에서 대가족이 이러한 가정에 지니는 중요성을 이해하기 위해서는, 나중에 그들(부모)을 돌보도록 하기 위해 적어도 그들의 아이들 중 한 명 이상을 살아남게 하는 것이 부모의 가장 큰 이익이 되었고 더 많은 아이를 갖는 것이 그러한 기회들을 증가시켰다는 것을 깨달아야 한다. 그들의 큰 가족 규모의 이유는 믿을 수 없게 간단한데, 과거에는 기대 수명이 지금보다 훨씬 낮았기 때문이다. 그 시절에는 오직 태어난 아이들의 절반만이 성인이 될 것이라고 예상되었다.

① 더 많은 자녀들을 두는 것은 더 높은 생존율을 보장했다.
② 더 큰 가족들은 농장에서의 육체노동에 대한 필요성을 상쇄시켰다.
③ 고령의 가족 구성원들을 받아들였기 때문에 가정이 더 컸다.
④ 과거의 사회에서 질병은 더욱 심각했다.

해설

지문 중간에서 나중에 부모를 돌보도록 하기 위해 적어도 아이들 중 한 명 이상을 살아남게 하는 것이 부모의 가장 큰 이익이 되었고 더 많은 아이를 갖는 것이 그러한 기회들을 증가시켰다고 했으므로, '① 더 많은 자녀들을 두는 것은 더 높은 생존율을 보장했다'가 이 글의 요지이다.

[오답 분석]
② 더 큰 가족들이 농장에서의 육체노동에 대한 필요성을 상쇄시켰다는 것은 지엽적이다.
③ 고령의 가족 구성원들을 받아들였기 때문에 가정이 더 컸다는 것은 지문에서 언급되지 않았다.
④ 과거의 사회에서 질병이 더욱 심각했다는 것은 지문에서 언급되지 않았다.

정답 ①

어휘

unclear 잘 모르는 account for ~을 설명하다 urban 도시의
interest 이익 deceptively 믿을 수 없게 life expectancy 기대 수명
adulthood 성인, 성년 ensure 보장하다 offset 상쇄시키다
manual 육체노동의, 손으로 하는 household 가정 severe 심각한, 극심한

---

18 | 독해 논리적 흐름 파악(문단 순서 배열) | 난이도 상 ●●●

주어진 글 다음에 이어질 글의 순서로 가장 적절한 것은?

During the French Revolution, Charles Maurice de Talleyrand suggested revising the French standard of measurement. His idea was a more simplified system that could be adopted internationally.

(A) Although it would take France roughly 50 years to formally replace this antiquated system, conferences with experts from other European countries established other metric units of measurement, as metric became widely adopted throughout the continent.

(B) Basing the system on features in nature, Talleyrand devised the meter, one of seven unit types that would comprise the system. He set the length of a meter to be one ten-millionth of the distance from the equator to the north pole.

(C) Furthermore, this unit could be easily expressed in powers of ten, such that a thousand meters could be expressed as one kilometer. In contrast, the previous system utilized by France was based on the *toise*, which was made up of six *pieds*.

* toise: 토와즈 (옛날 길이의 단위, 6.395피트(1.949m)에 상당)
* pied: 피에 (옛날 길이의 단위)

① (A) – (B) – (C)
② (B) – (A) – (C)
③ (B) – (C) – (A)
④ (C) – (A) – (B)

해석

프랑스 혁명 동안, 샤를 모리스 드 탈레랑은 프랑스의 측량 표준을 개정할 것을 제안했다. 그의 제안은 국제적으로 채택될 수 있는 보다 단순화된 체계였다.

(B) 그 체계의 기반을 자연의 특징에 두면서, 탈레랑은 그 체계를 구성하는 7개의 단위 유형 중 하나인 미터를 고안했다. 그는 1미터의 길이를 적도에서 북극까지의 거리의 1,000만분의 1로 설정했다.

(C) 뿐만 아니라, 이 단위는 10의 거듭제곱으로 쉽게 표현될 수 있어서, 1,000미터는 1킬로미터로 표현될 수 있었다. 대조적으로, 프랑스에서 사용되었던 이전의 체계는 '토와즈'에 기초했는데, 이는 6개의 '피에'로 이루어져 있었다.

(A) 프랑스가 이 구식 체계를 공식적으로 대체하는 데 대략 50년이 걸리기는 했지만, 다른 유럽 국가 전문가들과의 회의에서 미터법이 그 대륙 전체에서 널리 채택되면서 미터법의 다른 측정 단위들을 확립하였다.

해설

주어진 문장에서 탈레랑이 프랑스의 측량 표준을 단순화된 체계로 개정할 것을 제안했다고 한 뒤, (B)에서 탈레랑이 그 체계(the system)를 구성하는 단위 유형 중 하나인 미터(meter)를 고안했다고 언급하고 있다. 이어서 (C)에서 뿐만 아니라(Furthermore) 이 단위(this unit)는 표현이 용이해서 1,000미터가 1킬로미터로 표현될 수 있다고 하며 프랑스에서 사용되었던 이전의 체계(the previous system)는 6개의 '피에'로 이루어진 '토와즈'에 기초했다고 설명한 뒤, (A)에서 이 구식 체계(this antiquated system)가 미터법으로 대체되기까지 대략 50년이 걸렸으나, 결과적으로 미터법이 그 대륙(유럽) 전체에서 널리 채택되었음을 언급하고 있다.

정답 ③

어휘

revise 개정하다, 변경하다 measurement 측량 simplified 단순화된
replace 대체하다 antiquated 구식의 conference 회의 metric 미터법의
devise 고안하다, 창안하다 comprise 구성하다 equator 적도
power 거듭제곱 utilize 사용하다, 활용하다

---

19 | 독해 논리적 흐름 파악(문장 삽입) | 난이도 중 ●●○

주어진 문장이 들어갈 위치로 가장 적절한 것은?

Unfortunately, one of those things may have been the key to a locker that contained, among other things, binoculars.

One of the oddest theories about why the Titanic really sunk has to do with a missing key. It begins with British mariner David Blair, who was appointed second officer for the maiden voyage. (①) He participated in all the sea trials, but just before the launch, he was replaced with a more experienced sailor. (②) This would not have been an issue except for the fact that as Blair departed in haste, he may have accidentally thrown some of the ship's things in with his personal belongings. (③) On the night of the tragedy, lookouts could only rely on their eyes, which sadly were not enough. (④) So it seems that one of history's greatest tragedies could have been avoided if only Blair had been more careful when he packed up before leaving.

해석

유감스럽게도, 그러한 물건 중 하나가 다른 것들 중에서도 쌍안경이 들어 있던 사물함의 열쇠였을지도 모른다.

타이타닉호가 실제로 왜 침몰했는지에 관한 가장 이상한 이론 중 하나는 사라진 열쇠와 관련이 있다. 이것은 영국의 선원 David Blair로부터 시작되는데, 그는 그 배의 첫 항해를 위한 이등 항해사로 임명되었다. (①) 그는 모든 시험 운항에 참여했지만, (배의) 진수 직전에 그는 더 숙련된 선원으로 대체되었다. (②) Blair가 서둘러서 떠나면서 뜻하지 않게 배의 물건 중 일부를 그의 개인 소지품과 함께 넣었을지도 모른다는 점을 제외하면 이것은 문제가 되지 않았을 것이다. (③) 그 비극적 사건의 밤에, 망보는 사람들은 오직 그들의 눈에만 의존할 수 있었는데, 안타깝게도 그것은 충분하지 않았다. (④) 따라서 Blair가 떠나기 전에 짐을 꾸릴 때 더 주의했다면 역사의 엄청난 비극적 사건 중 하나가 방지될 수 있었을 것으로 보인다.

해설

③번 앞 문장에 Blair가 서둘러서 떠나면서 배의 물건 중 일부(some of the ship's things)를 그의 개인 소지품과 함께 넣었을지도 모른다는 내용이 있으므로, ③번에 유감스럽게도(Unfortunately) 그러한 물건 중 하나(one of those things)가 쌍안경이 들어 있던 사물함의 열쇠였을지도 모른다는 내용의 주어진 문장이 나와야 지문이 자연스럽게 연결된다.

[오답 분석]

① 앞 문장은 Blair가 그 배의 첫 항해를 위한 이등 항해사로 임명되었다고 설명하고, ①번 뒤 문장에는 그가 모든 시험 운항에 참여했지만 배의 진수 직전에 더 숙련된 선원으로 대체되었다고 하며 앞 문장과 연결되는 내용이 있으므로 ①번에 다른 문장이 삽입되면 문맥상 부자연스럽다.

② 뒤의 문장에서 이것(This)이 가리키는 것이 Blair가 다른 선원으로 대체되었다는 ②번 앞 문장의 내용이므로 ②번에 다른 문장이 삽입되면 문맥상 부자연스럽다.

④ 앞 문장에서 밤에 망보는 사람들이 그들의 눈에 의지할 수밖에 없었는데 이것은 (사고를 막기에) 충분하지 않았다고 하고, ④번 뒤 문장은 따라서(So) Blair가 떠나기 전에 짐을 꾸릴 때 더 주의했다면(쌍안경이 들어 있던 사물함의 열쇠를 갖고 가지 않았더라면) 사고가 방지될 수 있었을 것이라고 이야기하며 앞 문장과 연결되는 내용이므로 ④번에 다른 문장이 삽입되면 문맥상 부자연스럽다.

정답 ③

어휘

binoculars 쌍안경 odd 이상한 appoint 임명하다
maiden voyage (배의) 첫 항해 launch (배의) 진수, 출발
replace 대체하다 depart 떠나다, 그만두다 in haste 서둘러서
belongings 소지품 tragedy 비극적 사건 lookout 망보는 사람
rely on 의존하다, 기대다

구문 분석

[12행] So it seems that / one of history's greatest tragedies / could have been avoided / if only Blair / had been more careful / when he packed up / before leaving.

: 이처럼 가정법 과거완료 구문은 '~했다면 ~했었을 것이다'라고 해석한다.

---

20 독해 세부내용 파악(내용 불일치 파악) 난이도 상 ●●●

다음 글의 내용과 일치하지 않는 것은?

Bioluminescence is the emission of light by a living organism. Although it is most often associated with tropical marine bacteria, it also occurs in 1,500 fish species and terrestrial organisms, such as fungi and insects. Species that exhibit this ability do so by producing their own light or through a symbiotic relationship with light-producing bacteria. Those that emit light on their own generally do so through an intracellular chemical reaction in which an enzyme oxidizes a light-emitting molecule. This is how fireflies light up the night sky. Bobtail squid and anglerfish, on the other hand, rely on bacteria they ingest to produce light. The reasons organisms produce light are even more varied than the ways they do so. In species like anglerfish, it is a tool for attracting prey items, while in fireflies, it can attract potential mates. For bobtail squid, on the other hand, it has the opposite purpose. By emitting light that matches their surroundings, the squid can effectively camouflage themselves from predators.

① Bioluminescence occurs not only in marine bacteria, but also in a large number of other organisms.

② Some organisms produce light through a chemical reaction within their cells.

③ Anglerfish take in bacteria and then use their light to lure in their prey.

④ Colored light makes bobtail squid appear dangerous to their predators.

해석

생체 발광은 살아있는 유기체에 의한 빛의 방출이다. 이것(생체 발광)은 거의 대부분 열대 해양 박테리아와 연관되어 있지만, 1,500종의 물고기와 곰팡이나 곤충과 같은 육지의 유기체에서도 발생한다. 이 능력(생체 발광)을 보이는 종들은 빛을 직접 일으키거나, 빛을 일으키는 박테리아와의 공생 관계를 통해 그렇게 한다(빛을 발산한다). 스스로 빛을 내는 것들은 일반적으로 효소가 발광 분자를 산화시키는 세포 내의 화학 반응을 통해 그렇게 한다(빛을 낸다). 이것이 반딧불이가 밤하늘을 밝히는 방법이다. 반면, 짧은꼬리오징어와 아귀는 빛을 내기 위해 그들이 섭취하는 박테리아에 의존한다. 유기체가 빛을 내는 이유는 그것들이 빛을 내는 방법보다 훨씬 더 다양하다. 아귀와 같은 종의 경우에, 이것(빛을 내는 것)은 먹잇감을 끌어들이는 도구인 반면, 반딧불이의 경우에는 이것이 잠재적인 짝을 유혹할 수 있다. 반면에, 짧은꼬리오징어의 경우, 그것은 반대의 목적을 가지고 있다. 이 오징어는 주변 환경에 어울리는 빛을 방출함으로써 포식자로부터 효과적으로 그들 자신을 위장할 수 있다.

① 생체 발광은 해양 박테리아뿐만 아니라 많은 다른 유기체에서도 발생한다.

② 어떤 유기체는 세포 내에서 화학 반응을 통해 빛을 만들어 낸다.

③ 아귀는 박테리아를 잡아먹고 빛을 이용하여 먹이를 유인한다.

④ 색광은 짧은꼬리오징어가 포식자들에게 위험해 보이도록 만들어준다.

해설

마지막 문장에서 짧은꼬리오징어는 주변 환경에 어울리는 빛을 방출함으로써 포식자로부터 효과적으로 그들 자신을 위장할 수 있다고 했으므로, '④ 색광은 짧은꼬리오징어가 포식자들에게 위험해 보이도록 만들어준다'는 것은 지문의 내용과 일치하지 않는다.

[오답 분석]

① 두 번째 문장에서 생체 발광은 거의 대부분 열대 해양 박테리아와 연관되어 있지만, 1,500종의 물고기나 육지의 유기체에서도 발생한다고 언급되었다.

② 네 번째 문장에서 스스로 빛을 내는 것(유기체)들은 효소가 발광 분자를 산화시키는 세포 내의 화학 반응을 통해 빛을 낸다고 언급되었다.

③ 여섯 번째 문장에서 아귀는 빛을 내기 위해 그들이 섭취하는 박테리아에 의존한다고 했고, 여덟 번째 문장에서 아귀와 같은 종의 경우, 빛을 내는 것이 먹잇감을 끌어들이는 도구라고 언급되었다.

정답 ④

어휘

bioluminescence 생체(생물) 발광   emission 방출, 배출
organism 유기체, 생물   be associated with ~와 연관되다
terrestrial 육지의, 육생의   fungus 곰팡이   exhibit 보이다, 전시하다
symbiotic 공생의, 공생하는   intracellular 세포 내의   enzyme 효소
oxidize 산화시키다   molecule 분자   firefly 반딧불이
bobtail squid 짧은꼬리오징어   anglerfish 아귀   rely on 의존하다
ingest 섭취하다, 먹다   varied 다양한, 다채로운   prey 먹이, 사냥감
potential 잠재적인   effectively 효과적으로
camouflage 위장하다, 감추다   predator 포식자

▶ 정답

p. 96

01	③ 어휘 – 생활영어	11	① 어휘 – 어휘&표현
02	② 어휘 – 생활영어	12	③ 독해 – 논리적 흐름 파악
03	③ 문법 – 우리말과 영작문의 의미상 불일치	13	③ 문법 – 가정법
04	④ 문법 – 병치·도치·강조 구문	14	③ 문법 – 비교 구문&동사의 종류
05	④ 어휘 – 어휘&표현	15	① 독해 – 추론
06	③ 어휘 – 어휘&표현	16	③ 독해 – 추론
07	③ 어휘 – 어휘&표현	17	③ 독해 – 추론
08	② 독해 – 논리적 흐름 파악	18	③ 독해 – 논리적 흐름 파악
09	③ 독해 – 세부내용 파악	19	④ 독해 – 세부내용 파악
10	① 독해 – 세부내용 파악	20	① 독해 – 추론

▶ 취약영역 분석표

영역	세부 유형	문항 수	소계
어휘	어휘&표현	4	/6
	생활영어	2	
문법	우리말과 영작문의 의미상 불일치	1	/4
	병치·도치·강조 구문	1	
	가정법	1	
	비교 구문&동사의 종류	1	
독해	전체내용 파악	0	/10
	세부내용 파악	3	
	추론	4	
	논리적 흐름 파악	3	
총계			**/20**

---

01 생활영어 I guess we'll take a table by the window, then. 난이도 하 ●○○

밑줄 친 부분에 들어갈 말로 가장 적절한 것을 고르시오.

> A: Hello, I have a reservation under the name Higgs.
> B: I see it here. Welcome, where would you like to sit?
> A: We'd like to eat on the patio, please.
> B: Sorry, our outdoor patio isn't available today.
> A: OK. _____.

① That sounds like a worthwhile idea to me
② I think we're ready to pay the bill now
③ I guess we'll take a table by the window, then
④ It's a shame that all the tables are booked

해석

> A: 안녕하세요, 저는 Higgs라는 이름으로 예약했어요.
> B: 여기 보이네요. 어서 오세요, 어디에 앉고 싶으세요?
> A: 저희는 테라스에서 식사하고 싶어요.
> B: 죄송합니다, 저희 실외 테라스는 오늘 이용이 불가능합니다.
> A: 알겠습니다. 그렇다면, 저희는 창가 옆 테이블에 앉아야겠네요.

① 그것이 제게는 훌륭한 생각처럼 들리네요
② 제 생각엔 우리는 지금 계산할 준비가 되었어요
③ 그렇다면, 저희는 창가 옆 테이블에 앉아야겠네요
④ 모든 테이블이 예약되었다니 아쉽네요

해설

어디에 앉고 싶은지를 묻는 B의 질문에 대해 A가 테라스에서 식사하고 싶다고 대답하고, 빈칸 앞에서 B가 Sorry, our outdoor patio isn't available today(죄송합니다, 저희 실외 테라스는 오늘 이용이 불가능합니다)라고 말하고 있으므로, 빈칸에는 '③ 그렇다면, 저희는 창가 옆 테이블에 앉아야겠네요(I guess we'll take a table by the window, then)'가 들어가야 자연스럽다.

정답 ③

어휘

have a reservation 예약하다 patio 테라스 available 이용 가능한
worthwhile 훌륭한, 가치 있는 shame 아쉬운 일

이것도 알면 합격!

예약할 때 쓸 수 있는 표현

> > I'd like to reserve a table. 테이블을 예약하고 싶습니다.
> > Do you have a table by the window? 창문 옆 테이블이 있나요?
> > Do I need to pay a deposit? 보증금을 내야 할까요?
> > Can I use my club member's card for discount?
> > 할인을 위해 클럽 회원 카드를 사용할 수 있나요?

---

02 생활영어 It's for the best. 난이도 하 ●○○

밑줄 친 부분에 들어갈 말로 가장 적절한 것을 고르시오.

> A: Why the long face?
> B: I broke up with my girlfriend over the weekend.
> A: I'm sorry to hear that, but I'd say _____.
> B: In what way?
> A: You two were always fighting. I don't think you were a good match.
> B: Maybe you're right. I'll probably be better off.

① it was a long shot
② it's for the best
③ it's news to me
④ it's not too late to apologize

해석

> A: 왜 그렇게 시무룩한 얼굴이야?
> B: 나 주말에 여자친구와 헤어졌어.
> A: 그것참 유감이기는 한데, 나는 그게 최선이라고 말하겠어.
> B: 어떤 점에서?
> A: 너희 둘은 항상 싸우고 있었잖아. 나는 너희가 좋은 짝이었다고 생각하지 않아.
> B: 네 말이 맞을지도 몰라. 나는 아마 더 잘 지낼 거야.

① 그건 승산이 없는 시도였다
② 그게 최선이다
③ 처음 듣는 소식이다
④ 사과하기에 너무 늦지 않았다

해설

주말에 여자친구와 헤어졌다는 B의 말에 대해 빈칸 뒤에서 A가 I don't think you were a good match(나는 너희가 좋은 짝이었다고 생각하지 않아)라고 말하고 있으므로, 빈칸에는 '② 그게 최선이다(it's for the best)'가 들어가야 자연스럽다.

정답 ②

어휘

long face 시무룩한 얼굴 be better off 더 잘 지내다, 더 좋은 상태이다
long shot 승산이 없는 시도

 **이것도 알면 합격!**

'best'를 포함한 다양한 표현

> Do your best. 최선을 다해라.
> The best of both worlds 일거양득
> Put your best foot forward. 최선의 노력을 해라.

---

03 문법 **우리말과 영작문의 의미상 불일치** 난이도 중 ●●○

우리말을 영어로 잘못 옮긴 것을 고르시오.

① 나는 진이 다 빠졌어. 나는 그 검사가 심각한 신체적 해를 야기할 가능성이 있다고 생각해.
→ I'm exhausted. I think the test has the potential to cause serious bodily harm.
② 그는 대개 나쁜 핑계들을 대지만, 이번에는 좋은 핑계를 가지고 있다.
→ Even though he usually gives bad excuses, he has a good excuse this time.
③ 그들은 집의 값을 매기기 위해 중개인을 고용했다.
→ They hired an agent to praise the value of their home.
④ 아직 2월이었다는 사실에도 불구하고 공기가 습하게 느껴졌다.
→ The air felt humid despite the fact that it was still February.

해설

③ 우리말과 영작문의 의미상 불일치 '값을 매기기 위해'는 동사 appraise(값을 매기다)를 사용하여 나타낼 수 있으므로 동사 praise(칭찬하다)를 appraise로 고쳐야 한다.

[오답 분석]

① to 부정사의 역할 '심각한 신체적 해를 야기할 가능성'을 나타내기 위해 형용사처럼 명사(the potential)를 수식할 수 있는 to 부정사 to cause가 올바르게 쓰였다.
② 가산 명사 가산 명사 excuse가 복수형 excuses와 단수형 a good excuse로 올바르게 쓰였고, 형용사 bad(나쁜)와 good(좋은)이 명사 excuse(s)를 수식하며 올바르게 쓰였다.
④ 보어 자리 동사 feel(felt)은 주격 보어를 취하는 동사인데, 보어 자리에는 명사나 형용사 역할을 하는 것이 와야 하므로 형용사 humid(습한)가 올바르게 쓰였다.

정답 ③

어휘

exhausted 진이 다 빠진, 기진맥진한 potential 가능성, 잠재력
excuse 핑계, 변명 hire 고용하다 agent 중개인 praise 칭찬하다
humid 습한

이것도 알면 합격!

주격 보어를 갖는 동사

> keep 계속해서 ~하다   > remain 여전히 ~이다, 계속 ~이다
> smell ~한 냄새가 나다   > sound ~하게 들리다
> taste ~한 맛이 나다   > feel ~처럼 느끼다
> look/seem/appear ~처럼 보이다
> become/get/grow/turn ~이 되다, ~해지다

---

04 문법 **병치·도치·강조 구문** 난이도 중 ●●○

우리말을 영어로 잘못 옮긴 것을 고르시오.

① 방이 점점 더워져서, 나는 난방기를 껐다.
→ The room getting hot, I turned the heater off.
② 문에 있는 사람이 누군지 봐주겠니?
→ Would you see who that is at the door?
③ 오늘날에는 일찍 일어나는 사람이 거의 없는 것 같다.
→ It seems that few people today rise early.
④ 서비스를 제공하여 돈을 버는 것이 회사의 목표이다.
→ To provide services and earning money is the company's goals.

해설

④ 병치 구문 접속사(and)로 연결된 병치 구문에서는 같은 구조끼리 연결되어야 하는데, and 앞에 to 부정사구(To provide)가 왔으므로 and 뒤에도 to 부정사구가 와야 한다. 병치 구문에서 두 번째 나온 to는 생략할 수 있으므로, 동명사 earning을 to 부정사 to earn 또는 동사원형 earn으로 고쳐야 한다. 또한 두 개의 to 부정사구(To provide services and earning money)가 and로 연결되었어도 '서비스를 제공하여 돈을 버는 것'이라는 하나의 '목표'를 의미하므로 be 동사(is)의 보어 자리에 온 복수 명사 goals를 단수 명사 goal로 고쳐야 한다.

[오답 분석]

① 분사구문의 의미상 주어 주절의 주어(I)와 분사구문의 주어가 일치하지 않아 분사구문의 주어가 필요한 경우, 명사 주어를 분사구문 앞에 써야 하므로, 분사구문의 주어 The room이 현재분사 getting 앞에

올바르게 쓰였다.

② 의문의 어순 동사 see의 목적어 자리에 명사절 접속사 who가 이끄는 간접 의문문이 왔고, 의문문이 다른 문장 안에 포함된 간접 의문문은 '의문사(who) + 주어(that) + 동사(is)'의 어순이 되어야 하므로 see who that is가 올바르게 쓰였다.

③ 혼동하기 쉬운 자동사와 타동사 | 부사 자리 '일찍 일어나는 사람'은 자동사 rise(일어나다)를 써서 나타낼 수 있으므로 자동사 rise가 올바르게 쓰였다. 또한, 동사를 수식할 때 부사는 동사의 앞이나 뒤에 올 수 있으므로 부사 early(일찍)가 동사 rise 뒤에 올바르게 쓰였다.

정답 ④

어휘

rise 일어나다, 오르다 earn (돈을) 벌다

이것도 알면 합격!

think, believe, imagine, suppose, suggest 등이 동사로 쓰인 의문문에 간접 의문문이 포함되면 의문사가 문장의 맨 앞으로 온다.

> Do you believe? + **What** are they doing?

→ **What** do you believe they are doing?
당신은 그들이 무엇을 하고 있다고 생각하시나요?

05 어휘 relinquish = vacate 난이도 중 ●●○

밑줄 친 부분과 의미가 가장 가까운 것을 고르시오.

Once it came to light that the CEO was misappropriating funds, the board of directors insisted that he relinquish his position as head of the company immediately and without pay.

① accord
② uphold
③ mediate
④ vacate

해석

최고 경영자가 자금을 횡령하고 있었다는 것이 밝혀지자마자, 이사회는 그가 회사 대표의 직위를 당장, 그리고 보수 없이 포기해야 한다고 강력히 주장했다.

① 허용하다
② 유지시키다
③ 중재하다
④ 물러나다

정답 ④

어휘

come to light 밝혀지다, 알려지다 misappropriate 횡령하다, 유용하다
board of directors 이사회 insist 강력히 주장하다, 고집하다
relinquish 포기하다, 양도하다 accord 허용하다, 조화시키다
uphold 유지시키다 mediate 중재하다 vacate 물러나다, 사퇴하다

이것도 알면 합격!

relinquish(포기하다)와 유사한 의미의 표현
= abandon, turn over, hand over, surrender, yield, renounce

06 어휘 keep one's head = remain calm and sensible 난이도 중 ●●○

밑줄 친 부분과 의미가 가장 가까운 것을 고르시오.

She tried to focus and keep her head during the competition.

① make a fuss about the issue
② maintain a upright position
③ remain calm and sensible
④ concentrate on the details

해석

그녀는 경기 중에 정신을 집중하고 침착함을 잃지 않으려고 노력했다.

① 그 문제에 대해 소란을 피우다
② 곧게 선 자세를 유지하다
③ 차분하고 분별이 있는 상태를 유지하다
④ 세부 내용에 집중하다

정답 ③

어휘

keep one's head 침착함을 잃지 않다, 냉정을 유지하다 competition 경기, 경쟁
make a fuss 소란을 피우다 upright 곧게 선 calm 차분한
sensible 분별이 있는 concentrate 집중하다

이것도 알면 합격!

'head'를 포함한 다양한 표현

> over one's head 이해할 수 없는
> lose one's head 흥분하다
> have a head for ~ ~에 능하다
> can't make heads or tails of ~ ~을 이해하지 못하다

07 어휘 impressionable = suggestible 난이도 중 ●●○

밑줄 친 부분과 의미가 가장 가까운 것을 고르시오.

David is at a really impressionable age right now, so we're trying to keep him away from negative influences.

① resistant
② manipulative
③ suggestible
④ immature

해석

David는 지금 굉장히 쉽게 외부의 영향을 받는 나이라서, 우리는 그가 부정적인 영향을 멀리하도록 노력하고 있다.

① 저항하는
② 조종하는
③ 영향을 받기 쉬운
④ 미숙한

정답 ③

어휘

impressionable 쉽게 외부의 영향을 받는, 민감한
keep away from ~을 멀리하다   resistant 저항하는, ~에 잘 견디는
manipulative 조종하는, 조작의 suggestible 영향을 받기 쉬운
immature 미숙한

이것도 알면 합격!

impressionable(쉽게 외부의 영향을 받는)의 유의어
= sensitive, susceptible, vulnerable

---

08 독해 논리적 흐름 파악(문장 삽입)   난이도 중 ●●○○

주어진 문장이 들어갈 위치로 가장 적절한 곳은?

This is especially applicable to developing nations, where people wash their hands with water only.

In an attempt to mobilize people around the world to improve their handwashing habits, Global Handwashing Day (GHD) was created in 2008 and takes place every October 15. (①) One of the key aims of this movement is to educate the public about the importance of washing hands with soap as one of the best prevention methods against disease. (②) Illnesses like pneumonia and diarrhea still run rampant there and account for a staggering 3.5 million child deaths every year. (③) Furthermore, proper handwashing before eating and after using the toilet has been estimated to save more lives than any other medical intervention or vaccine thus far provided to such regions. (④) The campaign hopes to maintain that trend and tirelessly promotes the practice in conjunction with ongoing research on the benefits of handwashing. Through organizers' efforts, along with the involvement of teachers, students, and families, GHD spreads the word of good hand hygiene, which no doubt saves thousands of lives.

해석

이것은 특히 사람들이 손을 물로만 씻는 개발도상국에 적용된다.

손 씻는 습관을 개선하는 데 전 세계 사람들을 동원하기 위한 시도로써, 세계 손 씻기의 날(GHD)이 2008년에 만들어져 매년 10월 15일에 개최된다. (①) 이 운동의 주요 목적 중 하나는 대중에게 가장 좋은 질병 예방법 중 하나인 비누로 손을 씻는 것의 중요성에 대해 가르치는 것이다. (②) 폐렴과 설사 같은 질병들이 여전히 그곳에 만연하고, 매년 350만이라는 믿기 어려운 수의 유아 사망의 이유가 된다. (③) 게다가, 식사 전과 화장실 이용 후의 올바른 손 씻기는 지금까지 이러한 지역들에 제공된 그 다른 어떤 의료 개입이나 백신보다 더 많은 목숨을 구한 것으로 추정되어 왔다. (④) 이 캠페인은 그 추세를 유지하기를 기대하면서 손 씻기의 이로움과 관련된 계속 진행 중인 연구와 함께 그 습관(손 씻기)을 끊임없이 장려한다. 교사, 학생 그리고 가정의 참여와 더불어 주최자들의 노력을 통해, 세계 손 씻기의 날은 의심의 여지가 없이 수천 명의 목숨을 구하는 올바른 손 위생에 대한 말을 전한다.

해설

②번 앞 문장에서 세계 손 씻기의 날(GHD) 운동의 주요 목적 중 하나는 대중에게 비누로 손을 씻는 것의 중요성에 대해 가르치는 것이라고 하고, 뒤 문장에서 폐렴과 설사 같은 질병이 여전히 그곳(there)에 만연하다고 했으므로, ②번에 이것(비누로 손 씻기의 중요성을 가르치는 것)은 특히 손을 물로만 씻는 개발도상국에 적용된다는 주어진 문장이 나와야 지문이 자연스럽게 연결된다.

[오답 분석]

① 앞 문장에서 세계 손 씻기의 날(GHD)이 손 씻는 습관을 개선하기 위해 매년 개최된다고 하고, 뒤 문장에 이 운동(this movement)의 주요 목적 중 하나가 대중에게 가장 좋은 질병 예방법 중 하나인 비누로 손을 씻는 것의 중요성에 대해 가르치는 것이라고 하며 앞 문장과 연결되는 내용이 있으므로 ①번에 다른 문장이 삽입되면 문맥상 부자연스럽다.

③ 앞 문장에서 폐렴과 설사 같은 질병들이 여전히 그곳(there)에 만연하다고 하며 주어진 문장에 언급된 개발도상국의 상황을 설명하고 있으므로 주어진 문장이 ③번에 삽입되면 문맥상 부자연스럽다.

④ 뒤 문장의 그 추세(that trend)는 ④번 앞 문장에서 언급된 올바른 손 씻기가 더 많은 목숨을 구한 것으로 추정되어 온 것과 관련되어 있으므로 ④번에 다른 문장이 삽입되면 문맥상 부자연스럽다.

정답 ②

어휘

applicable 적용되는, 해당되는 mobilize 동원하다 take place 개최되다
aim 목적 prevention 예방 pneumonia 폐렴 diarrhea 설사
run rampant 만연하다, 마구 퍼지다 account for ~의 이유가 되다
staggering 믿기 어려운, 충격적인 estimate 추정하다 intervention 개입
vaccine 백신 thus far 지금까지 campaign 캠페인, 운동
tirelessly 끊임없이 promote 장려하다, 촉진하다
in conjunction with ~과 함께 ongoing 계속 진행 중인
organizer 주최자, 조직자 involvement 참여, 관여 hygiene 위생

구문 분석

[11행] Furthermore, / proper handwashing / before eating and after using the toilet / has been estimated to save more lives / than any other medical intervention or vaccine thus far / provided to such regions.

: 이처럼 '비교급 … than any other ~' 구문이 최상급을 나타내는 경우, '다른 어떤 ~보다 더 …한'이라고 해석한다.

---

09 독해 세부내용 파악(내용 불일치 파악)   난이도 중 ●●○○

다음 글의 내용과 일치하지 않는 것은?

The 80 billion dollars that the global community spends on average each year in order to repair the damage caused by extreme weather is an amount that experts expect will only climb in the years to come. Increases in average global temperatures have resulted in worldwide climate change, which in turn has made weather become more volatile and unstable. Climatologists predict that this type of extreme weather will get worse, partly due to our continued use of fossil fuels. Specifically, they say we can expect stronger tropical cyclones and more frequent heat waves, droughts, and floods. Global leaders agree that this is a serious issue that will not only cost the world more money, but will also claim thousands, perhaps millions, of lives in the future.

① Extreme weather has caused tens of billions of dollars' worth of damage.
② Worldwide temperature change is a factor in the worsening weather conditions.
③ More use of fossil fuels is brought on by extreme weather.
④ Extreme weather will likely endanger millions of more people.

해석

국제 사회가 기상 이변으로 야기된 피해를 복구하기 위해 매년 평균적으로 사용하는 800억 달러는 전문가들이 앞으로 상승하기만 할 것이라고 예측하는 금액이다. 지구 평균 기온의 상승은 전 세계적인 기후 변화를 일으켰는데, 이것이 결과적으로 날씨를 더 변덕스럽고 불안정하게 만들었다. 기후학자들은 이러한 유형의 기상 이변이 부분적으로는 화석 연료의 지속적인 사용 때문에 더 심해질 것이라고 예상한다. 구체적으로 말하자면, 그들(기후학자)은 우리가 더 강력한 열대 저기압과 더 빈번한 폭염, 가뭄, 그리고 홍수를 예상할 수 있다고 말한다. 세계 지도자들은 이것(기상 이변)이 세계에 더 큰 비용을 들게 할 뿐만 아니라, 미래에 수천, 어쩌면 수백만의 생명을 앗아 갈 심각한 문제라는 데 동의한다.

① 기상 이변은 수백억 달러 상당의 피해를 야기해왔다.
② 전 세계적인 기온 변화는 악화되는 기상 상태의 한 가지 요인이다.
③ 화석 연료의 더 많은 사용이 기상 이변에 의해 야기된다.
④ 기상 이변은 수백만의 더 많은 사람들을 위험에 빠뜨릴 것으로 예상된다.

해설

지문 중간에서 기후학자들이 기상 이변이 부분적으로는 화석 연료의 지속적인 사용 때문에 더 심해질 것이라고 예상한다고 했으므로, '③ 화석 연료의 더 많은 사용이 기상 이변에 의해 야기된다'는 것은 지문의 내용과 일치하지 않는다.

[오답 분석]
① 첫 번째 문장에 국제 사회가 기상 이변으로 야기된 피해를 복구하기 위해 매년 평균적으로 800억 달러의 금액을 사용한다고 언급되었다.
② 두 번째 문장에 지구 평균 기온의 상승이 전 세계적인 기후 변화를 일으켰고, 이것이 결과적으로 날씨를 더 변덕스럽고 불안정하게 만들었다고 언급되었다.
④ 마지막 문장에 세계 지도자들은 기상 이변이 미래에 수천, 어쩌면 수백만의 생명을 앗아 갈 심각한 문제라는 데 동의한다고 언급되었다.

정답 ③

어휘

on average 평균적으로 extreme weather 기상 이변
in turn 결과적으로, 결국 volatile 변덕스러운, 불안한 unstable 불안정한
climatologist 기후학자 fossil fuel 화석 연료 tropical cyclone 열대 저기압
frequent 빈번한 heat wave 폭염, 열파 drought 가뭄
claim (목숨을) 앗아 가다 worsening 악화되는 bring on ~을 야기하다
endanger 위험에 빠뜨리다

---

10 독해 세부내용 파악(내용 일치 파악) 난이도 중 ●●○

다음 글의 내용과 가장 일치하는 것은?

Intermittent explosive disorder (IED) is characterized by an outburst of anger that is out of proportion with a situation. It tends to occur more frequently among young people and may go away on its own in later adulthood. While the exact cause is unknown, researchers suspect a combination of biological and environmental factors. These factors can include genetic disorders, differences in brain chemistry, and even exposure to verbal or physical abuse. Researchers have also found observable damage in the brains of people with IED. This damage takes the form of injuries in the brain's prefrontal cortex, which leads to improper blood sugar control and a decrease in brain function. Ultimately, this can result in impaired planning, decision making, and emotional control. Until a clear pathway is found, diagnosis and treatment of IED should be approached with caution, particularly where emotional trauma and medication are involved.

① IED has been known to gradually recede with age when left untreated.
② A genetic disorder is the biggest contributor to the development of IED.
③ Excessive sugar intake can cause damage to the brain's prefrontal cortex.
④ Doctors have found a connection between medical treatments and the development of IED.

해석

간헐적 폭발성 장애(IED)는 상황에 어울리지 않는 분노의 폭발로 특징지어진다. 이것(간헐적 폭발성 장애)은 아이들 사이에서 더 빈번하게 발생하는 경향이 있으며 이후의 성인기에 저절로 사라질지도 모른다. 정확한 원인은 알려지지 않았지만, 연구원들은 생물학적이고 환경적인 요인들의 결합을 의심한다. 이러한 요인들은 유전적 장애, 뇌 화학 작용의 차이, 그리고 심지어는 언어적 또는 신체적 학대에 대한 노출조차 포함할 수 있다. 연구원들은 또한 IED를 가진 사람들의 뇌에서 관찰 가능한 손상을 발견했다. 이 손상은 뇌의 전두엽 피질 속 상처의 형태를 취하는데, 이것은 부적절한 혈당 조절과 뇌 기능의 저하로 이어진다. 궁극적으로, 이것(뇌 손상)은 제 기능을 못 하는 계획 (능력), 의사 결정 (능력), 그리고 정서 조절 (능력)을 초래할 수 있다. 명확한 경로가 발견될 때까지, IED의 진단과 치료는 특히 정서적 외상 및 약물치료가 포함되는 경우 신중하게 접근되어야 한다.

① IED는 치료하지 않은 채로 두면 나이가 들면서 점차 약해진다고 알려져 왔다.
② IED 발생의 가장 큰 요인은 유전적 장애이다.
③ 과도한 설탕 섭취는 뇌의 전두엽 피질에 손상을 초래할 수 있다.
④ 의사들은 의학적 치료와 IED 발생의 관련성을 알아냈다.

해설

지문 처음에서 간헐적 폭발성 장애는 아이들 사이에서 더 빈번하게 발생하는 경향이 있고 이후의 성인기에는 저절로 사라질지도 모른다고 했으므로, '① IED는 치료하지 않은 채로 두면 나이가 들면서 점차 약해진다고 알려져 왔다'가 지문의 내용과 일치한다.

[오답 분석]

② 세 번째와 네 번째 문장에서 연구원들은 IED의 원인이 생물학적이고 환경적인 요인들의 결합이라고 의심한다고 했고, 이 요인들에는 유전적 장애 등이 포함될 수 있다고 했지만, 이것이 가장 큰 요인인지는 알 수 없다.

③ 여섯 번째 문장에서 간헐적 폭발성 장애를 가진 사람들의 뇌의 전두엽 피질 속 손상이 부적절한 혈당 조절로 이어진다고 했으므로 지문의 내용과 다르다.

④ 마지막 문장에서 IED의 명확한 경로가 발견될 때까지 진단과 치료는 신중하게 접근되어야 한다고 했으므로 지문의 내용과 다르다.

정답 ①

어휘

intermittent 간헐적인, 간간이 일어나는 explosive 폭발성의 disorder 장애
characterize 특징짓다 outburst 폭발, 분출
out of proportion 어울리지 않는 go away 사라지다, 떠나다
suspect 의심하다, ~라고 추측하다 genetic 유전적인
chemistry 화학 작용 exposure 노출 verbal 언어의 abuse 학대
observable 관찰 가능한 prefrontal cortex 전두엽 피질
improper 부적절한, 부적당한 ultimately 궁극적으로
impaired 제 기능을 못 하는, 약화된 pathway 경로 diagnosis 진단
with caution 신중하게, 주의 깊게 trauma 외상 medication 약물 (치료)
gradually 점차 recede 약해지다 contributor 요인, 원인
development 발생, 발달 excessive 과도한 intake 섭취

---

11 어휘 bring up   난이도 하 ●○○

밑줄 친 부분에 공통으로 들어갈 말로 가장 적절한 것은?

- Mr. Taylor _____ a good idea at the meeting.
- We were both a bit hesitant to discuss the problem, so I _____ the issue first.

① brought up
② brought in
③ brought back
④ brought about

해석

- Taylor 씨가 회의에서 좋은 아이디어를 꺼냈다.
- 우리 둘 다 그 문제를 논의하는 것을 조금 망설여서, 내가 먼저 그 주제를 꺼냈다.

① 꺼냈다
② 도입했다
③ 상기시켰다
④ 초래했다

정답 ①

어휘

hesitant 망설이는 bring up 꺼내다 bring in 도입하다
bring back 상기시키다 bring about 초래하다, 야기하다

이것도 알면 합격!

bring up(꺼내다)과 유사한 의미의 표현
= broach, put forward, touch on, mention, refer to, lead into

---

12 독해 논리적 흐름 파악(문단 순서 배열)   난이도 중 ●●○

주어진 글 다음에 이어질 글의 순서로 가장 적절한 것은?

Google's AlphaGo program set a milestone in the field of artificial intelligence when it beat top-ranked player Lee Sedol at the game of Go. Now, four of the world's best poker players have been defeated by a program called Libratus.

(A) The level of expertise it achieved was astonishing, especially considering the fact that poker involves a high degree of uncertainty. For one, it requires being able to understand the thought processes of the opponents and knowing whether they are bluffing.

(B) Designed by researchers at Carnegie Mellon University, the program was simply given the rules of a two-player version of the game known as Texas Hold'em. The program was then left to develop its own strategy over the course of trillions of games.

(C) Moreover, although everyone can see the board in Go, poker players can't see the other players' cards. They must also know when and how much to bet. Despite these unknowns, Libratus crushed its human opponents after 20 days of competition.

① (A) – (B) – (C)
② (A) – (C) – (B)
③ (B) – (A) – (C)
④ (B) – (C) – (A)

해석

구글의 알파고 프로그램은 그것이 바둑 경기의 최상위 선수인 이세돌을 이겼을 때 인공 지능 분야에서 대기록을 세웠다. 최근에는, 세계 최고의 포커 선수 4명이 Libratus라고 불리는 프로그램에 패배했다.

(B) 카네기 멜론 대학의 연구원들에 의해 고안된 그 프로그램(Libratus)에는 단지 텍사스 홀덤으로 알려진 게임의 2인용 버전의 규칙들만 주어졌다. 그리고 나서 그 프로그램은 수조 번의 게임 과정을 통해 그것 자체의 전략을 개발하도록 남겨졌다.

(A) 그것(Libratus)이 성취한 전문 지식의 수준은 특히 포커가 고도의 불확실성을 포함한다는 사실을 고려했을 때 정말 놀라웠다. 한 예로, 그것(포커)은 상대의 사고 과정을 이해할 수 있고, 그들이 허세를 부리고 있는지 아닌지 아는 것을 필요로 한다.

(C) 게다가, 바둑에서는 모두가 판을 볼 수 있지만, 포커 선수들은 다른 선수들의 카드를 볼 수 없다. 그들은 또한 언제 그리고 얼마나 많은 돈을 걸어야 하는지도 알아야 한다. 이러한 알 수 없는 것들에도 불구하고, Libratus는 20일간의 경기 후에 그것의 인간 상대를 압도했다.

해설

주어진 글에서 최근에 Libratus라는 프로그램이 세계 최고의 포커 선수 4명을 이겼다고 언급한 뒤, (B)에서 그 프로그램(Libratus)에는 텍사스 홀덤 게임의 2인용 버전의 규칙들만 주어졌으며, 수조 번의 게임 과정을 통해 그것 자체의 전략을 개발하도록 남겨졌다고 설명하고 있다. 뒤이어 (A)에서 포커의 높은 불확실성을 고려했을 때 그것(Libratus)이 성취한 전문 지식의 수준은 놀라웠다고 하며 포커가 갖는 불확실성의 예시를 언급하고, (C)에서 포커에서 알 수 없는 것들에 대해 추가적으로 설명한 후, 그럼에도 불구하고 결국 Libratus가 인간 상대를 압도했다고 이야기한다.

정답 ③

어휘

set a milestone 대기록을 세우다, 역사의 한 획을 긋다
artificial intelligence 인공 지능 Go 바둑 defeat 패배시키다
expertise 전문 지식 astonishing 정말 놀라운 opponent 상대, 적대자
bluff 허세를 부리다 trillion 1조 bet 돈을 걸다 crush 압도하다, 짓밟다

---

13 문법 가정법 난이도 중 ●●○

어법상 옳은 것을 고르시오.

① Tenants are required to leaving used furnitures on side of the street.
② The reconstructed supplies from the manufacturing plant was scrapped last month.
③ If I had attended the meeting yesterday, I would have learned about the new policy.
④ He remembered to tell his mother that he was filled the car up with gas.

해석

① 세입자들은 헌 가구를 길가에 두도록 요구된다.
② 제조 공장의 복원된 재고품은 지난달에 폐기되었다.
③ 내가 어제 회의에 참석했다면, 새 정책에 대해 알게 됐을 텐데.
④ 그는 어머니에게 그가 차에 휘발유를 채웠다고 말할 것을 기억했다.

해설

③ **가정법 과거완료** 문맥상 '내가 ~에 참석했다면, 새 정책에 대해 알게 됐을 텐데'라는 의미가 되어야 자연스러운데, 과거의 상황을 반대로 가정하는 것은 가정법 과거완료를 사용해서 나타낼 수 있다. 가정법 과거완료는 'If + 주어 + had p.p., 주어 + would + have p.p.'의 형태로 나타내므로 If I had attended ~, I would have learned ~가 올바르게 쓰였다.

[오답 분석]

① **to 부정사를 취하는 동사 | 불가산 명사** 동사 require는 to 부정사를 목적격 보어로 취하는 동사이므로 to leaving을 to 부정사 to leave로 고쳐야 한다. 또한, 불가산 명사(furniture)는 복수형으로 쓸 수 없으므로 furnitures를 furniture로 고쳐야 한다.
② **주어와 동사의 수 일치** 주어 자리에 복수 명사 The reconstructed supplies가 왔으므로 단수 동사 was를 복수 동사 were로 고쳐야 한다. 주어와 동사 사이의 수식어 거품(from ~ plant)은 동사의 수 결정에 영향을 주지 않는다.
④ **능동태·수동태 구별** that절의 주어(he)와 동사가 '그가 휘발유를 채웠다'라는 의미의 능동 관계이므로 수동태 was filled를 능동태 filled로 고쳐야 한다.

정답 ③

어휘

tenant 세입자 reconstruct 복원하다, 재건하다 supply 재고품, 공급량
manufacturing plant 제조 공장 scrap 폐기하다, 버리다

이것도 알면 합격!

주어에 위치했을 때 하나의 집단을 의미하면 단수 동사가 오고, 집단의 여러 구성원들을 의미하면 복수 동사가 오는 명사

> family 가족	> committee 위원회
> team 팀	> audience 청중
> staff 직원	> crowd 무리
> class 학급	> crew 승무원

---

14 문법 비교 구문 & 동사의 종류 난이도 중 ●●○

어법상 옳은 것을 고르시오.

① She had to wear a cast on her leg during two months.
② Applicants are prohibited from being contacted the company directly.
③ Although dinner was served, the children didn't so much as eat one bite.
④ Parents may unintentional pass their antisocial tendencies on to their children.

해석

① 그녀는 다리에 두 달 동안 깁스를 해야 했다.
② 지원자들은 회사에 직접 연락하는 것이 금지된다.
③ 비록 저녁이 제공되었지만, 아이들은 한 입조차 먹지 않았다.
④ 부모들은 의도치 않게 그들의 반사회적 성향을 아이들에게 물려줄 수도 있다.

해설

③ **원급 관련 표현 | 타동사** 문맥상 '한 입조차 먹지 않았다'라는 의미가 되어야 자연스러운데, '~조차 하지 않다'는 원급 관련 표현 not so much as를 사용하여 나타낼 수 있으므로 not so much as eat이 올바르게 쓰였다. 또한 eat은 타동사이므로 뒤에 전치사 없이 목적어 one bite가 올바르게 쓰였다.

[오답 분석]

① **전치사 2: 기간** 숫자를 포함한 시간 표현(two months) 앞에 와서 '얼마나 오래 지속되는가'를 나타내는 전치사는 for(~ 동안)이므로, 명사 앞에 와서 언제 일어나는가를 나타내는 전치사 during을 for로 고쳐야 한다.
② **동명사의 형태** 동명사의 의미상 주어인 Applicants와 동명사가 '지원자들이 (회사에) 연락하다'라는 의미의 능동 관계이므로 동명사의 수동형 being contacted를 능동형 contacting으로 고쳐야 한다.
④ **부사 자리** 동사를 앞에서 수식할 수 있는 것은 부사이므로 동사 pass 앞의 형용사 unintentional을 부사 unintentionally로 고쳐야 한다.

정답 ③

어휘

wear a cast 깁스를 하다 applicant 지원자 prohibit 금지하다
unintentional 의도치 않은 pass on 물려주다 antisocial 반사회적인
tendency 성향

for와 during은 둘 다 '~ 동안'을 뜻하지만 for는 숫자를 포함한 시간 표현 앞에 와서 '얼마나 오래 지속되는가'를 나타내고, during은 명사 앞에 와서 '언제 일어나는가'를 나타낸다.

> He will be studying in Canada ~~during~~(→ for) 2 years.

그는 2년 동안 캐나다에서 공부할 것이다.

> My family will be visiting relatives ~~for~~(→ during) June.

우리 가족은 6월 동안 친척들을 방문할 것이다.

---

15 독해 추론(빈칸 완성 – 단어)   난이도 중 ●●○

밑줄 친 부분에 들어갈 말로 가장 적절한 것을 고르시오.

Whereas modern humans typically think of love as limited to romantic relationships, the ancient Greeks recognized no less than six different types of love. These types were distinguished by certain characteristics, such as passion or friendship. The Greeks devoted time to each one in a spirit of self-improvement. For them, it was healthy to _____ a balance of the six kinds of love to lead a fulfilling life.

① nurture   ② divulge

③ quench   ④ disregard

해석

현대 인류가 일반적으로 사랑을 애정 관계로 제한하여 생각하는 반면, 고대 그리스인들은 자그마치 여섯 가지 다른 유형의 사랑을 인정했다. 이러한 유형들은 열정이나 우정과 같은 특정한 특성들에 의해 구별되었다. 그리스인들은 자기 수양의 정신으로 각각의 사랑에 시간을 쏟았다. 그들에게, 만족스러운 삶을 살기 위해 여섯 유형의 사랑의 균형을 기르는 것이 건강한 것이었다.

① 기르다   ② 누설하다

③ 풀다   ④ 무시하다

해설

지문 처음에서 그리스인들은 여섯 가지 다른 유형의 사랑을 인정했고, 자기 수양의 정신으로 각각의 사랑에 시간을 쏟았다고 했으므로, 빈칸에는 그들에게는 만족스러운 삶을 살기 위해 여섯 유형의 사랑의 균형을 '① 기르는' 것이 건강한 것이었다는 내용이 들어가야 한다.

정답 ①

어휘

typically 일반적으로, 보통   recognize 인정하다, 인식하다
no less than 자그마치   distinguish 구별하다   devote 쏟다, 바치다
self-improvement 자기 수양   lead (삶을) 살다
fulfilling 만족스러운, 충족감이 있는   nurture 기르다, 양성하다
divulge 누설하다, 알려주다   quench (갈증을) 풀다, (불을) 끄다
disregard 무시하다

---

16 독해 추론(빈칸 완성 – 구)   난이도 상 ●●●

밑줄 친 부분에 들어갈 말로 가장 적절한 것을 고르시오.

At the center of nearly every observed galaxy lies a black hole, which in turn is flanked by the celestial bodies we see. Surrounding all this is a "halo" of dark matter that is unobservable but nevertheless detectable by its exertion on gravity. Initially, astronomers presumed it was the number of stars that determined the size of a galaxy's black hole; the more stars, the bigger the black hole. However, new evidence suggests that _____. The connection was discovered by analyzing the way elliptical galaxies evolved. When two smaller galaxies combined and became elliptical, the dark matter in each one merged to create a massive black hole. Scientists believe this is what ultimately dictated the new galaxy's shape and guided the growth of its black hole.

① some stars exert more gravity

② black holes can become visible

③ dark matter plays a larger role

④ galaxies assume different shapes

해석

거의 모든 관측된 은하계의 중심에는 블랙홀이 있는데, 결과적으로 이것의 양쪽 측면에 우리가 보는 천체들이 배치되어 있다. 이것(블랙홀) 전체를 에워싸고 있는 것은 관측은 불가능하지만 그럼에도 불구하고 중력에 대한 그것의 힘의 발휘로 탐지할 수 있는 암흑 물질의 '무리'이다. 처음에, 천문학자들은 은하계의 블랙홀 크기를 결정하는 것이 항성의 개수이며, 따라서 항성이 많을수록 블랙홀의 크기가 더 크다고 가정했다. 하지만, 새로운 증거는 암흑 물질이 더 큰 역할을 한다는 것을 시사한다. 이 관련성은 타원 은하가 발달한 방식을 분석함으로써 밝혀졌다. 보다 작은 두 개의 은하계가 결합하여 타원형이 되면, 각 은하계의 암흑 물질이 합쳐져 거대한 블랙홀을 만들어냈다. 과학자들은 이것이 궁극적으로 새로운 은하계의 형태를 결정하고 블랙홀의 성장을 유도한 것이라고 생각한다.

① 몇몇 항성들은 중력을 더 가한다

② 블랙홀은 보이게 될 수 있다

③ 암흑 물질이 더 큰 역할을 한다

④ 은하계는 서로 다른 모양을 띤다

해설

빈칸 뒷부분에서 보다 작은 두 개의 은하계가 결합하여 타원형이 되면 각 은하계의 암흑 물질이 합쳐져 거대한 블랙홀을 만들어냈고, 과학자들은 이것이 궁극적으로 새로운 은하계의 형태를 결정하고 블랙홀의 성장을 유도하는 것이라고 생각한다고 했으므로, 빈칸에는 새로운 증거는 '③ 암흑 물질이 더 큰 역할을 한다'는 것을 시사한다는 내용이 들어가야 한다.

[오답 분석]

① 몇몇 항성들이 중력을 더 가한다는 것은 언급되지 않았다.

② 블랙홀의 양쪽 측면에 우리가 보는 천체들이 배치되어 있다고는 했지만 블랙홀이 보이게 될 수 있다는 것은 언급되지 않았다.

④ 은하계가 서로 다른 모양을 띤다는 것은 언급되지 않았다.

정답 ③

어휘

galaxy 은하계 lie 있다, 놓여 있다 flank (양쪽) 측면에 배치하다
celestial body 천체 surround 에워싸다, 둘러싸다 halo 무리, 후광
matter 물질 unobservable 관측 불가능한 detectable 탐지할 수 있는
exertion (영향력·힘의) 발휘, 행사 astronomer 천문학자
presume 가정하다, 추정하다 elliptical galaxy 타원 은하
evolve 발달하다, 진화하다 combine 결합하다, 합쳐지다
merge 합쳐지다, 합병하다 dictate ~을 결정하다, ~에 영향을 주다
exert 가하다, 행사하다 visible 보이는, 가시적인
assume (특질·양상을) 띠다, 취하다

---

17 독해 추론(빈칸 완성 - 단어) 난이도 중 ●●○

밑줄 친 부분에 들어갈 말로 가장 적절한 것을 고르시오.

With the exception of those who have been blind from birth, people see random bright spots or patterns of color even when their eyes are closed. Called phosphenes, these flashes of light occur when the retina is activated in some way and starts firing cells into the visual center of the brain. Phosphenes are temporary, lasting only as long as the action that causes them to appear. Electricity, like that used during conscious brain surgery, can sometimes cause patients to see them. However, physical forces tend to bring about phosphenes far more often than electrical ones do. The act of rubbing your closed eyelids, for instance, is strong enough to _____ the cells in your retinas, producing the phenomenon.

① paralyze

② transmute

③ stimulate

④ circumvent

해석

태어날 때부터 맹인인 사람들을 제외하면, 사람들은 심지어 눈을 감을 때조차 무작위의 밝은 점이나 색의 패턴을 본다. 안내 섬광이라고 불리는 이런 섬광은 망막이 어떤 방식으로 활성화되어 세포들을 뇌의 시각 중추로 발사시키기 시작할 때 발생한다. 안내 섬광은 일시적이며, 그것들을 나타나게 하는 활동 동안에만 지속된다. 의식이 있는 뇌 수술을 하는 동안 사용되는 것과 같은 전기는 때때로 환자들이 그것들을 볼 수 있도록 할 수 있다. 그러나, 물리적 힘은 전기적 힘보다 안내 섬광을 훨씬 더 자주 일으키는 경향이 있다. 예를 들어, 감은 눈꺼풀을 문지르는 행동은 망막의 세포를 자극하기에 충분히 강력해서 그 현상을 만들어낸다.

① 마비시키다

② 바꾸다

③ 자극하다

④ 피하다

해설

지문 처음에서 안내 섬광은 망막이 활성화되어 세포들을 뇌의 시각 중추로 발사시키기 시작할 때 발생한다고 했고, 빈칸 앞 문장에서 물리적 힘은 전기적 힘보다 안내 섬광을 훨씬 더 자주 일으키는 경향이 있다고 했으므로, 빈칸에는 감은 눈꺼풀을 문지르는 행동은 망막의 세포를 '③ 자극하기'에 충분이 강력해서 그 현상(안내 섬광)을 만들어낸다는 내용이 들어가야 한다.

정답 ③

어휘

phosphene 안내 섬광 retina 망막 activate 활성화시키다
visual center 시각 중추 temporary 일시적인 conscious 의식이 있는
surgery 수술 bring about ~을 일으키다 rub 문지르다 eyelid 눈꺼풀
phenomenon 현상 paralyze 마비시키다 transmute 바꾸다, 변화시키다
stimulate 자극하다 circumvent 피하다, 회피하다

---

18 독해 논리적 흐름 파악(무관한 문장 삭제) 난이도 중 ●●○

다음 글의 흐름상 가장 어색한 문장은?

For a long time, it was unknown how bats could carry deadly viruses without succumbing to the effects themselves. Recent research has found that this is related to an immunosuppression response in bats. ① Essentially, the bats prevent their immune systems from reacting to the viruses, which in turn limits the effects of damage and disease the bats experience. ② It may seem counterintuitive for an organism to benefit from an underactive immune system, but this comes down to inflammation. ③ Bats are known to sometimes suffer from white nose syndrome, named for the characteristic white fungus that forms on the muzzles, ears, and wings of affected bats. ④ A moderate amount of inflammation in response to a disease may counteract it, but excessive inflammation can cause extensive and even lifelong damage on the host, which is often the case in humans and not a problem when it comes to bats.

* immunosuppression: 면역 억제

해석

오랫동안, 박쥐가 어떻게 그 자신들은 그 (치명적인 바이러스의) 영향으로 죽지 않으면서 치명적인 바이러스들을 옮길 수 있는지 알려지지 않았었다. 최근의 연구는 이것이 박쥐에게 있는 면역 억제 반응과 관련이 있다는 것을 발견했다. ① 본질적으로, 박쥐는 그들의 면역 체계가 바이러스에 반응하는 것을 막는데, 이것은 결과적으로 박쥐가 경험하는 피해와 질병의 영향을 제한한다. ② 유기체가 활동이 불충분한 면역 체계로부터 이익을 얻는 것이 직관에 어긋나는 것처럼 보일 수도 있지만, 이것은 결국 염증이 된다. ③ 박쥐들은 때때로 감염된 박쥐의 코와 주둥이, 귀, 날개에 형성되는 특징적인 흰 곰팡이의 이름을 딴 흰 코 증후군으로 고통받는다고 알려져 있다. ④ 병에 대한 반응으로 나타난 적당한 양의 염증이 그것(바이러스)에 대항할 수는 있지만, 과도한 염증은 숙주에게 광범위하고 심지어 평생의 손상을 일으킬 수도 있는데, 이것은 흔히 인간의 경우이며, 박쥐에 관한 한 문제가 되지 않는다.

해설

지문 처음에서 박쥐가 어떻게 그 자신들은 죽지 않으면서 치명적인 바이러스를 옮길 수 있는지 알려지지 않았으나, 최근의 연구가 이것이 박쥐에게 있는 면역 억제 반응과 관련이 있다는 것을 발견했다고 한 뒤, ①, ②, ④번에서 박쥐의 면역 체계가 일으키는 염증이 박쥐에게는 영향을 주지 않으나 인간에게는 손상을 일으킬 수 있다고 설명하고 있다. 그러나 ③번은 박쥐가 때때로 흰 코 증후군으로 고통받는다는 내용으로, 치명적인 바이러스들을 옮길 수 있게 하는 박쥐의 면역 억제 반응에 대한 지문 전반의 내용과 관련이 없다.

정답 ③

어휘

deadly 치명적인　succumb 죽다, 굴복하다　immune system 면역 체계
in turn 결과적으로, 하나씩　counterintuitive 직관에 어긋나는
organism 유기체, 생물　underactive 활동이 불충분한
come down to 결국 ~이 되다　inflammation 염증
suffer from ~로 고통받다　syndrome 증후군　characteristic 특징적인
fungus 곰팡이, 균류　muzzle (개·고양이 등의) 코와 주둥이
moderate 적당한, 보통의　counteract 대항하다, 상쇄하다
excessive 과도한　extensive 광범위한　lifelong 평생의　host 숙주
when it comes to ~에 관한 한

19　독해 세부내용 파악(내용 불일치 파악)　난이도 중 ●●○

다음 글의 내용과 일치하지 않는 것은?

Ohio University, located in Athens, Ohio, hosts one of the largest Halloween block parties in the United States. On that night, streets are closed to traffic to accommodate the roughly 20,000 to 30,000 people who descend on the town to participate in the annual event, nearly doubling the city's population. The massive gathering has its roots in a far more modest incident that took place back in 1974. At the time, a group of costumed partygoers ended up blocking some cars on Court Street for nearly two hours as they celebrated the spooky holiday in a particularly inebriated state. Subsequent years found additional revelers jamming the street on the special day once again. It quickly became such a popular tradition that the city council gave in and made it an official celebration in 1977. University officials were put in charge of planning all the activities, which have included live music and costume contests, as well as providing refreshments for the mostly student attendees. The festival continued to grow throughout the 1980s and 1990s, and the number of participants grows bigger with each passing year.

① The Halloween event attracts tens of thousands of people yearly.
② The Halloween event originally was the cause of traffic congestion.
③ The Halloween event became an official Ohioan holiday in 1977.
④ The Halloween event is prepared by the students of Ohio University.

해석

오하이오주 애선스에 위치한 오하이오 대학교는 미국에서 가장 큰 핼러윈 주민 행사를 주최한다. 그날 밤에, 거리들은 그 연례행사에 참여하려고 마을로 몰려온 그 도시 인구의 거의 두 배가 되는 약 2만 명에서 3만 명의 사람들을 수용하기 위해 통행이 금지된다. 이 대규모 모임은 1974년에 일어난 훨씬 더 소규모의 사건에 뿌리를 두고 있다. 그 당시에, 분장을 하고 파티에 참여한 한 무리가 심하게 술에 취한 상태에서 그 으스스한 휴일을 기념하다가 거의 두 시간 동안 Court가에 있던 일부 차량을 가로막고 말았다. 그 후 몇 년 동안 그 특별한 날에 술을 마시고 흥청대는 다른 사람들이 또다시 거리를 막았다. 이것(핼러윈 거리 파티)이 곧 매우 인기 있는 전통이 되어버려서 시의회가 항복하고 1977년에 이를 공식적인 기념일로 지정했다. 그 대학의 직원들은 모든 활동들을 계획하는 것을 담당하게 되었는데, 이것은 주로 학생인 참가자들에게 다과를 제공하는 것뿐만 아니라 라이브 음악과 분장 대회도 포함했다. 이 축제는 1980년대와 1990년대를 거쳐 계속 성장했고, 참가자의 수는 매년 늘고 있다.

① 핼러윈 행사는 매년 수만 명의 사람들을 끌어모은다.
② 핼러윈 행사는 원래 교통 체증의 원인이었다.
③ 핼러윈 행사는 1977년에 오하이오주의 공식 축제일이 되었다.
④ 핼러윈 행사는 오하이오 대학교 학생들에 의해 준비된다.

해설

지문 마지막에서 그 대학(오하이오 대학)의 직원들이 핼러윈 주민 행사의 모든 활동들을 계획하는 것을 담당하게 되었다고 했으므로, '④ 핼러윈 행사는 오하이오 대학교 학생들에 의해 준비된다'는 것은 지문의 내용과 일치하지 않는다.

[오답 분석]
① 두 번째 문장에서 거리들은 그 연례행사(핼러윈 주민 행사)에 참여하려고 마을로 몰려온 2만 명에서 3만 명의 사람들을 수용하기 위해 통행이 금지된다고 언급되었다.
② 네 번째 문장에서 1974년에 술에 취한 한 무리가 핼러윈을 기념하다가 거의 두 시간 동안 일부 차량을 가로막았다고 하고, 다섯 번째 문장에서 그 후 몇 년 동안 그 특별한 날에 술을 마시고 흥청대는 사람들이 거리를 막았다고 언급되었다.
③ 여섯 번째 문장에서 핼러윈 주민 행사가 인기 있는 전통이 되어버려서 시의회가 항복하고 1977년에 이를 공식적인 기념일로 지정했다고 언급되었다.

정답 ④

어휘

block party 주민 행사　accommodate 수용하다　descend on 몰려오다
annual 연례의　gathering 모임　modest 소규모의, 보통의
incident 사건, 일　costumed 분장을 한　spooky 으스스한
inebriated 술에 취한　subsequent 그 후의　reveler 술 마시고 흥청대는 사람
jam 막다, 메우다　city council 시의회　give in 항복하다, 굴복하다
celebration 기념일, 축하　in charge of ~을 담당해서　costume 분장, 의상
refreshment 다과, 음료　attendee 참가자, 참여자
attract 끌어모으다, 유혹하다　congestion 체증, 혼잡

20 독해 추론(빈칸 완성 – 절) 난이도 중 ●●○

밑줄 친 부분에 들어갈 말로 가장 적절한 것은?

People disapprove of performance-enhancing substances being used by professional athletes, but one might ask, "What about drugs that can boost one's cognitive abilities?" If there were a so-called smart drug that could make it effortless to concentrate for hours on end and improve memory, with no long-term side effects, one could also ask, "Would it be ethical or even advantageous to take it?" Sure, it might help people be more productive at work and finally get that promotion. But as the development of such drugs becomes more of a reality, it seems _____. Some opponents say that taking them would be like cheating on a test, and that some companies could even start pressuring their employees to use them against their will. In this day and age, most people strive for a healthy work-life balance. However, these drugs would likely only contribute to the creation of a society in which the main focus is work, leaving people with little time to relax and spend time doing the things they want to do.

① there are more downsides

② it will cost an arm and a leg

③ restrictions are expected to go into effect

④ people aren't interested

해석

사람들은 전문적인 운동선수에 의해 사용되는 경기력을 향상시키는 물질들을 반대하지만, 누군가는 "한 사람의 인지 능력을 증대시킬 수 있는 약물은 어떠한가?"라고 물을 수 있다. 만약 장기적인 부작용 없이 몇 시간 동안 계속 집중하는 것을 쉽게 만들고 기억력을 향상시킬 수 있는 소위 똑똑해지는 약이 있다면, 누군가는 또 "그것을 복용하는 것이 도덕적으로 옳거나 심지어 유익할까?"라고 물을 수 있다. 물론, 그것은 사람들이 업무 중에 더욱 생산적이도록 하여, 결국에는 승진하도록 도울지도 모른다. 그러나 이러한 약물의 개발이 점점 더 현실이 되어가면서, <u>더 많은 부정적인 면들이 있는</u> 것 같다. 일부 반대자들은 그것들을 복용하는 것은 시험에서 부정행위를 하는 것과 같으며, 일부 기업들은 심지어 그들의 직원들에게 그것들을 이용하라고 억지로 압력을 가하기 시작할 수도 있다고 말한다. 현대 세상에서는, 대부분의 사람들이 일과 삶의 건강한 균형을 얻으려고 노력한다. 하지만, 이러한 약물은 사람들이 휴식하고 그들이 하고 싶어 하는 것들을 하는 데 들일 시간은 거의 없게 만든 채, 주요 관심사가 일인 사회의 형성에만 기여할 가능성이 있다.

① 더 많은 부정적인 면들이 있다

② 엄청난 돈이 들 것이다

③ 규제들이 시행될 것으로 기대된다

④ 사람들이 관심이 없다

해설

빈칸 뒤 문장에서 똑똑해지는 약물의 반대자들은 그 약물을 복용하는 것이 시험에서 부정행위를 하는 것과 같으며, 일부 기업들은 심지어 그들의 직원에게 약물을 이용하라고 억지로 압력을 가하기 시작할 수도 있다고 말하고, 이러한 약물이 주요 관심사가 일인 사회를 형성하는 데 기여할 가능성이 있다고 말하고 있으므로, 빈칸에는 이러한 약물의 개발이 점점 더 현실이 되어

가면서 '① 더 많은 부정적인 면들이 있는' 것 같다는 내용이 들어가야 한다.

[오답 분석]

② 약물의 개발에 엄청난 돈이 들 것이라는 내용은 언급되지 않았다.

③ 약물의 개발에 규제들이 시행될 것으로 기대된다는 내용은 언급되지 않았다.

④ 약물의 개발에 사람들이 관심이 없다는 내용은 언급되지 않았다.

정답 ①

어휘

disapprove of ~을 반대하다   substance 물질   boost 증대시키다
cognitive 인지의   effortless 쉬운, 노력이 필요 없는   on end 계속
side effect 부작용   ethical 도덕적으로 옳은, 윤리적인
advantageous 유익한, 이로운   productive 생산적인   promotion 승진
opponent 반대자   cheat on a test 시험에서 부정행위를 하다
against one's will 억지로, 무리하게   in this day and age 현대 세상에서는
strive for ~을 얻으려고 노력하다   contribute 기여하다
downside 부정적인 면   cost an arm and a leg 엄청난 돈이 들다
restriction 규제, 제한   go into effect 시행되다, 실시되다

▶ 정답

01	④ 어휘 – 어휘&표현	11	④ 독해 – 세부내용 파악
02	② 어휘 – 어휘&표현	12	② 독해 – 논리적 흐름 파악
03	④ 어휘 – 생활영어	13	④ 독해 – 전체내용 파악
04	④ 어휘 – 생활영어	14	④ 어휘 – 어휘&표현
05	④ 문법 – 전치사	15	① 어휘 – 어휘&표현
06	③ 문법 – to 부정사	16	① 독해 – 추론
07	④ 문법 – 분사	17	② 독해 – 논리적 흐름 파악
08	② 문법 – 능동태·수동태	18	③ 독해 – 추론
09	③ 독해 – 전체내용 파악	19	③ 독해 – 세부내용 파악
10	① 독해 – 전체내용 파악	20	② 독해 – 논리적 흐름 파악

p. 104

▶ 취약영역 분석표

영역	세부 유형	문항 수	소계
어휘	어휘&표현	4	/6
	생활영어	2	
문법	전치사	1	/4
	to 부정사	1	
	분사	1	
	능동태·수동태	1	
독해	전체내용 파악	3	/10
	세부내용 파악	2	
	추론	2	
	논리적 흐름 파악	3	
총계			/20

---

01 어휘 sanction = authorize 난이도 중 ●●○

밑줄 친 부분의 의미와 가장 가까운 것을 고르시오.

Given that its leaders had spent the previous year talking about the need for tighter immigration policies, the country's decision to <u>sanction</u> the entry of individuals without travel documents was surprising.

① subsidize
② apprehend
③ insulate
④ authorize

해석

그곳의 지도자들이 더 엄격한 이민 정책의 필요성에 대해 논의하면서 작년을 보냈다는 점을 고려하면, 여행 증명서가 없는 개인들의 입국을 <u>허가하기</u>로 한 그 국가의 결정은 놀라웠다.

① 보조금을 주다
② 파악하다
③ 격리하다
④ 허가하다

정답 ④

어휘

immigration 이민 sanction 허가하다, 인가하다 entry 입국
travel document 여행 증명서 subsidize 보조금을 주다, 원조하다
apprehend 파악하다, 체포하다 insulate 격리하다, 절연하다
authorize 허가하다, 권한을 주다

 이것도 알면 **합격!**

sanction(허가하다)의 유의어
= approve, confirm, warrant, endorse, ratify, accept

---

02 어휘 catch the eye = be noticeable 난이도 하 ●○○

밑줄 친 부분의 의미와 가장 가까운 것을 고르시오.

The bright red car among all of the black, white, and grey vehicles in the parking lot <u>caught the eye</u>.

① was disappointing
② was noticeable
③ was insignificant
④ was inappropriate

해석

그 밝은 빨간색 차가 주차장 안의 모든 검은색, 흰색, 그리고 회색 차량들 사이에서 <u>눈에 띄었다</u>.

① 실망스러웠다
② 눈에 띄었다
③ 대수롭지 않았다
④ 부적절했다

정답 ②

어휘

vehicle 차량 catch the eye 눈에 띄다 disappointing 실망스러운
noticeable 눈에 띄는 insignificant 대수롭지 않은
inappropriate 부적절한

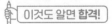 이것도 알면 **합격!**

catch the eye(눈에 띄다)의 유의어
= eye-catching, apparent, striking, observable

---

03 생활영어 You can just start the meeting without me. 난이도 하 ●○○

두 사람의 대화 중 가장 어색한 것은?

① A: I'm not sure I'm really interested in this show.

   B: Don't worry. It gets better the more you watch.

② A: Do you have an extra pair of sunglasses I can wear?

   B: Sure, but make sure to give them back later.

③ A: Our food is taking a long time to come out.

　B: We should ask the waiter if there's a problem.

④ A: It seems I'll be a little late to the meeting.

　B: You can just start the meeting without me.

해석

① A: 내가 이 쇼에 정말 흥미가 있는 건지 잘 모르겠어.

　B: 걱정하지 마. 보면 볼수록 더 좋아질 거야.

② A: 내가 쓸 수 있는 여분의 선글라스가 있니?

　B: 물론이지, 하지만 나중에 반드시 돌려줘야 해.

③ A: 우리 음식이 나오는 데 오래 걸리고 있어.

　B: 우리는 웨이터에게 무슨 문제가 있는지 물어봐야 해.

④ A: 나 회의에 조금 늦을 것 같아.

　B: 나 없이 회의를 시작해도 돼.

해설

④번에서 A가 회의에 조금 늦을 것 같다고 말하고 있으므로, 본인 없이 회의를 시작해도 된다는 B의 대답 '④ You can just start the meeting without me(나 없이 회의를 시작해도 돼)'는 어울리지 않는다.

정답 ④

어휘

extra 여분의　make sure 반드시 ~하다　come out 나오다

🏃 **이것도 알면 합격!**

약속된 시간에 늦을 때 쓸 수 있는 표현

> I hope I haven't kept you waiting.
　내가 너를 기다리게 하지 않기를 바라.
> I got stuck in traffic on the way here.
　여기 오는 길에 차가 막혔어.
> Feel free to start the meeting without me.
　저 없이 편하게 회의를 시작하세요.

---

04 ｜ 생활영어 When should it be done by? 난이도 하 ●○○

밑줄 친 부분에 들어갈 말로 가장 적절한 것은?

A: Has your assistant finished writing the budget report?

B: Not yet. She's been busy with other assignments these days.

A: Well, I'd like to check it before it's submitted.

B: Then, um, _____?

A: At latest by Tuesday.

B: OK, I'll let her know.

① when can you check on it

② when will you be busy

③ when do you think you'll finish

④ when should it be done by

해석

A: 당신의 비서가 예산 보고서를 작성하는 것을 끝냈나요?

B: 아직이요. 그녀는 요즘 다른 업무들로 바빴어요.

A: 음, 저는 그것이 제출되기 전에 확인해보고 싶어요.

B: 그러면, 음, 그것이 언제까지 완료되어야 할까요?

A: 늦어도 화요일까지요.

B: 알겠어요, 그녀에게 알릴게요.

① 언제 그것을 확인하실 수 있으신가요

② 언제 바쁘신가요

③ 언제 끝날 거라고 생각하시나요

④ 그것이 언제까지 완료되어야 할까요

해설

예산 보고서가 제출되기 전에 확인해보고 싶다는 A의 말에 B가 질문하고, 빈칸 뒤에서 다시 A가 At latest by Tuesday(늦어도 화요일까지요)라고 말하고 있으므로, 빈칸에는 '④ 그것이 언제까지 완료되어야 할까요(when should it be done by)'가 들어가야 자연스럽다.

정답 ④

어휘

assistant 비서, 보좌관　budget report 예산 보고서
assignment 업무, 과제　submit 제출하다　at (the) latest 늦어도

🏃 **이것도 알면 합격!**

보고서를 작성할 때 쓸 수 있는 표현

> Our profits rose.
　우리의 수익이 증가했습니다.
> The purpose of this report is to show the loss.
　이 보고서의 목적은 손실을 보여주는 것입니다.
> More research is needed.
　더 많은 연구가 필요합니다.
> In conclusion, it is clear that we need more workforces.
　결론적으로, 우리에게 더 많은 노동력이 필요하다는 것은 명백합니다.

---

05 ｜ 문법 전치사 난이도 하 ●○○

우리말을 영어로 잘못 옮긴 것을 고르시오.

① 교외에 있는 내 친구는 자신의 미용실을 운영한다.

　→ My friend out in the suburbs runs her own hair salon.

② 논의되고 있는 것은 기후 변화가 야생동물에 어떻게 영향을 미치는지이다.

　→ What is being debated is how climate change affects wildlife.

③ 2주간의 세일은 그 상점이 오래된 재고를 정리하기 위한 것이었다.

　→ The two-week-long sale was for the store to clear out old inventory.

④ 그 학생은 그가 바라고 있던 성적보다 3점 높았다.

　→ The student was three points short of the grade he was hoping for.

해설

④ **전치사 3: 위치** '바라고 있던 성적보다 3점 높았다'는 전치사 above(~보다 높은)를 사용하여 three points above로 나타낼 수 있으므로 short of(~이 부족한)를 above로 고쳐야 한다. 참고로, three points short of는 '3점이 부족한'이라는 의미이다.

[오답 분석]

① **주어와 동사의 수 일치** 주어 자리에 단수 명사 My friend가 왔으므로 단수 동사 runs가 올바르게 쓰였다. 참고로, 주어와 동사 사이의 수식어 거품(out ~ suburbs)은 동사의 수 결정에 영향을 주지 않는다.

② **명사절 접속사 3: 의문사 | 주어와 동사의 수 일치** 주어가 없는 불완전한 절(is being debated)을 이끌며 문장의 주어 자리에 올 수 있는 명사절 접속사 What이 올바르게 쓰였고, 명사절 주어는 단수 취급하므로 단수 동사 is가 올바르게 쓰였다.

③ **수량 표현** '수사 + 하이픈(-) + 단위 표현'이 명사(sale)를 수식하는 형용사로 쓰이는 경우, 단위 표현은 반드시 단수형이 되어야 하므로 two-week-long이 올바르게 쓰였다.

정답 ④

어휘

suburb 교외   hair salon 미용실   debate 논의하다   wildlife 야생동물
clear out 정리하다   inventory 재고, 물품 목록   short of ~이 부족한

🖊 이것도 알면 합격!

'수사 + 하이픈(-) + 단위 표현'은 형용사, 명사로 쓰일 수 있으며, 의미에 따라 단위 표현이 복수형으로도 쓰인다.

| 형용사로 쓰인 경우 | **a 10-year-old boy** 10살 소년 |
| 복수 명사로 쓰인 경우 | **10-year-olds** 10살 아이들 |

---

06 / 문법 to 부정사 난이도 중 ●●○

우리말을 영어로 잘못 옮긴 것을 고르시오.

① 쥐는 설치류이지만, 비버와 같이 더 큰 포유류도 마찬가지다.
→ Mice are rodents, but so are larger mammals like beavers.

② 그녀는 자신의 차가 수리되는 동안 렌터카를 이용해오고 있다.
→ She has been using a rental car while her own is getting fixed.

③ 그 아이가 거짓말을 시인한 것은 용감했다.
→ It was brave for the child to have admitted to lying.

④ 아이들이 작업을 하느라 오후를 보냈던 것은 과학 프로젝트였다.
→ What the kids spent the afternoon working on was a science project.

해설

③ **to 부정사의 의미상 주어** 문장의 주어(It)와 to 부정사의 행위 주체(the child)가 달라 to 부정사의 의미상 주어가 필요한 경우 의미상 주어를 to 부정사 앞에 써야 하는데, 사람의 성질을 나타내는 형용사(brave)가 to 부정사(to have admitted) 앞에 쓰일 경우, to 부정사의 의미상 주어는 'for + 명사'가 아닌 'of + 명사'가 되어야 한다. 따라서 for the child를 of the child로 고쳐야 한다.

[오답 분석]

① **도치 구문: 기타 도치** 부사 so가 '~도 역시 그렇다'라는 의미로 쓰여 절 앞에 오면 주어와 동사가 도치되어 '동사(are) + 주어(larger mammals)'의 어순이 되어야 하므로 so are larger mammals가 올바르게 쓰였다.

② **현재완료 시제** '그녀는 자신의 차가 수리되는 동안 렌터카를 이용해오고 있다'라는 과거에 시작된 일이 현재까지 계속되는 것을 표현하고 있으므로, 현재완료진행 시제 has been using이 올바르게 쓰였다.

④ **명사절 접속사 4: 의문사 | 주어와 동사의 수 일치** 목적어가 없는 불완전한 절(the kids ~ working on)을 이끌며 문장의 주어 자리에 올 수 있는 명사절 접속사 What이 올바르게 쓰였고, 명사절 주어는 단수 취급하므로 단수 동사 was가 올바르게 쓰였다.

정답 ③

어휘

rodent 설치류   mammal 포유류   brave 용감한   admit 시인하다

🖊 이것도 알면 합격!

성격·성질을 나타내는 형용사(honest, polite, thoughtful, foolish 등)가 to 부정사 앞에 쓰일 경우, to 부정사의 의미상 주어는 'of + 명사' 또는 'of + 목적격 대명사'로 써야 한다.

> It was **polite** of the boy to offer me his chair.
> 그 소년이 나에게 그의 의자를 제공한 것은 공손했다.

---

07 / 문법 분사 난이도 중 ●●○

밑줄 친 부분 중 어법상 옳지 않은 것을 고르시오.

Although today the fork is associated with western dining, it is ① of note that many societies were reluctant to adopt it. In 11th-century Italy, it was considered rude to employ a utensil ② to pick up one's food when fingers worked just as well. Knives in 17th-century France were versatile tools ③ suitable for both cutting and picking up food at the end. However, people frequently used the pointed end of the knives to pick their teeth, which King Louis XIV detested. ④ Banned all such knives, King Louis XIV had forks imported to replace them.

해석

비록 오늘날에는 포크가 서양식 식사와 관련지어 생각되지만, 많은 사회가 그것(포크)을 도입하기를 주저했다는 것은 아주 흥미롭다. 11세기의 이탈리아에서는 손가락이 잘 움직일 때 음식을 집기 위해 식기를 사용하는 것이 무례하다고 여겨졌다. 17세기의 프랑스에서 칼은 마지막에 음식을 자르고 집는 것 모두에 적합한 다용도 도구였다. 그러나, 사람들은 이를 쑤시기 위해 뾰족한 칼끝을 자주 사용했는데, 루이 14세는 이것을 몹시 싫어했다. 모든 그러한 칼들을 금지하면서, 루이 14세는 그것들(칼들)을 대체하기 위해 포크가 수입되도록 했다.

해설

④ **분사구문의 형태** 문맥상 주절의 주어 King Louis XIV과 분사구문이 '루이 14세가 금지했다'라는 의미의 능동 관계이므로 과거분사 Banned를

현재분사 Banning으로 고쳐야 한다.

[오답 분석]

① 보어 자리 be 동사(is)는 주격 보어를 취하는 동사인데, 보어 자리에는 명사나 형용사 역할을 하는 것이 올 수 있으므로 형용사 역할을 하는 'of + 추상명사(note)'의 of가 올바르게 쓰였다.

② to 부정사의 역할 '집기 위해'라는 의미를 표현하기 위해 부사처럼 목적을 나타내는 to 부정사 to pick up이 올바르게 쓰였다.

③ 형용사 자리 문맥상 '적합한 도구'라는 의미가 되어야 자연스러우므로 명사 tools를 뒤에서 수식할 수 있는 형용사 suitable이 올바르게 쓰였다.

정답 ④

어휘

reluctant to ~을 주저하는 employ 사용하다 utensil 식기, 도구
versatile 다용도의 suitable 적합한, 알맞은 pointed 뾰족한
detest 몹시 싫어하다 import 수입하다

이것도 알면 **합격!**

-able/-ible로 끝나는 형용사는 명사를 뒤에서 수식할 수 있으며, -where, -thing, -one, -body로 끝나는 명사는 형용사가 항상 뒤에서 수식한다.

> The librarian organized books in every category **available**.
  그 사서는 이용할 수 있는 모든 범주의 책을 정리했다.

> Let's go somewhere **dark** to see the stars.
  별을 보기 위해 어두운 어딘가로 가자.

08 문법 능동태·수동태 　난이도 중 ●●○

밑줄 친 부분 중 어법상 옳지 않은 것을 고르시오.

One of the most important skills taught in higher education is the ability to compose an academic essay, with the purpose of presenting an argument and being able to support it sufficiently. This ① tends to involve a few simple but crucial steps, the first of which is stating the main premise and the intention of what will ② include in the essay. Next, a separate paragraph should be dedicated to each point used to argue in favor of the premise. Such paragraphs are comprised of relevant facts and examples that ③ attempt to back up the point being discussed. Lastly, a reiteration of all points ④ that are made throughout the essay comes at the end to remind readers of what was stated, thus concluding the argument.

해석

고등 교육에서 배우는 가장 중요한 기술 중 하나는 하나의 주장을 제시하는 것과 그것(주장)을 충분히 뒷받침할 수 있는 것을 목적으로 하는 학술 논문을 쓰는 능력이다. 이것은 몇 가지의 간단하지만 중요한 단계들을 포함하는 경향이 있는데, 그 중 첫 번째는 논문에 무엇이 포함될 것인지에 대한 주요 전제와 의도를 명시하는 것이다. 그다음, 각각의 문단은 그 전제를 변론하기 위해 사용된 각각의 요점에 전용되어야 한다. 그러한 문단들은 논의되고 있는 요점을 뒷받침하려는 관련 사실과 사례로 구성된다. 마지막으로, 글 전반에서 다뤄진 모든 요점의 반복은 독자들에게 언급된 것을 상기시키기 위해 마지막에 나오며, 이렇게 하여 그 주장을 마무리한다.

해설

② 능동태·수동태 구별 주어와 동사가 '(논문에) 무엇이 포함되다'라는 의미의 수동 관계이므로 능동태 include를 수동태 be included로 고쳐야 한다.

[오답 분석]

① 자동사 문맥상 '중요한 단계들을 포함하는 경향이 있다'라는 의미가 되어야 자연스러운데, '~하는 경향이 있다'는 'tend + to 부정사'를 사용하여 나타낼 수 있으므로 tends to involve가 올바르게 쓰였다.

③ to 부정사를 취하는 동사 동사 attempt는 to 부정사를 목적어로 취하는 동사이므로 attempt to back up이 올바르게 쓰였다.

④ 관계대명사 that | 주격 관계절의 수 일치 선행사(all points)가 사물이고 관계절 내에서 동사 are made의 주어 역할을 하므로 주격 관계대명사 that이 올바르게 쓰였고, 주격 관계절의 동사는 선행사(all points)에 수 일치시켜야 하는데 선행사가 복수 명사이므로 복수 동사 are가 올바르게 쓰였다.

정답 ②

어휘

compose 쓰다, 작곡하다 argument 주장, 논거 sufficiently 충분히
crucial 중요한, 필수적인 state 명시하다 premise 전제
intention 의도, 목적 dedicate 전용하다, 바치다 point 요점
argue in favor of ~을 변론하다 comprise 구성하다, 이루다
reiteration 반복

이것도 알면 **합격!**

to 부정사를 목적어로 취하는 동사

~하기를 원하다	want to	need to	wish to
~하기를 계획·시도·결정하다	plan to	mean to	decide to
~하기를 제안·약속·거절하다	offer to	promise to	refuse to

09 독해 전체내용 파악(제목 파악) 　난이도 중 ●●○

다음 글의 제목으로 가장 적절한 것은?

Regenerative medicine has been making great strides, and one area where it is showing great promise is in regrowing hair follicles. Up till now, those who have experienced significant hair loss have had few options. Some have tried hair transplants, which are expensive, time-consuming to put in, and rarely look natural. Others may opt for wigs or hair pieces, and others still may simply accept their condition. But the new stem cell-based therapy that one medical organization is proposing is different. It stimulates actual hair follicles that have stopped functioning and resulted in hair loss, while rejuvenating those that are still active. This leads to renewed hair growth that is nearly indistinguishable from one's pre-hair loss appearance. Researchers have had success with the process in lab mice and hope the treatment will be ready for commercialization sometime in the near future.

* hair follicle: (피부의) 모낭

① How Hair Follicles Are Regrown
② Advantages of Regenerative Medicine
③ A Promising Cure for Baldness
④ Stem Cell Therapy's Commercial Use

해석

재생의학은 장족의 발전을 해왔으며, 그것이 큰 가능성을 보여주고 있는 한 분야는 모낭을 재생시키는 것이다. 지금까지, 상당한 탈모를 경험한 사람들에게는 선택지가 거의 없었다. 몇몇 사람들은 모발 이식을 시도해왔는데, 이것은 비싸고, (모발을) 삽입하는 데 시간이 걸리며, 좀처럼 자연스러워 보이지도 않는다. 다른 사람들은 가발이나 부분 가발을 선택할 수도 있고, 또 다른 사람들은 여전히 그저 그들의 상황을 받아들일지도 모른다. 그러나 한 의학 기관이 제안하고 있는 줄기세포에 기반한 새로운 치료법은 다르다. 이것은 여전히 활동적인 그것들(모낭들)이 활력을 되찾게 하면서 기능을 멈춰서 탈모를 초래했던 실제 모낭들을 자극한다. 이것은 탈모 이전의 모습과 거의 구별할 수 없는 재생된 모발 성장으로 이어진다. 연구원들은 실험실 쥐를 통해서 그 과정의 성공을 거두었고, 그 치료법이 가까운 미래 언젠가 상업화를 위한 준비가 되기를 기대한다.

① 모낭이 재생되는 방법
② 재생의학의 이점
③ 대머리를 위한 유망한 치료법
④ 줄기세포 치료법의 상업적 이용

해설

지문 처음에서 재생의학이 큰 가능성을 보여주고 있는 한 분야가 모낭을 재생시키는 것이라고 언급하였고, 지문 중간에서 줄기세포에 기반한 새로운 탈모 치료법은 모낭들이 활력을 되찾게 하면서 기능을 멈췄던 실제 모낭들을 자극하여 재생된 모발 성장으로 이어진다고 했으므로, '③ 대머리를 위한 유망한 치료법'이 이 글의 제목이다.

[오답 분석]
① 모낭을 재생시키는 치료법은 언급되었으나, 모낭이 재생되는 방법에 대해서는 언급되지 않았다.
② 재생의학이 장족의 발전을 해서 모낭 재생 분야에서 가능성을 보여주고 있다고 언급되었으나 지엽적이다.
④ 연구원들이 줄기세포에 기반한 새로운 치료법이 상업화를 위한 준비가 되기를 기대한다고는 언급되었으나 지엽적이다.

정답 ③

어휘

regenerative medicine 재생의학 make a great stride 장족의 발전을 하다
promise 가능성 transplant 이식 time-consuming 시간이 걸리는
opt for ~을 선택하다 wig 가발 stem cell 줄기세포 propose 제안하다
stimulate 자극하다 function 기능하다, 작용하다
rejuvenate 활력을 되찾게 하다 renew 재생하다, 갱신하다
indistinguishable 구별할 수 없는 appearance 모습, 외모 lab 실험실
treatment 치료법 commercialization 상업화, 영리화 promising 유망한
cure 치료법 baldness 대머리

---

10 독해 전체내용 파악(요지 파악) 난이도 중 ●●○

다음 글의 요지로 가장 적절한 것은?

I used to be anxious all the time. Whenever there was the slightest problem in my life, it would plague me until I became crippled with worry. But one day, a good friend taught me a lesson I would never forget. She held up a little rock and asked me how heavy it was. I guessed a couple of times, but she kept shaking her head. She told me that it didn't matter how much the rock actually weighed; the longer she held it, the heavier it would become. She asked me what I should do and I told her to throw it away, it was just a rock. She smiled and did so. "That's right. I don't need this old thing," she said. I finally understood. Everybody has worries in life. But fretting over every little bump in the road is pointless. It will only cause me grief over something that won't make that much of an overall difference in my life anyway.

① Don't worry over petty issues.
② Make the most of opportunities.
③ Keep trying until you succeed.
④ It's never too late to start over again.

해석

나는 항상 불안하곤 했다. 내 인생에 가장 사소한 문제가 있을 때마다, 그것은 내가 걱정으로 무력해질 때까지 나를 괴롭히곤 했다. 그러던 어느 날, 한 좋은 친구가 내게 결코 잊지 못할 교훈을 가르쳐 주었다. 그녀는 작은 돌을 들고는 나에게 그것이 얼마나 무거울지 물었다. 나는 몇 차례 추측해 보았지만, 그녀는 계속 고개를 저었다. 그녀는 나에게 실제로 그 돌의 무게가 얼마나 나가는지는 중요하지 않다고 말했다. 그녀가 그것을 오래 들고 있을수록, 그것은 더 무거워질 것이었다. 그녀는 내가 무엇을 해야 하는지 물었고, 나는 그녀에게 그것은 그저 돌일 뿐이니 던져버리라고 말했다. 그녀는 웃으면서 그렇게 했다. "맞아. 나는 이 오래된 것이 필요하지 않아"라고 그녀가 말했다. 나는 마침내 이해했다. 누구나 인생에 걱정거리가 있다. 하지만 길 위의 모든 작은 장애물에 대해 초조해하는 것은 무의미하다. 그것은 나에게 어차피 내 인생에서 그렇게 큰 전반적인 차이를 만들지 못할 무언가에 대한 깊은 고뇌만을 줄 것이다.

① 사소한 일에 대해 걱정하지 마라.
② 기회를 최대한 활용하라.
③ 성공할 때까지 계속 노력하라.
④ 다시 시작하기에 너무 늦은 때는 없다.

해설

지문 전반에 걸쳐 화자는 자신의 인생에 가장 사소한 문제가 있을 때마다 걱정으로 무력해지곤 했지만, 한 친구가 준 교훈을 통해 길(인생) 위의 모든 작은 장애물에 대해 초조해하는 것이 무의미하다는 것을 이해했다는 일화를 설명하고 있으므로, '① 사소한 일에 대해 걱정하지 마라'가 이 글의 요지이다.

[오답 분석]
② 기회를 최대한 활용하라는 내용은 언급되지 않았다.
③ 성공할 때까지 계속 노력하라는 내용은 언급되지 않았다.
④ 다시 시작하기에 너무 늦은 때는 없다는 내용은 언급되지 않았다.

정답 ①

어휘

anxious 불안한　slight 사소한　plague 괴롭히다　cripple 무력하게 만들다
weigh 무게가 ~이다, 짓누르다　fret over ~에 대해 초조해하다
bump 장애물, 혹　pointless 무의미한　cause ~에게 (고통 등)을 주다
grief 깊은 고뇌, 비통　overall 전반적인　petty 사소한
make the most of ~을 최대한 활용하다

11　독해 세부내용 파악(내용 불일치 파악)　난이도 중 ●●○

다음 글의 내용과 일치하지 않는 것은?

Audrey Hepburn was as celebrated for her philanthropic work as she was for her iconic fashion sense and starring roles in movies like *Roman Holiday* and *Breakfast at Tiffany's*. Her desire to participate in charitable work stemmed from her early childhood experiences. While growing up in the Netherlands during the Nazi occupation, she suffered from many health problems due to malnutrition. Additionally, the trauma of watching Jewish children being deported would stay with her forever. She thus made it her mission to help children in need, traveling all over the world as a UNICEF ambassador after retiring from acting.

① 오드리 헵번은 그녀의 연기만큼 자선 활동으로도 유명하다.
② 오드리 헵번은 네덜란드에서 겪은 경험으로 인해 아이들을 돕고 싶어 했다.
③ 오드리 헵번은 어린 시절에 좋은 영양 상태를 유지할 수 없었다.
④ 오드리 헵번은 배우와 유니세프 대사로서 두 가지 일의 균형을 유지했다.

해석

오드리 헵번은 그녀의 상징이 되는 패션 감각과 「로마의 휴일」, 「티파니에서 아침을」과 같은 영화의 주연이었던 것으로 유명했던 만큼 자선 활동으로도 유명했다. 자선 활동에 참여하고자 하는 그녀의 열망은 아주 어린 시절의 경험에서 기인했다. 나치 점령 기간에 네덜란드에서 성장하면서, 그녀는 영양실조로 인한 많은 건강 문제에 시달렸다. 게다가, 유대인 아이들이 강제 추방되는 것을 목격한 정신적 충격이 그녀에게 평생 남아있었다. 그래서 그녀는 연기 활동에서 은퇴한 후 유니세프 대사로 전 세계를 돌아다니며 도움이 필요한 아이들을 돕는 것을 그녀의 사명으로 삼았다.

해설

지문 마지막에서 오드리 헵번은 연기 활동에서 은퇴한 후 유니세프 대사로 전 세계를 돌아다니며 아이들을 도왔다고 했으므로, '④ 오드리 헵번은 배우와 유니세프 대사로서 두 가지 일의 균형을 유지했다'는 것은 지문의 내용과 일치하지 않는다.

[오답 분석]
① 첫 번째 문장에 오드리 헵번은 「로마의 휴일」, 「티파니에서 아침을」과 같은 영화의 주연이었던 것으로 유명했던 만큼 자선 활동으로도 유명했다고 언급되었다.
② 두 번째 문장에 자선 활동에 참여하고자 하는 오드리 헵번의 열망은 아주 어린 시절의 경험에서 기인했다고 언급되었고, 세 번째와 네 번째 문장에 그녀는 네덜란드에서 성장하면서 많은 건강 문제에 시달렸고 유대인 아이들이 강제 추방되는 것을 목격하였다고 언급되었다.

③ 세 번째 문장에 네덜란드에서 성장하면서, 오드리 헵번은 영양실조로 인한 많은 건강 문제에 시달렸다고 언급되었다.

정답 ④

어휘

celebrated 유명한　philanthropic 자선의, 박애의　iconic 상징이 되는
starring role 주연　charitable 자선의　stem from ~에서 기인하다
occupation 점령 기간, 직업　malnutrition 영양실조　trauma 정신적 충격
deport 강제 추방하다　in need 도움이 필요한, 궁핍한　ambassador 대사
retire 은퇴하다

구문 분석

[9행] She / thus / made it her mission / to help children / in need, / traveling all over the world / as a UNICEF ambassador / after retiring from acting.
: 이처럼 분사구문이 문장 뒤 또는 가운데 올 경우, 종종 앞 문장과 동시에 일어나는 상황을 나타내는데, 이때 분사구문은 '~하며', '~하면서' 또는 '~한 채'라고 해석한다.

12　독해 논리적 흐름 파악(무관한 문장 삭제)　난이도 하 ●○○

밑줄 친 부분 중 글의 흐름상 가장 어색한 것은?

South Korea is facing a record-low birth rate that threatens to topple the economic and social security that the previous generations have worked so hard to establish. The primary factors causing the trend are various: a decreased youth employment rate, rising housing and living costs, and a lack of steady positions. ① Many millennials feel they have no choice but to delay or even forgo relationships and marriage due to the unstable circumstances. ② It is common for a South Korean family to celebrate their child's hundredth day after being born. ③ Young men report anxiety about whether they can provide enough security to maintain a family. ④ Meanwhile, women in the workforce fear being penalized if they take maternity leave. All this has led to the country having one of the lowest birth rates in the world.

해석

대한민국은 이전 세대들이 확립하기 위해 너무나 애써왔던 경제 및 사회적 보장을 쓰러뜨릴 조짐을 보이는 사상 최저의 출산율에 직면하고 있다. 이 추세의 원인이 되는 주된 요인들은 다양한데, 감소한 청년 취업률, 증가하는 주거 및 생활비, 그리고 안정된 일자리의 부족 같은 것들이다. ① 많은 밀레니얼 세대들은 불안정한 상황 때문에 연애와 결혼을 미루거나 심지어 포기할 수밖에 없다고 느낀다. ② 한국의 가정이 아이가 태어난 후 아이의 100일을 기념하는 것은 흔한 일이다. ③ 젊은 남성들은 그들이 가족을 부양하기에 충분한 보장을 제공할 수 있을지에 대한 불안감을 전한다. ④ 한편, 노동 인구의 여성들은 그들이 출산 휴가를 가면 불리해질까 봐 염려한다. 이 모든 것이 그 나라가 세계에서 가장 낮은 출산율 중 하나를 갖도록 했다.

해설

지문 처음에서 대한민국의 사상 최저 출산율과 이를 초래한 원인에 대해서 언급한 뒤, ①번에서 밀레니얼 세대들은 불안정한 상황으로 연애와 결혼을 미루거나 포기한다고 이야기하고, ③번에서 젊은 남성은 가족 부양에 대한 불안감을 느끼고 있다고 언급한다. 이어서 ④번에서는 노동 인구의 여성들은 출산 휴가로 인해 불리해질까 봐 염려한다고 설명하고 있으므로 모두 지문의 흐름과 관련이 있다. 그러나 ②번은 한국에서 아이의 100일을 기념하는 것이 흔하다는 내용으로, 최저 출산율의 원인에 대해서 설명하는 지문의 흐름과 관련이 없다.

정답 ②

어휘

record-low 사상 최저의   birth rate 출산율   threaten 조짐을 보이다, 협박하다
topple 쓰러뜨리다, 무너뜨리다   employment rate 취업률
living cost 생활비   steady 안정된, 꾸준한   forgo 포기하다
unstable 불안정한   workforce 노동 인구, 노동력
penalize 불리하게 만들다, 처벌하다   maternity leave 출산 휴가

---

13 | 독해 전체내용 파악(주제 파악) | 난이도 중 ●●○

다음 글의 주제로 가장 적절한 것은?

Sports appeal to a wide range of people regardless of age, gender, background, and more. Among the large base of casual sports fans, however, there is a smaller band of extreme loyalists for every sport, whose dedication to their teams can sometimes go overboard. One of the most infamous groups is known as the Bleacher Creatures. This gathering is comprised of ardent followers of the New York Yankees who tend to sit in one specific section of the team's stadium. They are merciless to visiting teams, routinely chanting insults and curses at them during the game. At times, they have even thrown objects at rival athletes on the field. The Creatures also harass people sitting near them if they happen to be supporters of the rival teams. In 2000, their behavior got so out of hand that officials banned alcohol from the specific seating area they frequent, in hopes of curbing their rowdy behavior. When a new Yankees Stadium was built in 2009, the Creatures predictably found a new seating area in which to congregate. The beer ban was lifted at this time, on the condition that the Creatures maintain decent behavior.

① The characteristics of good sports fans
② The banning of alcohol in stadiums
③ The appeal of sports to certain people
④ The problem of extreme sports fans

해석

스포츠는 연령, 성별, 배경 등과 관계없이 다양한 사람들의 흥미를 끈다. 그러나, 가벼운 스포츠 팬들의 큰 저변에는, 더 작은 무리의 극단적인 지지자들이 모든 스포츠에 존재하는데, 그들의 팀에 대한 헌신은 때때로 너무 과도할 수 있다. 가장 악명 높은 단체 중 하나는 Bleacher Creatures로 알려져 있다. 이 모임은 뉴욕 양키스의 열렬한 추종자들로 구성되어 있는

데, 그들은 그 팀의 경기장에서 한 특정 구역에 앉는 경향이 있다. 그들은 원정 팀들에게 무자비해서, 경기 중에 관례적으로 그들에게 모욕적인 말을 외치고 욕설을 한다. 때로는, 그들은 경기장에 있는 경쟁하는 팀의 운동선수들에게 물건들을 던지기도 했다. Creatures는 또한 그들 근처에 앉은 사람들이 경쟁하는 팀의 팬들이라면 그들을 괴롭힌다. 2000년에, 그들의 행동이 너무 과도해지자 관계자들은 그들의 난폭한 행동을 억제하기를 바라며 그들이 늘 모이는 특정 좌석 구역에서 술을 금지했다. 새로운 양키스 구단의 구장이 2009년에 건설되었을 때, Creatures는 예상대로 모이기 위한 새로운 좌석 구역을 마련했다. 이때 Creatures가 품위 있는 행동을 유지하는 것을 조건으로 맥주 금지가 해제되었다.

① 훌륭한 스포츠 팬들의 특징
② 경기장 내 주류의 금지
③ 특정 사람들에게 스포츠가 주는 매력
④ 지나친 스포츠 팬들의 문제

해설

지문 처음에서 스포츠에 대한 극단적인 지지자들의 헌신은 때때로 너무 과도할 수 있다고 하고, 그 예시로 Bleacher Creatures가 원정팀이나 경쟁하는 팀의 운동선수와 경쟁하는 팀의 팬들에게 지나친 행동들을 했다는 것을 들고 있으므로, '④ 지나친 스포츠 팬들의 문제'가 이 글의 주제이다.

[오답 분석]
① 훌륭한 스포츠 팬들의 특징에 대해서는 언급되지 않았다.
② Creatures의 난폭한 행동을 억제하기 위해 특정 좌석 구역 내에서 술을 금지했다고는 언급되었으나 지엽적이다.
③ 특정 사람들에게 스포츠가 주는 매력에 대해서는 언급되지 않았다.

정답 ④

어휘

loyalist 지지자, 충신   dedication 헌신   overboard 과도한
infamous 악명 높은   gathering 모임   be comprised of ~으로 구성되다
ardent 열렬한   merciless 무자비한   routinely 관례적으로   chant 외치다
insult 모욕적인 말   curse 욕설을 하다   object 물건, 사물
rival 경쟁하는, 서로 겨루는   harass 괴롭히다   get out of hand 과도해지다
ban 금지하다   frequent 늘 모이다, 자주 다니다   curb 억제하다, 제한하다
rowdy 난폭한   predictably 예상대로   congregate 모이다, 집합하다
lift 해제하다, 폐지하다   decent 품위 있는, 예의 바른

---

14 | 어휘 desperate = frantic | 난이도 하 ●○○

밑줄 친 부분의 의미와 가장 가까운 것을 고르시오.

The government is making a desperate effort to improve the nation's aging infrastructure in time for the Olympics.

① necessary   ② costly
③ laudable   ④ frantic

해석

정부는 올림픽에 맞춰 국가의 노후한 공공 기반 시설을 개선하기 위해 필사적인 노력을 하고 있다.

① 필요한   ② 값비싼
③ 칭찬할 만한   ④ 굉장한

정답 ④

어휘

desperate 필사적인 infrastructure 공공 기반 시설
in time for ~에 맞춰, ~에 늦지 않게 laudable 칭찬할 만한
frantic 굉장한, 정신없이 하는

이것도 알면 **합격!**

desperate(필사적인)의 유의어
= last-ditch, do-or-die, eleventh-hour

---

15 어휘 subside = let up 난이도 상 ●●●

밑줄 친 부분의 의미와 가장 가까운 것을 고르시오.

The truck driver decided to stop at a rest area until the storm underlined{subsided} a little, as visibility was low and the roads were slippery.

① let up ② let in
③ let out ④ let down

해석

그 트럭 운전사는 가시성이 낮고 도로가 미끄러웠기 때문에 폭풍이 조금 진정될 때까지 휴게소에 멈추기로 결정했다.

① 누그러지다 ② ~를 들어오게 하다
③ 누설하다 ④ ~를 실망시키다

정답 ①

어휘

rest area 휴게소 subside 진정되다 visibility 가시성, 시야
slippery 미끄러운 let up 누그러지다, 약해지다 let in ~를 들어오게 하다
let out 누설하다 let down ~를 실망시키다, 늦추다

이것도 알면 **합격!**

subside(진정되다)의 유의어
= ease, ebb, abate, decrease, weaken, soften

---

16 독해 추론(빈칸 완성 – 연결어) 난이도 중 ●●○

밑줄 친 (A), (B)에 들어갈 말로 가장 적절한 것은?

Many people believe that having a spouse or romantic partner always leads to a happier life, but the results of a New Zealand survey indicate that this isn't the case for everyone. Of the more than 4,000 residents who participated, about 38 percent of them identified as having "high avoidance social goals." Those falling under this category do everything possible to avoid conflict in relationships because of the severe anxiety it triggers in them. They were,   (A)   , more likely to report lower life satisfaction when in long-term relationships due to that stress and a higher quality of life when single. The remaining 62 percent of respondents,   (B)   , were

found to be more fulfilled within the context of a partnership regardless of whether that relationship was healthy, and were 47 percent less likely to get a divorce. These individuals, who fall under the category of having low avoidance goals, represent the majority of the population.

	(A)	(B)
①	thus	in contrast
②	however	in reality
③	moreover	in particular
④	nonetheless	in fact

해석

많은 사람들이 배우자나 연애 상대를 갖는 것이 항상 더 행복한 삶으로 이어진다고 생각하지만, 뉴질랜드의 한 설문조사의 결과는 이것이 모두에게 그렇지만은 않다는 것을 보여준다. (설문에) 참여한 4천 명 이상의 주민들 중에서, 약 38퍼센트가 '높은 사회적 목표 회피'를 가지고 있다고 밝혔다. 이 범주에 해당하는 사람들은 그것(갈등)이 그들에게 유발하는 극심한 불안 때문에 관계에서의 갈등을 피하고자 할 수 있는 모든 것을 한다. (A) 그러므로, 그들은 그 스트레스와 혼자일 때의 더 높은 삶의 질로 인해 장기적인 관계에 있을 때 더 낮은 삶의 만족도를 보고할 가능성이 더 높았다. (B) 반대로, 응답자 중 남은 62퍼센트는 그 관계가 건전한지 아닌지에 관계없이 동반자 관계의 상황에서 더 큰 충족감을 느끼는 것으로 밝혀졌으며, 이혼할 가능성이 47퍼센트 더 낮았다. 낮은 목표 회피를 갖는 범주에 해당하는 이 사람들이 인구 대부분을 대표한다.

	(A)	(B)
①	그러므로	반대로
②	하지만	실제로는
③	게다가	특히
④	그럼에도 불구하고	사실은

해설

(A) 빈칸 앞 문장은 '높은 사회적 목표 회피'를 가진 사람들이 관계에서의 갈등을 피하고자 할 수 있는 모든 것을 한다는 내용이고, 빈칸 뒤 문장은 그들이 장기적인 관계에 있을 때 더 낮은 생활 만족도를 보고할 가능성이 더 높았다는 결과적인 내용이므로, (A)에는 결론을 나타내는 연결어인 thus(그러므로)가 들어가야 한다. (B) 빈칸 앞 문장은 설문조사에 참여한 사람들 중 '높은 사회적 목표 회피'가 있는 약 38퍼센트의 사람들이 장기적인 관계에 있을 때 더 낮은 생활 만족도를 보고할 가능성이 더 높다는 내용이고, 빈칸을 포함하는 문장은 응답자 중 남은 62퍼센트는 동반자 관계의 상황에서 더 큰 충족감을 느낀다는 대조적인 내용이므로, (B)에는 대조를 나타내는 연결어인 in contrast(반대로)가 들어가야 한다. 따라서 ①번이 정답이다.

정답 ①

어휘

spouse 배우자 indicate 보여주다 resident 주민
identify as ~라고 밝히다 avoidance 회피, 방지 fall under ~에 해당하다
severe 극심한, 심각한 anxiety 불안 trigger 유발하다, 일으키다
satisfaction 만족(감) respondent 응답자 fulfilled 충족감을 느끼는
regardless of ~에 관계없이 divorce 이혼 represent 대표하다
majority 대부분, 과반수

17 독해 논리적 흐름 파악(문장 삽입)   난이도 중 ●●○

주어진 문장이 들어갈 위치로 가장 적절한 것은?

> Yet the group also noted during the same analysis that the virus bore other animate characteristics.

> After initially becoming aware of their existence, scientists categorized viruses to be wholly animate entities, as they have the capacity to multiply like other living creatures. That view changed abruptly in the 1930s. (①) When researchers were finally able to peer inside them with more sophisticated equipment, they discovered that viruses have no metabolism. This indicated that they are inanimate agents, unlike what they had previously thought. (②) They evolve, change, and can repair themselves when damaged. Their simplistic structure, composed only of an outer coat and genome, allow them to stay in latent form theoretically forever. (③) Once a virus enters a suitable host, though, it becomes active and reproduces. Interestingly, none of these functions activate until a virus is inside a biological host. (④) That's why to this day, whether viruses should be classified as alive or not remains a question with no satisfactory or definitive answer.

해석

> 그러나 그 집단(연구원들)은 또한 같은 분석 연구 동안에 이 바이러스가 생물을 나타내는 다른 특징들을 지니고 있다는 것에 주목했다.

처음에 그것들의 존재를 알게 된 후, 과학자들은 바이러스를 완전히 살아 있는 독립체로 분류했는데, 이는 그것들이 다른 살아있는 생명체들처럼 번식하는 능력을 갖추고 있기 때문이다. 그 견해는 1930년대에 갑자기 바뀌었다. (①) 연구원들이 마침내 더 정교한 장비로 그것들의 내부를 자세히 들여다볼 수 있었을 때, 그들은 바이러스에게 신진대사가 없다는 점을 발견했다. 이것은 그들이 이전에 생각했던 것과 달리 그것들이 무생물의 매개물이라는 것을 보여주었다. (②) 그것들은 진화하고, 변화하며, 손상을 입었을 때 스스로 회복할 수 있다. 외피와 게놈으로만 구성된 그것들의 지나치게 단순한 구조는 그것들이 이론상으로 영원히 휴면 상태로 있을 수 있게 한다. (③) 하지만, 일단 바이러스가 적합한 숙주에 들어가면, 그것은 활발해지고 번식한다. 흥미롭게도, 이러한 기능 중 어떤 것도 바이러스가 생물체 숙주의 내부에 이를 때까지는 활성화되지 않는다. (④) 그것이 지금까지도 바이러스가 살아있는 것으로 분류되어야 하는지 아닌지가 만족스럽거나 명확한 답이 없는 문제로 남아있는 이유이다.

해설

②번 앞 문장에서 연구원들은 바이러스에게 신진대사가 없다는 점을 발견했는데, 이것이 바이러스가 무생물의 매개물이라는 것을 보여주었다고 했고, ②번 뒤 문장에서 그것들이 진화하고, 변화하며, 손상을 입었을 때 스스로 회복할 수 있다는 생물적 특징을 언급하고 있으므로, ②번에 그러나 (Yet) 이 집단(연구원들)은 또한 이 바이러스가 생물을 나타내는 다른 특징들(other animate characteristics)을 지니고 있다는 것에 주목했다는 주어진 문장이 나와야 지문이 자연스럽게 연결된다.

[오답 분석]

① 앞 문장에서 과학자들이 바이러스를 완전히 살아있는 독립체로 분류했다는 견해가 1930년대에 갑자기 바뀌었다고 이야기하고, ①번 뒤 문장은 연구원들이 더 정교한 장비로 바이러스의 내부를 자세히 들여

다볼 수 있었을 때 바이러스가 무생물의 매개물이라는 것을 발견했다고 하며 앞 문장과 연결되는 내용이므로 ①번에 다른 문장이 삽입되면 문맥상 부자연스럽다.

③ 앞 문장에서 바이러스의 단순한 구조는 바이러스가 이론상으로 영원히 휴면 상태로 있을 수 있게 한다고 하고, ③번 뒤 문장에 하지만 (though) 일단 그것이 적합한 숙주에 들어가면 그것이 활발해지고 번식한다는 대조적인 내용이 있으므로 ③번에 다른 문장이 삽입되면 문맥상 부자연스럽다.

④ 뒤 문장의 '그것(That)'은 ④번 앞 문장의 바이러스의 기능 중 어떤 것도 바이러스가 생물체 숙주의 내부에 이를 때까지는 활성화되지 않는 것을 의미하므로 ④번에 다른 문장이 삽입되면 문맥상 부자연스럽다.

정답 ②

어휘

analysis 분석, 연구   animate 생물을 나타내는, 살아 있는   initially 처음에
existence 존재   categorize 분류하다, ~을 특징짓다   entity 독립체
capacity 능력   multiply 번식하다, 증식하다   abruptly 갑자기
peer 자세히 들여다보다   sophisticated 정교한, 복잡한
metabolism 신진대사   inanimate 무생물의, 활기 없는   agent 매개물, 중개상
genome 게놈(세포나 생명체의 유전자 총체)   latent 휴면의
theoretically 이론상으로   enter 들어가다, 진입하다   host 숙주
reproduce 번식하다   biological 생물체의, 생물학의
classify 분류하다, 구분하다   satisfactory 만족스러운, 충분한
definitive 명확한, 최종적인

---

18 독해 추론(빈칸 완성 – 절)   난이도 중 ●●○

밑줄 친 부분에 들어갈 말로 가장 적절한 것은?

> Why are economists so worried about the future? _____ _____. One of the greatest challenges the global market will face within the next few decades will be how to adjust to a mechanized workforce. Technology is progressing at a breakneck speed and robots continue to replace human jobs more and more with each passing year. Economists predict that by 2050, an estimated 100 million workers will be displaced—nearly 70 percent of the current workforce. And why wouldn't they be? Machines are faster, more accurate, and much cheaper. As it stands, a future wherein human labor is no longer needed is not a worst-case scenario but an inevitable one. Therefore, society needs to prepare now for how it is going to deal with a population that will soon be sitting idle.

① In the past, employees had to learn how to use AI
② Lately, fields of industry around the world are disappearing
③ Soon, the demand for human workers will go into a freefall
④ Recently, the technical field has been divided into several categories

해석

왜 경제학자들은 미래에 대해 걱정하는가? 곧, 인간 노동자에 대한 수요는 급락하게 될 것이다. 앞으로 수십 년 안에 세계 시장이 직면할 가장 큰 난제 중 하나는 기계화된 노동력에 적응하는 방법일 것이다. 기술은 아주 빠른 속도로 발전하고 있고, 해가 갈수록 로봇은 계속해서 점점 더 많은 인간의

일자리를 대체하고 있다. 경제학자들은 2050년까지 현재 노동력의 거의 70퍼센트인 약 1억 명의 노동자들이 대체될 것이라고 예측한다. 그리고 왜 그렇지 않겠는가? 기계들은 더 빠르고, 더 정확하며, 훨씬 더 저렴하다. 이것이 보여주듯, 인간의 노동력이 더 이상 필요하지 않은 미래는 최악의 시나리오기 아니라 피할 수 없는 시나리오다. 그러므로, 사회는 곧 일하지 않고 앉아 있게 될 인구를 어떻게 다룰 것인지에 대해 지금 준비해야 한다.

① 과거에, 직원들은 인공지능 사용법을 배워야 했다

② 최근에, 전 세계의 산업 분야들이 사라지고 있다

③ 곧, 인간 노동자에 대한 수요는 급락하게 될 것이다

④ 최근에, 기술 분야는 여러 범주로 나뉘었다

해설

빈칸 뒤 문장에서 앞으로 수십 년 안에 세계 시장이 직면할 가장 큰 난제 중 하나는 기계화된 노동력에 적응하는 방법일 것이며, 해가 갈수록 로봇이 계속해서 점점 더 많은 인간의 일자리를 대체하고 있다고 말하고 있으므로, 빈칸에는 '③ 곧, 인간 노동자에 대한 수요는 급락하게 될 것이다'가 들어가야 한다.

[오답 분석]

① 과거에 직원들이 인공지능 사용법을 배워야 했다는 내용은 언급되지 않았다.

② 최근에 전 세계의 산업 분야들이 사라지고 있다는 내용은 언급되지 않았다.

④ 최근에 기술 분야가 여러 범주로 나뉘었다는 내용은 언급되지 않았다.

정답 ③

어휘

adjust 적응하다 mechanized 기계화된 workforce 노동력, 노동자
progress 발전하다 breakneck 아주 빠른, 맹렬한 속도의 predict 예측하다
displace 대체하다, 쫓아내다 current 현재의 accurate 정확한
inevitable 피할 수 없는 idle 일하지 않는, 한가한 disappear 사라지다
freefall 급락, 자유 낙하 technical 기술의

---

19 독해 세부내용 파악(내용 불일치 파악) 난이도 중 ●●○

다음 글의 내용과 일치하지 않는 것은?

The Russian Revolution of 1917 and the Chinese Revolution of 1949 resulted in both nations implementing communist regimes. The political upheavals may not have occurred at the same time, they did not last the same amount of time, and they ultimately did not produce the same results, but the parallels between the two are noteworthy. For one, Russia and China were hit extremely hard by World War I and World War II, respectively. Although there had long been conflict between the exploited poor and the privileged classes in both countries, the suffering that abounded after the wars only served to increase class tensions and strengthen the resolve of revolutionaries to incite change. Essentially, blaming the existing political systems for the heavy losses the people had incurred helped communist radicals gain support. In addition, the two nations had extremely charismatic leaders, Vladimir Lenin in Russia and Mao Zedong in China. Both were skilled speakers

who rallied for industrialization and modernization while persuading the populace that erasing the inequalities of class and gender was the answer. Similarly, both leaders saw an advantage in trying to spread their ideology to other surrounding countries, which would serve in bolstering their support against anti-communist forces in the West.

① The Russian and Chinese Revolutions were similar in several ways.

② There was a long conflict between the poor and the privileged in both China and Russia.

③ The difference between classes decreased after the two wars.

④ Mao and Lenin persuaded the public that eliminating inequality would be the solution.

해석

1917년의 러시아 혁명과 1949년의 중국 혁명은 두 나라 모두 공산주의 체제를 시행하는 결과를 낳았다. 그 정치적 격변들은 동시에 발생하지 않았을 것이고, 그것들이 같은 시간 동안 지속되지도 않았으며, 궁극적으로 같은 결과를 만들어내지도 않았지만, 그 둘 사이의 유사점들은 주목할 만하다. 첫째로, 러시아와 중국은 각각 제1차 세계대전과 제2차 세계대전에 의해 극도로 큰 타격을 받았다. 비록 두 국가에서 착취되는 가난한 사람들과 특권층 사이의 갈등이 오랫동안 존재했었지만, 전쟁들 후에 가득했던 고통은 그저 계급적 긴장을 증가시키고 변화를 선동하려는 혁명가들의 의지를 강화하는 역할을 했을 뿐이다. 근본적으로, 사람들이 입었던 큰 손실을 기존의 정치 체제의 탓으로 돌렸던 것은 공산주의 급진주의자들이 지지를 얻도록 도왔다. 게다가, 그 두 국가에는 매우 카리스마가 있는 지도자들이 있었는데, 그들은 러시아의 블라디미르 레닌과 중국의 마오쩌둥이었다. 둘은 대중들에게 계급과 성의 불평등을 없애는 것이 해답이라고 설득하는 동시에 산업화와 근대화를 위해 단결했던 노련한 연설가였다. 유사하게도, 두 지도자 모두 그들의 이념을 다른 주변 국가에 퍼뜨리기 위해 노력하는 것의 이점을 발견했는데, 이것은 서구의 반공산주의 세력에 대항하여 그들의 지지자를 강화하는 데 도움이 될 것이었다.

① 러시아 혁명과 중국 혁명은 여러 가지 면에서 유사했다.

② 중국과 러시아 양국에서 오랜 기간 동안 빈부계층과 특권층 사이에 갈등이 있었다.

③ 두 전쟁 이후에 계급 간 차이가 줄어들었다.

④ 마오와 레닌은 대중에게 불평등을 없애는 것이 해결책이라고 설득했다.

해설

지문 중간에서 두 국가에서 착취되는 가난한 사람들과 특권층 사이의 갈등이 오랫동안 존재했었고, 전쟁들 후에 가득했던 고통은 그저 계급적 긴장을 증가시켰다고 했으므로, '③ 두 전쟁 이후에 계급 간 차이가 줄어들었다'는 것은 지문의 내용과 일치하지 않는다.

[오답 분석]

① 두 번째 문장에서 러시아 혁명과 중국 혁명 사이의 유사점들이 주목할 만하다고 언급되었다.

② 네 번째 문장에서 두 국가에서 착취되는 가난한 사람과 특권층 사이의 갈등이 오랫동안 존재했었다고 언급되었다.

④ 일곱 번째 문장에서 마오쩌둥과 블라디미르 레닌은 대중들에게 계급과 성의 불평등을 없애는 것이 해답이라고 설득했다고 언급되었다.

정답 ③

---

20 독해 논리적 흐름 파악(문단 순서 배열) 난이도 중 ●●○

주어진 문장 다음에 이어질 글의 순서로 가장 적절한 것은?

> Social media is often portrayed in a negative light, but it can be a highly positive experience for some.

(A) It allows for the sharing of information and advice between people who lack such networking opportunities in person. For instance, it can help individuals with chronic illnesses connect with others who share their struggles.

(B) The words of encouragement she received from those in similar positions, not to mention former sufferers, played a vital role in helping her get better.

(C) Teenager Ashleigh Ponder was recovering from an eating disorder when she began posting photos of her meals online.

① (A) – (B) – (C)　　② (A) – (C) – (B)
③ (B) – (A) – (C)　　④ (B) – (C) – (A)

해석

> 소셜 미디어는 주로 부정적인 관점에서 묘사되지만, 몇몇 사람들에게는 그것은 대단히 긍정적인 경험이 될 수 있다.

(A) 그것(소셜 미디어)은 그러한 인적 네트워크 형성 기회가 부족한 사람들 사이에서 정보와 조언의 공유를 가능하게 한다. 예를 들어, 그것은 만성적인 질환이 있는 사람들이 그들의 분투를 공유하는 다른 사람들과 연결되도록 도울 수 있다.

(C) 십 대인 Ashleigh Ponder는 그녀의 식사 사진들을 온라인에 게시하기 시작했을 때 식이 장애에서 회복하고 있었다.

(B) 과거의 환자들은 말할 것도 없고, 비슷한 처지에 있는 사람들로부터 그녀가 받은 격려의 말들이 그녀가 호전되도록 돕는 데 중요한 역할을 했다.

해설

주어진 문장에서 소셜 미디어는 흔히 부정적인 관점에서 묘사되지만, 그것은 몇몇 사람들에게는 긍정적인 경험이 될 수 있다고 언급한 후, (A)에서 그것(소셜 미디어)은 인적 네트워크 형성 기회가 부족한 사람들 사이에서 정보와 조언의 공유를 가능하게 한다고 하고, 만성적인 질환이 있는 사람들이 그들의 분투를 공유하는 다른 사람들과 연결되도록 돕는다는 예시를 들고 있다. 이어서 (C)에서 십 대 소녀 Ashleigh가 자신의 식사 사진들을 온라

인에 게시하기 시작했을 때 식이 장애에서 회복하고 있었다는 구체적인 사례를 언급하고, (B)에서 과거의 환자들뿐만 아니라 현재 Ashleigh와 비슷한 처지에 있는 사람들로부터 받은 격려의 말들이 그녀가 호전되도록 돕는 데 중요한 역할을 했다고 설명하고 있다.

정답 ②

해커스공무원 **단기 합격생**이 말하는
공무원 합격의 비밀!

해커스공무원과 함께라면
다음 합격의 주인공은 바로 여러분입니다.

대학교 재학 중,
7개월 만에 국가직 합격!

김*석 합격생

영어 단어 암기를 하프모의고사로!

하프모의고사의 도움을 많이 얻었습니다. 모의고사의
5일 치 단어를 일주일에 한 번씩 외웠고, 영어 단어
100개씩은 하루에 외우려고 노력했습니다.

가산점 없이
6개월 만에 지방직 합격!

김*영 합격생

국어 고득점 비법은 기출과 오답노트!

이론 강의를 두 달간 들으면서 **이론을 제대로 잡고 바로**
기출문제로 들어갔습니다. 문제를 풀어보고 기출강의를
들으며 **틀렸던 부분을 필기하며** 머리에 새겼습니다.

직렬 관련학과 전공,
6개월 만에 서울시 합격!

최*숙 합격생

한국사 공부법은 기출문제 통한 복습!

한국사는 휘발성이 큰 과목이기 때문에 **반복 복습이**
중요하다고 생각했습니다. 선생님의 강의를 듣고 나서
바로 **내용에 해당되는 기출문제를 풀면서 복습**
했습니다.

더 많은 합격수기가 궁금하다면? ▶

공무원 교육 1위* 해커스공무원
모바일 자동 채점 + 성적 분석 서비스

한눈에 보는 서비스 사용법

Step 1.
교재 구입 후 시간 내 문제 풀어보고
교재 내 수록되어 있는 QR코드 인식!

Step 2.
모바일로 접속 후 '지금 채점하기'
버튼 클릭!

Step 3.
OMR 카드에 적어놓은 답안과 똑같이
모바일 채점 페이지에 입력하기!

Step 4.
채점 후 내 석차, 문제별 점수, 회차별
성적 추이 확인해보기!

- ✓ 모바일로 채점하고 **실시간 나의 위치 확인하기**
- ✓ 문제별 정답률을 통해 **틀린 문제의 난이도 체크**
- ✓ 회차별 점수 그래프로 **한 눈에 내 점수 확인하기**

해커스공무원 gosi.Hackers.com

바로 이용하기 ▶